Nikolay Kurdyumov

Clever Gärtnern leicht gemacht

Selbstversorgung Permakultur

Bibliografische Information der Deutschen Nationalbibliothek

Die Deutsche Nationalbibliothek verzeichnet diese Publikation in der Deutschen Nationalbibliografie; detaillierte bibliografische Daten sind im Internet über http://dnb.d-nb.de abrufbar.

Alle Angaben in diesem Buch sind sorgfältig geprüft und geben den neuesten Wissensstand der Autoren bei der Veröffentlichung wieder. Eine Haftung der Autoren und des Verlages und seiner Beauftragten für Personen-, Sach- und Vermögensschäden ist ausgeschlossen.

Das Werk einschließlich aller seiner Teile ist urheberrechtlich geschützt. Jede Verwertung außerhalb der engen Grenzen des Urheberrechtgesetzes ist ohne Zustimmung des Verlages unzulässig und strafbar. Das gilt insbesondere für Vervielfältigungen, Übersetzungen, Mikroverfilmungen und die Einspeicherung und Verarbeitung in elektronischen Systemen.

Copyright © 2000 für die russische Originalausgabe Nikolay Kurdyumov
Copyright © 2017 für die deutschsprachige Ausgabe
OLV Organischer Landbau Verlag Kurt Walter Lau,
Im Kuckucksfeld 1, 47624 Kevelaer
E-Mail: info@olv-verlag.de
Internet: www.olv-verlag.eu
Illustrationen: N. I. Kurdyumov
Übersetzung aus dem Russischen: Olga Felix, Franz Felix
Lektorat: Kurt Walter Lau
Satz und grafische Gestaltung: Marianne Feldbusch

Druck: Interpress, Ungarn

ISBN 978-3-922201-94-6

Nikolay Kurdyumov

Clever Gärtnern leicht gemacht

Selbstversorgung Permakultur

**OLV ORGANISCHER LANDBAU VERLAG
KURT WALTER LAU**

Der Autor

Nikolay Ivanovich Kurdyumov, Jahrgang 1960, geboren in Adler, Stadtkreis Sotschi, in Russland. In den 1980er Jahren studierte er an der Timirjasew-Akademie in Moskau („Russische Staatliche Agraruniversität"; älteste landwirtschaftliche Hochschule Russlands). So kam er zu seinem Beruf Gärtnermeister. Nikolay Kurdyumov lebte unter anderem im fernen Osten Russlands am Fluss Amur, später an der Wolga und sammelte dabei gärtnerische Erfahrungen aus den verschiedenen Klimabereichen dieses großen Landes. Heute lebt der durch seine Bücher international bekannte Gartenexperte und Autor mit nunmehr Spezialisierung auf das südliche Russland wieder in seinem Geburtsort an der russischen Schwarzmeerküste. Hier experimentiert Nikolay Kurdyumov mit naturnahen Anbautechniken zur Gartenselbstversorgung und Permakultur. Insgesamt hat der Bestsellerautor bis heute 10 Bücher geschrieben, von denen etliche in andere Sprachen übersetzt wurden.

Inhalt

Worum geht es in diesem Buch?   9

Kapitel 1
Eine kurze Erfolgswissenschaft für den eigenen Garten   15
Erlauben Sie mir vorzustellen:
Erfolg – oder allgemeine Prinzipien um erfolgreich zu werden   19
Sind Sie mit Ihrem Garten befreundet?   25
Das Wichtigste über Permakultur   32

Kapitel 2
Ein Märchen über den Tod der Bodenfruchtbarkeit durch harte Arbeit   37
Eine sehr kurze Geschichte der Landwirtschaft   40
Das dynamische Selbstverständnis der Pflanzen   47
Wovon sich Pflanzen ernähren   49
Vier Voraussetzungen der Fruchtbarkeit   52
Die Prinzipien der Aussaat und Ovsinskys Landmaschinen   58
Warum wir graben   63

Kapitel 3
Wie man die Bodenfruchtbarkeit verbessert   67
Die Formen der Organischen Substanzen (OS)   70
Kompost   72
Wie kann man das alles kompostieren?   76
Wie man organische Substanz clever verwendet:
Natürliche Kompostierung   80
Sogar Mist kann cleverer werden!   84
Kompost in flüssiger Form   87
Das Wichtigste über Regenwürmer   88
Mulch und sonstige „Decken" für Beete   91
Mulch zur Urbarmachung von Neuland und zur Beikrautregulierung   100
Ein kurzer Exkurs über die grasbasierte Landwirtschaft von Williams   106
Das Wichtigste über Bodenauslaugung   110
Nicht die Hacke alleine!   112
Eine Rasierklinge von einem Kultivator   113
Fokins Flachschneider   115
Die cleveren „Hacken" unserer Großväter   116
Die Grubber unserer Tage   118
Na ja, wenn schon graben, dann...!   119
Zusammenfassung über die clevere Landwirtschaft   122

Kapitel 4
Beete von unterschiedlich ausgeprägter „Intelligenz"   127
Das Hochbeet zehn Jahre später   129
Schmale Beete und schmale erhöhte Beete   137
Erdlöcher – das Nonplusultra des geruhsamen Gärtnerns   141

Kapitel 5
Schmale erhöhte Beete und schmale Gräben   145

Kapitel 6
Clever Gärtnern aus der Vogelperspektive   155
Wie viele und welche Arten von Beeten Sie brauchen   156
Die wichtigsten Regeln der Gartengestaltung   160
Die Schönheit des Gartens liegt in seiner Zweckmäßigkeit   166

Kapitel 7
Wie man Pflanzungen verdichten kann   173
Kombination in der Vertikale   179
Und wollen sie wirklich zusammen leben?   184
Das Gemüseschlaraffenland   186
Beispiele erfolgreicher Kombinationen   190

Kapitel 8
Die verlorene Freiheit   193
Die Anatomie unserer Probleme   194
Das Leben ist ein Kampf   198
Stabilität ist gleich Zuverlässigkeit   201
Die Umstände sind stärker als wir es sind   203
Ausdauer und harte Arbeit zermahlen Steine zu Staub   205
„Ich lebe zum Wohle der Anderen ..."   208
Die Wissenschaft ist schlauer als wir es sind   210
Die Gartenmythen unserer Zeit   213

Kapitel 9
Düngung und Bewässerung intelligenter Beete   219
Was wir tun können   225
Brauchen wir Mineraldünger?   232
Etwas Mikrobiologie   242

Kapitel 10
Der Nutzen von Plastik — 249
Die Grundlagen eines cleveren Gewächshauses — 255

Kapitel 11
In der Fürsorge für die Jungen — 261
Ein Sämling ist bereits eine Pflanze — 262
Die Prinzipien des Säens — 269
Feinheiten der Verpflanzung — 274

Kapitel 12
Verteidigung statt Kampf — 291
Clevere Jauchen — 297
Der Mischmascheffekt — 300
Der Feind meines Feindes ist mein Freund! — 303
Ein Schurkenpärchen — 306
Replik über die Gentechnik — 312
Pilze, die in einem Sommerregen auftauchen — 314
Die Pflanzen schützen einander — 317

Kapitel 13
Bunte Sammlung der Gemüse — 321
Tomaten und Co. — 324
Paprika — 329
Auberginen — 329
Gurken — 330
Kürbis — 335
Kartoffeln — 338
Süßkartoffeln — 344
Radieschen — 346
Karotten und Pastinaken — 347
Zwiebeln — 349
Lauch — 351
Salate — 352
Schwarzwurzel — 354
Bohnen und Spargelbohnen — 355
Mais — 356
Das Wesentlichste über Küchenkräuter — 357
Mehrjährige Kräuter — 358
Einjährige Küchenkräuter — 360

Zum Geleit

Wer sich wie ich seit mehr als 40 Jahren mit dem Gärtnern und dem Garten in Praxis und Theorie beschäftigt, muss zu dem Schluss kommen, dass wir Deutschen ein Volk von Gärtnern sind. Hinweise darauf gibt es sehr zahlreich. Einmal ganz davon abgesehen, dass die meisten von uns kulturhistorisch betrachtet von Bauern und Gärtnern abstammen, denn vor der Industrialisierung war die Landarbeit der Alltag, der Lebensunterhalt unserer „einfachen" Vorfahren. Selbst ein großer Teil des Adels hatte es sich auf seinen ausgedehnten Landgütern gut eingerichtet und erzeugte dort Nahrungsmittel. In den Zeiten der Not, wie beispielsweise während und zwischen den Kriegen, wurde der Grad der Selbstversorgung mit eigenen Lebensmitteln aus Garten und Acker naturgemäß schlagartig erhöht.

Wenn wir uns in West- und Südeuropa umschauen, werden wir selbstverständlich auch bei unseren Nachbarn auf Menschen treffen, die sich aus den verschiedensten Gründen mit dem Selbstversorger- und Permakulturgartenbau beschäftigen. Viele von ihnen sind seit Jahrzehnten gut vernetzt. So sind wir Gärtner weitestgehend darüber informiert, womit sich unsere Nachbarn um uns herum gerade beschäftigen und was gerade dort „in" ist.

Doch was ist mit den Gartenfreunden ist Mittel- und Osteuropa? Was wissen wir über deren Kenntnisse, welche Pflanzen bevorzugen sie, wie praktizieren sie Selbstversorgergartenbau? Auch die Russen sind, wie wir Mitteleuropäer, ein altes Bauernvolk mit einem gewachsenen Erfahrungswissen, auf das wir neugierig sind. So wunderbare Bücher, wie das vorliegende Werk des russischen Gärtners *Nikolay Kurdyumov*, helfen jetzt diese Informationslücke für uns zu schließen. Die zuerst in russischer und englischer Sprache bekannt gewordenen Bücher dieses langjährigen Gartenpraktikers haben schon jetzt weltweit Millionenauflagen erreicht, denn: Gartenwissen aus Rußland – das lässt aufhorchen!

Der Autor hat für dieses außergewöhnliche Buch zahlreiche grüne Tipps aus seiner Schatzkiste geholt. Diese selbst gemachten Erfahrungen hat er mit dem fast vergessenen Wissen zahlreicher russischer Gartenpraktiker der letzten 100 Jahre für uns auf eine humorvolle Art und Weise aufbereitet. Darüber freuen wir uns sehr! Zum guten Schluss möchte ich mich als Verleger der deutschsprachigen Ausgabe dieses Buches bei den beiden Übersetzern Olga und Franz Felix für die gelungene Übersetzung aus dem Russischen ganz herzlich bedanken. Sie waren es auch, die unserem Verlag die Übersetzungsrechte vermittelt haben.

Kurt Walter Lau, Verleger, Kevelaer im März 2017

VORWORT

Worum geht es in diesem Buch?

*Möge wachsen und gedeihen,
wer nicht zu faul ist.*

Wie alle meine Bücher beschäftigt sich auch dieses Buch damit, wie Sie ohne Rackerei und Mühsal zu einem ertragreichen und schönen Garten kommen. Der Garten als paradiesischer Ort, in dem man sich damit vergnügt, Beete klug anzulegen, Pflanzen zu formen, Gras zu mähen und clevere Tricks auszuhecken, um möglichst wenig dafür arbeiten zu müssen. Erschaffen Sie sich Ihren Garten Eden in dem Sie bei vernünftiger Pflanzenpflege viel Muße haben, sich an den erblühenden Blumen, heranreifenden Früchten und Gemüsen und an der grünen Vegetation zu erfreuen. Entfliehen Sie in Ihrem Garten den Problemen und dem Stress des Alltags. Genießen Sie in Ihrem neu erweckten Gartenparadies gesellige Treffen oder sogar den ach so seltenen Luxus süßen Nichtstuns. Wie wär's mit einem Nickerchen am helllichten Tag oder mit Faulenzen unter einem Apfelbaum? Und das Beste daran: Sie tun das alles mit einem absolut guten Gewissen, denn Sie genießen all das, während die Natur den Großteil der Arbeit für Sie übernimmt.

Anders gesagt, dies ist ein Buch über ERFOLG [1] im Garten.

Nach unzähligen Gesprächen, die ich über Jahrzehnte mit Gärtnern aller Gattungen geführt habe, bin ich zur Überzeugung gekommen, dass unsere traditionelle Art der Gartenbearbeitung bei weitem weder die Erträge, noch die Erfüllung bringt, welche sie bringen könnte. Wir stehen auf der Bremse.

In Russland sieht man das so: Die Erde hat man, um sich zu ernähren. Unsere Gärten sind für die meisten keine Erholung, sondern reine Knochenarbeit. Und wie sieht das in der Praxis aus? Millionen Gärtner studieren Gartenliteratur und biegen fleißig ihre Rücken, der Ertrag bleibt aber erbärmlich.

So überleben wir nicht! Erstens: Jede Arbeit muss Freude und Erlös bringen. Zweitens: Sich erholen zu können ist in unserer Zeit genauso wichtig wie arbeiten zu können.

---

[1] Erfolg ist ein bewusst herbeigeführtes und wiederholbares Resultat, welches das Leben eines Menschen, seinen Umfeldes und seines gesamten Lebensraums verbessert. Die Fähigkeit Erfolg zu erlangen, gründet auf Klugheit.

Wenn wir uns aber umsehen, stellen wir fest, dass die Natur ohne jegliche Anstrengung riesige Erträge produziert. Das heißt, wir haben einfach noch nicht kapiert, wie wir die Natur für unsere Zwecke richtig nutzen können ohne sie dabei auszubeuten. Alles was wir tun müssen, ist herauszufinden, wie wir die Natur für uns arbeiten lassen können um ihre Früchte und Gemüse, ihre Schönheit und ihre gesundheitsspendende Fülle genießen zu können – mit minimalem Aufwand für den Menschen und ebenso minimaler Beeinträchtigung der Natur.

Überlegen wir uns: Wofür brauchen wir diesen Garten? Was ist das Ziel? Was kommt zum Schluss? Und auch ganz wichtig: Wer bezahlt und wer bekommt etwas?

Oft passiert es, dass schon die Beantwortung einer dieser Fragen alle Weichen stellt. Plötzlich versteht der Mensch: Er braucht das vielleicht gar nicht! Er verkauft seinen Garten – und eine große Last fällt von seinen Schultern. Oftmals fängt aber der Mensch an zu überlegen: Vielleicht kann man es anders machen – und das schon lange erloschene Interesse kehrt zurück.

Vor ungefähr 15 Jahren hatte ich selber diese epochale Offenbarung: Erfolg im Garten und in der Landwirtschaft mißt sich nicht einfach in Kilos oder Tonnen von Früchten und Gemüsen. Erfolg bedeutet einen lebendigen Garten zu erschaffen, der permanent Vergnügen und Freude bereitet: Freude über das frische Gemüse und die leckeren Früchte; Freude auch über die Schönheit, welche man genießen kann – und das alles ohne Anstrengung und Erschöpfung, ohne Kampf und langweilige Routine, dafür aber mit Vergnügen – das ist Erfolg!

Diese Offenbarung lenkte mein Leben auf einen neuen Weg. Seither bin ich mit der permanenten Erforschung und Optimierung meines Gartens in Richtung meines Wunschgartens beschäftigt. Jedes Jahr verändere ich etwas und vergleiche. Die Bewegung in Richtung des Ideals ist nicht schnell, aber spürbar. Dies macht das Leben angenehmer. Das Wesen des Glücks liegt genau in diesem Unterschied: Wenn auch nicht viel, dann aber doch heute besser und erfolgreicher als gestern!

Meine Forschungsergebnisse teile ich mit Ihnen. Nur Forschungsergebnisse. Hier finden keine fertigen Instruktionen Platz. Ich erläutere allgemeine Prinzipen des klugen Gartenbaus, gebe Ihnen Ideen und

Beispiele und teile meine Erfahrung mit Ihnen. Und ich lade Sie ein, dass wir uns zusammen fortbewegen.

Trotz der Ergiebigkeit des Materials handelt dieses Buch vor allem davon, wie man die unproduktive Arbeit auf ein Minimum reduzieren und die persönliche Freiheit maximal vergrößern kann. Ich bin selber der größte Faulenzer. Ich ziehe den Hut vor jedem Bienenfleiß, aber ich bin sicher – das ist nicht unser Weg. Wir arbeiten sicher mehr, als nötig ist. Unsere Arbeit auf dem Land ist einfach noch nicht effizient genug. Der echte Faulenzer ist jener Faulenzer, der sogar den kleinen Finger nicht bewegt, bevor er sich überlegt hat, wie er sich von dieser unnötigen Arbeit befreien kann! Und jetzt erlauben Sie mir, mich Ihnen vorzustellen.

Guten Tag!

Ihr demütiger Diener: Nikolay Kurdyumov, für Freunde einfach Nick. Mein Körper feierte schon längst den 50sten Geburtstag; ich selber habe Mühe damit, mich älter als 30 zu fühlen. In den 1980er Jahren studierten meine Frau und ich an der Timirjasev-Akademie (Russische Staatliche Agraruniversität Moskau). Wir genossen die Reisemöglichkeiten in die Berge und zu den Flüssen in vollen Zügen, fotografierten und genossen ebenfalls das Theater- und Musikleben. Auch die Gitarre verließ uns nie. Dann bekamen wir drei Kinder. Uns packten Pädagogik und gesundheitsverbessernde Systeme. Danach, als Lehrer, landeten wir in Kuban und wohnen seitdem hier. Die Kinder sind bereits ausgeflogen.

Während der „Perestrojka" erinnerte ich mich daran, dass ich gut gelernt hatte, Bäume zu schneiden. Plötzlich war diese Fähigkeit notwendig und gefragt. Da wurde mir klar: Wissenschaftler, Buchautoren und Verkäufer im Agrobusiness zeichnen ein schönes Idealbild – doch die Realität unserer Gärten ist weit von diesem Idealbild entfernt.

Schließlich stellte sich für mich heraus, dass der Wahnsinn unserer arbeits- und zeitintensiven Anbaumethoden in unseren Gärten keinem Gott gegebenen, unumstößlichen Naturgesetz folgen, sondern künstlich geschaffen sind – geprägt durch landwirtschaftliche Traditionen sowie sakrosankte Lehrmeinungen und unser naives Vertrauen in diese Traditionen und Lehrmeinungen.

So kam ich zu meinem Beruf – Gärtnermeister. Allmählich wurde ich ein guter Garten-Experte mit Spezialisierung auf das südliche Russland. Ich träumte jedoch davon, ein echter Gärtner alter Schule zu werden, denn in alten Zeiten waren es die Menschen, die buchstäblich alles, von der Orange bis hin zum Radieschen, zum Gedeihen bringen konnten. Mir wurde aber schnell klar, dass es meine wahre Berufung sein sollte, Forschung zu betreiben und meine Erkenntnisse über den klugen Gartenbau breiten Kreisen zugänglich zu machen. Das ist sicherlich eine nicht minder wichtige Aufgabe.

Ich habe es mir zur Aufgabe gemacht, dem klugen Gartenbau Popularität zu verschaffen. Es ist mir ein Anliegen, dieses Buch klar und leicht verständlich zu gestalten, sodass Sie alles genau so verstehen, wie ich es selber verstehe. Oder sogar noch besser.

Wie man dieses Buch lesen sollte

Eine Schlussfolgerung zieht man, wenn man zu müde ist, weiter zu denken.

1. **Lies aufmerksam.** Einer der wichtigsten Gründe, warum ein Text unverständlich, uninteressant oder unwichtig erscheint, sind missverstandene Wörter – Wörter, die Sie nur teilweise verstehen oder nicht korrekt interpretieren. Es wird Ihnen vielleicht nicht einmal auffallen, aber schon eines dieser verpassten Wörter hinterlässt im Gedächtnis eine Verständnislücke. Und siehe da, eine halbe Seite weiter verlieren Sie plötzlich das Interesse am Text, Sie sind etwas irritiert oder Sie möchten viel lieber ein Nickerchen machen, denn irgendwie scheint der Autor „zu akademisch". Und überhaupt haben Sie ja gar kein Abitur gemacht. Genau dies sind untrügliche Anzeichen für missverstandene oder unklare Wörter. Was können

Sie dagegen tun? Kehren Sie zurück an die letzte Stelle des Buches, wo noch alles leicht verständlich war. Finden Sie das unverständliche Wort und knobeln Sie aus, was es bedeutet. Dann wird alles klar.
Ich werde versuchen möglichst alle Wörter, die Sie womöglich nicht verstehen, oder Wörter, denen ich selber einen speziellen Sinn gebe, in den Fussnoten zu erklären. Schauen Sie diese Fußnote an und wir werden die gleiche Sprache sprechen. Und wenn Ihnen in den Fußnoten etwas fehlt, dann seien Sie nicht faul und schlagen es im Duden nach.
2. **Beobachte**. Falls Sie irgendwo etwas sehen, das im Buch erwähnt wurde, seien Sie neugierig und fragen Sie nach, wie das gemacht wurde und was dabei herauskam. Im eigenen Garten kann man nicht alles ausprobieren. Nutzen Sie die Erfahrung anderer – sie ist meist wertvoller als alles Buchwissen.
3. **Experimentiere**. Probieren Sie die Ideen, die Sie in diesem Buch interessieren, aus. Machen Sie das auf einem kleinen Stückchen Land. Ein Quadratmeter genügt für Dinge, die Sie testen möchten. Sammeln Sie eigene Erfahrungen. Aus Erfahrung wird man klug!
4. **Eile mit Weile**. Gönnen Sie sich Zeit zum Lernen. Seien Sie nicht zu schnell enttäuscht, wenn etwas nicht sofort nach Ihren Vorstellungen läuft. Selbst um die bis auf seine einzelnen Schritte peinlich genau beschriebene „Mittleider-Gartenbaumethode" zu erlernen, benötigt man mehrere Jahre. Aber die Zeit des Lernens ist auf äußerst angenehme Art verbrachte Zeit.
5. **Nimm nicht alles wörtlich.** Bedienen Sie sich nicht eines einzelnen Kapitels als Grundlage für Ihre Überzeugungen. Nehmen Sie es nicht als selbstverständlich hin – nehmen Sie es nur zur Kenntnis. Ich biete Ihnen bloß Ideen, die Sie in Ihre Überlegungen einbeziehen können. Jeder von Ihnen hat seinen individuellen Garten mit seinen individuellen Voraussetzungen. Was für Moskau geeignet sein mag, kann in Krasnodar (Südrussland) völlig ungeeignet sein. Wenn jemand mit seiner Vorgehensweise unter seinen Voraussetzungen erfolgreich war – wunderbar; jedoch kann für Sie das blinde Kopieren dessen womöglich völlig ungeeignet sein. Aber Sie können bestimmt lernen, es genau so gut auf Ihre eigene Weise hinzukriegen!

*Die Regenwürmer sind pausenlos fressende Geschöpfe.
Die Ansprüche des Regenwurm sind gering.
- Sie lieben Feuchtigkeit, die nie zur Nässe werden darf.
- Ihr Leben spielt sich in der Dunkelheit ab, sie sterben den Lichttod, wenn sie ungeschützt dem Licht ausgesetzt sind.
- Außentemperaturen von plus 18 bis 30 Grad Celsius sind den Würmern am dienlichsten.
- Genügend organische Abfälle sind lebensnotwendig.*

Erhard Hennig (1906 – 1998), deutscher Humusforscher

KAPITEL 1

Eine kurze Erfolgswissenschaft für den eigenen Garten

oder

Der Stoff, aus dem die Freiheit ist

*Letztendlich bleibt der Mensch mutterseelenalleine
im Kampf ums Überleben mit sich selber*
A. Knishev

Was ist Erfolg?

Erfolg ist, wenn Sie selber – ohne Zufalls- oder Glückstreffer – genau das bekommen und erschaffen können, was Sie anstreben. Wir sind mit unserem Leben genau in dem Maße zufrieden, in dem wir uns selber als die Ursache für diesen Erfolg betrachten.

Wir leben in einer Welt, in der alle Lebewesen sich gegenseitig helfen. Während Sie Ihrer Umgebung helfen, helfen Sie immer auch sich selbst. Jemand, der Ihnen hilft, Ihr Leben zu verbessern, verbessert auch sein eigenes Leben. Gott gebe, dass viele solche Leute Sie umgeben! Aber niemand kann Ihnen helfen, wenn Sie sich selber nicht helfen wollen. Erfolg ist eine individuelle Angelegenheit. Erfolg ist immer persönlich und beruht auf Ihren persönlichen Entscheidungen und Handlungen. Nichts in Ihrem Leben passiert ohne Ihr Zutun. Sie selber sind der Urquell Ihres Erfolgs. Verlassen Sie sich nicht auf Andere, denn Sie könnten enttäuscht werden. Wer, wenn nicht Sie, hilft Ihren Angehörigen, dem Land, der Menschheit, der Natur ja gar dem Universum? Und wenn Sie in der Lage sind, das Leben zu verbessern, indem Sie sich selber oder den anderen helfen, dann ist das Ihr persönlicher Erfolg.

Echter Erfolg gehört immer einem konkreten Menschen. Das Kollektiv ist nicht in der Lage Erfolge zu erzielen. Der gemeinsame Erfolg ist die Summe des Erfolgs von Einzelpersonen. Gemeinsam bedeutet jedermann, ansonsten gibt es kein „gemeinsam".

Das Leben ist eine florierende Sache. So ist seine Natur. Genau das ist es, worauf Parasiten sich stützen. Man kann es drehen und wenden, töten oder unterdrücken; aber der Wunsch zu überleben ist unzerstörbar. Erfolg ist wie ein (bösartiges) Virus, das einfach allerorten auftaucht. Unsere Kultur entwickelt sich dank den Bemühungen von Einzelgängern. Sie sind die Autoren des Erfolgs. Während Tausenden von Jahren wurden bestimmte Dinge auf eine bestimmte Weise gemacht, weil man überzeugt war, dass es nicht anders möglich sei. Doch plötzlich kam da ein Spinner. Dieser hinterfragte diese vermeintlich unumstößliche Regel, überlegte, und probierte es einfach anders zu machen. Und siehe da. Es funktionierte viel besser.

Alle sagten: „Das geht nicht."
Da kam einer, der das nicht wusste und tat es einfach.
Anonym

Beispiele hierfür gibt es jede Menge. Ich sammle solche Erfolgsbeispiele mit Vergnügen. Einen Teil dieser Sammlung können Sie auf www.kurdyumov.ru bestaunen. Wenn man das Leben unbekümmert und aufmerksam betrachtet, wird es simpel und erfolgreich. Es genügt, es nicht zu stören.

Beispiele aus der Landwirtschaft: I. N. Michajlov aus St.Petersburg entwickelte eine vollkommen neue Stallhaltung für Kaninchen. Dank dieser Art von Stallhaltung sind die Kaninchen ausgesprochen gesund, wachsen doppelt so schnell und ihr Fell ist dem Fell eines Zobels sehr ähnlich. Und dies trotz der Tatsache, dass er sich nur ein Mal pro Woche um die Kaninchen kümmern muss.

Der Imker V. A. Sherbak aus Krasnodar hat mehrere Jahre nacheinander von jedem seiner Bienenstöcke bis zu 220 Kilogramm Honig, einige Kilo an Pollen und zwei Ableger pro Saison gewonnen.

Noch im letzten Jahrhundert entwickelte der Agronom I. E. Ovsinskij eine pfluglose Methode zur Bodenbearbeitung, die es ermöglichte, den Boden mit organischen Substanzen anzureichern und die Erträge mit sehr geringen Kosten zu maximieren. Später wendeten Edward Faulkner, Terenty Semenarch Maltsev, Fedor Trofiovavich Morgun ähnliche Anbaumethoden erfolgreich an. Diese sind jetzt auf der ganzen Welt populär. Der berühmte japanische Landwirt Masanobu Fukuoka entwickelte ein absolut natürliches Anbausystem indem er ganz und gar auf Technologie und Chemie verzichtete. Säen und Ernten sind die einzigen Tätigkeiten in diesem System.

Der deutsche Obstgärtner Nikolaus Gaucher konnte bereits vor 100 Jahren Bäume in allen möglichen Form ziehen und dabei sowohl die Fruchtgrösse als auch die Qualität der Früchte steuern.

Musos Z. Guliev züchtet Kartoffeln aus einzelnen Augen (= Knospen) und erzielt damit den sieben- bis achtfachen Ertrag einer normalen Ernte. In Sibirien erntet Ivan P. Zamyatkin bis zu 20 Kilogramm Kartoffeln pro Quadratmeter ohne jegliche Düngemittel oder Chemikalien zu verwenden. Vladimir.V. Fokins Flachschneider/Gartenhacke ist ein genialer, einfacher Metallbügel. Die Arbeit wird damit jedoch doppelt so schnell und viel bequemer erledigt. Rund zwei Dutzend Gartenarbeiten lassen sich damit ausführen. Somit ersetzt das Gerät fast alle Gartenhandgeräte!

Es gibt endlos viele Beispiele des Erfolgs. Ich bin ziemlich sicher, dass viele raffinierte Methoden seit der Antike bereits mehrmals erfunden wurden. Und doch ist unser Leben immer noch wie ein Blindflug in Richtung falscher Ziele. Warum wenden wir diese erfolgreichen Methoden nicht an? Warum besinnen wir uns nicht darauf? Warum ist die altvertraute Routine weiter verbreitet als Erfolg? Die Gründe liegen in unserem Denken.

Erfolg ist gleichbedeutend mit Unabhängigkeit und Mut. Wir sind viel lieber abhängig von den anderen, damit wir die Schuld für unseren Misserfolg unseren Partnern oder der „Ungerechtigkeit der Welt" zuschreiben können. Erfolg bedingt immer die Notwendigkeit zur Veränderung; aber wir mögen keine Veränderungen. In der Aussage "Veränderung zum Besseren" neigen wir dazu, nur das erste Wort zu hören und das zweite auszublenden. Erfolg ist immer eine klare Wahlmöglichkeit. Doch wir sind es gewohnt, dass jemand anders für uns diese Wahl trifft. Wir mögen es nicht, die Verantwortung dafür alleine zu tragen. Wir sind aber selber für unseren Erfolg verantwortlich. Und schließlich ist Erfolg, den Mut zu haben, es anders zu machen als alle anderen. Das ist die 4-A Regel: Anders Als Alle Anderen. Der Erfolgreiche wird anfänglich oft missverstanden und belächelt. Das ging den Flugpionieren Otto Liliental und den Brüdern Wright genau so: Sie wurden als dämliche Spinner verschrien, die etwas versuchten, das nie und nimmer gelingen konnte. Die erste Reaktion auf Ihren eigenen Erfolg wird auch Missverständnis, Ablehnung und Beunruhigung sein – keine Anerkennung und kein Verständnis – schrecklich! Da ist es für die Meisten viel angenehmer und bequemer die alltäglichen Sorgen und Freuden mit allen zu teilen. Nur eine starke, unabhängige Persönlichkeit kann seinem Erfolg treu sein. Wie viele solcher Persönlichkeiten sind unter uns?

Nun stellen Sie sich einen Mensch vor, der in der Lage war einen Erfolg zu schaffen. Heureka! Aber auch er kann oft einer Falle nicht entgehen: Er versucht seinen Erfolg mit der Welt zu teilen, er versucht eine allgemeine Akzeptanz zu erreichen. Das endet meist in einem Fiasko. Traurige Tatsache ist, dass echter Erfolg nie von Vorteil für den Staat und den Machtapparat ist, weil er die Menschen frei und unabhängig macht. Wenn die Menschen aber erfolgreich, unabhängig, ja gar frei im Denken werden, wer bezahlt dann noch die engstirnigen Führer, die kurzsichtigen Politiker und für die unnützen Produkte der Grosskonzerne?

Wenden wir uns nun unserem persönlichen Erfolg zu. Er ist die einzig wahre Quelle unseres Glücks. Die Erfolgswissenschaft ist die nützlichste Wissensgrundlage fürs Leben. Lassen wir die Unternehmer reich werden, indem sie uns eine Menge unnützen Ramsch andrehen. Aber ob Sie es zulassen, dass deren Freud zu Ihrem Leid wird, hängt einzig und allein von Ihnen ab.

Erlauben Sie mir vorzustellen:
Erfolg – oder allgemeine Prinzipien
um erfolgreich zu werden

Für die anderen etwas machen – das kann jeder.
Aber für sich selber etwas Gutes tun – das bedingt echten Mut!

Dieses kurze Kapitel ist für alle, die es lieben, den Dingen auf den Grund zu gehen. Im Großen und Ganzen besteht der Erfolg aus drei Hauptkomponenten:
- Die Absicht etwas zu erreichen
- Eine präzise Vorstellung des gewünschten Ergebnisses[1], das heißt ein klares Verständnis dessen, was Sie tatsächlich erreichen möchten; und
- Eine gewisse Unabhängigkeit und Emanzipation von anerkannten Normen und Meinungen und oft auch von allgemein akzeptierten Werten.

a) Absicht – ist, wenn Sie bereits entschieden haben, etwas zu tun und es auch in die Tat umsetzen.

Verwechseln Sie das nicht mit einem Wunsch. Ein Wunsch ist nur eine Emotion, sie ist noch mit keiner Entscheidung befruchtet. In den meisten Fällen ist der Wunsch zwar da, aber die Absicht nicht. Irgendwie wollen wir zwar, dass wir etwas erreichen, das dann bitte aber ohne unser Zutun. Wir wollen dass Andere es für uns erreichen. Offenbar haben wir zu viele Märchen gelesen. Ein Beispiel: Den Wunsch schlank zu sein habe ich immer! Aber ich will doch dafür nicht jeden Morgen fünf Kilometer rennen!? Aha, hier fehlt die Absicht.

Die Erträge meiner Gemüseernte waren alles andere als rekordverdächtig. Das heißt, dass ich nicht die Absicht hatte eine Rekordernte einzufahren. Aber ich hatte die klare Absicht, sowohl die zu bearbeitende Fläche als auch die Arbeitsintensität zu verringern – und das habe ich erreicht.

---

1) Ergebnis – hier: Das, was man bekommen will. Das Ergebnis überlegter Handlungen und ihre direkte Folge. Das, was zum Tauschen geeignet ist und wofür man bezahlen würde.

Starke Leute arbeiten beharrlich daran, ihr Ziel zu erreichen, ohne sich von Hindernissen davon abbringen zu lassen. Schwache Menschen wünschen sich bloß etwas, aber sie träumen nur. In den Jugendjahren sind wir voller Wünsche und Absichten, als Erwachsene verlieren wir oft die Fähigkeit, Absichten umzusetzen.

So schaffen wir uns eine Reihe von Problemen, Mühsal und Gefahren, um uns selber dazu zu zwingen, etwas zu wollen. Und dies bloß um dann sagen zu können: „Ich habe es geschafft!"

Wie kann man es aber schaffen, etwas ohne Stress und Plackerei zu erreichen? Es ist sehr einfach: So wie es die Werbung macht. Versuchen Sie, Ihre Neugier zu wecken und etwas Neues zu wollen. Ein Beispiel: Sie würden gerne Kürbisse der Sorte 'Big Moon' anbauen? Nein? Offensichtlich haben Sie noch nie einen 'Big Moon' gesehen: Er ist leuchtendorange, kommt auf bis zu einem Meter Durchmesser und bringt 200 Kilogramm auf die Waage! Wenn Sie ein Foto sehen würden, würden Sie sich dies sicher wünschen. Und wenn Sie den 'Big Moon' live sehen könnten – wären Sie sogar total scharf darauf – und zwar so scharf, dass Sie noch lange für dieses Ziel leben würden. Aber wahrscheinlicher ist, dass Sie einfach Ihr gewohntes Leben weiter leben würden. Einen Wunsch hätten Sie dann – aber noch längst keine Absicht.

Bewusst eigene Absichten zu erschaffen, ist die Sache starker Menschen. Bei den anderen entstehen Absichten spontan und unbewusst, weil man erschrickt, sich ärgert, sich plötzlich verliebt …oder erst „wenn es brennt" … oder bestenfalls durch ein rabiates Zusammentreffen mit einem Brathähnchen*. Aber diese Dinge geschehen fast immer unabhängig von unseren Wünschen.

Ich kann Sie zum Beispiel davon überzeugen, dass dieser Kürbis ein Patentrezept gegen allen Schwierigkeiten ist (das würde ich auch sicher tun, wenn ich Samenverkäufer wäre) und Sie werden mir vielleicht glauben. Oder Ihr Ehemann (Ehefrau) könnte drohen, zu einer anderen Frau (Mann) zu ziehen, weil diese Person eben diese Kürbisse züchtet. In solchen Fällen kann spontan eine Absicht entstehen! Machen Sie es sich einfacher: Werden Sie alleiniger Züchter dieses Kürbisses weit und breit und die ganze Nachbarschaft wird zu Ihnen strömen um diesen Kürbis zu bewundern. Und Sie baden dabei in Be-

---

* Brathähnchen: Dieses Beispiel bezieht sich auf ein russisches Sprichwort: „Du bist so faul, dass du nichts erledigst bevor dich nicht ein Brathähnchen in den Hintern pickt."

wunderung. Hier ist die Absicht vorprogrammiert: Ihre nächsten Kürbisse werden doppelt so gross.

Leider entstehen zu viele Absichten aus Angst. Diese können zwanghaft werden. Deswegen führen bei weitem nicht alle Absichten zum Erfolg. Wenn Sie sich auf jemand anderen verlassen, ist die daraus resultierende Absicht vielleicht nicht mal Ihre eigene. Und fremde Absichten führen in der Regel zum fremden Erfolg. Beim Kauf eines neuen Autos, beim Spielen am Spieltisch, beim Einkaufen – wessen Absicht führen Sie aus? Wessen Erfolg wird das? Womöglich antworten Sie darauf: „Es ist aber mein Wunsch!" Natürlich ist es das. Aber wer hat diesen Wunsch in Ihnen erzeugt? Verstehen Sie, was ich meine? Ihr persönlicher Erfolg darf immer nur das Resultat Ihrer ureigenen Absichten sein. Von Ihnen persönlich gestaltet, von Ihnen entworfenen, zur Freude in Ihrem Leben.

Absicht hat eine interessante Eigenschaft: Im Gegensatz zum Wunsch geht sie immer in Erfüllung. Alles, was mit Ihnen im Leben passiert, ist die Verkörperung Ihrer Absichten. Genau so ist es. Das einzige Problem ist, dass so viele von uns ihre wahren Absichten im Traumstadium verkümmern lassen und sie nicht realisieren. Damit sind wir bei der Grundsatzfrage: Wie bewusst sind Sie sich Ihrer eigenen Existenz? Zusammengefasst: Träumen und Wünsche anhäufen – bringt nicht viel. Erschaffen wir Absichten!

b) Präzise Vorstellung des Ergebnisses – der zweite Aspekt des Erfolgs. Wenn Sie einfach beabsichtigen, einen Kürbis zu pflanzen, stecken Sie einfach den Samen in die Erde... und es kommt kaum etwas Gescheites dabei heraus. Um wirklich einen 'Big Moon' zu bekommen, müssen Sie sich das Resultat detailliert vorstellen.

Der Kürbis wird eine solche Fläche brauchen (wie groß? – Herausfinden!), der Kürbis wird hier liegen (Stroh ausbreiten!), der Kürbis wird gesund und unversehrt sein (entsprechende Massnahmen treffen!), bis Mitte Juli muss der Kürbis reif sein (Folienabdeckung bereit stellen!), eine leuchtende Farbe wird er haben (den vor sich hinsiechenden Pfirsichbaum entfernen, dass er die Sonne nicht verdeckt!), mindestens 250 Kilogramm schwer wird er (die Gartentechnik/Bedürfnisse dieser Sorte recherchieren und ausführlich studieren!), er muss selten gegossen werden (eine Grube mit einen halben Kubikmeter nahrhaftem Kompost plus eine dicke Schicht Strohmulch vorbereiten), und so weiter und sofort. Und schon häufen Sie wertvolles Know-how[1] an.

Ein Gesetz: Je detaillierter man sich das Ergebnis vorstellt, desto größer ist die Wahrscheinlichkeit, genau dieses Ergebnis auch zu bekommen. Anders gesagt: Ohne die Ergebnisse im Detail sehen zu können, schafft man es auch nicht, an das Know-how zu kommen um das beabsichtigte Ergebnis zu erhalten.

Noch einfacher: Wer nicht weiß, was er will, braucht sich nicht zu wundern, wenn er ein Resultat erzielt, das er nie und nimmer wollte. Es ist unmöglich ein lohnendes Resultat zu erhalten, wenn man nicht weiß, wie das Resultat beschaffen sein soll.

Aber häufig passiert genau dies, wenn wir blind dem folgen, was bereits akzeptierter Standard ist und was sogenannte Experten uns „vorbeten".

Es scheint, dass von allen hoch verehrten Heiligen, der Glaube und die Hoffnung, jene sind, die eben nicht die alt eingesessenen Bewohner unserer Stadt des Glücks sind. Sie predigen für alle und jeden dieselben Heilmittel – nichts als leere Versprechungen. Das ist meilenweit entfernt von Erfolg. Glaube und Hoffnung suchen das Weite, sobald Wissen und Absicht am Horizont auftauchen, weil sie sich bewusst sind, dass ihre Aufgabe darin besteht, zu täuschen und zu beschwichtigen. Sie dienen nicht uns, sondern denjenigen, die sich ausgedacht haben, woran wir zu glauben haben und auf was wir zu hoffen haben! (Und welche Chemikalien wir einsetzen sollen, *Anm. des Übersetzers*)

1) Know-how: Ich weiss, wie ich ein gutes Ergebnis wiederholen und sogar verbessern kann. Wissen wie!

Selbstbestimmung, oder Glaube an sich selbst – der dritte Aspekt des Erfolgs.

Erfolg – ist nicht das, wofür man das Lob anderer bekommt. Erfolg ist das, was unser Leben real verbessert.

Das einzige, das Sie Ihres Erfolgs berauben kann, ist die Meinung anderer Menschen. Wenn diese Menschen in der Mehrheit sind, werden sie zu Moralaposteln hochstilisiert. Ihnen zu wiederstehen ist nicht einfach. Daher sind leider die meisten unserer Überzeugungen nicht mehr als die Meinungen anderer Menschen. Uns wird seit der Kindheit beigebracht zu gehorchen, und nicht die eigenen Erfahrungen zu analysieren. Wir sollen blind glauben, aber bloß nicht unsere Überzeugungen auf eigene Erfahrung stützen. Wir haben uns daran gewöhnt, unsere Erfolge anderen Leuten zu überlassen. Leute, von denen wir nicht mal wissen, dass es sie gibt. Es kann einem bisweilen absurd vorkommen: Monat für Monat und Jahr für Jahr tun wir Dinge, von denen wir total überzeugt sind. Doch wenn wir als Resultat das völlige Gegenteil von dem erhalten, was uns vorgegaukelt wurde, schaffen wir es irgendwie doch noch, dies nicht einzusehen, und glauben, dass wir absolut nichts dafür können. Wir realisieren nicht, dass die Beziehungen zu unseren Verwandten, unsere Gesundheit, unsere Fähigkeiten, unser Charakter, unsere Reaktionen und Emotionen, der Zustand unseres Körpers und der Umwelt, der Kunden, des Finanzwesen etc. etc. das Resultat unserer Überzeugungen sind. Nun, man kann über die Familie, Kollegen und die Regierung schimpfen und sie für die eigenen Verfehlungen verantwortlich machen. Aber mit dem Kürbis zu schimpfen ist sinnlos! Daher ist der Garten ein super Ort für ein Erfolgstraining. Hier versteht man die Mechanik unseres Le-

bens schneller: Wir wollen das Eine, machen das Andere und bekommen dann ein unerwünschtes Resultat!

Und was passiert, wenn wir keine klare Vorstellung des Ergebnisses haben und die Absicht durch die mangelnde Unabhängigkeit geschwächt ist? So verfallen wir der Routine. Routine ist das Gegenteil von Ergebnis. Sie ist ineffizient und ineffektiv.

Wenn wir unseren Erfolg an andere delegieren – an Verwandte, Chefs, Wissenschaft, Religion oder Politik – erhalten wir bestenfalls Trost in dem Umstand, dass es allen anderen genau so lausig geht. So kann jeder ins Klagelied einstimmen und das machen, was wir am liebsten tun: Nichts.

Es ist eine unbequeme Wahrheit, dass für die meisten von uns Mitleid wichtiger zu sein scheint als Erfolg. Aber es ist auch das größte Hindernis auf dem Weg zum Glück. Bedenken Sie: Glücklich ist nicht derjenige, dem man Mitleid entgegen bringt, sondern derjenige, der gar kein Mitleid nötig hat!

Meine Freunde, was auch immer in unserem Leben geschieht, ist bloß die Reflektion dessen, wer wir sind. Haben wir aber Absichten und Bestreben, dann werden diese sich verwirklichen. Haben wir keine Absichten, verwirklicht sich nichts. Beim Ausführen der Absichten Anderer schaffen wir den Erfolg für diese Anderen. Wenn Sie massenweise Samen und Chemikalien kaufen, von denen Sie die Hälfte vermutlich wegwerfen müssen – was denken Sie, wessen Absicht arbeitet hier und wessen Erfolg ist das? Das wäre alles nicht weiter tragisch, wenn wir beim Erarbeiten des Erfolgs der Anderen nicht unser eigenes Wohlergehen opfern würden. Aber genau das geschieht dabei. Als wäre das nicht schon verhängnisvoll genug, riskieren wir neben unserem eigenen Wohlergehen auch das Wohlergehen der uns nahe stehenden Menschen. Diese Opfer sind unnötig. Erfolg braucht niemals Opfer. Erfolg setzt Veränderungen voraus. Aber was ist Glück eigentlich, wenn nicht das Gefühl des ständigen Wachstums – des ständigen Wandels zum Besseren? Wichtig: Erfolg kann man lernen. Man kann – von müssen redet hier niemand. Jeder entscheidet für sich selbst, ob er Erfolg haben will. Aber eines ist sicher: Erfolg ist Knowhow – wissen wie. Ich werde Ihnen dies am Beispiel des Gartens demonstrieren. Hey, endlich haben wir den Garten erreicht!

Sind Sie mit Ihrem Garten befreundet?

Oder quasi-wissentschaftliche Überlegungen über die Bedeutung des Zusammenlebens

Die Arbeit ist kein Wolf, sie läuft nicht in den Wald davon.
Russische Volksweisheit

Und was ist mit geistiger Arbeit?
Frage des Autors

Wie misst man den Erfolg eines Gärtners?
Lassen Sie uns versuchen, eine Formel für den Erfolg herzuleiten. Von einem Garten bekommen wir:
a) Erzeugnisse (in Kilogramm) und
b) Freude an der Arbeit, Naturverbundenheit plus Ruhe und Frieden (willkürliche Maßeinheiten).

Wenn wir das durch die Fläche dividieren, dann bekommen als Resultat die Garteneffektivität: Kilogramm (oder Vergnügen) pro Quadratmeter. Oft ist dies das einzige Kriterium, das den traditionellen Gärtner, der mit dem Anbau von Nahrungsmitteln beschäftigt ist, interessiert. Dies führt häufig zu psychischer Ermüdung und Arbeitssucht. Weil dies die Effektivität des Gartens nicht erhöht, sondern im Gegenteil oft vermindert, verliert der Gärtner das Interesse und überlässt den Garten schließlich sich selbst. Ich gehe anders vor: Ich strebe an, eine gleich bleibende Ausbeute auf einer möglichst kleinen Fläche zu erwirtschaften. Bei dieser Art der Gartenbewirtschaftung überwiegt die Freude bei weitem die Mühe der Gartenarbeit.

Doch bedenke: Effektivität ist nicht gleich bedeutend mit Erfolg. Nicht darin besteht der Sinn des Lebens auf der Erde! Beständig steigende Effizienz kann überfordern, erschöpfen, Vergiftungen durch Chemikalien hervorrufen oder Rückenschmerzen erzeugen. Für wen ist das alles? Wir haben vergessen, das Wichtigste in die Formel einzufügen: Sie als Mensch. Die Bedeutung Ihres Gartens misst sich nur

an Ihrer eigenen Freude daran. Um die Zweckmäßigkeit Ihres Lebens auf der Erde zu ermitteln, sollten Sie die Effektivität durch Ihre Verluste dividieren – Arbeitskosten, Zeit und Geld:

Die Erfahrung zeigt, dass der Arbeits- und Zeitaufwand oft teurer sind als der finanzielle Aufwand. Die Erfahrung zeigt eines noch deutlicher: Je kleiner die zu bearbeitende Fläche ist, desto einfacher ist es, die Effektivität zu steigern.

Aber das Wichtigste bleibt: Betrachten Sie sich selber als Hauptzweck jeder Gartenarbeit und vergessen Sie nicht, sich selbst in die Formel einzufügen. Nicht Sie existieren für den Garten – der Garten existiert für Sie! Versuchen Sie, die „Produktivität der Arbeit" zu steigern und nicht für den maximalen Ertrag zu rackern. Sie erreichen dies, indem Sie den Gartenunterhalt vereinfachen. Keine Formel wird funktionieren, wenn Sie nicht Ihr Wohlbefinden und Ihre Freiheit als Hauptzweck berücksichtigt haben. „Passen Sie Ihren Obst- und Gemüsegarten Ihrem Lebensstil an" – so hat es der berühmte Gartenkenner Alan Chadwick ausgedrückt. Genau wegen dieses Körnchens Wahrheit habe ich mir diesen arithmetischen Spass erlaubt.

Die grosse Mehrheit der Gärtner versucht die ganze Zeit entweder den Zähler oder den Nenner aus der Formel auszuschließen. Die einen hassen es, die Erde zu bearbeiten, mögen Gartenarbeit gar nicht und wollen im Garten nur ihre Ruhe haben. Wir nennen sie Romantiker. Die anderen sind bereit Tag und Nacht zu hacken und zu gießen: Deren Familie braucht Früchte und Gemüse! Sie sind oft überlastet und leiden darunter. Das macht sie zu erfolgreichen Meckerfritzen. Sie neigen dazu, die Romantiker unter ihren Freunden und Verwandten zu verachten und zu kritisieren. Diese nennen wir Realisten, genauer gesagt Arbeitssüchtige. Arbeitssucht ist eine in unseren Breitengraden hoch ansteckende Krankheit, die leicht durch Kontakte, Kommunikation und Feste übertragen wird. Als besonders ansteckend gilt die sowjetpopulärwissenschaftliche Literatur über Gartenarbeit, verfasst von Wissenschaftlern verschiedener Akademien. Daher sind die Romantiker bis jetzt in der Minderheit. Es handelt sich dabei vor allem um Ehemänner und Kinder. Frauen neigen viel eher zur Arbeitssucht. Übrigens, der Arbeitssucht wird nachgesagt, dass sie den weiblichen Charme und Attraktivität mit großer Zuverlässigkeit auszurotten vermag. Dies müssen beide Geschlechter, die Zeit im Garten verbringen, unbedingt berücksichtigen.

Eine typisch russische Konstellation: Die Ehefrau unverbesserlich arbeitssüchtig, ihr Mann ein militanter Romantiker. Er würde gerne ein Bierchen trinken, während sie ihm eine Schaufel in die Hand drückt! Und es scheint kein Kompromiss in Sicht zu sein. Der Garten

wird zum innerehelichen Minenfeld. Auf den Beeten reifen Zankäpfel statt Gurken. Sie leidet am Ehefrau-Gartenbau-Syndrom (offiziell EGS), er am Gemahl der Ehefrau-Gartenbau-Syndrom (GEGS). Oft zieht sich dieser Zustand über Jahre hin und führt manchmal zu schweren familiären Konflikten. Als erfahrener Garten-Psychotherapeut stelle ich fest: Die Hauptursache dieser Krankheit ist das nicht vorhandene Verständnis über die eigentliche Bedeutung des Gartens. Der Romantiker verschmäht die Gartenarbeit zwanghaft, während der Arbeitssüchtige im Gegenteil dazu wie besessen versucht, den Garten an sich zu binden. Lassen Sie mich Ihnen mein Verständnis der Bedeutung Ihres Gartens näher bringen.

Erstens: Der Garten ist unser Lebenspartner. Wir und unsere Pflanzen stehen in einer symbiotischen Beziehung. Das heißt, wir bilden eine natürliche Lebensgemeinschaft. Wir und unser Garten sind Symbionten, enge Freunde, Partner. Die Partnerschaft setzt jedoch die grösstmögliche Freiheit und das grösstmögliche Wohlbefinden beider Parteien unabdingbar voraus.

Zuallererst sollte ein Lebenspartner äußerst sorgfältig und mit Bedacht ausgewählt werden. Wollen wir diese Kartoffeln wirklich, oder können wir uns mit den gekauften zufrieden geben? Auch eine Wiese mit wilden Kräutern kann ein exzellenter Partner sein, aber aus irgendeinem Grund wird er oft ignoriert. Ein Wald kann ein ebenso idealer Partner sein, aber kaum ein Gärtner pflanzt einen Wald an.

Aber all die Sorten und Arten von Gemüse: Pflanzen wir krampfhaft und blind einfach alles an, was wir uns unter die Nägel reißen können? Oder begnügen wir uns mit jenen Spezies, für die wir das nötige Know-how haben, wie man sie erfolgreich kultiviert? Und wie viel davon? Die optimale Menge, oder so viel, dass Sie die Erzeugnisse dann weggeben oder die Hälfte sogar kompostieren müssen? Und so weiter. Diesem Thema ist später ein ganzes Kapitel gewidmet.

Zweitens: Eine gute Partnerschaft ist geprägt von guter Kommunikation und Einvernehmen. Der moldawische Akademiker Sergey N. Masloborod hat während mehrerer Jahre die Interaktion mit den Pflanzen untersucht und bewiesen: Pflanzen und Mikroorganismen können auf unsere geistigen Befehle reagieren. Ob es uns gefällt oder nicht, alles Lebende reagiert auf unsere Gedanken! Und was sagen wir ihnen, meine lieben Arbeitssüchtigen?

Um Pflanzen zu verstehen, muss man mit ihnen kommunizieren. Haben wir genug Zeit und Kraft dafür zwischen dem Jäten, Bewässern und Spritzen? Stellen Sie sich vor, Sie würden die Freundschaft mit einem guten Freund aufgrund von Anweisungen in einem Lehrbuch pflegen: Das würde dann so aussehen: Sie haben etwas gelesen, Sie haben es ihm gesagt, aber Sie hören Ihrem Freund nicht zu, seine Antwort ist unwichtig. Ihnen ist bloß wichtig, was denn als nächstes im Text ihres hoch intelligenten Buches kommt. Ist das Ihre Vorstellung einer funktionierenden Freundschaft? Na dann gute Nacht. Aber genau so kultivieren wir unsere Pflanzen! Wir tun etwas, das wir als „notwendig" erachten, reagieren aber nicht auf die Antwort. Wir schauen nicht mit offenen Augen. Die Pflanze hat nichts vor uns zu verbergen; sie ist vollständig offen für uns. Aber wir sehen nicht, wie sie reagiert. Wir sind es nicht gewohnt zu schauen. Viele schaffen es sogar, ihre Kinder so zu erziehen: So individuell die Kinder auch sind, wir folgen ein und derselben Anleitung für alle! Wir behandeln sie nicht wie Partner und das Ergebnis ist dementsprechend.

Symbiose heißt, sich gegenseitig das Maximum zu geben. Wenn wir die Pflanzen aufmerksam beobachten, können wir verstehen, was sie benötigen, und sie werden es uns mit reichem Ertrag danken. Aber so oft tun wir das Gegenteil: Wir machen viel Wirbel um die Pflanzen, strengen uns fleißig an und schaden ihnen so. So wird unser gemeinsames Leben zur gegenseitigen Quälerei. So quälen wir uns weiter durchs Leben, können einander kaum ausstehen und schieben die Schuld dem Klimawandel, dem sauren Regen und der gestörten Ökologie in die Schuhe. Hier ist das Rezept für eine intelligente Partnerschaft: Ich bin bei dir, um mein Leben zu verbessern und du bist bei mir, um dein Leben zu verbessern.

Einen Garten sollte man haben, um Freude zu schöpfen, ansonsten verliert er jede Bedeutung. Den Ertrag braucht man für das Vergnügen der Vorfreude und des kulinarischen Genusses; er dient dazu, Spaß dabei zu haben die Produkte zu verkaufen, zu verarbeiten, die schönen Beete und die eingemachten Produkte zu bewundern, und nicht zuletzt um ihn als leckeres Essen anzubieten und Gäste zu bewirten. Rasenflächen dienen der Erholung, Blumen sind da, um sie zu bewundern und zu verschenken und um sich auf jene Blüte zu freuen, die als nächstes aufgeht.

Der clevere Garten verbindet dies alles zu einem perfekten Ganzen. Er macht Romantiker und Realisten glücklich: Der Erstere entwirft und erstellt einen Faulenzer-Garten, schafft Ruhezonen und legt pflegeleichte Rasenflächen an, während der Zweite seine Gemüse und Früchte kultiviert – und dies genau so zu seinem Vergnügen wie der Romantiker.

Der clevere Garten erlaubt es Ihnen, diesen ohne Anstrengung ganz alleine zu bewirtschaften. Alle Unbeteiligten sollen tun und lassen, was sie wollen. Aber in der Tat wird sogar ein eingefleischter Romantiker beim Anblick eines cleveren Gartens ausrufen: „Wow, das ist aber mal was Anderes!" und er wird sogleich damit beginnen, Verbesserungspläne für seinen Garten auszuarbeiten. Darauf bin ich stolz: Glückliche Frauen schreiben mir regelmäßig über solch wundersame Sinneswandel ihrer Männer.

Hier folgt eine bildliche Darstellung, die Ihnen hilft, Ihre Beziehung zu Ihrem Garten besser zu verstehen.

Zone 1. Sie können sich ein Leben ohne Ihren Garten nicht vorstellen. Jedoch ist Ihr Eifer ziemlich zwanghaft. Sie arbeiten aus Angst oder Sorgen. Ihr Garten ist Ihr Parasit und er raubt Ihnen Energie. Deswegen würden ihn Ihre Liebsten vorzugsweise verkaufen, verpachten

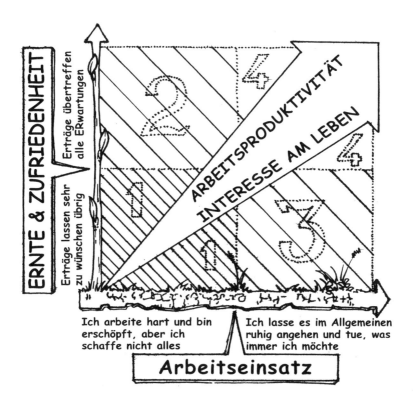

oder brach liegen sehen. Sie realisieren gar nicht richtig, was Sie tun und was Sie sich dabei antun. Sie glauben, Sie müssten noch mehr arbeiten, aber die Kraft dazu fehlt Ihnen. Sehr wahrscheinlich kostet Sie Ihr Garten mehr, als er abwirft. Hier gibt es nur einen Ausweg: Ändern Sie Ihre Werte – und fangen Sie an, sich selber als Faulenzer zu verstehen. Und nach und nach, ganz systematisch, verwandeln Sie Ihren Standardgarten in einen cleveren Garten.

Zone 2. Sie sind ziemlich kompetent, aber übereifrig. Die gute Ernte und Ihre Zufriedenheit mit Ihrer eigenen Arbeitsmoral verbergen die Tatsache vor Ihnen, dass Ihr Garten noch viel funktioneller sein könnte. Doch Sie verbringen Ihre Zeit leider lieber damit, sich über Ihre faulen Verwandten zu beklagen. Es wäre an der Zeit, sich darüber Gedanken zu machen, wie Sie unnötige und unnütze Arbeit vermeiden können. Machen Sie es sich zum Ziel, so wenig wie möglich zu arbeiten. Überprüfen Sie Ihre Arbeitsweise, denn diese hat Sie zu einer Geisel der niemals endenden Arbeit gemacht. Eine Tretmühle.

Zone 3. Ihr zentrales Anliegen ist nicht der Ertrag, sondern Spass und Entspannung im Garten. Wunderbar! Gemüse kann man auch kaufen. Widmen Sie sich Ihren Rasenflächen, mehrjährigen Blumen und Sträuchern. Und erholen Sie sich zu Ihrem Wohl!

Zone 4. Sie bekommen eine gute Ernte und sind gleichzeitig kreativ, haben Spass und genießen Ihr Leben. Das ist ein idealer Zustand - unser Ziel. Das ist Erfolg. So etwas findet man selten. Erkennen Sie sich in dieser Beschreibung? Dann teilen Sie mir Ihre Erfahrungen mit und ich werde Sie gerne in meinen zukünftigen Büchern erwähnen.

Das Wichtigste über Permakultur

Die Arbeit hat den Menschen erschaffen.
Die Arbeit kann gehen.

Als ich damit begonnen hatte, Gemüse- und Obstgärten cleverer zu machen, entdeckte ich, dass auf der ganzen Welt immer wieder intelligente Gartenbaupraktiken und -systeme zur rationellen Bodenbewirtschaftung entwickelt wurde.

Ein wirklich profundes, ausgereiftes System stellt jenes der Permakultur dar. Permakultur[1] ist die Kultur des Zusammenlebens mit der Natur, kombiniert mit der stetigen Verbesserung der naturnahen Anbaumethoden zum Wohl von Mensch und Natur. Die Prinzipien der intelligenten Bodennutzung durch Permakulturisten überzeugen durch Einfachheit und Klarheit. Diese sind so weise, dass wir sie vorbehaltlos zur Kenntnis nehmen sollten.

Zunächst einmal klären wir das Wesen lebender Ökosysteme. Uns brachte man bei, dass die natürlichen Gemeinschaften einen ständi-

---

1. Permakultur – von permaculture, neu permanent agriculture.
   Das grundlegende Prinzip von Permakultur ist, nützliche Verbindungen zwischen Elementen eines Systems herzustellen, damit möglichst viele Bedürfnisse aus dem System selbst heraus gedeckt werden können. Nur so können so viele seiner Produkte wie möglich genutzt werden. Jedes Element unterstützt produktiv mehrere andere Elemente. Permakultur wurde in den 1970er Jahren von den Australiern Bill Mollison (1928-2016) und David Holmgren initiiert.

gen Kampf ums Überleben führen. Aber das ist nichts anderes als die einseitige Meinung jener Wissenschaftler, die sich auf den Kampf fixieren. In Tat und Wahrheit findet in der Natur nicht wirklich ein Kampf statt. Die Grundlage jedes Ökosystems ist das Zusammenleben, das gegenseitige Füttern, die gegenseitige Anpassung seiner Mitbewohner, das heißt die gegenseitige Hilfe (Kooperation). „In der Sprache der Botanik, die Darwin auch gerne benutzte, bedeutet das Wort „Kampf" nicht die Vernichtung der eigenen Art, sondern nur die Selbstverteidigung, den Sieg des Lebens über die feindlichen Kräfte der Natur." *(Kliment. A. Timyrjazev, 1891)*

Im Jahr 1978 erkannte der Australier Bill Mollison, dass wir Menschen auf dieselbe Art und Weise mit den Pflanzen und Tieren zusammenleben können, wie es in der Natur geschieht. „Permakulturen ersetzen" – ist hauptsächlich ein Organisationssystem.

Es hat zum Ziel, die Macht des menschlichen Geistes zu nutzen, um die Muskelkraft und die fossile Energie zu ersetzen". (Patrick Whitefield). Ich ergänze, dass das System der Permakultur auch Zeit, Kosten und Anstrengungen einspart. Benutzen wir unseren eigenen Geist, um uns das Leben leichter zu machen. Gibt es etwas, das sich mehr zu lernen lohnt? In den letzten Jahrhunderten haben wir uns zu sehr daran gewöhnt, schön brav und hörig nach den Dogmen und Vorstellungen anderer Menschen zu leben. Wohl den Menschen, die wieder lernen selber zu denken!

Die Prinzipien der Permakultur regen doch sehr zum (selber) Denken an. Überzeugen Sie sich selbst:

1. Arbeit ist das – was Sie erledigen müssen, weil Sie es nicht so organisiert haben, dass es sich von selbst erledigt. Oder zumindest teilweise von selbst. Ein Beispiel: Mulch[1] von Ernterückständen speichert Feuchtigkeit, ernährt Bodenlebewesen, liefert den Wurzeln Nährstoffe und strukturiert den Boden. Oder ein Tropfbewässerungssystem: Die Feuchtigkeit tröpfelt selbständig und direkt zu den Wurzeln, wenn nötig bereits angereichert mit Dünger. Oder, hat man den Boden mit altem Karton oder Lumpen zugedeckt, wächst kein Beikraut mehr. Wenn man einen Hühnerstall unter einem Maulbeerbaum oder einer Scheinakazie *(Robinia pseudoacacia)* baut, streut sich das Futter einen halben Sommer lang von selbst auf die Köpfe der Küken.

1. Mulch – alles Organische, das die Erde von oben abdeckt, wie in der Natur. Für die meisten Einwohner Russlands ist das Wort praktisch unbekannt.

Es ist auch möglich solar betriebene Wasserheizungen und Pumpen, Wassermühlen und Turbinen oder auch andere Geräte zu installieren, die ohne Energieverbrauch arbeiten. Die gleichen Prinzipien können bei der Planung von Gärten und anderen Pflanzungen angewendet werden. Die sinnvolle Anordnung von Beeten, Pflanz- und Grünflächen kann die Arbeitskosten mehr als halbieren. Der mittlerweile weltberühmte Österreicher Sepp Holzer verwandelte 40 Hektar gebirgigen Geländes in einen produktiven Waldbauernhof. Er erntet dort Gemüse, Früchte und Getreide. Hunderte Kilogramm Pilze und sogar Fische und Krebse gehören zu seinen Naturprodukten. All dies produziert sich quasi von alleine, ohne sein direktes Zutun. Holzer selber ist mehrheitlich damit beschäftigt, neue Flächen urbar zu machen.

2. Abfall ist etwas, wofür Sie noch keinen Weg gefunden haben, um es zu Ihrem eigenen Vorteil zu nutzen. Beikraut, Sägemehl, Mist, Küchenabfälle, Späne und alle anderen organischen Stoffe, die verrotten können, sind Ihr zukünftiger Kompost, oder noch besser: Das sind frische Lebensmittel für Würmer und Bodenlebewesen direkt auf den Beeten. Alte Lumpen, Matten, Pappe, Karton, Sperrholz und andere organische Materialien sind Mulch für Sträucher und junge Bäume, Wege und Zwischenräume. Behälter und Plastikfaschen eignen sich wunderbar für eine große Zahl von Bewässerungseinrichtungen, Insektenfallen, Mikrotreibhäuser und zum Ziehen von Sämlingen. Glas und Eisen eignen sich als Füllstoff für Beton. Eigentlich muss nur synthetisches Material anderweitig entsorgt werden, aber vielleicht lässt sich auch dies noch sinnvoll verwenden.

3. Jedes Bedürfnis kann man aus mehreren Quellen befriedigen. **Beispiel Nr. 1 – Wasser:** Dieses kann man direkt aus Niederschlägen bekommen, man kann es in Behältern auffangen, unter Mulch oder verdichteten Kulturen speichern oder in einen selbst angelegten Teich leiten. Darüber hinaus hat ein gut strukturierter, mit Wurzeln und Würmern durchsetzter Boden die Eigenschaft, viermal mehr Feuchtigkeit aus der Luft aufzunehmen und zu speichern, als ein strukturloser, gepflügter Boden. **Beispiel Nr. 2 – Nährstoffe für Pflanzen:** Diese können aus Mist, Humus, Kompost und/oder Ernte- respektive allgemeinen Pflanzenrückständen bestehen. **Beispiel Nr. 3 – Nahrung für Federvieh:** Beeren, Samenbäume, Sorghumhirse und Mais (als

Trennwände im Garten), ebenso Insekten und Schnecken im nichtproduktiven Teil des Gartens sowie Futtergras sind geeignet als Futter für Geflügel. **Beispiel Nr. 4 – Wärmequellen:** Gärendes organisches Material, Sonne, Strom. **Beispiel Nr. 5 – Quellen für elektrische Energie:** Fließendes Wasser, Sonnenenergie, Windkraft usw. – diese Liste ist endlos.

4. Jede Pflanze, jedes Tier und jedes Gerät kann auch für mehrere Zwecke genutzt werden. Wir möchten natürlich so viel wie möglich nutzen. Pflanzen können Nahrung, Kompost, Medikamente und Gewürze hervorbringen, als Bienenweide dienen, „Schädlinge" vertreiben und Stickstoff binden (Hülsenfrüchte). Ach ja, und sie verbessern auch noch die Struktur des Bodens. Wenn zum Beispiel Beikräuter vor der Blüte zurückgeschnitten werden, dienen sie uns als ausgezeichnetes Mittel zur Bodenverbesserung in Form einer leistungsfähigen Gründüngung[1], die Sie zudem keinen Cent kostet. Bäume produzieren Früchte, dienen den Bienen als Nektarspender für die

---

1. Gründüngung = Pflanzen, die den Boden nähren und strukturieren. Dazu kann man alle Pflanzen zählen, die zu diesem Zweck angebaut werden. Sie dienen dazu, dem Boden frisches organisches Substrat zuzuführen. Wie in der freien Natur funktioniert die Gründüngung am effektivsten auf der Oberfläche als Mulch. Sie sehen wieder ein Mal: Der clevere Garten braucht Ihre Intelligenz viel dringender als Ihre Muskeln!

Honigproduktion, liefern Holz fürs Heizen, dienen als Stütze für andere Pflanzen und sie können als Design- oder Zierelement Verwendung finden.

Tiere liefern Nahrung und Mist, Vögel helfen den Garten von „Schädlingen" zu befreien. Ein erhöht angelegter Pool kann zum Baden dienen, aber ebenso zur Bewässerung, Wasserspeicherung und als Gestaltungselement. Es gibt auch Universalwerkzeuge, wie zum Beispiel Fokins Flachschneider. Dieser ersetzt fast alle Gartengeräte weil er so unglaublich multifunktional ist. Diese Liste könnte ebenfalls endlos fortgesetzt werden.

5. Die kluge Anordnung, Zonierung und Unterteilung der Nutzungsbereiche kann die Arbeit stark erleichtern. „Gemüse dienen Ihnen am besten, wenn sie direkt vom Küchenfenster her sichtbar sind". In der Tat: Je weiter weg die Pflanze von Ihnen ist, desto geringer ist das Interesse an ihr. Der Gemüsegarten sollte direkt neben dem Haus und an einer Wasserquelle platziert werden. Pflanzen, die unsere Aufmerksamkeit eher selten brauchen, z.B. Bäume und Sträucher, gehören ans hintere Ende des Gartens. Dasselbe gilt für das Gartenbeet. Was tägliche Pflege erfordert, pflanzt man immer vorne.

Die Zonierung des Bodens entdeckte ich in der Praxis. Sie ist die Grundlage der cleveren Gartenarbeit. Jeder Abschnitt des zu kultivierenden Bodens muss klar unterteilt und mittels einer Einfassung von den anderen Abschnitten getrennt werden. So ist es kein Problem, wenn das restliche Land mit Gras bedeckt ist. Dieses kann sodann leicht gemäht oder mit unterschiedlichen organischen Materialien gemulcht werden. Die zu bearbeitete Fläche wird plötzlich sehr klein, doch die Erträge steigen. Der Arbeitsaufwand wird deutlich kleiner, und es muss deutlich weniger getränkt werden. Der Garten wirkt zudem gepflegt und ästhetisch. In meinem Garten wächst sogar Gras zwischen den Beeten, und ich grüble darüber nach, wie ich die Fläche der Beete weiter reduzieren kann. Diesem Thema habe ich ein eigenes Kapitel gewidmet. So, hopp, an die Arbeit! Gott bewahre, nicht physische – geistige!

KAPITEL 2

Ein Märchen über den Tod der Bodenfruchtbarkeit durch harte Arbeit

*Irgendwie gibt es zu wenig rationales Denken
in den Führungsetagen des Vaterlandes!*

Der Frage der Wiederherstellung der Bodenfruchtbarkeit widmete ich bereits zwei meiner Bücher: „Die Kunst der Fruchtbarkeit" und „Frieden statt Verteidigung"*. Das erste enthält die Quintessenz aus den bedeutendsten Büchern der größten Verfechter pflugloser Bodenbearbeitung: I. E. Ovsinskij, E. Faulkner, T. S. Maltsev, Masanobu Fukuoka, D. Allen sowie die Grundlagen des ursprünglichen russischen Landbaus – mit Artikeln von Williams, Kostytschew, Timiryazev, Dokuchaev.

Das zweite Buch beinhaltet reelle Erfahrungen unserer Bauern und Gärtner: Es veranschaulicht, wie man eine reiche Ernte zu einem Drittel der Kosten einfahren und gleichzeitig die Bodenfruchtbarkeit wiederherstellen kann. Das Herzstück dieses Kapitels ist die beispiellose Arbeit von I. E. Ovsinskij.

Es ist alles schon da gewesen. Vieles, das wir als „neu" erachten, ist bloß vollständig in Vergessenheit geratenes Wissen. Oder es ist Wissen, das uns vorsätzlich vorenthalten wird.

Wie konnte es dazu kommen, dass unsere wissenschaftsbasierte Landwirtschaft, mit ihrer Mechanisierung und ihrer Düngerdoktrin, die schon immer den Triumph der Wissenschaft und des Fortschritts symbolisierten, in nur 100 Jahren fast alle fruchtbaren Böden (inklusive der berühmten russischen schwarzen Erde) zerstören konnte? Und dies alles unter dem Deckmantel des Fortschritts. Und wir verschwenden nicht mal einen Gedanken darauf, die Fruchtbarkeit wieder herzustellen! Gleichzeitig ist die Natur, die der „Verbesserung" durch unser wissenschaftliches Denken entfliehen konnte, permanent mit der Herstellung von Bodenfruchtbarkeit beschäftigt. Naturböden werden nie ausgelaugt, auch wenn die erzeugte Pflanzenmasse oft um ein Mehrfaches größer ist, als es unsere besten Felder zu bieten

* Nur in russischer Sprache

haben. Und das geschieht einfach ohne jeglichen Zusatzaufwand und ohne die Zufuhr von Substanzen oder Energie von außen!

Ist es nicht an der Zeit, darüber nachzudenken, meine Freunde? Wenn wir alles richtig machen würden, würde die Bodenfruchtbarkeit in unseren Gärten und Obstplantagen stetig besser. Die Pflanzen würden uns mit ihrer Kraft und ihrem Ertrag ohne jeglichen Düngemittel- und Pestizideinsatz erfreuen. Wir lesen haufenweise hochwissenschaftliche Bücher und pflügen und ackern brav unsere Erde zwei Mal jährlich. Wir tun dies ohne zu bemerken, dass das Pflanzgut nur 30 bis maximal 50 Prozent des Bodens beansprucht, dessen Fläche wir zu 100 Prozent untergepflügt haben. Die Zwischenräume bearbeiten wir sodann mühsam, indem wir sie im konstanten Kampf gegen das Beikraut wiederholt jäten und hacken. Dabei fördern wir die Überhitzung, Verdichtung und Austrocknung des Bodens, um schließlich noch intensiver bewässern zu müssen. Zudem gibt's in der Regenzeit schmutzige Füße. Und die Pflanzen sind trotz dieser sinnlosen, ja schädlichen, Tätigkeiten geschwächt und krank. Nun, meine Freunde – seien wir ehrlich: Das ist eine ziemlich irrwitzige Art unseren Arbeitseifer zu beweisen! Wir sollten uns schon seit langem fragen, was wir falsch machen. Und zwar so total falsch, dass wir uns schon ein ganzes Jahrhundert lang willig unter das Joch des blinden Arbeitseifers beugen.

Die Antwort auf diese Frage wurde bereits vor einem Jahrhundert gefunden und in der intelligenten und rationellen Landwirtschaft erfolgreich angewendet. Und nicht nur in Russland. Der Agronom Ivan E. Ovsinskij entwickelte ein Direktsaat- und pflugloses Bodenbearbeitungssystem, mit dem das Problem der Austrocknung vollständig gelöst wurde. (Es stellte sich dabei heraus, dass auch dieses Problem künstlich geschaffen worden war.) Gleichzeitig steigerte er die Erträge um ein Mehrfaches. In den 20er Jahren des 20. Jahrhunderts entwickelte der Akademiker Vasily R. Williams eine detaillierte „agrobiologische Lehre" über die Wiederherstellung der Bodenfruchtbarkeit. Er zeigte, dass die Pflanzen in einem unstrukturierten[1] (unter konstan-

---

[1] Struktur- hier: nicht nur ein physischer Zustand, sondern eine natürliche, optimale und langfristige (permanente) Bodenstruktur, welche das Über- und Zusammenleben von Pflanzen, Tieren und Mikroorganismen garantiert, genau so wie Selbstheilung und Fruchtbarkeit. In anderen Worten: der ursprüngliche Zustand des natürlichen Bodens.

tem Pflügen oder Umgraben leidenden) Boden die Nahrung nicht richtig aufnehmen können. Er stellte auch fest, dass die Bodenstruktur insbesondere durch Wurzeln und Würmer geschaffen wird. Paul A. Kostytschew schuf am Ende des 19. Jahrhunderts die Lehre über die Akkumulation (= Anhäufung/ Speicherung) von Humus im Boden. Er zeigte, dass Humus durch Mikroorganismen bei Vorhandensein einer stabilen Krümelstruktur des Bodens aus den Überresten von Pflanzen erstellt wird. Die Liste der Autoren über eine intelligente Landwirtschaft könnte man unendlich lang fortsetzen. Es ist extrem erstaunlich, wie konsequent die damalige und die moderne agronomische Wissenschaft ihre Empfehlungen ignoriert. Dasselbe geschieht in der modernen Praxis. Deswegen sind unsere Gärten in einem so erbärmlichen Zustand. Aus diesem Grund biete ich Ihnen hier „Eine kurze historische Übersicht über intelligente Bodenkunde und Landwirtschaft" – eine ziemlich freie Aufstellung der wichtigsten Ideen der oben genannten Autoren mit meinen Kommentaren.

Eine sehr kurze Geschichte der Landwirtschaft

*Wir haben lange genug altbekannte Fehler wiederholt.
Es ist an der Zeit neue zu machen!*

Kategorische Überzeugungen, vor allem wissenschaftliche, neigen zu Extremen und zu konstanter Unbeständigkeit. Unsere Denkweise neigt zur primitiven Annahme, dass, wenn etwas falsch ist, die Wahrheit nur im Gegenteil liegen kann. Wissenschaft entwickelt sich in der Regel als ein Kampf zwischen zwei gegnerischen Schulen. Die Wahrheit liegt jedoch immer irgendwo jenseits der beiden, aber ihre Anhänger werden eisern ignoriert. Diese Art von Irrsinn ist sehr vorteilhaft und hat sogar eine philosophische Basis. Zum Beispiel „das Gesetz der Negation der Negation". Oder, in einem Vorkriegslehrbuch der Logik fand ich Folgendes: „Von zwei gegebenen Aussagen ist die eine wahr, die andere unwahr". Eine dritte Möglichkeit kann gar nicht existieren. Was für eine Perle der Weisheit ist denn das? Da könnte man glatt glauben, dass unsere Unfähigkeit zu denken ein unumstößliches, universelles Gesetz ist.

Die wissenschaftliche Agronomie entstand ganz zu Beginn des 19. Jahrhunderts. Der deutsche Agrarwissenschaftler Albrecht Thaer entwickelte seine Humustheorie der Fruchtbarkeit nachdem er gesehen hatte, dass humusreichere Böden fruchtbarer sind. Infolgedessen kamen die Wissenschaftler Europas überein, dass Pflanzen sich von Humus[1] ernähren.

Aber bereits im Jahr 1840 veröffentlichte ein anderer Deutscher, Justus Liebig, seine Arbeit: „Die organische Chemie in ihrer Anwendung auf Agrikultur und Physiologie", in der er eine rein mineralische Basis der Pflanzennahrung propagierte. Angestachelt durch einen Forschungswettbewerb der Akademie der Wissenschaft in Göttingen, demonstrierten Gelehrte, dass man Pflanzen in Sand, Kies und sogar in gewöhnlichem Wasser kultivieren konnte – dies unter der Verwen-

---

1) Humus – Abgefallene und angesammelte Pflanzenrückstände auf dem und im Boden, genauer gesagt, die Überreste des „Festmahls" von Mikroben und Pilzen, die diese zersetzt haben. Das Endprodukt des mikrobiellen Abbaus ist nahezu frei von Energie und organischen Stoffen.

dung von Kalium[2]-, Phosphor[3]-, Stickstoff[4]- und Magnesium[5]-salzen. Die Humustheorie wurde zerschmettert, die mineralische Theorie triumphierte. Die Experimente von Dr. Grandeau bestätigten den Zusammenhang zwischen löslichen Salzen und Ertrag und er behauptete: „Die Speicherung von Kalium und Phosphor im Boden ist die Lebensgrundlage der Landwirtschaft". Tatsächlich ist der Vorrat dieser Elemente im Boden riesig, aber damals hielt man sie für nicht löslich, und so wurde verkündet, dass lösliche Salze die Basis der Versorgung der Wurzeln mit Nährstoffen seien. So entstand das Idol der Mineralstoffversorgung. Die massive Verwendung von Düngemitteln nahm ihren Anfang. Man importierte sie aus Chile und den Vereinigten Staaten und produzierte sie in neu gebauten Fabriken. Und es kam noch schlimmer. Liebig fand heraus, dass Kalium und Phosphor sich vorwiegend in den unteren Schichten des Bodens befinden.

Mit der Vorstellung, dass die Wurzeln sich vor allem in der oberen Bodenschicht ausbreiten, begannen die Landwirte tiefer zu Pflügen und die Bodenschichten zu wenden. Die Landmaschinenindustrie blühte auf. So hat uns die auf einzelne Fragmente fixierte Wissenschaft auf einen falschen, zerstörerischen Weg gelenkt, von dem wir bis jetzt nicht mehr haben abweichen können.

Bald stellte sich aber heraus, dass Mineralien oft keine Wirkung zeigen. Dr. Grandeau begann das Problem umfassend zu erforschen und schuf eine organisch-mineralische Theorie. Er fand heraus, dass die Fruchtbarkeit durch das Verhältnis von mineralischen Elementen und Humus bestimmt wird. Dabei wurde die wichtige Rolle der Mikroben klar: Bakterien können Stickstoff, Schwefel und andere Elemente assimilieren (= aufnehmen) und in eine verfügbare Form umwandeln. Liebig fiel in Ungnade und der Humus bekam seinen Eh-

---

2) Kalium – das Hauptnahrungselement, welches verantwortlich ist für die Regulierung der Lebensprozesse, die Ausbildung der Fruchtorgane sowie für die Immunität und die Resistenz gegen nachteilige Umwelteinflüsse.
3) Phosphor – das wichtigste Element für die Blüten- und Fruchtbildung.
4) Stickstoff – ist ein Bestandteil aller Proteine. Überschüssiger Stickstoff bewirkt die „Adipositas" – das übermäßige Wachstum der Pflanzenmasse; das Pflanzengewebe wird brüchig und wässrig, was zu einer verminderten Widerstandsfähigkeit gegenüber Krankheiten und Kälte führt. Aber genau diese üppigen Pflanzen gefallen dem Auge des Gärtners.
5) Magnesium – ein Teil des Chlorophylls, die Grundlage der Photosynthese.

renplatz zurück. Aber was sollte jetzt aus der hochentwickelten Bodenbearbeitungsmaschinenindustrie und dem Multi-Milliarden-Dollar-Düngergeschäft werden? „Sachkundige" Bauern versuchten fortan, anstatt organischen Mulch zu fördern, den Mist und die Gründüngung tiefer unterzupflügen und mit dem Boden zu vermischen. Aber da in der umgepflügten Erde der Sauerstoff fehlt, kann der Mist jahrelang nicht zerfallen, die Nitrifikation[1] findet nicht statt und somit steht den Wurzeln keine Nahrung zur Verfügung. Folglich waren die Erträge nicht einmal mehr kostendeckend. Dem versuchte man dann mit chemischem Streudünger abzuhelfen! Das war die Zeit als der Ackerbau erstmals richtig schön kostenintensiv wurde.

In Russland, nach der Revolution von 1917, befassten sich zwei Schulen mit der Ernährung der Pflanzen. Die eine führte der Bodenwissenschaftler und Agrarakademiker V. R. Williams, die andere der Agrarchemiker D. N. Pryanishnikov. Sie widersprachen einander vehement. Williams bewies, dass Pflanzen die Nährstoffe nur aus einem strukturierten, mit Wurzeln durchsetzten und mit Luft sowie Mikroben gesättigten Boden aufnehmen können. Er schlug eine grasbasierte[2] Landwirtschaft vor, in der sich sowohl die Bodenstruktur als auch die Bodenfruchtbarkeit dank mehrjähriger Gräser regelmäßig wiederaufbauen können. Agrochemiker hingegen ignorierten die Bodenstruktur und die Mikroorganismen, während sie für eine reichliche und „ausgewogene" Düngung des Bodens warben. Darauf entgegnete Williams bitter: „Ich bin kein Gegner von Düngemitteln – ich will einfach nur die Pflanzen ernähren, nicht den Boden!" Die grasbasierte Landwirtschaft wurde von der sowjetischen Regierung anerkannt, setzte sich aber nicht durch, denn sie bedarf eines umfassenden Wissens und des Verständnisses der Natur und der Pflanzen seitens des Landwirtes. Man musste dieses System den eigenen Gegebenheiten anpassen und eigene Bewirtschaftungstechniken erarbeiten, was unter der damaligen rigiden Staatsaufsicht praktisch unmöglich war.

1. Nitrifikation – die Umwandlung von organischem Stickstoff in eine einfache Form eines Nitratsalzes. Nitratsalz wird leicht von den Wurzeln aufgenommen. Im Boden sind stickstofffixierende Bakterien damit beschäftigt.
2. Grasbasierte Landwirtschaft – ein System das vier Bereiche vereint: Windschutz und Schneerückhaltung mit Hilfe von Waldstreifen, Gras-Fruchtfolge (während drei von acht Jahren ist der Boden mit mehrjährigen Gräser bedeckt), rationelle Bodenbearbeitung, effiziente Gründüngungsversorgung.

Aber in der Mineraldüngerproduktion haben wir die ganze Welt überholt! Das Ergebnis: Riesige Nutzflächen sind in einem unbrauchbaren Zustand und die Landwirtschaft ist weitgehend unrentabel geworden. Auch in unseren Gärten graben, pflügen und düngen wir weiterhin. Wir „mästen" den Boden, ignorieren aber die Pflanzen. Und die Hersteller von Gartengeräten, Chemikalien und Düngemitteln machen weiter fette Gewinne.

Wie sie sehen, kümmert sich die Wissenschaft herzlich wenig darum, den Pflanzenbau lohnend zu machen und die Erträge stabil zu halten! Schauen wir uns nun mal die reale Lebensgrundlage des Bodens und der Pflanzennahrung an.

Das „neue" Landwirtschaftssystem von I. E. Ovsinskij

Wenn wir ein System zur Vernichtung der Landwirtschaft suchen wollten, welches die Gewinnung der Nährstoffe aus dem Boden vereitelt, dann würden wir sehr schnell fündig: Es würde vollkommen genügen, die Ratschläge der Anhänger des tiefen Pflügens sorgfältig umzusetzen.

I. E. Ovsinskij

Liebe Gärtner! Schauen wir mit einem nüchternen Blick auf unsere lebende Natur und unsere Felder. So wird eines sehr schnell sonnenklar: **Nicht wir Menschen erschaffen die Fruchtbarkeit unserer Böden.** Wir, mit aller unserer Bodenbearbeitung, Bewässerung und Düngung, zerstören gar die Fruchtbarkeit. Lebende Bodenorganismen erschaffen die Bodenfruchtbarkeit. Sie sind seit Millionen von Jahren damit beschäftigt. Eigentlich ist der Boden ihr Produkt. Der fruchtbare Boden ist ein „lebender Schwamm", eine Gemeinschaft hunderter Arten von Lebewesen, die ständig ihr Haus erneuern und dabei wachsen und prächtig gedeihen. Diese Bodenlebewesen haben gemerkt, dass Pflanzen die Quelle ihrer Nahrung und die Grundlage ihrer Existenz sind. Genau deshalb ist es in ihrem ureigenen Interesse, sich unablässig um die Pflanzen, ihre Versorger und Ernährer zu kümmern.

Die wichtigsten Erzeuger fruchtbaren Bodens sind die Pflanzen selber. Sie durchdringen die Erde mit Millionen von Wurzeln, erschaffen damit Milliarden von Poren und Kapillaren, was zur Bildung einer leitfähigen und atmungsaktiven Struktur beiträgt.

Diese Kapillaren sind mit organischen Rückständen der Wurzeln angereichert – Nahrung für Würmer, Insekten und Mikroorganismen. Auf der Bodenoberfläche bedecken Pflanzen nach deren Absterben den Boden mit einer Schicht organischer Substanz. Von dieser Substanz ernähren sich Bakterien, Insekten und andere Tiere. Unter dieser Deckschicht ist es immer feucht und mäßig warm. Diese Schicht nimmt reichlich Morgentau auf, der dann die Unterseite der Schicht mit reichlich Feuchtigkeit versorgt und so die ganzen biochemischen Prozesse eines neuen Tages in Gang bringt.

Nach den Wurzeln sind die Regenwürmer die wichtigsten Architekten des Bodens. Sie durchdringen den Boden mit kilometerlangen Gängen und verwandeln die organische Substanz in ein ausgewogenes Bakterien- und Humuskonzentrat – Biohumus oder Vermikompost (Wurmkompost). Kleine Wurzeln suchen aktiv nach Klumpen des Vermikompostes, „beißen mit Freude hinein" und umhüllen und durchdringen diese kreuz und quer wie ein Geflecht.

Die wichtigsten Vorratsspeicher, Ernährer und Biochemiker des Bodens sind Bakterien und Pilze. Einige von ihnen sind für die Verfügbarkeit von Mineralien verantwortlich – sie wandeln Kalium und Phosphor in eine lösliche Form um. Andere binden riesige Mengen an Stickstoff aus der Luft. Wieder andere leben um die Wurzeln herum und bieten ihnen dabei Nahrung und Schutz. Wurzeln und Mikroben sind die engsten Partner. Denken Sie einmal darüber nach: Um die nötigen Mikroben anzulocken und zu nähren, setzen Pflanzen einen Drittel der von Ihnen erzeugten organischen Substanz über die Wurzel frei! Zusätzlich produzieren alle Mikroben eine riesige Menge an biologisch aktiven Substanzen – Vitamine, Stimulanzien, Enzyme, Phytonzide[1] und Antibiotika. Aber ihr Hauptprodukt ist das Kohlendioxid, das den wichtigsten Nährstoff – den Kohlenstoff – enthält. Koh-

---

1) Phytonzide: Verschiedene, von Pflanzen erzeugte, Bakterien tötende Substanzen.

lenstoff macht rund die Hälfte der Pflanzenmasse aus. Den größten Teil des Kohlenstoffes absorbieren die Wurzeln in Form einer Lösung des Kohlendioxids.

Dank der stabilen, während Jahrhunderten ungestörten Struktur und dem Mulch aus organischen Überresten, versorgt sich der Boden selbst mit allem Notwendigen. Der Boden atmet und tauscht all seine Gase mit der Atmosphäre aus (Foto 1). Er absorbiert dabei doppelt so viel Feuchtigkeit aus der warmen Luft, als er mit Niederschlägen erhält! Der Mulch hält die Bodenfeuchtigkeit und die Temperatur konstant. Unter diesen Bedingungen florieren und „atmen" die Bakterien aktiv. Kohlendioxid dringt in die tieferen Bodenschichten ein und wird zu einer Kolendioxidsäure umgewandelt, die die Mineralien Kalium, Phosphor, Schwefel, Kalzium und Magnesium verfügbar macht. Durch die Kapillare eines strukturierten Bodens und entlang der Pflanzenwurzeln steigen Nährlösungen auf. Durch Mikroben und Pilze zersetzter organischer Mulch nährt die oberflächennahen Wurzeln.

Tiefes Graben oder Pflügen zerstört die Kapillare und vernichtet die schützende Mulchschicht und somit das gesamte intelligente und fein kalibrierte System der natürlich gewachsenen Bodenstruktur.

Der Pflug zerstört diese Kanäle und vernichtet die deckende Mulchschicht. Der „gebildete Agronom" entfernt das Stroh und alle Ernterückstände von den Feldern und bewirkt damit, dass das lebende Bodenökosystem verkümmert, da er ihm die natürliche Nahrung und Energie entzieht. Die Wurzeln verlieren ihre mikrobiellen Partner und Betreuer, die sie bisher ernährt und umhegt hatten. Das Kohlendioxid wird nicht mehr produziert, Mineralien können nicht in eine lösliche Form umgewandelt werden und Kohlenstoff wird katastrophal vermisst.

Die gepflügte Erde hört auf zu atmen und Wasser kann nicht mehr aus der Luft aufgenommen werden. Bei Regen kommt es zu einer Verdichtung des Bodens und die Luft wird aus der Erde herausgepresst. Es vermehren sich vor allem Anaeroben[2], jene Bakterien, die den Molekülen den (Rest-) Sauerstoff rauben, den diese so bitter nötig hätten und alle Nährstoffe werden in eine unverwertbare Form umgewandelt. Trotz ständiger Auflockerung trocknet der Boden relativ schnell aus. Trotz wiederholtem Düngen hungern die Pflanzen. Strukturloser Boden ist nahezu wasserundurchlässig, die großzügige Bewässerung verflüchtigt sich und der Regen fließt in Flüssen und Bächen davon. Zu allem Elend wird auch noch die fruchtbare Ackerkrume weggeschwemmt.

Nachdem die Pflanzen ihrer gewohnten Umgebung und ihrer Partner beraubt worden sind, schalten diese in den Notfall-Überlebens-Modus. Genau diesen (Dauer-) Zustand sehen wir auf den intensiv bewirtschafteten Flächen. Diese Pflanzen sind geschwächt und erschöpft durch diese „Pflege". Die Bauern übrigens auch!

Das oben beschriebene ist das allgemeine Wesen der Fruchtbarkeit. Eines muss uns klar werden: Bodenfruchtbarkeit ist kein Parameter, kein Potenzial und auch keine Nährstoffreserve.

(Boden-) Fruchtbarkeit ist ein lebendiger, dynamischer Prozess. In erster Linie ist es Ernährung, Nahrungsaufnahme – ein prächtiges Festgelage, dessen Zweck es ist, den Pflanzen Kohlenstoff zurück zu geben. Fruchtbarkeit ist der Kohlenstoffkreislauf selbst. Der Treibstoff dieses Prozesses ist die organische Substanz, der Motor sind die Mikroben und Pilze. Durch die Zugabe von Mist, dreimaliges Pflügen, stündliche Bewässerung und Düngung, Abgabe der neusten Stimulanzien, Berücksichtigung des Mondkalenders, Traumdeutung und Horoskope sowie durch die Erwärmung des Bodens in den Händen, auf der Brust oder sogar im Mund töten Sie die Bodenfruchtbarkeit. Nur die Natur kann sie erschaffen.

Ovsinskij veröffentlichte seine Arbeit im Jahr 1899. Vor kurzem entdeckte der Akademiker J.I. Slaschinin Ovsinskijs in Vergessenheit geratene Arbeit und veröffentlichte sie sogleich in seiner Zeitschrift „Vernünftige Landwirtschaft". Später bearbeitete ich sie zur Verbesserung der Lesbarkeit und integrierte sie in das Buch „Die Kunst der Bodenfruchtbarkeit". Nun folgt eine kurze Zusammenfassung der Hauptkapitel dieser Arbeit.

---

2) Anaerobe Organismen- diejenigen, die fähig sind, in einer luftlosen Umgebung zu überleben. Aerobe Organismen – atmen mit Sauerstoff aus der Luft.

Das dynamische Selbstverständnis der Pflanzen

*Pflanzen sind unglaublich empfindlich gegenüber Peinigungen,
welche der Mensch ihnen zumutet und „rächen sich"
mit Blüten und Früchten dafür.*
I. E. Ovsinskij

Aus Lehrbüchern wissen wir: Alles, was Pflanzen für ihr Wachstum brauchen, sind gute Voraussetzungen. Dies scheint eine universelle Annahme zu sein. Allerdings kommt es häufig vor, dass wir zwar die vermeintlich richtigen Bedingungen bieten, aber trotzdem wollen die Pflanzen keine Früchte tragen. Getreide produziert eine riesige Menge an Stroh aber vergleichsweise wenig Körner; auf einem nährstoffreichen Humus gezogene Gurken und Tomaten erzeugen Mengen an Grünmasse; Trauben lassen haufenweise fruchtlose Triebe sprießen; Bäume leiden an Gigantismus auf Kosten der Fruchtbildung. Und umgekehrt: Wurzelgemüse, Zwiebeln und Salate blühen, wenn es nicht erwünscht ist. Dieses „Paradox" hat Ovsinskij zu entwirren versucht. Er behandelte die Pflanzen mit echtem Respekt: Er betrachtete sie als Wesen mit Selbsterkenntnis, Empfindlichkeit und „aktivem Selbstverständnis". Und tatsächlich, die Pflanzen entscheiden immer selber, wie sie sich verhalten sollen, um besser zu überleben. Ovsinskijs Vorgehensweise ist ein Beispiel echter Partnerschaft: „Zunächst ist es notwendig zu ermitteln, wo Konflikte zwischen dem Selbstverständnis der Pflanzen und den Zielen des Bewirtschafters auftreten können". […] „Unter günstigen Bedingungen hat die Pflanze keinen Drang Blüten, Früchte und Samen zu produzieren. Die Fruchtbildung entzieht der Pflanze Kräfte und kann zur Todesursache werden. Daher neigen gesunde, unter guten Bedingungen wachsende Pflanzen dazu, sich vor allem auf die Entwicklung von Pflanzenmasse (= Körpermasse) zu konzentrieren. Im Gegensatz dazu produzieren Pflanzen, die unter schlechten Bedingungen leben, oder deren Existenz gefährdet ist, Samen. Sie hoffen so bessere Bedingungen für das Überleben der Art zu schaffen." […] Dies wird am Beispiel von Blumen und Bäumen klar ersichtlich. Durch das Entfernen der Blüten stärkt man immer die Entwicklung von Trieben und Zweigen. Durch rechtzeitiges Entfernen von verwelkten Blüten kann die Blütezeit bedeutend verlängert werden. Und umgekehrt, wenn Sie es der Pflanze erlauben, Samen zu bilden, verblüht sie in zwei Wochen und „geht in den Urlaub". Ein Setzling, dem es sehr schlecht geht, wird kaum wachsen, aber mit Blüten und Knospen bedeckt sein – frei nach dem Motto: „Ach, wenn das Leben schon für mich selber nicht lohnend war, dann versuche ich zumindest, die Zeit für die Produktion von Nachkommen zu nutzen, bevor ich ins Gras beiße".

„Sie leiden und sind unzufrieden mit der eigenen Situation – das ist der Grund, warum Blumen blühen und Früchte und Samen bilden. Wir sind davon überzeugt, dass die Natur uns mit ihren Blüten anlacht – aber die Ursache für dieses Lächeln ist der Schmerz.

Folgedessen muss der Bewirtschafter die bekannten Mittel einsetzen, mit welchen man die Pflanzen zum Blühen und Früchte tragen bringen kann. Sonst wird sogar die beste Behandlung und Düngung nutzlos. Im Gegenteil – Pflanzen, die man nicht wegen der Früchte oder des Samens kultiviert, versuchen die Gärtner unter möglichst günstigen Bedingungen aufzuziehen." Soweit Ovsinskij.

Also: Pflanzen erzeugen unter guten Bedingungen vor allem Pflanzenmasse. Wenn aber eine Bedrohung für Leib und Leben besteht, produzieren sie vornehmlich Früchte. Alles, was wir tun müssen, ist dies intelligent zu nutzen. Beachten Sie: Das heißt nicht, dass man schlechte Bedingungen schaffen soll! Viel mehr soll man die Pflanze dazu bringen, sich „zu rächen" – unter Bedingungen die „zu gut" sind. Wir aber erschaffen auf unseren gepflügten Feldern Bedingungen, unter welchen den Pflanzen nicht mal mehr die Kraft bleibt, sich zu „rächen"! Die Japaner ergattern in ihren Gewächshäusern 100 Kilogramm Tomaten pro Pflanze. Das ist es, was ich unter echter „Rache" verstehe!

Wovon sich Pflanzen ernähren

In den meisten Fällen enthält der Boden eine große Menge an Nährstoffen. Dennoch gibt man enorm viel Geld für Kunstdünger aus und erarbeitet weiterhin Literatur über die Düngung des Bodens.
I. E. Ovsinskij

Normaler Boden ist schlicht mit Nähstoffen vollgestopft. Es ist wahr, dass sich der größte Teil dieser Nährstoffe in einem unverdaulichen, unlöslichen oder nicht oxidierten[1] Zustand befindet – in Form von Gestein und Mineralien.

Aber in der Natur wird es irgendwie verfügbar! Das heißt, man kann ein Landwirtschaftssystem entwickeln, welches das unzugängliche zugänglich macht. Genau dieses System hat Ovsinskij entwickelt.

In der Natur nutzen Pflanzen unterschiedliche Energiequellen:

Die Atmosphäre mit ihren Niederschlägen und Staubpartikeln ist in ihrer Zusammensetzung jener des Bodens sehr ähnlich. Natürlicher Boden erhält Stickstoff, Sauerstoff und Wasserstoff aus atmosphärischem Wasserdampf und Kohlenstoff durch Kohlendioxid aus der Luft. Vergessen Sie nicht: Eine Pflanze besteht zu 93 Prozent aus diesen Elementen! Ihre Hauptnahrung – die Grundlage ihrer organischen Basis – kann die Pflanze direkt aus der Luft bekommen. Die Atmosphäre liefert dem Boden auch Nitrate[2], Ammoniak, Methan, Schwefelwasserstoff, Jod, Phosphor sowie mineralischen und organischen Staub. Die Zusammensetzung dieses Staubs ist so gehaltvoll, dass er Flechten, vielen Moosen, Farnen, Orchideen und anderen Pflanzen ein Leben ganz ohne Erdreich ermöglicht.

1. Nicht oxidierte Form – nicht mit Sauerstoff verbunden, das heißt in reduzierter Form. Umgekehrt, Sauerstoffverbindungen – sind oxidierte Formen der Substanz. Genau diese werden von Pflanzen absorbiert. Verbrennung ist eine Oxidation organischer Substanz durch Sauerstoff begleitet von Energiefreisetzung. Wir atmen auch, um zu oxidieren, was wir gegessen haben – anders gesagt um es zu „verbrennen", und die dabei entstandene Energie zu verbrauchen.
2. Nitrate – Salze der Salpetersäure, eine Form von assimilierbarem Stickstoff. Zudem: Ammoniak – eine Verbindung von Wasserstoff mit Stickstoff.; Methan – der einfachste Kohlenwasserstoff (und auch ein Brennstoffgas); Schwefelwasserstoff – ein brennbares Gas, das wie faule Eier riecht.

Die mineralische Basis des Bodens – Sand, Ton, Stein – enthält alle wesentlichen Elemente: Kalium, Phosphor, Kalzium, Magnesium, Chlor und Schwefel sowie die Spurenelemente Bor, Jod, Zink, Aluminium, Silizium, Eisen, Mangan, Kobalt, Molybdän und das ganze Periodensystem der Elemente. Die Vorräte dieser Elemente sind im Boden buchstäblich hundert-, ja tausendfach größer, als die Menge, die mit der Ernte herausgeholt wird. Einzig Stickstoff ist in den Mineraliendepots des Bodens eher knapp bemessen, aber seine Reserven sind in einem strukturierten Boden ebenfalls üppig. Nachfolgend präsentiere ich Ihnen die Datenanalyse aus Experimenten der Klassiker der damaligen Wissenschaft – Degeren, Schlesing, Grando, Kolesov, Wolni. Ich gebe Ihnen die Zahlen pro 100 Quadratmeter.

Eine normale Ernte beansprucht etwa eineinhalb Kilogramm **Stickstoff** pro hundert Quadratmeter. Tau und Niederschläge stellen etwa 200 Gramm zur Verfügung. In einem unstrukturierten Boden ist das alles, was man hat. Ein strukturierter, mit Mulch bedeckter Boden hingegen hat mehrere Stickstoffquellen:

1. Die Humusschicht kühlt schneller ab. Somit setzt sich doppelt so viel Tau in den Boden ab. Klingt nach wenig?
2. Mit Mulch bedeckte Erde ist immer feucht. Feuchter Lehm nimmt zwanzig Mal mehr Stickstoff auf, als trockener.
3. Was in den Büchern der Landwirtschaftsschulen nicht steht, ist die Tatsache, dass sich in den Kanälen und Hohlräumen eines strukturierten Bodens tagsüber Tau bildet. In den meisten Fällen ist dies doppelt so viel Wasser wie die jährliche Niederschlagsmenge. Und mit diesem Wasser gelangt bis zu 600 Gramm Stickstoff in den Boden. Das wäre bereits genug!
4. Dank der Fülle an Mikroorganismen, kombiniert mit genügend Feuchtigkeit unter dem Mulch, kommt eine aktive Bindung von Stickstoff aus der Luft durch die Mikroorganismen sowie eine aktive Nitrifikation von bis zu 15 Kilogramm Stickstoff pro hundert Quadratmeter in Gang. Und nötig wären nur eineinhalb Kilogramm!

Dem gepflügten, unstrukturierten Boden werden diese natürlichen Quellen des Stickstoffs entzogen. Stattdessen verstreuen wir Salpeter[1] und Harnstoff[2], was die Pflanzen krank und wässrig macht. Um dem

---

1) Salpeter: Handelsname jedes Salzes aus Salpetersäure (das heißt, Nitrate)
2) Harnstoff oder Carbamid – der konzentrierteste aller Stickstoffdünger – enthält 46 Prozent Stickstoff. In einer verdünnten Lösung wird dieser rasch von Pflanzen absorbiert.

ganzen noch die Krone aufzusetzen, gießen wir auch noch sogenannte Pflanzenschutzmittel und Dünger über die Pflanzen. Es lebe die Herstellung von Düngemitteln und Chemikalien!

Vom **Kalium** benötigt der Boden ungefähr ein Kilogramm pro hundert Quadratmeter. Je nach Bodenart beträgt der natürliche Kaliumgehalt zwischen drei und neunzig Kilogramm. Unsere Steppenböden gehören zu den kaliumreichsten.

Vom **Phosphor** sind etwa 500 Gramm pro hundert Quadratmeter notwendig. Die Böden enthalten in der Regel – je nach Art – zwischen 30 bis 80 Kilogramm Phosphat. Phosphat löst sich nicht sofort auf in einem Reagenzglas. Aber wer sagt, dass alles im Boden unmittelbar vorhanden sein soll?..

Vom **Kalzium** sollte bis zu zweieinhalb Kilogramm pro 100 Quadratmeter vorhanden sein. Der natürliche Kalziumgehalt liegt bei 20 bis 200 Kilogramm.

Andere Elemente sind auch in großen Mengen im naturbelassenen Boden vorhanden. Sie werden durch die Einwirkung von Säuren löslich – in erster Linie durch Kohlen- und Huminsäuren. Beide werden – sofern Feuchtigkeit und Sauerstoff vorhanden sind – von Mikroorganismen aus organischem Material hergestellt.

Ovsinskij schreibt: „Offensichtlich, glauben sie (die Verfechter des Pflügens), dass die Natur nicht weiß, wie die Nahrung im Boden zu verteilen ist. Und so verabreichen sie dem Boden einige Elemente in Hülle und Fülle, während sie andere völlig vergessen oder gar in einer völlig unverdaulichen Form ausbringen. Uns so wurde es unverzichtbar, dass Professoren und Düngemittelhersteller die unkundigen Banausen entsprechend schulen. Sie vergessen dabei, dass in den unberührten Steppen und Wäldern, in denen der Mensch den Boden durch das Pflügen nicht zerstört hat, die Natur ohne jeglichen Kunstdünger eine solch üppige Vegetation produziert, wie sie kein Pflugliebhaber je wird erschaffen können – selbst wenn er karrenweise Dünger ausbringen könnte. Und selbst wenn der Dünger gratis wäre, und wenn dieser den Pflanzen helfen würde, wäre der Pflugliebhaber gegen eine Dürre machtlos. Oder umgekehrt: Da der gepflügte Boden bei häufigem Regen oft zu nass wird, kann dies die Ernte schließlich ruinieren."

Vier Voraussetzungen der Fruchtbarkeit

Wenn den Pflanzen alle Nährstoffe in einer leicht verfügbaren
Form zur Verfügung stünden,
wäre es ein Einfaches eine reiche Ernte einzubringen.
Es würde genügen Samen auf den Boden zu werfen,
um den gewünschten Ertrag zu bekommen.
I. E. Ovsinskij

Für Ivan Evgenjevich Ovinsky war die Aufgabe, die gewünschte Ernte zu bekommen, nicht all zu schwer. Er lernte die Bedingungen herzustellen, unter welchen die Nährstoffe im Boden optimal verfügbar sind und maximal absorbiert werden.

Hier sind sie:
1. Permanent ausreichende Feuchtigkeit
2. ein System von Lufthohlräumen und Kanälen, die mit der Atmosphäre verbunden sind

3. im Sommer sollte der Boden ständig kühler sein als die Luft
4. ein reichliches Vorkommen von Kohlen- und Huminsäure.

Schauen wir nun im Detail, warum dies alles notwendig ist und wie wir es erreichen können.

1. Feuchtigkeit
Ovsinskij a) pflügte nie tiefer als fünf Zentimeter und b) hielt diese oberste Schicht in einem lockeren Zustand. Die Ergebnisse erstaunten. „[...] In Bessarabien und in den südlichen Bezirken der Provinz Podol, wo Dürren entsetzliche Schäden verursachten, war das Wetter nie ein Problem für mich. Die Feldarbeiten mussten nie vorzeitig abgebrochen werden und die Erde war immerzu feucht genug, dass man daraus eine Kugel formen konnte."

Mulch, eine lockere Masse aus Ernterückständen, schützt den Boden vor der Sonne. Aber in der herkömmlichen Landwirtschaft bewahrt die permanente Bodenbearbeitung das Erdreich nicht vor der Austrocknung! Tatsache ist, dass der Boden unter Ovsinskijs Mulch intakt, unversehrt, fest und wie aus einem Guss blieb. Durchsetzt von Millionen von Kanälen, bewahrte die Erde ihre *Kapillarität*[1] und eine gute *Wärmeleitfähigkeit.*

Genau diese Bedingungen begünstigen die atmosphärische Bewässerung – tagsüber Taukondensation an den kühlen Wänden der Bodenhohlräume bis in tiefe Schichten des Untergrundes. Und in der Nacht in die Gegenrichtung: Tau kondensiert an der kalten Oberfläche der Humusschicht. Der intelligente Boden sammelt also rund um die Uhr Wasser!

Der Mechanismus der atmosphärischen Bewässerung ist einfach. Je heißer die Luft ist, desto mehr Wasser kann sie aufnehmen. An der kühleren Oberfläche kondensiert dieses Wasser und setzt sich in der Form von Tröpfchen ab. Der Boden beschlägt wie ein kaltes Glas bei Hitze. An einem Sommertag kann es in einer Tiefe von 35 Zentimeter bereits 10 bis 12 Grad Celsius kälter sein als an der Oberfläche. Dies stellt die Kondensierung sicher. Ein strukturierter Boden atmet stän-

---

1. Kapillarität– (Lateinisch capillaris: Das Haar betreffend) – Das Vorhandensein von dünnen (Haar-) Rissen oder Kanälen in einer Struktur durch die Wasser sowohl eindringen, als auch aufsteigen kann, weil die Kräfte der Haftung des Wassers an den Wänden grösser ist, als das Gewicht des Wassers selbst. Genau so bewegt sich Wasser durch einen Docht.

dig; er saugt Luft ein durch das „Pulsieren" der Wurzelmasse, Bewegungen von Lebewesen und Temperaturschwankungen der Bodenmasse. Beim tieferen Eindringen gibt die Luft immer mehr Feuchtigkeit ab. Ein Kubikmeter Luft kann bis zu 100 Gramm Wasser enthalten und dieses zur Hälfte dem Boden abgeben.

„Bei der klugen Bodenbearbeitung lagert sich im Boden so viel Wasser ab, dass selbst in Zeiten großer Trockenheit unter der ausgetrockneten Oberflächenschicht matschige Erde gefunden werden kann. An heißen Tagen ist diese tägliche Absetzung von Tau der ´Regen, welcher unter unseren Füßen entsteht´. Eines ist aber klar: Das funktioniert nur, wenn der Boden klug bearbeitet wird." (Ovsinskij)

In der Nacht wird dieser Prozess umgekehrt: Die oberste „Decke" kühlt schnell ab, und die wärmere Luft steigt aus der Tiefe auf. Wenn sie den kühlen Mulch erreicht, lagert sich der Tau in den Mulch ein und das Wasser bleibt wieder bei den Pflanzen. So speichert der natürliche Boden eine gewaltige Menge Wasser. Im Schatten der Wälder, unter Waldstreu, sammelt sich so viel Wasser, dass sich daraus Bäche und Flüsse bilden!

Möglicherweise spielen auch Fotosynthesebakterien eine wichtige Rolle bei der atmosphärischen Bewässerung. Sie leben tief im Boden und nutzen die Infrarotwärmestrahlung für die Fotosynthese. Der Forscher V. P. Tsigikalo aus der Orlof Region stellte fest, dass in einem Boden, der genügend organisches Material enthält, Fotosynthesebakterien eine große Menge an Wärme absorbieren und die Bodentemperatur somit spürbar senken. Teruo Higa, einer der Entwickler der EM-Technologie, konnte nachweisen, dass das Wachstum der Fotosynthesebakterienpopulation die Fähigkeit der Wurzeln Feuchtigkeit aufzunehmen verbessert.

Mikroorganismen gedeihen in einer feuchten Umgebung gut, was wiederum sowohl eine starke Bindung von Stickstoff als auch dessen Umwandlung in die leicht verwertbare Form von Nitrat fördert. Auch hier produzieren Mikroorganismen, die organisches Material verarbeiten, eine Menge an Enzymen und bereiten eine „nahrhafte Suppe" zu – Nahrung für sich selber und für Pflanzen. Beim essen stoßen sie eine gewaltige Menge an Kohlendioxid aus. Dabei werden die Wurzeln mit Feuchtigkeit und reichlich Nahrung versorgt.

2. Kapillarschicht

Stellen Sie sich Samen vor, die auf einer glatten und kompakten Erdschicht mit ausreichender Struktur und Kapillarität liegen. Und diese Schicht ist obendrein mit einer lockeren Decke aus Mulch bedeckt. Unter diesen Bedingungen steigt stetig Feuchtigkeit aus den tieferen Schichten entlang den Kapillaren nach oben in Richtung Oberfläche. So bleibt die dichte Bodenoberfläche unter dem Mulch immer feucht. Das sind ideale Bedingungen für eine erfolgreiche Keimung. Die Wurzeln der Pflanzen spüren das Wasser, klammern sich an die poröse Kapillarschicht und folgen, rasch in die Tiefe wachsend, den bereits vorbereiteten Kapillaren. Dürre ist bei solchen Begebenheiten keine Bedrohung.

3. Luftkanäle

Alle für Pflanzen verwertbaren Formen von Nährstoffen sind Sauerstoffverbindungen. Huminsäure in Verbindung mit Sauerstoff löst Phosphat und andere Mineralien zehn Mal schneller auf als Kohlensäure. Stickstofffixierende Bakterien und alle Bodenlebewesen sind Aeroben, alle atmen Sauerstoff. Auch die Zersetzung von organischem Material und die Bereitstellung der löslichen Formen der Nahrung ist ein aerober Prozess.

30 Jahre nach Ovsinskij schrieb V. R. Williams beharrlich über „Den Antagonismus (= Gegensatz) von Nahrung und Wasser in einem strukturlosen Boden". Der gepflügte Boden setzt sich nach einem Regen schnell ab und verfestigt sich. Hier arbeiten anaerobe Bakterien und wandeln alle Verbindungen in eine unverdauliche Form um. Wenn der Boden aber wieder trocken wird, und Sauerstoff wieder zur Verfügung steht, fehlt die Feuchtigkeit und die Pflanzen hungern weiter.

Wurzelkanäle durchdringen die gesamte Bodenmasse, ähnlich wie die Blutkapillare einen Muskel. Genau wie beim Blut wird Luft und Wasser durch diese Kapillare transportiert, die aeroben Prozesse werden energisch angeregt – sofern der Boden strukturiert und mit Mulch bedeckt ist.

Die Kapillarkanäle haben noch eine weitere wichtige Rolle. Mit ihrer Hilfe dringen die Wurzeln von jungen Pflanzen leicht, schnell und ohne Widerstand bis zu einer Tiefe von vier Metern in den Untergrund vor. Hier zapfen sie sogleich das Wasser an und wurzeln sich in den mineralischen Nahrungsquellen fest. Unsere so sorgsam gepflügte Ackerkrume ist vergleichsweise arm an Nährstoffen verglichen mit dem riesigen Nährstoffvorkommen in den immensen Volumen der tieferen Schichten! Genau deshalb ist die Gründüngung[1] – das wirksamste Mittel für die Herstellung einer lebhaften Bodenstruktur.

4. Bodentemperatur

Der lockere Humusmulch: a) wird rasch durch die Sonne erwärmt, b) kühlt schnell ab in der Nacht, c) ist ein schlechter Wärmeleiter. Mit anderen Worten: Die Mulchschicht dient als „Decke". Während des Tages gibt sie der Erde die nötige Kühle, was die Kondensierung von Tauwasser in die Erde hinein in Gang setzt. In der Nacht schützt sie vor der Kälte und bewirkt, dass Dunst im Boden kondensiert während er nach oben strebt.

Aber das ist noch nicht alles. Direkt unter dem Mulch leben stickstofffixierende Mikroorganismen auf der Bodenoberfläche. Die dunk-

---

1) Gründüngung – Aussaat von Boden verbessernden Pflanzen, die üblicherweise über den Winter stehen gelassen werden, um die Schneedecke aufrechterhalten zu können. Danach werden diese Pflanzen in die Oberflächenschicht des Bodens eingearbeitet.

lere Mulchschicht wärmt sich im Frühling schneller auf und kurbelt die Nitrifikation an, was die Pflanzen mit dem ersten Stickstoff für das neue Wachstum versorgt. Darüber hinaus erwärmen sich die unteren Bodenschichten unter der Schutzschicht des Mulchs langsamer und sie saugen die Feuchtigkeit der warmen Luft besser auf. Um diese Abläufe zu verstärken, eggte Ovsinskij die Felder vor dem Winter. Er wies darauf hin: Das Pflügen im Herbst und das Gefrieren der Scholle bremsen nur die Nitrifikation im Frühling. Aber die Pflanzen brauchen den Stickstoff genau dann – im Frühling und in der ersten Sommerhälfte.

5. Kohlendioxid

Ovsinskij ließ den größten Teil der Ernterückstände auf dem Feld zurück und pflügte diese nie tief in den Boden ein – er ließ sie an der Oberfläche und vermischte sie mit den obersten fünf Zentimetern der Erde. Dank der Anwesenheit von Sauerstoff zersetzte sich dieses organische Material sehr schnell und produzierte eine Menge an Kohlendioxid.

Kohlendioxid ist der wertvollste Rohstoff überhaupt. Die Pflanzen brauchen es für die Fotosynthese; genau so wird es im Boden zum Auflösen der Mineralien benötigt. Je mehr es davon gibt, desto besser. Doch es hemmt auch die Nitrifikation – weil die Stickstofffixatoren Sauerstoff atmen!

In Ackerböden ist dieser Widerspruch nicht auflösbar. In der freien Natur gibt es natürlich keinen Widerspruch. Verrottender Mulch bildet hundert Mal mehr Kohlendioxid als ein leer geräumtes Feld. Aber Kohlendioxid: a) ist schwerer als Luft, und b) hundert Mal besser in Wasser löslich als Stickstoff und Sauerstoff! Da Milliarden von Kanälen einen natürlichen Boden völlig durchdringen und da dieser dadurch mit Tau gesättigt ist, löst sich das Kohlendioxid fast vollständig im Wasser auf und wird in Kohlensäure umgewandelt. Ein Teil dieses Kohlendioxids strömt durch die Kanäle in den Untergrund und löst dort unablässig Mineralien auf. Den größten Teil der Kohlensäure nehmen Pflanzen durch ihre Wurzeln auf, und das freie Kohlendioxid, das in die Atmosphäre gelangt, wird durch ihre Blätter aufgenommen. Daher ist unter dem Mulch an der Oberfläche immer genug Sauerstoff vorhanden und die Nitrifikation kann ungestört fortgesetzt werden.

Die Prinzipien der Aussaat und Ovsinskijs Landmaschinen

Diese Werkzeuge sollen im Antiquitätenmuseum ausgestellt werden, zusammen mit den geteerten Pfählen und Werkzeugen alter Völker, aber wir können einfach nicht damit aufhören, unser hart verdientes Geld dafür zu verschleudern.
I.E.Ovsinskij über den Pflug

Vor 100 Jahren verwendete Ivan Evgenjevich Ovsinskij landwirtschaftliche Arbeitsgeräte, die die gleiche Wirkung erzeugen wie moderne Eggen und Kultivatoren.

Er schimpfte über die weltberühmten deutschen Arbeitsgeräte. Er bevorzugte die englischen Varianten, doch passte er auch diese seinen Vorstellungen an. Er verwendete nur flachgründig (= mit geringer Bodentiefe) pflügende Bodenbearbeitungsgeräte: ein von Pferden gezogener Hackpflug – Flachschneider genannt, der das Beikraut nahe der Oberfläche schnitt, einen Kultivator (Feingrubber) mit Flügelscharen und eine Zinkenegge. Damit „pflügte" Ovsinskij nie tiefer als fünf Zentimeter. Dies war von entscheidender Bedeutung! Erstens, weil so eine lockere Mulchschicht gebildet wurde und zweitens, weil die Samen der Beikräuter nicht tiefer in die Erde eingearbeitet wurden, schnell an der Oberfläche keimten und innerhalb drei bis vier Jahren ausgemerzt wurden. Mit dem Flachschneider schnitt er das Beikraut und lockerte die Mulchschicht. Den Kultivator stellte er so ein, dass die Scharen beim Einschneiden des Bodens eine praktisch ebene Oberfläche hinterließen – ein Beet für das Saatgut und den Mulch. Die Saatöffnungen der Saatmaschinen korrigierte er so, dass sich die Samen lose auf den Grund legten, nicht in Haufen, sondern ein Samen nach dem an-

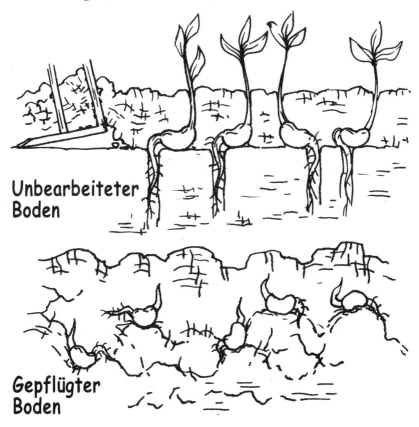

deren in der gewünschten Dichte. In besonderen, sehr seltenen Fällen verwendete er eine Walze.

Alle anderen Werkzeuge hielt Ivan Evgenjevic Ovsinskij für „absolut schädliche Spielzeuge" und bezeichnete sie als reine Geldverschwendung. Er säte 30 Zentimeter breite Streifen und genau so viel Raum ließ er zwischen den Streifen. In solchen Streifen pflanzte er zwei Reihen Rüben, drei Reihen Bohnen und sechs Reihen Weizen. Von enormer Wichtigkeit war dabei, dass die Bodenoberfläche, das Keimbeet, unter dem Mulch absolut flach war. Da es dort immer feucht war, keimten die Samen sogar ohne Regen alle zugleich. In gepflügtem Boden passiert das nie, und auch nicht in einem umgegrabenen. Denn Samen, die in unterschiedlichen Tiefen liegen und somit in unterschiedlichem Kontakt mit dem Boden sind, keimen unregelmässig.

Der gekeimte Same klammerte sich schnell und zuverlässig an der Oberfläche der Kapillare fest. Das erlaubte es, die Felder mit den jungen Pflanzen dreimal zu eggen, jeweils im Abstand von zwei bis drei Tagen: Ovsinskij gab den Pflanzen immer die Möglichkeit, sich zwischen diesen Arbeitsgängen zu erholen. Nach einem Regentag eggte er, um den Mulch zu lockern. So hielt er die Fähigkeit des Bodens Feuchtigkeit aufzunehmen aufrecht, und die Pflanzen gewannen schnell an Kraft.

Der Mulch muss permanent locker gehalten werden – das ist die wichtigste Regel der Aussaatpflege. Bis die Pflanzen mit ihrer Grünmasse den Boden beschatteten, machte Ovsinskij zwei bis drei Durchgänge mit dem Flachschneider. Er lockerte den Boden auch nach der Ernte: Auf den Feldern mit viel Beikraut mit einem leichten Pflug (Hackpflug), auf Feldern mit wenig Beikraut mit dem Kultivator (Grubber) und Felder ohne Beikraut mit der Egge. Den letzten Durchlauf mit der Egge erledigte er unmittelbar vor dem Winter. So wurden die Pflanzennährstoffe für das nächste Jahr bereits im Herbst und während des Winters bereitgestellt.

Ich betone hier das Grundgesetz der Bodenbearbeitung, das auch Williams immer wieder unterstrich: Den Boden bearbeitet man nur im Zustand der optimalen Feuchtigkeit. Nicht nass und nicht ausgetrocknet, sondern „reif": Das ist, wenn ein Erdklumpen in der Hand nicht zerfällt und auch die Hand nicht dreckig macht.

Kostytschew schrieb ebenfalls, dass die Kruste nach dem Regen unbedingt eineinhalb bis zwei Zentimeter tief abtrocknen soll bevor man kultiviert – so wird die Oberfläche schön krümelig und speichert am meisten Feuchtigkeit. Im Herbst und Sommer sollen die Grubber unmittelbar nach der Erntemaschine arbeiten, denn der Boden trocknet leicht in einem einzigen Tag aus – bei Wind sogar in nur drei Stunden. Ausgetrocknete oder nasse Erde zu bearbeiten, heißt ihre Fruchtbarkeit zu zerstören. Fragen Sie sich: „Bin ich in der Lage, die Oberflächenschicht zum richtigen Zeitpunkt zu lockern?" Wenn nicht – warum sich überhaupt abmühen?

Heutzutage wird die rationale Bodenbearbeitung erfolgreich von vielen umsichtigen Bauern angewendet.

Der angesehene russische Agronom Nikolay Andrejewitsch Kulinksy erntet auf dem lehmigen Boden der Vladimir-Region immer wieder 50 bis 55 Dezitonnen[1]/Hektar Weizen, bei nur 40 bis 50 Kilogramm an Düngemitteln pro Hektar. Er lässt das ganze Stroh auf dem Feld, lockert regelmäßig den Mulch, und anstelle des Pflugs verwendet er einen Grubber.

Der Bauernbetrieb „Pugachevskoe", befindet sich in der Steppe in der Nähe von Penza. Sein Chef, Anatoly Ivanovich Shugurov, verwendet nicht einmal einen Kultivator. Er erntet beständig 30 bis 35 Dezitonnen/Hektar Weizen. Sie denken, das ist nicht sehr viel? Dafür betragen aber die Gesamtkosten pro Dezitonne (dt) Getreide lächerliche 1 Dollar 50 Cent. Der Treibstoffverbrauch pro Hektar liegt bei 41 Liter. Der Schlüssel liegt nicht im maximalen Ertrag pro Hektar, sondern darin, eine günstige und gesunde Ernte zu erhalten und dabei den Boden nicht zu zerstören.

Der Leiter der landwirtschaftlichen Firma „Topaz", Sergey Svitenko, verdoppelte in vier Jahren Arbeit mit „organischem Mulch" seine Erträge: Sein Ertrag erreicht 100 Dezitonnen/Hektar Mais und 40 Dezitonnen/Hektar Sonnenblumenkerne. Für den Aufbau der organischen Mulchschicht benutzt er eine einfache Maschine, einen Mulch-Schredder.

Nach seinem Durchgang auf dem Maisfeld bleibt eine gleichmäßige Schicht von fein gehackten Ernterückständen zurück. Das sind bis zu 30 Tonnen trockener organische Masse pro Hektar. Das ist, sage ich Ihnen, besserer Dünger als Mist!

1) Eine Dezitonne = 100 Kilogramm

Es ist eine Tatsache: Wir können die Erträge verbessern, die Kosten senken und gleichzeitig die Bodenfruchtbarkeit verbessern.

Die Erträge von Ovsinskij waren fünf-, manchmal zehnmal höher als die Durchschnittserträge jener Jahre! In Zeiten heftiger Dürren, als Nachbarfelder versengten, hatte er immer einen Ertrag. Als Ivan Evgenjevich die intelligente Landwirtschaft kennen lernte, war er voll Optimismus: „Das alte System der Bodenbearbeitung erschwert die Nährstoffaufbereitung für die Pflanzen. Die Methoden der Bodenbearbeitung und die Rezepte der Düngermittel sind seit langem überholt (und das im Jahr 1899! *Anm. Autor*). Aber die Anhänger dieses Systems versuchen, während sie den Boden durch ihre Behandlung zu Grunde richten, ihre Fehler durch die Verwendung von Dünger und Kalken zu kaschieren". [...] „Sie sind wie Ärzte, die mit der einen Hand Gift verabreichen und mit der anderen das Gegengift und während sie dies tun, predigen sie, dass diese Prozedur dem Patienten hilft. [...] Flachgründiges pflügen von maximal fünf Zentimeter Tiefe fördert die Mineralisierung[1] im Boden vor allem bei der Verwendung von Flachschneidern. Dies ist der mysteriöse Faktor, der das Schreckgespenst einer Dürre von der Schulter der Bauern nimmt. Ich bin jetzt nicht nur beruhigt, sondern sehe dieser schrecklichen Geißel der Landwirtschaft mit einer gewissen Genugtuung entgegen. Die Pflanzen keimen bei uns sicher, wachsen ohne Regen und die Nitrifikation und die Abkühlung der Bodengase geht verlässlich von statten. Gutes Wetter erleichtert unsere Arbeit auf dem Feld, was der Regen oft beeinträchtigt."

Die Quintessenz lautet: Seit mehr als hundert Jahren haben wir ein vernünftiges System, das man bei Erschaffung des intelligenten Gartens als Basis nehmen kann. Das wirft die Frage auf: Warum wird dieses System nicht universell angewendet? Warum graben und pflügen wir bis heute zu unserem eigenen Nachteil?

---

[1] Mineralisierung – hier: Zersetzung der organischen Bodensubstanz bis zu einfachen Substanzen, zerkleinern, lösen von Mineralien.

Warum wir graben

*Denken ist allen erlaubt,
Vielen bleibt es erspart.*
Goethe

Es passiert nur das, was für jemanden vorteilhaft ist. Erfolg – ist für diesen „Jemand" eine absolut ungünstige Sache. Erfolg ist, wenn man keine Probleme hat. Ohne ein Problem zu erschaffen, kann sich dieser „Jemand" nicht als Retter und Helfer in der Not in Szene setzen. Ohne Angst vor den Problemen, wird niemand dessen Hilfe kaufen. Ein Bauer, der die Abläufe der Natur zu Nutzen versteht, ist frei und unabhängig. Es lässt sich kein Geld mit ihm verdienen. Eine solche Landwirtschaft ist für die Agro-Konzerne nicht rentabel. Und der Staat wird schon seit langem von diesen Konzernen unterjocht.

Wieso hat die US-Agrarindustrie so schnell fast die ganze Welt erobert, selbst den Fernen Osten, wo die Landwirtschaftstraditionen grundverschieden waren? Ganz einfach: Der Verwaltungsapparat wird aus dem Gewinn des institutionalisierten Handels gefüttert. Chemikalien, Düngemittel und Agrartechnik sind ein Milliardengeschäft.

Wir leben in einer Gesellschaft, in der mit Problemen gehandelt wird. Unsere Welt ist sehr irrwitzig: Jemand erschafft oder erfindet ständig neue Probleme, macht den anderen Angst und bietet dann Hilfe an – so öffnen wir schön brav unsere Geldbörsen. Man muss kein Top-Wissenschaftler sein, um zu verstehen, dass fast alle großen Probleme künstlich erschaffen wurden. Um uns wirklich retten zu können, braucht unsere Medizin wirklich coole Krankheiten. Um ihre Existenz zu rechtfertigen, brauchen die Militärs Kriege – und genau deswegen gibt es sie. Und wie viele Kriminelle sind normale Menschen geworden dank der Polizeiarbeit? Die Presse braucht Skandale und Konflikte. Sie bläht diese auf, wie sie nur kann. Und wenn sie nichts findet, dann erfindet sie etwas aus dem Nichts.

Es ist immer billiger eine neue Wissenschaft zu erfinden, als die Macht und Produktionsvolumen zu verlieren. Es ist noch nicht so lange her, da lebten wir ganz wunderbar ohne den natürlichen Körpergeruch als Problem zu betrachten und sogar Schuppen zählten nicht als Sünde. Ich würde mich nicht wundern, wenn unsere Enkel

jeden, der nicht jedes Haar am Körper akribisch entfernt hat, scheuen würden!

Ohne uns die Mühe zu nehmen, zu denken, laufen wir wie Hamster in einem Rad: „Die Lösung" für ein Problem erschafft ein neues, und wir zahlen und zahlen uns dumm und dämlich.

Wir verputzen Hamburger, Kartoffelchips und Eiscreme (!), vergessen Sie nicht den „Zahnreiniger-Kaugummi für Kinder!" – und auch noch Mittel für die Verdauung, Galstena für die Leber und Bittner-Balsam, dann können sie sich weiter mit Chips vergiften und wieder Medikamente kaufen. Und das „Zentrum für gesundes Haar" hat Hochkonjunktur. Bald wird man ein „Zentrum der wohlriechenden Achselhöhlen" erfinden, und von da ist es nicht so weit bis zum „Zentrum des allheilenden Wodkas". Wir sind so tief im Herzen ergriffen von der rührenden Fürsorge der Werbung, dass wir die schamlosen Profiteure hinter dieser neuen „Wissenschaft" nicht zu erkennen vermögen.

Es war für die höheren Mächte in unserem großen Land stets lukrativer nicht für Qualität, sondern Quantität zu bezahlen. Nicht das qualitativ hoch stehende Ergebnis soll bezahlt werden, sondern das unterwürfige Erbringen von Dienstleistungen. Wir bevorzugen Krankmeldungen und Atteste anstelle von Prophylaxe und Gesundheitsförderung, blinde Wissenschaftsgläubigkeit anstelle von Erfolg; Glaube an mildtätige Führer anstelle von dynamischer Selbst-Identität. Wundern Sie sich noch, dass wir so viele Probleme zu haben scheinen? Wir graben unseren Garten um und beschweren uns über das Klima und die schwierige Lebenssituation. Durch unseren Glauben werden wir dereinst für unsere Mühsal belohnt. Amen.

Der Einfluss der Regenwürmer auf die Bodenbildung ist nicht hoch genug einzuschätzen und ist für Landwirtschaft und Gartenbau von überragender Bedeutung.

Erhard Hennig (1906 – 1998), deutscher Humusforscher

KAPITEL 3
Wie man die Bodenfruchtbarkeit verbessert

oder

Expresskurs in Bodenaufbau

*Früher oder später werden all meine Argumente
auf fruchtbaren Boden fallen!*

Grundsätzlich kann man in fast jedem mit Nährlösung versorgten Medium Pflanzen anbauen. Auf Sand oder Perlit[1], Keramsit (Blähton) oder Kies mit einer Nährlösung = Hydrokultur. Oder auch auf kleinen, in ein Rohr oder eine Rinne eingelegten Torfwürfeln, getränkt mit derselben Nährlösung – das wäre dann die kleinvolumige Hydrokultur. Man kann Pflanzen sogar in der Luft anbauen indem man die Wurzeln periodisch mit Nährlösung besprüht. Das alles ist sehr teuer, aufwendig und schädlich, und der Verzehr dieser Gemüse ist ungesund. Man will dieses Zeug aber auch gar nicht essen, da es praktisch geschmacklos ist.

Leckere und gesunde Gemüse wachsen nur auf einem lebendigen Boden. Der bequemste Weg Gemüse zu ziehen, sind stationäre Hochbeete (in den kalten Zonen) oder Gräben (in trockenen, warmen Regionen), die mit Humus oder Kompost[2] gefüllt und mit einer Schicht Pflanzenreste zugedeckt (gemulcht) sind. Diese Anbaumethode ist günstig und produktiv und sie ergibt äußerst schmackhafte Produkte, und vor allem ist sie ausreichend bequem, behäbig und entspannt. Ich gärtnere genau so.

---

1) Perlit ist ein Mineral. Geschreddert ist er weiß, elastisch und leicht. Er absorbiert ca. 30 Mal mehr Wasser als sein Eigengewicht und ist perfekt für die Verwurzelung von Stecklingen. Er ist auch ein guter Bodenauflockerer. Leider ist er selten.

2) Kompost ist ein teilweise verrotteter Mix aus verschiedenen, organischen Materialien. Humus ist das stabile, vollkommen zersetzte Endresultat des Verrottungsprozesses.

Die Ideen, wie der Gärtner ertragreiche, fruchtbare Böden erschaffen und gleichzeitig unabhängig von der Agrarindustrie bleiben kann, wurden seit über hundert Jahren weltweit erfolgreich entwickelt und angewendet. Sie basieren alle auf einer einfachen Regel: Gib dem Boden nicht weniger organische Substanz zurück, als ihm entnommen wurde. Dann wird der Boden belebt und fruchtbar sein, und Ihnen noch mehr geben. Anbaumethoden, die dieses Ziel verfolgen werden als organische, biologische, wiederherstellende, schonende und in Russland als die naturnahe Landwirtschaft bezeichnet. Sie sind alle Kombinationen aus mehreren Denkschulen mit einer zentralen Hauptidee: „Lerne von der Natur".

Am Ende des 19. Jahrhunderts kam in Deutschland das Biologisch-Dynamische Landwirtschaftssystem[1] auf. Es basiert auf dem geistigem Bewusstsein der natürlichen Prozesse. Biodynamiker nehmen Pflanzen, Tiere, Menschen und den Kosmos als ein ganzheitliches System wahr. Ihre Landwirtschaft zielt auf eine maximale Harmonie aller Faktoren, die die Pflanzen beeinflussen. Sie beherrschen die Kunst der Kompostierung und Humusherstellung wie kaum sonst jemand. Sie haben gelernt, die Vitalität von Pflanzen, Tieren und Menschen durch einen geschlossenen Kreislauf des Austauschs von deren Stoffwechselprodukten zu verbessern. Die Tiefe, mit der sie die Natur verstehen, scheint für den Laien unerreichbar zu sein.

In den 1950er Jahren verbreitete sich in den USA und Kanada rasch eine organische oder regenerative (= erneuernde) Landwirtschaft dank der Bodenschutzprogramme der Agrarpolitik sowie Dank revolutionärer Agronomen wie Faulkner und Rodale. Das Rodale Institut (1947 in Pennsylvanien gegründet) erforschte und entwickelte wissenschaftliche Methoden, die es erlauben, die natürlichen Ressourcen besser zu speichern und zu nutzen – die Sonne, Wasser, Luft, die Arbeit der Bodenlebewesen und die Eigenschaften der Pflanzen selber. Es wurde möglich, praktisch keine externe Energie, Chemikalien, Düngermittel oder Bewässerungswasser verwenden zu müssen.

In den 1970er Jahren kam in Australien die bereits erwähnte Permakultur durch Bill Mollison und David Holmgren auf.

In den späten 1970er Jahren wurde in Frankreich und dann in den USA, auf der Basis von Alan Chadwicks Arbeiten, ein biointensiver Mini-Landbau (BIML) entwickelt. Seine Grundlage sind stationäre

---

1) Biologisch-Dynamische Wirtschaftsweise nach Dr. Rudolf Steiner

Festbeete mit organischem Mulch. Das Buch über BIML wurde von John Jeavons geschrieben.

Auch Dr. Jacob Mittleider sollte erwähnt werden. Er entwickelte eine sehr sinnvolle Anordnung für Gärten – schmale Beete. Diese Einteilung wird jetzt von „intelligenten Gärtnern" in ganz Russland verwendet.

In den letzten Jahrzehnten ist nun endgültig und unwiderlegbar klar geworden, dass gesunde Pflanzen nur in einem stabilen Ökosystem gedeihen. Die Forschung in der Agrarökologie ist aktiver geworden. Die Gründer des deutschen Verbandes Bioland®, Dr. Hans Peter Rusch und Dr. Hans Müller, beispielsweise haben bereits während mehr als einem halben Jahrhundert das lebende System des Bodens und die umweltbedingten Ursachen von Krankheits- und Schädlingsausbrüchen untersucht. Landwirte haben durch den Aufbau von biodiversen, nachhaltigen Ökosystemen gute Ernten auf den Feldern erzielt und die Gesundheit der Pflanzen verbessert.

Die in Japan während der letzten Jahrzehnte entwickelte EM-Technologie (Effektive Mikroorganismen) findet weltweite Anwendung. Der Einsatz nützlicher Mikroben fördert die Zersetzung organischer Masse, reinigt die Umwelt, verbessert die Bodenfruchtbarkeit und verdrängt pathogene (krankheitserregende) Mikroorganismen im Boden.

Weit verbreitet ist auch die Mistverarbeitung mit Regenwürmern.

In Russland treiben viele Bauern und Wissenschaftler die naturnahe Landwirtschaft voran. Jeder passt sie an die Bedingungen seiner Klimazone an und erfindet seine eigenen Methoden.

Wenn Sie Ihre Pflanzen beobachten, können viele von Ihnen Ihre eigene intelligente Pflanzenkunde entwickeln. Als Hilfe für Sie folgen nun die wichtigsten Methoden der regenerativen (erneuernden) Landwirtschaft, die ich zum heutigen Zeitpunkt kenne.

Die Formen der Organischen Substanzen (OS)

Von unserer schmerzvollen Arbeit geht nichts verloren!
Und alles wird als Dünger neu geboren.
Volksmund

Eine andere Variante:
Bedenke beim Verschlingen des leckeren Butterbrotes:
Jetzt arbeitest du zum Wohl des Bodens!

In unserem Fall ist organische Substanz alles, was tot ist: abgestorbene Blätter und Holz, tote Tiere und der Kot der Tiere. Kurz gesagt, alles, was verrotten und Kompost und schließlich Humus bilden kann.

Das Pflügen, Dünger, Pflanzenschutzmittel und all diese teuren und intensiven Landbaupraktiken haben bereits zwei Drittel des fruchtbaren Bodens des Planeten zerstört. Warum florieren diese Praktiken noch immer? Die moderne Landwirtschaft scheint immer noch nicht verstanden zu haben, was den Hauptnutzen der organischen Bodensubstanz ausmacht. Es sind weder seine Nährstoffe noch sein Stickstoff. Es ist weder die lockere Bodenbeschaffenheit noch die Fähigkeit Feuchtigkeit zu speichern. Es ist auch nicht der Schutz des Bodens vor der Erosion[1]. All dies sind „willkommene Nebenwirkungen". Das Wichtigste an der Organischen Substanz ist – ihre Energie.

Organische Substanz ist der Kraftstoff, die Nahrung. All die Energie, die die Pflanzen während der Saison von der Sonne speichert, bekommen die Bodenlebewesen in der nächsten Saison. Diese Lebewesen essen, vermehren sich, zersetzen die organischen Stoffe und wandeln diese wieder in Kohlendioxid und Wasser um. Und so geben die Pflanzen den Kohlenstoff wieder zurück, damit sie im nächsten Jahr die Möglichkeit haben, neue Organische Substanz herzustellen. Dank der Bodenlebewesen erhalten die Pflanzen ihren Kohlenstoff und alle anderen Nährstoffe, die sie benötigen.

Die organischen Rückstände des Vorjahres werden zur Biomasse des aktuellen Jahres. Das nennt man den Kohlenstoffkreislauf. Das ist der wichtigste Kreislauf unseres Planeten. Ohne ihn gibt es kein Leben. Hunderte von Millionen von Jahren hat der gleiche Kohlen-

---

1) Erosion – die Zerstörung der Erde, welche nach dem Pflügen kahl liegt: Auswaschen durch Regen, wegwehen durch Wind.

stoff Blätter, Früchte und Getreide hervorgebracht; er hat alles Lebende von Bakterien bis zum Menschen gefüttert und er kehrt immer und immer wieder zu den Pflanzen zurück. Wir, die Vertilger der Organischen Substanz, essen tatsächlich einfach die Energie der Sonne, die ursprünglich in den Körpern der Pflanzen gespeichert wurde. Sämtlicher Kohlenstoff, der in Pflanzen und in den Körpern der Tiere – inklusive unserem eigenen Körper – enthalten ist, kehrt ausnahmslos und vollständig in den Boden zurück. So funktioniert unsere Biosphäre, unser Lebensraum.

Entziehe dem Boden organische Substanz und der Lebenskreislauf wird unterbrochen. Wo keine Energie und kein Kohlenstoff sind, da ist auch keine Fruchtbarkeit. Und dann versuchen die Menschen diese Elemente mit chemischen Ersatzstoffen zu ersetzen. Dabei verschwenden sie massenweise Treibstoff und Elektrizität und entwickeln ganze Wissenschaftsrichtungen. Nach der Tötung der natürlichen Bodenbearbeiter, der Bodenlebewesen, durch aktiv herbeigeführtes Verhungern, sind die Menschen gezwungen, selber zu arbeiten, Geld zu verbrauchen und Wohlergehen und Gesundheit zu verlieren. Und alles vergebens, denn Dünger enthält das Wichtigste nicht – den Kohlenstoff. Meiner Meinung nach ist eine solche Landwirtschaft die größte Dummheit der Menschheit.

Biogärtnern und -bauern ist seit langem bewusst, wie wichtig organische Substanz ist. Ein Gemüsegarten ist kein Feld, man kann die Beete vollständig mit Kompost bedecken und somit eine ausgezeichnete Ernte erzielen. Deswegen verschwenden Gärtner keinen Gedanken über die Energie des Bodens. Für sie ist organische Substanz vor allem Dünger, Bodenlockerer und Humusquelle. Und diese versuchen sie in Form von Kompost einzubringen. Kompost ist der bekannteste und beliebteste organische Dünger. Betrachten wir ihn mit den Augen eines Durchschnittsgärtners.

Kompost

Ein guter Mensch kann sogar den Kompost nahrhafter machen.

Ein gut aufbereiteter Kompost ist Gold wert. Er verleiht den Pflanzen eine erstaunliche Kraft und schützt sie vor Krankheiten. Ich sehe den lebenden Beweis immer wieder in meinem Garten: Gemüse, die als Selbstaussaat auf dem Komposthaufen gekeimt haben, überholen meine Beetgemüse immer in der Entwicklung, und die Pflanzen dort sind doppelt so kräftig. In Europa und in den USA betreiben bestimmte Institute Kompostforschung und die Wissenschaftler erkennen immer mehr und mehr seiner Vorzüge.

Zu Beginn des 19. Jahrhunderts untersuchten die Biodynamiker Deutschlands den Humus im Detail. Im Glauben an den „Geist der Moleküle" und an die kosmischen Kräfte, hielten sie Humus für die Quintessenz dieser Kräfte. Ihre Experimente waren unglaublich schön und mit Bedacht ausgeführt. Sie lernten mit Infusionen (= Aufgüsse) von Kräutern und Mineralien gezielt Einfluss auf die Kompostreifung zu nehmen. Sie etablierten qualitative Unterschiede zwischen verschiedenen Arten von Kompost. Sie bewiesen auch, dass das Futter, das ein Tier frisst, die Eigenschaften des Mists beeinflusst und folglich auch die Qualität des daraus resultierenden Komposts und als Folge davon die Ernte. Sie trieben die Kunst der Humusproduktion zur Perfektion.

Biogärtner und -bauern betrachten den Humus als Grundlage des Wohlstandes. Die Wertschätzung grenzt an Respekt. Und nicht umsonst: Humus lebt – im wahrsten Sinne des Wortes. Im Humus lebt eine Gemeinschaft von Mikroorganismen, Insekten und Würmern. Sie verwandeln dessen organische Substanz fleißig in den besten Lebensraum für Wurzeln. Sie sind unschätzbare Helfer. Werfen Sie einmal einen Blick durch das Mikroskop, um zu sehen, wie eifrig sie für uns arbeiten. Wo es ihnen gut geht, geht es auch den Pflanzen gut. Und das bedeutet, dass es auch uns gut tut.

Bodenlebewesen sind unsere Symbionten, genau gleich wie unsere Lieblinge wie beispielsweise Kühe, Puten, Katzen und Hunde. Nur unvergleichlich viel wichtiger. Ein Überleben ohne Kuh ist möglich, ohne Mikroben jedoch ausgeschlossen! Biogärtner und -bauern haben gelernt, mit ihnen zu kommunizieren. Kompostierung ist für sie fast schon ein religiöses Ritual.

Mikroben brauchen drei Voraussetzungen um zu gedeihen: Nahrung, Feuchtigkeit und (für die meisten Arten) auch Sauerstoff. Nahrung und Feuchtigkeit sind in der Regel kein Problem. Sauerstoff ist problematischer, doch davon hängt die mikrobielle Zusammensetzung des Kompostes und die Geschwindigkeit des Kompostierungsprozesses ab. In Kompostieranlagen, wo die Luft zwangsweise unter ständigem Rühren zugefügt wird, reift Kompost in zwei Tagen. Wir haben keine Eile, aber es ist wichtig, dass die Qualität des Komposts stimmt: Schlechter Kompost wird nicht nur nicht helfen, er kann die Pflanzen schädigen. Also, lassen Sie uns guten Kompost produzieren.

Was kann man kompostieren?

Als erstes sollten wir uns merken, was wir nicht in den Kompost legen dürfen: Alle Fette, Speck, Knochen und alle Kunststoffe. Fleisch, Fisch und Milchabfälle sind schlecht, weil sie alle Arten von Tiere anlocken, insbesondere Ratten. Sie verströmen auch reichlich Gestank. Es ist besser diese Dinge in die Erde einzugraben. So verrotten sie schneller und man hat damit keine Probleme.

Organische Substanz kann man in zwei Kategorien einteilen: Die „Grüne" (ist reich an Proteinen und somit an Stickstoff) und die "Braune" (stickstoffarm, aber reich an Kohlenhydraten z. B. Fasern). Diese Materialien verhalten sich im Komposthaufen unterschiedlich und haben unterschiedliche Rollen.

Grüne Materialien verrotten schnell, produzieren Wärme und oft auch einen unangenehmen Geruch. Das ist der „Reaktor" des Haufens. Ohne ihren Stickstoff arbeiten die Mikroben, die Zellulose[1] zersetzen, nicht. Im Allgemeinen ist die grüne Substanz die hauptsächliche Stickstoffnahrungsquelle.

Braune Materialien zersetzen sich langsam, ohne Wärme, vor allem durch die Tätigkeit von Pilzen. Im Haufen und im Boden stellen sie in erster Linie die Porosität[2] sicher und halten Luft und Feuchtigkeit fest. Sie sind die Auflockerer. Sie reichern den Kompost mit Mineralien, insbesondere mit Kalzium und Silizium, an.

---

1) Zellulose – ein Polysaccharid, „zusammengenähte Stärke". Daraus bestehen die Zellwände von Pflanzen. Sie verleihen Ihnen Festigkeit (Biegungswiderstand), und schaffen die Struktur.
2) Porosität: (von porös durchlässig) mit Poren, mit kleinen Löchern

Die Zersetzer von Zellulose ernähren sich von Stickstoff. Dies bedeutet, dass z. B. Sägemehl viel schneller zerfällt, wenn es mit einer Lösung aus Harnstoff getränkt wird. Aber das bedeutet nicht, wie manchmal behauptet wird, dass Mulch aus Sägespänen zu einem Stickstoffmangel im Boden führt! Teilweise verrottet, werden Stroh und Sägemehl zu einer Zuckerquelle für stickstofffixierende Bakterien, die sich von Kohlenhydraten (Zucker) ernähren. Unter dem Mulch findet immer eine aktive Stickstofffixierung statt.

GRÜN: Mist, Kot, Vogelkot, Küchenabfälle, Obst- und Gemüseabfälle, Hülsenfrüchteheu, grüne Blätter, Grasschnitt und Emd, jedes saftige Kraut, grüner Mais, Beikräuter und jegliches grüne Laub.

Strohmist – der beste Mist für den Kompost ergibt sich, wenn er mit Stroh oder Sägemehl vermischt wird. Einstreu von Rindern mit einem Strohanteil von etwa 80 Prozent ist hervorragend. Die beste Qualität weist der Pferdemist auf. Darin sind der Faseranteil und der Stickstoff nahezu ausgeglichen und man kann ihn fast frisch auf die Beete ausbringen. Am schwierigsten zu verarbeiten ist der Schweinemist: Er ist zu sauer, flüssig und hat einen Überfluss an Stickstoff. Um daraus einen guten Kompost zu machen, muss man ihn abwechselnd mit trockenem Stroh, Sägemehl, oder Spreu aufschichten. Zusätzlich etwas kalken (zwei bis zweieinhalb Kilogramm kohlensaurer Kalk pro Kubikmeter) und so lange kompostieren bis es aufhört nach Mist zu riechen.

Menschlicher Kot – das nährstoffhaltigste Produkt unseres eigenen Lebens, ist eine höchst wertvolle Mistart. In Ovsinskijs Zeiten nannte man es respektvoll „Menschen-Gold".

„Der Düngewert des ‚Menschen-Goldes' ist acht bis zehn Mal höher als jener vom Mist. Es wird vor allem dort eingesetzt, wo die Kulturen so anspruchsvoll sind, dass ein erhöhter Einsatz von Düngemitteln erforderlich ist". (Volks-Enzyklopädie, 1912.)

Heutzutage macht man uns Angst vor Würmern (Helminthen)[1], aber dieses Problem ist weitgehend erdacht. Wer sagt denn, dass die Würmer nur im Kot zu finden sind? Sie leben in jederlei Kot und Mist. Unsere geliebten Katzen und Hunde sind laufende „Wurmfabriken". Der Boden ist auch nicht steril, er enthält immer irgendwelche potentiell krank machende Erreger. Aber es hindert uns nie im Leben

---

1) Würmer (Helminthe) – parasitäre Darmwürmer. Sie durchlaufen meist verschiedene Phasen der Metamorphose (= Umwandlung) in ihren verschiedenen Lebensräumen.

daran, frisches Gemüse zu verzehren. Wir essen doch Gemüse nicht direkt vom Boden – wir waschen, schälen oder kochen es. Meine Außentoilette ist ein Bio-WC, dem ich Torf und Bioaktivatoren[1] hinzufüge. Auch meine Innentoilette ist ein Bio-WC, das auch mit Bioaktivatoren funktioniert. Einmal in der Woche gieße ich den WC-Inhalt in einen Graben unter einem Baum oder in eine Rinne im Garten, bestreue ihn mit Erde und decke das Ganze mit Gras zu. Der Inhalt der Außentoilette sammelt sich während des ganzen Sommers und ist bereits teilweise kompostiert, wenn ich ihn entnehme. Im Herbst bringe ich den Inhalt auf die Beete oder unter den Büschen aus oder lasse ihn im Komposthaufen zum nachreifen und decke ihn ebenfalls mit Gras oder Spreu zu. Die Pflanzen sind mir sehr dankbar! Und ich habe keinen Abfall.

Vogelkot ist auch ein sehr konzertierter Dünger. Es ist besser, ihn zu verdünnen und in Wasser ziehen zu lassen für die Flüssigdüngung. Wenn er im Überfluss zur Verfügung steht, kann man ihn auch kompostieren – vermischt und gestreckt mit braunem Material. Der nahrhafteste Vogelkot ist Taubenkot. Es gibt Stadtbewohner, die sammeln ihn sackweise von den Dachböden.

Küchen- und Obstabfälle muss man in einer dünnen Schicht im Wechsel mit irgendwelchen braunen Materialien kompostieren – genau wie Mist. Ansonsten kommt es zu einer Verdichtung und sie werden sauer.

Heu, das heißt jeder getrocknete Grasschnitt, ist toll, aber es sollte auf jeden Fall befeuchtet werden und in Wechselschichten mit Erde oder Kompost aufbereitet werden, ansonsten trocknet es oben dran aus und wird unten sauer.

Gras, grüne Blätter und sonstige grüne Masse, muss man unbedingt zuerst etwas andörren (zumindest erschlaffen lassen) und mit brauner Masse vermischen. Frische grüne Masse alleine verdichtet sich im Haufen, bleibt somit ohne Luft und beginnt nicht zu verrotten, sondern zu „brennen" oder sauer zu werden. Es entsteht eine Art Silage. Solcher Kompost sollte mehrmals gewendet werden.

BRAUN: Trockene Blätter, Stroh, gehaktes, trockenes Schilf und Binsen, trockene Ernterückstände, Spreu, getrocknete und zerkleinerte Maiskolben, zerfetztes Papier und Pappe, Sägemehl und Späne, zer-

---

[1] Bioaktivator – bakterielle Präparate, die die Zersetzung von organischen Stoffen in Komposthaufen und Bio-Toiletten beschleunigen. Sie enthalten Bakterien und eine Reihe von Enzymen, wie z.B. MikroVeda® FARMING, ein Präparat aus Effektiven Mikroorganismen.

kleinerte Äste und Rinde. Ein ausgezeichnetes Material ist auch das ausgediente Substrat, das für den Anbau von Austernpilzen verwendet wurde.

Braunes Material ist die Hauptkomponente vom Kompost. Ein Komposthaufen sollte aus 70 bis 80 Prozent davon bestehen. Wenn kein grünes Material zur Verfügung steht, kann man auch ohne den grünen Anteil kompostieren. Wenn man den Haufen mit einer Harnstofflösung (etwa eineinhalb bis zwei Kilogramm/Kubikmeter) anfeuchtet, geht der Verrottungsprozess deutlich schneller. Wenn Sie genug grüne Materialien zur Verfügung haben, machen Sie einfach eine „Schichttorte": zwei Schichten braun, eine Schicht grün, zwei Schichten braun. usw.

Eine hervorragende Basis für Kompost sind geschredderte Zweige von Bäumen und Sträuchern zusammen mit den Blättern. Ich zerkleinere dazu auch Beikraut, Stängel und Halme. So steht bereits genug Stickstoff vom Blattwerk zur Verfügung und der Komposthaufen fängt schnell an aufzuheizen und zu verrotten (Foto.2). Für eine normale Kompostierung fehlen nur noch das Wasser und ein wenig Erde. Allerdings verwende ich meine geschredderten Zweige nur zum Mulchen: Einen besseren Mulch kann man sich kaum vorstellen!

Wie kann man das alles kompostieren?

Das Wichtigste: Graben Sie bitte keine Kompostgruben. Denn dann fließt ständig Wasser hinein und es ist praktisch unmöglich den Kompost zu vermengen. Zudem ist es sehr schwierig, den Kompost rauszunehmen und die Verrottung findet anaerob (= sauerstofffrei) statt, da sich in der Grube praktisch keine Luft befindet. Eine Kompostgrube zu machen kann höchstens für Bewohner sehr trockener und heißer Regionen mit sandigen Böden sinnvoll sein.

Ein Komposthaufen hat normalerweise drei Wände aus beliebigem Material von bis zu einem Meter Höhe. Der Boden ist weich und porös, damit sich kein Wasser staut, die Luftzufuhr gewährleistet ist und die Würmer sich wohl fühlen. Die einfachste Variante ist der Erd-

boden, der mit Stroh oder Sägemehl bedeckt ist. Wenn der Boden fest ist, wie z. B. Beton, ist es einfacher den Kompost herauszuholen. Die Strohunterlage muss bei dieser harten Variante jedoch mindestens 20 Zentimeter dick sein.

Das Mindestvolumen des Haufens sollte ungefähr ein Kubikmeter sein, ansonsten trocknet er schnell aus. Aus dem gleichen Grund ist es sinnvoll, den Haufen im Schatten anzulegen. Wenn der Haufen im Freien steht, ist es besser, ihn zu bedecken – im Winter und Frühling mit Folie (an der Wärme verrottet die organische Substanz schneller), im Sommer mit einem beliebigen undurchsichtigen Material, um ihn vor Überhitzung und Austrocknung zu schützen. Falls der Haufen unbedeckt belassen wird, werden die Nährstoffe durch den Regen ausgespült.

Die Kompostierung kann kalt = langsam, oder warm = schnell sein. Ehrlich gesagt, versuche ich seit langem, die verfügbare organische Substanz direkt unter den Pflanzen ausbreiten. Genau hier soll sie sich zum Wohle der Erde zersetzen. Aber am Anfang des Sommers haben wir zu viel Gras und es ist nicht schön, z. B. Kot direkt im Garten zu verteilen. Deshalb muss ich irgendwann im Sommer dann doch einen Haufen erstellen. Es erübrigt sich eigentlich zu erwähnen, dass ich kalt kompostiere – einfach, weil es weniger Arbeit mit sich bringt.

Kalte Kompostierung

Diese Methode passt gut zu Faulenzern. Sie legen einfach gelegentlich verschiedene Materialien auf den Haufen: Zwischen Gras, Mist und Kot, leeren Sie die Küchenabfalleimer aus, und all das decken Sie mit Stroh, Heu, Spelz, Spreu oder Sägemehl ab. *Aber nach jeder neuen Schicht verteilen Sie unbedingt ein Paar Schaufeln Erde darauf.* Der Verrottungsprozess wird beschleunigt, der Humus wird besser verrotten und stabiler sein. Legen Sie nur junges Beikraut, das sich aber noch nicht versamt, auf den Haufen, ansonsten werden Sie später wieder viel Jätarbeit in die Beete investieren müssen.

Im Herbst nehme ich die oberste, noch nicht verrottete Schicht des Komposthaufens ab und bedecke damit überwinternden Knoblauch, Lilien, Dahlien oder einfach Beete mit frischer organischer Substanz. Den restlichen, fast fertigen Kompost verteile ich auf die geräumten Beete, um sie zu bedecken.

Die Anhänger des Umgrabens sollten lieber keine kranke Pflanzengrünmasse auf den Haufen legen, wie z. B. durch Phytophtora (eine Pilzkrankheit) „verbrannte" Tomaten oder an Peronospora (ebenfalls eine Pilzkrankheit) erkrankte Gurken. Die Sporen dieser Krankheiten sind nur an der Luft gefährlich. Wenn sie die Beete umgraben, bringen sie die Sporen dieser Infektionskrankheiten immer wieder an die Oberfläche. Ich grabe meine Beete nicht um, bringe regelmäßig neuen Kompost aus, und verteile drauf den Mulch – so begrabe ich die Sporen im Boden. Kranken Pflanzen schenke ich keine spezielle Aufmerksamkeit, denn man kann sich nicht vor allen Krankheiten schützen. Meine Pflanzen leiden nicht an Wurzelfäule und beim Pflanzen auf dem Kompost sind diese Krankheiten kaum möglich.

Wenn ich den Haufen mindestens ein Mal im Sommer umgrabe, ist der Kompost bis zum Herbst fast fertig. In der Regel wende ich den Komposthaufen im Mai: So haben meine Katzen die Gelegenheit die Nester der Maulwurfsgrillen zu zerstören. Für die Katzen ist das ein willkommener Festschmaus. Wenn Sie den Haufen zwei Mal wenden, wird der Kompost noch früher reif. Und wenn Sie Lust haben, ihn jede Woche umzugraben, ist er in ein bis zwei Monaten fertig, aber das ist dann bereits eine warme Kompostierung.

Warme Kompostierung

Um sich nicht mit der Mistgabel zu verrenken, haben Biogärtner alle Arten einfacher Einrichtungen erfunden. Beispielsweise befestigen sie an einem Eisenfass, das mit einer seitlichen Öffnung versehen ist, eine Achse. Das Ding sieht aus wie ein Zementmischer. Man kann hingehen, das Ding drehen und das ist schon die ganze Arbeit. Einige verwenden dafür herkömmliche 200-Liter-Fässer aus Eisen. Diese kann man direkt auf dem Boden rollen. Man muss nur einen abnehmbaren Deckel und an den Seiten Luftlöcher anbringen. In diese Fässer darf man kein Wasser gießen und das Material soll einen normalen Feuchtigkeitsgehalt aufweisen.

Aber die Arbeit mit der Gabel ist immer noch das Einfachste. Das Behältnis mit dem Komposthaufen füllt man nur etwa hälftig auf der einen Seite. So kann man den Kompost dann von der einen zur anderen Seite werfen. Neues Material wird solchen Haufen nicht zugefügt, man lässt den Kompost dieses Haufens ausreifen. Und nur bei Bedarf wird der Haufen ein wenig angefeuchtet.

Der fertige Kompost wird dunkel, fast schwarz, mehr oder weniger homogen, krümelig und riecht angenehm nach Waldstreu.

Fassen wir jetzt das Gesagte zusammen:

Die acht Gebote des Kompostierens

1) Mische grün und braun: ungefähr 1:3 bis 1:4. Wenn zu wenig grünes Material zur Verfügung steht, füge ein wenig organischen Stickstoffdünger hinzu.
2) Mache den Haufen nicht höher als 60 bis 70 Zentimeter, damit die unterste Schicht nicht zu sehr verdichtet.
3) Wechsle häufig verschiedene Materialien ab: je lockerer und luftiger der Haufen wird, desto weniger muss der Kompost gewendet werden.
4) Decke den Haufen ab – schütze ihn vor Überhitzung und halte ihn ausreichend feucht.
5) Je besser die Zutaten durchmischt sind, desto schneller geht der Prozess. Je kleiner die Materialien sind, desto schneller geht die Kompostierung.
6) Füge immer etwas fertigen Kompost (Beimpfung) und ein wenig Erde hinzu.

7) Lasse frisches Gras vor dem Gebrauch etwas antrocknen. Feuchte das trockene Gras ein bisschen an.
8) Lege folgende Materialien nicht auf den Haufen: Fett, Knochen, Kunststoffe, ganze Zweige und dornige Zweige. Fleisch und Milchprodukte vergrabe besser in der Erde.

Natürlich können nur Fachleute alle Regeln ausnahmslos einhalten. Ich halte diese auch nicht allesamt ein. Ich sammle alles, was ich habe, lege es in Schichten und wende alles ein bis zwei Mal pro Sommer. Ich decke alles immer mit einer Folie oder Gras zu. So entsteht ein vollwertiger und nahrhafter Kompost.

Wie man organische Substanz clever verwendet: Natürliche Kompostierung

Von der organischen Chemie verabschieden sich die Biogärtner als erstes!

Was lehrt uns die Erfahrung des natürlichen Kompostierens?

Das Wichtigste: Man kann auch ohne Komposthaufen überleben. In der freien Natur entsteht Kompost ganz von alleine. Dabei erhält der Boden an organischer Substanz alles, was er braucht: all ihre Energie, Nährstoffe, biologische Aktivität, Wärme, Struktur und einen vollen Zyklus der Reproduktion von Mikroorganismen, Würmern und Insekten. Wir möchten aber einen „schönen Garten" sehen, und opfern freiwillig diese Ausbeute dem Komposthaufen. Seien wir ehrlich: Seinen Nutzen in Ehren, aber Kompost ist nichts anderes als bereits verarbeitete organische Substanz. Von den Ausgangsmaterialien bleibt nur ein Viertel und somit bekommt der Boden auch nur ein Viertel des Kohlenstoffs und drei Viertel verpuffen in die Luft. Nur ein Fünftel der Gesamtenergie und der Nahrung wird den Mikroorganismen und Würmern zur Verfügung gestellt. Der größte Teil wurde bereits gegessen und verbraucht, leider nicht auf dem Beet, sondern auf dem Komposthaufen, ohne Nutzen für den Boden. Wir trennen den Prozess der Fruchtbarkeit vom Garten ab und lassen ihn nicht auf den Beeten ablaufen!

Alle Ernterückstände und Lebensmittelabfälle können direkt im Garten verstreut werden. Diese Technik ist längst unter dem Namen „Finnische Beete" bekannt. Eine meiner Leserinnen, Tatjana, transformierte auf diese Weise ihren von der Sonne verbrannten Tonboden in einen ständig feuchten, nährstoff- und humusreichen „Flaum". Diesen Erfolg hat sie bewusst, überlegt und mit Geduld herbeigeführt.

Tatjanas Datscha (etwa 2000 Quadratmeter Grundfläche) liegt neben einem Feld und ist umgeben von verlassenen und mit Beikraut überwucherten Gärten. Dort herrschen extremste Bedingungen: Es gibt dort keinen Strom, Wasser muss von Hand aus einem Brunnen gepumpt werden und bis man erst mal auf dem Grundstück ist, dauert es auch eine Weile. Ich hätte, ehrlich gesagt, solch eine Datscha nicht zu kultivieren versucht.

Aber Tanja war entschlossen und nahm ihr Projekt mit der Mulchmethode und organischer Substanz in Angriff. Alle Lebensmittelabfälle, die eigenen und oft auch jene der Nachbarn, Beikraut, alle abgefallenen Blätter der Bäume, der Waldstreu, Karton und geschreddertes Papier zur Entsorgung von der Arbeit, Taubenkot vom Dachboden, Stroh vom Feld (drei Stapel jeden Herbst) – alles hat sie zur Datscha geschleppt. Sie kam nie mit leeren Händen dort an.

Tanja plante und legte permanente Beete an, jedes einen Meter breit und zehn Meter lang. Einen Teil konnte sie mit Holzlatten einrahmen, andere nicht. Aber kein Beet wurde seither mit auch nur einem Fuß berührt, nur mit ihren Händen. Die rund einen halben Meter breiten Gehwege bedeckte sie nach und nach mit Karton und streute Stroh oder Sägemehl darüber.

Die wichtigste Vorbereitung des Bodens erfolgt im Winter. Nach der Ernte sät Tanja in der Regel eine Gründüngung aus: Erbsen, Senf, Raps, Weizen oder Roggen. Im Herbst schneidet sie diese mit dem Flachschneider ab. Wenn die Grünmasse noch zu jung ist, deckt man diese einfach mit organischen Stoffen zu. Auf jedes Beet legt sie eine zwei bis vier Zentimeter dicke Schicht aus Lebensmittelabfällen. Darauf kommt eine Beikrautschicht, und das alles bedeckt sie mit einer Stroh- oder Sägemehlschicht von mindestens 10 bis 15 Zentimetern.

Unter dieser Decke arbeiten die Mikroorganismen fleißig den ganzen Winter hindurch. Wenn es möglich ist, wird das Stroh mit ein wenig Kompost oder Mist bestreut, um die Verrottung zu fördern.

Wenn Regen oder Schnee für mehr als zwei Wochen ausbleiben, sollte der Mulch angefeuchtet werden – mindestens drei bis vier Gießkannen pro Beet. Das ist sehr wichtig für die Beschleunigung der Verrottung.

Im Frühling werden die nicht verrotteten Reste des Strohs und der Stiele in die Gehwege geharkt. Das lässt den Boden schneller erwärmen. Wenn die Pflanzen rauskommen, werden die Beete wieder mit einer dicken Mulchschicht bedeckt. Eine Bewässerung ist dabei nur sehr selten notwendig (Foto 3).

Sogar Kartoffeln setzt Tanja jetzt mit bloßen Händen – der Boden ist so locker, dass es dazu keine Geräte braucht. Die Beete gräbt sie nie um. So bleibt die Bodenstruktur, erschaffen von Wurzeln und zahlreichen Würmern, erhalten. Wenn die Nachbarsgärtner stöhnend unter einer Trockenperiode leiden, ist Tanja absolut beruhigt. Unter dem Mulch und dem Karton ist es immer feucht. Dank der Fruchtfolge (= ein jährlicher Wechsel der Kulturen auf den Beeten) wird der Boden nicht einseitig ausgelaugt, Krankheiten können sich nicht behaupten und die Pflanzen bleiben so gesund.

Die Datscha ernährt Tanja wortwörtlich: Sie verkauft erfolgreich Erdbeeren, überzähliges Gemüse und Zierpflanzen. Ihr Ziel, eine gute Ernte zu haben, ohne den Rücken den ganzen Sommer über zu beugen – ist Realität geworden. Jetzt sieht sie ihren Garten als Teil von sich selbst und sie weiß dabei genau, was sie tut.

Auch unsere sibirischen Gärtner kommen ohne Komposthaufen aus: I. Zamyatkin, A. Kuznetsov, O. Telepov, A. Isakov und viele andere. Sie verbessern den Boden schnell und effektiv durch den Einsatz von Beikraut und Gründüngung. Ihr Grundsatz: „Der Boden darf keinen Tag freiliegend und ungeschützt sein. Der Boden muss immer mit Mulch oder Pflanzen bedeckt sein."

In ihrem Gartenbausystem fungiert Beikraut als leistungsfähige und kostenlose Gründüngung. Sie lassen das Beikraut wohl überlegt überall im Garten sprießen, um die maximale Biomasse zu erreichen. Sie schneiden es vor der Blüte ab, um das Versamen zu verhindern. Die starken Wurzeln des Beikrauts sind ausgezeichnete Bodenlockerer, und die Grünmasse ist ein hervorragender Dünger.

Das irgendwo im Garten, am Rand oder an einer Böschung abgeschnittene Beikraut (oder Gras) dient als düngender Mulch und als

Mittel für die Unterdrückung anderer Beikräuter. Es wird einfach direkt auf das zuvor direkt im Gartenbeet niedergestampfte Beikraut zwischen die Kartoffel-, Kohl-, Tomaten- und Hackfruchtreihen geschichtet. Bis zur Mitte des Sommers stirbt das darunter abgedeckte Beikraut ab, da es ohne Licht bleibt (Foto 4). In der Nähe gewachsenes Beikraut trampelt man mit den Füßen nieder. Dann schiebt man den Haufen des anfänglich geschnittenen Beikrautes (oder Grases) auf diesen Platz weiter. Die so „gesäuberte" Stelle kann man jetzt mit einer Gründüngung bepflanzen. So nährt und schützt die Beikraut- (oder Gras-) masse ständig den Boden. Die Gehwege zwischen den Beeten sind auch nicht freiliegend. Sie sind stets mit einer Schicht aus verrottender Beikrautmasse bedeckt (Foto 5).

Im Frühjahr, sobald der Schnee geschmolzen ist, können die Beete mit einer kältebeständigen Gründüngung besät werden: Phacelia[1], Roggen oder Wicke (Foto 6). Innerhalb von einem bis eineinhalb Monaten haben sie Zeit, eine gute Grünmasse zu produzieren. Die Setzlinge kommen ins Beet, die Gründüngung scheidet man vorher mit einem Flachschneider[2] ab. Einen Teil der Phacelia kann man für ein bis zwei Wochen belassen. Das ist ein ausgezeichneter Deckschutz für neu gepflanzte Tomaten, Peperoni und Gurken.

Zum Zeitpunkt der letzten Ernte im Herbst sät man erneut eine Gründüngung auf den Beeten aus: Einjährige Lupine, Hafer, Raps, Ölrettich oder Winterkresse. Noch mehr Grünmasse produzieren Sonnenblumen, Amaranth und verschiedene kräftige Gräserarten: Mais, Sorghum, Kolbenhirse oder Japanhirse. Bis zum Frost entwickelt sich eine prächtige Grünmasse. Im Winter friert diese ab und hilft den Schnee zurückzuhalten, und im Frühling schneidet man diese ab und verwendet sie als Mulch.

Bei dieser Vorgehensweise kommt der intelligent geführte Garten ohne Komposthaufen aus: Alles ist bedeckt mit Ernterückständen oder üppigem Grün. Es schwärmt von Bienen und die Biomasse nährt eine Menge von „Nützlingen", nutzt jeden Sonnenstrahl und ergibt eine ausgezeichnete Ernte: Bis zu einer halben Tonne Kartoffeln pro 100 Quadratmeter, Kohlköpfe von bis zu 10 Kilogramm Gewicht. Und dies ohne jeglichen Kunstdünger und auch ohne Komposthaufen!

1) *Phacelia tanacetifolia*, deutsch Bienenfreund auch Büschelschön genannt, ist eine frühe, kältebeständige Pflanze – ausgezeichnet geeignet zur Gründüngung und der mächtigste Nektarträger für Bienen.
2) Fokins Flachschneider – siehe Seite 115

Sogar Mist kann cleverer werden!

Mein Mist ist erste Klasse! – Ich verkaufe keinen Scheißdreck!

Frischer Mist, mit etwas brauner organischer Substanz vermischt und mit Kalk oder Asche leicht entsäuert, eignet sich perfekt zum Abdecken der Erde rund um die Stämme junger, schwacher Bäume und Beerensträucher. Man kann ihn in einer Schicht von 10 bis 15 Zentimetern auslegen. Solcher Mulch stärkt junge, schwache Bäume ganz wunderbar. Unentbehrlich ist der Mist zur Abdeckung des Bodens unter den Johannisbeeren, Stachelbeersträuchern, zwischen den Erdbeeren und insbesondere unter Himbeeren – diese Sträucher vertragen trockenen Boden gar nicht und lieben reiche organische Substanz. Dank der Zugabe von Kalk eignet sich der Mist gut als untere Schicht auf den Beeten für Kohl und Gurken.

So haben es früher unsere Großeltern gemacht, um die Frühgurken in den Gewächshäuser zu bekommen: Ganz unten Mist, und darüber 20 Zentimeter mit einer Mischung aus reifem Kompost vermischt mit Erde. Beim Verrotten erwärmte der Mist den Boden ausreichend. Die Wärme des Bodens ist, wie allseits bekannt sein dürfte, wichtiger für die Pflanzen, als die Wärme der Luft. In einer Mischung mit 20 Teilen Wasser ist Mist außergewöhnlich gut als Flüssigdünger. Vogelkot (Hühnermist) muss mit 40 Teilen Wasser verdünnt werden. Er ist viel konzentrierter.

Halb verrotteter Mist oder unreifer Kompost wird in der gleichen Weise verwendet wie frischer Mist: Unter Sträuchern und Bäumen und zur Flüssigdüngung. Ich lege ihn im Herbst auch auf die Beete. Für den Winter decke ich ihn mit Spreu, Stroh oder Folie ab, und im Frühjahr ist er ausreichend reif. Ich bevorzuge Folie als Abdeckung, da sie die Nähstoffe besser bewahrt – ansonsten wird im Winter eine Menge davon durch Regen und Schnee ausgewaschen.

Mist ist der beliebteste Dünger. Aber auch am mühsamsten in der Handhabung. Aktuell werden in Russland jährlich mehr als 300 Millionen Tonnen Mist produziert. Doch nur 10 Prozent davon landet auf den Feldern. Der Rest liegt im besten Fall herum und bildet ganze Bergeketten rund um den Hof. Im schlimmsten Fall jedoch belastet er den

Boden und die Gewässer in der Nähe. Insbesondere katastrophal ist die Situation rund um die großen Schweinebetriebe. Und das nicht nur in Russland. Faktisch können sich nur die reichsten Länder den Mist- Jauche-Transport auf die Felder leisten.

Die Tatsache ist, dass Mist eines der arbeitsaufwendigsten Düngermittel ist: Er ist schwer, klebrig, unangenehm und nicht sicher, denn er enthält Ammoniak, Schwefelwasserstoff, krankheitserregende Mikroben und parasitäre Würmer. Ihn weiter als drei bis fünf Kilometer zu transportieren, ist bereits unwirtschaftlich. Um eine genügende Wirkung zu erzielen, muss man 50 bis 80 Tonnen Mist je Hektar ausbringen und dann noch einarbeiten. Mit ihm zu arbeiten ist schwierig. Nicht sofort eingearbeitet, verliert er fast den gesamten Stickstoff. Lässt man ihn länger als drei Monate in Haufen liegen, verliert er die Hälfte seines Nährwertes. Aber das Hauptproblem sind die Beikrautsamen. In einer Tonne Mist lagern bis zu 12 Millionen Beikrautsamen! „Ich würde den Mist verfluchen, aber bis jetzt ist er das Günstigste, was es gibt"- sagte Nikolaj Andrejewitsch Kulinsky, dessen Felder so „clever" sind, dass Menschen aus ganz Russland, ja aus der ganzen Welt sie besichtigen kommen. Darüber hinaus ist zu bedenken, dass extrem viel Mist aus dem Futter riesiger Tierfabriken produziert wird, der in riesigen Monokulturen und unter dem Einsatz gewaltiger Mengen an Chemikalien fabriziert wird.

Wie ungeheuer absurd ist das doch: Wir streuen Kunstdünger auf den Boden, um organische Abfälle zu produzieren! Sicher, Kunstdünger sind bequemer und idiotensicher in der Anwendung. Aber wer hindert uns daran, einen organischen Dünger in gleicher Qualität zu verwenden?! Mitte der 1970er Jahre nahmen sich Wissenschaftler in Stockholm erstmals dieser Frage an. Bald entstanden granulierte organische Düngermittel (GOD). (Auf Englisch: organic fertilizer granules – OFG) Im Wesentlichen handelt es sich um einen biologisch angereicherten Granulatdünger, der unter kontrollierten Bedingungen von Mikroorganismen aufbereitet wird. In den Niederlanden, Dänemark und Schweden arbeiten Fabriken, die diese Produktion mittels anaerober Vergärung von Mist betreiben. Ähnliche Technologien existieren auch in Deutschland und in den USA.

GOD haben alle Vorteile der organischen und mineralischen Düngemittel. Trockene Granula in der Größe einer Bohne sind leicht zu transportieren, auf- und abzuladen, auszubringen und einzuarbeiten. Sie geben auch keinen üblen Geruch von sich, enthalten keine Krankheitserreger und sind immer identisch in der Zusammensetzung. Die effektive Dosis beträgt nur drei Tonnen pro Hektar, oder drei bis vier Eimer auf 100 Quadratmeter. Sie haben alle positiven Eigenschaften eines organischen Düngers: Ballaststoffe und Eiweiß, Nahrung, biologisch aktive Substanzen und eine ausgewogene Mischung an nützlichen Mikroorganismen. Genau wie Kompost wirken sie sehr lange, erhöhen den Humusgehalt, steigern die Fruchtbarkeit des Bodens und verdrängen Krankheitserreger. Sie haben aber einen Nachteil: Ihre Herstellung ist sehr teuer und nicht energieeffizient. Um eine Tonne solchen Düngers herzustellen, verbraucht man bis zu 800 Kilogramm Treibstoff! Und den Boden feucht halten, wie Mulch das kann, vermögen sie auch nicht. *(Anm. d. Übersetzers)*

Die Perestroika (Restrukturierung) in Russland brachte zwei ähnliche, wunderbare Projekte ins Stocken. Ende der 1980er Jahre entwickelte Iryna Archipchenko, Professorin der Universität für Agrar-Mikrobiologie, eigene GOD. Sie wendete ein einfaches, aerobanaerobes Verfahren an. Diese Granulate waren preiswerter in der Produktion und wertvoller im Nährstoffgehalt. Archipchenkos Technologie ist äußerst vielseitig: Sie wandelt jede Mist- und Jaucheart in GOD um. Das am Besten erforschte Produkt ist „Bamil" (Bio-Aktive-Schlamm-Mikroorganismen) ein GOD aus dem Mist von Schweinebetrieben. Er zeichnet sich durch eine sehr, sehr hohe Effizienz auf dem Feld aus. Fast genau so wirksam sind „Omug" und „Pudret" – GODs aus Rindermist und der Einstreu von Geflügel.

Gleichzeitig wurde in Baschkortostan eine Technologie für die Herstellung von OMG (organisch mineralisches Granulat) aus jeder Mistart entwickelt. Ihr Schöpfer, Doktor der technischen Wissenschaft, Oleg Vladimirovich Tarchanov, entwickelte einen spottbilligen Produktionsprozess: Um eine Tonne OMG herzustellen, verbrauchte er nur 100 Kilogramm Treibstoff und 100 Kilowattstunden Strom. Die Kosten pro Tonne belaufen sich auf 130 bis 140 US Dollar – fünf Mal günstiger, als einige ähnliche westeuropäische Produkte. Die Wirkungskraft des OMG aus Baschkortostan ist sehr hoch: Eine einzige Anwendung von zwei Tonnen/Hektar brachte eine Ertragssteigerung von sechs bis acht Dezitonnen/Hektar, und das vier Jahre in Folge!

Es stellt sich heraus, dass man in der Tat alles verbessern kann – sogar Mist! Wir haben vernünftige Mittel um all den Mist zurück auf die Felder bringen. Warum sie immer noch nicht in aller Welt gefragt sind und angewendet werden, bleibt für mich ein Rätsel.

Kompost in flüssiger Form

Flüssige Aufgüsse aus organischer Substanz sind ausgezeichnete Flüssigdünger. Neben Nährstoffen enthalten sie eine Menge an lebenden Mikroorganismen, Stimulatoren und bioaktiven Substanzen. Man verwendet sie in der traditionellen russischen Landwirtschaft seit langem. Mist, Kompost oder Kot werden mit Wasser verdünnt und unter gelegentlichem Rühren lässt man sie zwei oder drei Wochen ziehen. Man kann auch Asche, Grünmasse oder Gras beifügen.

Für ein 200-Liter-Fass nimmt man etwa ein Kilogramm Asche, ein paar Eimer voll Kompost oder Grünmasse und einen Eimer voll Gülle oder Kot (vom Vogelkot nur einen halben Eimer). Den fertigen Aufguss verdünnt man noch ein Mal 1 : 3 mit Wasser und gießt damit die Pflanzen. Es gibt aktuell auch viele flüssige Nährstoffdünger zu kaufen. All diese dunklen Flüssigdünger sind Extrakte aus Torf (gehört ins Moor und nicht in den Garten, *Anm. d. Red.*), Kompost oder Wurmkompost. In der Regel sind diese nützlicher als einzelne Düngerkomponenten oder Stimulatoren. Und das ist verständlich: Je ähnlicher der Komplex dem lebendigem Kompost ist, desto sicherer ist seine Wirkung.

In den Fässern können verschiedene, teilweise sehr komplexe Jauchen zubereitet werden, mit dem Zusatz von Hefe, Milchsäure-, Heu- oder Bodenbakterien. Damit befassen wir uns im Kapitel über Pflanzennahrung.

Das Wichtigste über Regenwürmer

„Der liebe Gott weiß, wie man fruchtbare Erde macht, und er hat sein Geheimnis den Regenwürmern anvertraut."

Ich habe vor kurzem die Produktion von Biohumus und die Vermehrung von Regenwürmern in einem russischen Unternehmen untersucht. Den Würmern in den wissenschaftlichen Büchern Hymne zu singen ist eine Sache. Zu sehen, wie Millionen von ihnen vor den eigenen Augen den Mist in die wertvollste organische Substanzen des Bodens verwandeln ist eine ganz andere. Würmer verdienen ein eigenes Buch für sich alleine*. Hier folgt eine Zusammenfassung meiner wichtigsten Erkenntnisse.

Die erste Erkenntnis: Meine Freunde, wir sind bestimmt blind. Wir bemerken nicht, wer unsere wichtigsten Freunde sind, weil wir nicht denken und sie nicht beobachten wollen. Wir haben alle erdenklichen Tiere gezähmt. Aber dem wichtigsten von ihnen – dem Wurm – schenken wir absolut keine Aufmerksamkeit! Die Welt fängt gerade erst an, ihn anzuerkennen. Der Wurm ist der Urquell allen Segens.

Aus Büchern wissen wir alle: Würmer essen organische Substanz und lockern den Boden mit ihren Gängen auf. Sie reichern die Erde durch ihre wertvollen, wohlriechenden Fäkalien mit Nähstoffen und Mikroorganismen an. Wir aber Vertreten das Dogma, dass eine gute Landwirtschaftstechnik dasselbe zu tun vermag! Aber werfen wir einen Blick auf das Ergebnis dieses Irrglaubens: *Agrotechnik tötet die Fruchtbarkeit des Bodens, Würmer erschaffen sie. Der Wurm ist die Basis und das wichtigste Kriterium dafür, dass Fruchtbarkeit überhaupt entstehen kann.* Das Vorkommen von Würmern gilt heute als das wichtigste strategische Kriterium für die Beurteilung des Bodenpotenzials. Gibt es Würmer, dann lebt der Boden noch. Wenn es sie nicht mehr gibt, dann ist es zu spät um über Fruchtbarkeit zu reden!

Drei Gruppen von Würmern bearbeiten den Boden: Nahe der Oberfläche machen sich die dunkelroten „Kompostwürmer" nützlich (diese brauchen einen UV-Schutz). Sie verarbeiten vor allem organisches Material. Unmittelbar darunter in der Ackerkrume sind die pinkfarbenen „Bodenlockerer" am Werk. Diese graben vertikal und

* Schimmel, Helmut: Kompostrevolution – Natürlich gärtnern mit Wurmhumus. ISBN 978-3-22201-87-8

fördern so die Durchmischung der Mineralerde mit dem Humus. Im Untergrund finden sich die großen, farblosen „Höhlenbauer" ein. Sie leben im oberen Bereich des Mineralbodens. Alle zusammen bringen die Erde in einen Idealzustand für die Pflanzen. Sie erschaffen die Bodenarchitektur. Die Kompostwürmer durchdringen mit ihren Gängen die organischen Materialien der Oberfläche, vermischen das Erdreich mit dem Mulch und wandeln den Mulch in Nährstoffe um. Ihre Exkremente sind Nahrung für die Bodenlockerer. Diese graben vor allem vertikale Gänge. Das sind ideale Leitungen für Wasser und Luft und mit Nährstoffen angereicherte Kanäle für junge Wurzeln. Die Überreste von Wurzeln und die Exkremente der Bodenlockerer sind wiederum Nahrung für die Höhlenbauer. Sie schließen das allgemeine System von Kanälen mit ihren horizontalen Höhlen in der Tiefe von einem halben Meter oder tiefer ab. Das vollendete System erhöht das Volumen der Bodenluft um ein Viertel! Dieses System sind die „Luftröhren" und „Bronchien", „Arterien" und „Venen" des Bodens. Kennen Sie eine Landwirtschaftstechnik, die in der Lage ist, ein so geniales System zu erschaffen? Die Wissenschaftler kennen die nützlichen Eigenschaften des Komposts seit langem: seine krümelige Struktur, seine Fähigkeit Feuchtigkeit zu speichern, den Humus, und die Mikroorganismen und die biologisch aktiven Substanzen. Doch des Wurms Koprolith[1] übertrifft alles bisher bekannte.

    Der Korpolith entpuppte sich im wahrsten Sinne des Wortes als das Urkonzentrat, das Urkorn der Fruchtbarkeit. Die Wissenschaft hat bislang keine komplexere Masse von Mikroorganismen, organischen und mineralischen Partikeln entdeckt, die raffinierter und effektiver zusammengesetzt ist.

    Pilze und deren Pilzfäden sind das Medium, das den Koprolith zusammenklebt und deshalb bleibt seine mechanische Festigkeit für lange Zeit erhalten. Darin konzentrieren sich Nährstoffe und biologisch aktive Substanzen. Aber das Wichtigste ist sein Reichtum an Mikroflora. Die Konzentration an nützlichen Mikroorganismen ist im Koprolith hundert Mal höher als im Boden darum herum. Besonders zahlreich vorhanden sind stickstofffixierende und nitrifizierende Bakterien sowie Mikroorganismen, die der Wurzelzone größten Nutzen bringen. Jeder Koprolith verströmt geradezu ein günstiges mikrobielles Milieu.

---

[1] Der Koprolith – Exkrement-Klumpen der Würmer. Seinen einzigartigen Eigenschaften kommt eine besondere Rolle in der Bodenbildung zu.

Für eine Wurzel ist ein Koprolith ein wahres Geschenk, ein starker Impuls für seine Entwicklung. Ein einziger Koprolith dient als Nahrung und mikrobielle Futterkrippe für einige zehn Zentimeter einer wachsenden Wurzel. Es wäre eine Sünde, die biochemischen Trümpfe des Koprolithes nicht zu nutzen.

Viele meiner Bekannten vermehren erfolgreich Regenwürmer. Und hier ist die Kernbotschaft: Man soll nicht den „reinrassigen" Würmern, z. B. „California Reds" nachjagen, denn Folgendes ist bewiesen: Unter guten Bedingungen, mit Nahrungsüberschuss, kann jeder Kompostwurm seine Produktivität verdreifachen. Dasselbe gilt für die Fortpflanzungsgeschwindigkeit und den Appetit. Es ist so eine Sache mit der Reinrassigkeit. Auch jeder „reinrassige Wurm" verliert unter Stress und schlechten Bedingungen seine hochgezüchteten „reinrassigen Eigenschaften".

Eine gute „Wurmtechnik" ist also viel zentraler. Wie bei Pflanzen und Aquarienfischen muss man die Voraussetzungen für eine erfolgreiche Wurmvermehrung kennen und in der Lage sein, gute Bedingungen zu schaffen. Beispielsweise ist es nützlich zu wissen, dass Würmer Temperaturen von über 35 Grad Celsius nicht vertragen, genau so wenig wie überschüssiges Wasser, d. h. wenn es bereits tropft oder gar fließt. Auch muss man wissen, dass Würmer bei einer abrupten Änderung der üblichen Nahrung aufhören sich fortzupflanzen. Erst die neue Generation beginnt nach einer Eingewöhnung an das Futter langsam, wieder an Dynamik zuzunehmen. Es ist wichtig im Auge zu behalten, dass Ammoniak und Schwefelwasserstoff tödliche Gifte für Regenwürmer sind. Deshalb reicht man ihnen Mist nur in verwittertem und halbverrottetem Zustand.

Würmer sind raffiniert und es gibt viele Feinheiten in ihrem Verhalten, deren Kenntnis die Arbeit mit ihnen enorm erleichtert. Darüber wurden viele Bücher geschrieben. Zum Beispiel in meinem Buch „Das clevere Gewächshaus" sind meine Erfahrungen des Lebens mit den Würmern detailliert beschrieben.

Der Nutzen der Regenwürmer ist nicht bloß auf ihre Arbeit im Boden beschränkt. Regenwürmer sind ein biologisches Unikum der Natur. Sie können regenerieren, das heißt ihr Gewebe wiederherstellen. Ärzte haben in ihnen einzigartige aktive Wirkstoffe gefunden. Zahlreiche Studien in den Vereinigten Staaten, China und Indien haben gezeigt, dass „Wurm"-Präparate effektiv helfen, Gewebe zu verjüngen und das Fortschreiten vieler Krankheiten zu hemmen, sogar bei Krebs. Aktuell sind Regenwürmer gefragte Forschungsobjekte in der medizinischen und kosmetischen Forschung.

Aber unser Thema ist ja die organische Substanz. Um Fruchtbarkeit erzeugen zu können, brauchen Würmer und Mikroorganismen große Mengen an pflanzlicher organischer Substanz. Ich höre Sie schon ausrufen: „Aber wo sollen wir so viel davon hernehmen?" Aber weichen wir hier nicht aus. Es gibt Dinge, die wesentlich spärlicher vorhanden sind! Organische Substanz ist überall, rings um uns herum. Machen Sie die Augen auf: Organische Substanz überwuchert alles um uns herum. Aber sehr oft bleibt sie einfach ungenutzt. Sobald Sie welche brauchen, werden Sie welche finden. Ich finde sie!

Mulch und sonstige „Decken" für Beete

Alles, was der Mensch zum Überleben braucht ist
Wasser und ... Mulch!

Variante: Jeder weiß: Die Natur ist göttlich.
Doch nur Wenige erkennen die Göttlichkeit faulenden Strohs.

In der freien Natur ist der Mulch die natürliche Schicht aus organischem Material, welches den Boden bedeckt. Einfacher ausgedrückt – eine Abdeckung aus irgendeinem Material. Bei uns im Süden Russlands ist sie absolut unabdingbar. Sie ist die wichtigste Voraussetzung für eine stabile Temperatur und einen stabilen Feuchtigkeitsgehalt im Boden. Ohne Mulch sind wir entweder dazu verdammt jeden Tag zu hacken oder die Pflanzen trocknen wie in einer Bratpfanne aus. Bei Hitze stürzen alle Gärtner in ihren Garten um zu gießen. Aber Wasser auf den nackten Boden zu gießen ist reine Sisyphusarbeit: Ein ganzer Eimer auf einem Quadratmeter gegossen, feuchtet den Boden nur etwa drei bis vier Zentimeter tief an, und all das gute Wasser verdunstet innerhalb eines halben sonnigen Tages! Genau deshalb habe ich versucht, mehr über Mulch in Erfahrung zu bringen.

Mulch kann aus Erde, aus verschiedenen organischen Materialien, aber auch aus deckenden Folien und Geweben bestehen. Schauen wir uns eins nach dem anderen an.

Erdmulch ist eine Schicht aus kleinen Bodenklumpen, die wir durch beständiges Hacken, Kultivieren und durch Lockern nach einem Regenguss oder nach dem Bewässern fleißig aufrechterhalten. Erdmulch speichert tatsächlich auch Feuchtigkeit, aber es ist doch verzwickt: Er speichert Feuchtigkeit nur bis zum nächsten Regen und nur dank den braven, arbeitssüchtigen Bewirtschaftern. Es ist genau so, als ob man Ihnen empfehlen würde, Ihr Dach mit Papier zu decken und man würde Sie anweisen, dass ein guter Hausbesitzer nach jedem Regen und Wind das Dach auch schön brav neu decken soll! Und wir schütten noch dazu Wasser aus dem Wasserschlauch auf den Erdboden, der dann eine Kruste bildet, was wiederum bewirkt, dass wir brav die heißgeliebte Hacke zur Hand nehmen – und los geht's. Darüber hinaus erleichtert die Lockerung mit der Hacke die Verbreiterung der Sporen von Phytophtora, Peronospora und anderen schädlichen Pilzen, die im Boden überwintern.

Mulch aus organischer Substanz

Hier folgen meine Erfahrungen, die Studien amerikanischer Biobauern und -gärtner sowie die Vorkriegserfahrungen unserer Gemüsegärtner.

Stroh ist eines der am besten verfügbaren Materialien. Man legt es nach dem Aufwärmen der Erde im Frühling in einer Schicht von 10 bis 15 Zentimetern auf die Beete rund um die Setzlinge. Nach ein paar Monaten setzt sich dieses auf etwa vier bis sechs Zentimeter. Das ist die ideale Mulchdicke, die ein Maximum an Nutzeffekten mit sich bringt.

Das helle Stroh reflektiert die Sonneneinstrahlung und kühlt damit die Erde. Es ist der beste Hüter der Feuchtigkeit und einer der besten Beikrautunterdrücker. Es ist für ein Beikraut fast unmöglich, eine Schicht aus Stroh zu durchbrechen. Zwischen den Erdbeeren ausgestreut, bewahrt es diese vor dem Verfaulen. Der englische Name der Erdbeere ist „Strawberry" (Strohbeere). Strohmulch schützt auch Tomaten vor dem Verfaulen beim direkten Kontakt mit dem Boden. Mit Stroh bedeckte Kartoffeln wachsen um die Hälfte besser und sind we-

niger von Käfern betroffen, da es für die Käfer schwierig ist, die Oberfläche zu erreichen. Unter dem Stroh „schlafen" vor dem Winter gepflanzte Zwiebeln, Knoblauch, Stauden und in der Erde belassene Knollengemüse ausgezeichnet. Strohmulch ist die dauerhafteste „Decke".

Heu ist weniger dauerhaft und unterdrückt Beikraut nicht annähernd so gut wie Stroh. Dafür ist es viel nahrhafter und bildet schnell eine gesunde Humusschicht. Leider kann es jedoch mit Beikrautsamen durchsetzt sein. Daher lege ich es nicht auf die Beete. Abgesehen davon, hat es dieselben Vorteile wie das Stroh. Zum Unterdrücken von wucherndem Beikraut anderswo im Garten ist es allemal geeignet. Es eignet sich auch toll um es auf die Erde unter Bäumen und Sträuchern auszubreiten.

Sägemehl, zerkleinertes Holz und **feine Späne** eignen sich wunderbar um Hitze abzuhalten und Feuchtigkeit zurückzubehalten. Das Beikraut kann jedoch einfacher durchbrechen. Sogar unter einer dicken Schicht sterben nur einjährige Beikräuter, mehrjährige Beikräuter können trotzdem durchbrechen.

Nach und nach von Pilzen verarbeitet, bildet Sägemehl eine sehr nährende Humusschicht. Ein Bewohner der Altai-Region, der Agronom A. I. Kuznetsov, hat jahrelang seine Baumschule mit Sägespänen bedeckt, und seine Pflanzen fühlen sich pudelwohl. Es stellte sich heraus, dass Pilze, die unter einer Schicht aus Sägemehl leben, eine Mykorrhiza[1]-Gemeinschaft mit den Wurzeln der Pflanzen bilden. Und Sie können lernen, Mykorrhizapilze zu kultivieren (Foto 7)!

Ich empfehle auf die Beete nur verwittertes, abgedunkeltes Sägemehl zu legen, das ein paar Monate „reifen" konnte. Frisches Sägemehl könnte chemisch noch zu aggressiv sein. Experimente der Amerikaner haben gezeigt, dass Holzmulch dem Boden den Stickstoff nicht „wegnimmt". Größere Späne sollte man besser auf die Gehwege und zwischen die Pflanzreihen legen, denn sie verrotten sehr langsam.

Spreu, Kleierückstände, Spelz, Reishülsen, einfach Ernterückstände, Abfall- oder besser Nebenprodukte der Getreideproduktion, haben dieselben Eigenschaften wie Sägespäne, aber sie sind nahrhafter. Diese kann man direkt in den Boden einarbeiten. Das ideale Material.

Grasschnitt ist reich an Nährstoffen, gibt dem Boden Stickstoff und ist ein ausgezeichneter Feuchtigkeitsspeicher. Die Grasschicht muss dick sein. Beim Austrocknen wird das Volumen deutlich kleiner. Beim Verdichten fängt das Gras schnell an „zu brennen" und schimmelt. Daher ist es besser, das Gras zuerst leicht anwelken zu lassen. Dasselbe gilt für grüne Blätter.

Trockene Blätter ergeben einen ausgezeichneten Mulch, der für das Beikraut praktisch undurchlässig ist. Das ist tolles Herbstmaterial für die Bodendeckung durch den Winter.

Zerkleinertes Papier und Karton hat ähnliche Eigenschaften wie Sägespäne, nur verrottet es viel schneller. Eine drei Zentimeter dicke Schicht aus geschnittenem Papier unterdrückt Beikraut ganz wunderbar und speichert Feuchtigkeit. Druckfarben[2] können giftige Stoffe und Schwermetalle enthalten, deswegen soll man mit Zeitungen und Zeitschriften im Garten zurückhaltend sein. Aber vom unbedruckten Verpackungskarton können Sie verwenden so viel Sie wollen!

Alle diese Materialien sind hell. Sie reflektieren die Sonne. Daher sollte man diese Materialien erst nach der Bodenaufwärmung im Früh-

---

1) Mykorrhiza- wörtlich „Pilzwurzel", Symbiose von Pilzen und Wurzeln. Viele Pilzmyzele können mit den Pflanzenwurzeln zusammenwachsen. Im Austausch für Zucker beliefert der Pilz die Wurzeln mit Wasser und Mineralien. Es gibt Hinweise, dass Pilze die Kommunikation und den Informationsaustausch zwischen allen Pflanzen dem Ökosystem sicherstellen.

2) Druckfarben: Moderne Druckfarben, wie sie heutzutage in entwickelten Ländern Anwendung finden, verwenden ungiftige Farben und werden als sicher erachtet.

ling ausbreiten, wenn man sie unter wärmeliebenden Pflanzen wie Tomaten, Gurken, Paprika und Auberginen verwendet. Im Gegensatz dazu können Kohl, Erbsen und Kartoffeln sofort nach dem Anpflanzen damit bedeckt werden. Es empfiehlt sich, den Mulch auf den ersten Beikrautteppich auszubringen: Unter der dicken Schicht wird das Beikraut eingehen. Nun folgen dunkle, warme Mulchdecken.

Kompost und **Humus** sind heilsamer Mulch für Pflanzen. Saprophyten[1] – Mikroorganismen, die im Kompost leben, setzen eine Menge an schützenden Antibiotika frei. Auf einem Beet sind drei bis fünf Zentimeter Humus ausreichend. Eine solche Schicht hält unerwünschte Sporen, die im Frühling bereit sind auszufliegen, im Boden zurück, und ihre Mikroorganismen hemmen Krankheiten auslösende Pilze. Wohl wissend, dass Kompost schnell schwindet und von Regenwürmern weggetragen wird, lege ich ihn in einer dickeren Schicht von bis zu zehn Zentimetern auf die Beete. Wenn man mit Kompost einen Teppich junger Beikräuter unterdrückt, kommen viele gar nicht mehr raus. Aber keimende Beikräuter stoßen durch ihn hindurch. Man kann übrigens direkt in den Kompost pflanzen und säen. Um die Wirkung des Komposts zu verstärken und zu verlängern, decke ich ihn mit Sägemehl oder Gras ab (Foto 8).

Sonnenblumenspreu unterdrückt Beikraut nicht besonders gut, aber sie speichert ausreichend Feuchtigkeit. Sie hat zwei Nachteile. Erstens ist sie dunkel und erwärmt sich stark; zweitens kann die frische Spreu aggressiv sein und junge Pflanzen unterdrücken. Deswegen bringe ich sie nur im Herbst aus oder verwende bereits gebrauchte Spreu nach dem Anbau von Austernpilzen. Ich streue sie auf die Gemüse- und Blumenbeete und gebe auch Kompost dazu.

Rinde, Tannennadeln, Reste von Blähton sind weniger breit verfügbare Materialien, aber dennoch wertvoll. Rinde und die Nadeln erfordern eine mindestens zweimonatige Lagerung, um sie von den flüchtigen chemischen Substanzen zu befreien. Danach dienen sie als hervorragender Mulch und Bodenlockerer. Blähton unterdrückt leider kein Beikraut und nährt den Boden nicht, dafür speichert er die Feuchtigkeit gut und lässt sich im Herbst einfach als ausgezeichneter Bodenlockerer in die Erde einarbeiten.

---

1) Saprophyten – Organismen, die sich nur von toter organischer Substanz ernähren. Dazu gehören alle Mikroben und Pilze, die Pflanzenreste zersetzen.

Dunkler Mulch erwärmt sich gut und es ist besser ihn im Herbst auszubringen. Im Frühling kann dann direkt in den Mulch gepflanzt werden. Dazu zieht man mit einer Hacke eine Rinne in den Mulch. Die Samen keimen so sehr gut.

Mulch aus künstlich hergestellten Materialien eignet sich ebenfalls. Man verwendet Folien und synthetische Vliesmaterialien als Mulch. Alle von ihnen unterdrücken Beikraut vollständig und halten die Feuchtigkeit gut in der Erde, nähren jedoch den Boden nicht. Wird aber die Fruchtbarkeit durch die Anreicherung des Bodens mit organischen Substanzen nicht unterstützt, wird der Boden ausgelaugt.

Papier und **Karton** sind nicht dauerhaft, dafür verrotten sie gut. Verpackungskarton eignet sich hervorragend um Beikraut zu unterdrücken und Feuchtigkeit zu speichern. Ich decke die Wege, die Flächen unter Kürbissen und Melonen und die Stellen, die ich von Beikraut befreien möchte, mit Karton ab. Zur richtigen Anwendung: die Pflanzen sollen in kleine, mit einem Messer in den Karton geschnittene, Schlitze (allenfalls Kreuzschlitze) gepflanzt werden und die Kartonränder müssen unbedingt eingegraben werden. Ansonsten wächst in den Löchern Beikraut und der Boden trocknet sehr schnell aus. Zeitungspapier legt man überlappend in drei bis vier Schichten, sogenanntes Kraftpapier (daraus werden Papiertüten gemacht) in zwei Schichten. Humus bindet zwar Schwermetalle aus den bunten Druckfarben, trotzdem sollten Sie solche besser nicht verwenden.

Sackleinen und **Textilien** sind beide ausgezeichnete Unterdrücker von bereits ausgewachsenem Beikraut – genau dafür verwende ich sie. Junge Beikräuter jedoch, vor allem Gräser, stechen sie leicht durch. Gewobene Materialien „atmen". Sie lassen Wasser und oft auch Licht durch. Daher kann der Boden darunter schnell austrocknen. Aber gießen kann man direkt auf das Material, und dabei wäscht der Strahl den Boden nicht aus und verdichtet ihn auch nicht, was ein großes Plus ist.

Schwarze Mulchfolie kann natürlich auch verwendet werden. Die erste Reaktion darauf ist jedoch oftmals: „Sie atmet doch nicht! Die Wurzeln ersticken!" Denken Sie aber daran: Die Erde atmet nur, wenn sie etwas hat, womit sie atmen kann: Eine Struktur aus Poren und Kanälen. Wenn die Struktur vorhanden ist, wird der Boden intensiv atmen – und wenn auch nur durch die Löcher, durch die die Pflanzen

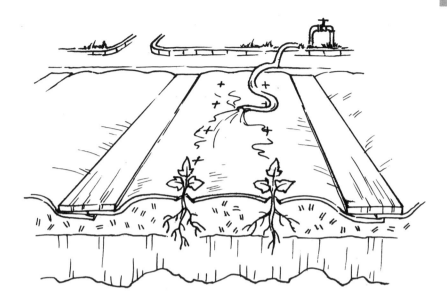

wachsen. Und wenn der Boden keine Struktur hat, erstickt er, selbst wenn Sie jeden Tag lockern. Meine Erfahrung zeigt, dass der Boden selbst unter „nicht atmenden" Folien eine bessere Struktur erhält, weil die Folien helfen, Feuchtigkeit im Boden zu speichern. In den kühleren Tageszeiten setzt sich der Tau an der Folie ab und sickert in den Boden. Dies ist das große Plus. Aber Folien verrotten natürlich nicht, das ist ihr Schwachpunkt. Daher ist es notwendig, den Boden erst nach der Zugabe von organischer Substanz mit der Folie abzudecken.

Es herrscht auch immer noch die Angst, dass Folien an der Sonne sehr heiß werden. Ja, das ist so. Aber die Folie selbst wird erwärmt, nicht der Boden. Schwarze Folie erzeugt keinen Treibhauseffekt[1], weil sie opak, also lichtundurchlässig ist.

Polyethylen-Folien sind die billigsten aber auch die kurzlebigsten. Sie reißen nach ein bis zwei Jahren. Viele Gärtner decken die Folie ab, um sie vor der Sonne zu schützen, damit sie nicht zu schnell spröde wird. Sie legen Stroh, Sägemehl oder Gras darauf. Zum Glück sind auch bei uns inzwischen robuste, langlebige Folien erhältlich.

1) Treibhauseffekt: Wärmestrahlen dringen durch klare Folien (oder Glas) und erhitzen den Boden. Der Boden fängt auch an, Wärme abzustrahlen (Infrarotstrahlen). Diese Strahlen werden von der Folie zurückreflektiert und treffen wieder auf den Boden. Die Folie wird zu einer „Falle" für Wärmestrahlen. Der Boden wärmt die Luft und die warme Luft kann nicht entweichen und erwärmt sich weiter. Je kleiner das Volumen und je besser das „Treibhaus" abgedichtet ist, desto grösser ist der Treibhauseffekt.

Dachpappe ist etwas in Vergessenheit geraten. Bei uns in Russland wird sie immer noch als Abdeckung für Flachdächer verwendet. Auf dem Beet tut sie während rund drei bis vier Jahren ihren Dienst. Sie löst keine schädlichen Dämpfe, denn Bitumen ist eine natürliche Substanz. Die Dachpappe verlegt man mit der Beschichtung nach oben. Das funktioniert z. B. ganz gut mit Erdbeeren. Der große Nachteil ist ihre Steifheit. Beim Arbeiten mit der Dachpappe muss man sehr vorsichtig sein, denn sie reißt sehr schnell. Jäten ist nicht notwendig, gießen auch praktisch nicht – außer während einer Dürre.

Einweg-Plastikfolien werden häufig zum Mulchen in der industriell betriebenen Kultivierung von Gemüse, Melonen und Erdbeeren verwendet.

Die Folien jedes Jahr zu wechseln ist mühsam und teuer, deswegen werden darauf vorwiegend Erdbeeren angebaut. Die Pflanzungen bestehen für drei Jahre. Wasser wird direkt von oben auf die Folie gegossen, sickert durch deren Löcher und verteilt sich gleichmäßig unter der Folie. Die Beeren faulen nicht und bleiben trocken und sauber. Ausläufer können nicht Wurzeln schlagen. Sind die Beeren geerntet, zurückgeschnitten und gedüngt, ist bereits alles Nötige getan. Doch die folgenden Details sollten beachtet werden (siehe Zeichnung S. 97).

Nach der Vorbereitung des Beetes und nach der Einbringung einer Schicht frischen Kompostes, rollen wir die Folie (Dachpappe) darüber aus. Die Folienränder graben wir sorgfältig ein, denn wenn der Mulch nicht gut abdichtet, trocknet den Boden darunter schnell aus. Die zukünftigen Pflanzreihen drücken wir leicht ein: Hier sollte sich das Wasser sammeln können. Ich wiederhole: Das Wichtigste ist, die Pflanzlöcher nicht aus der Folie zu reißen. Die ganze Arbeit ist für die Katz, wenn die Löcher zu groß sind; der Boden trocknet aus, und Beikraut kriecht heraus. Wir schneiden mit einem Messer einen Kreuzschlitz in die Folie – je kleiner, desto besser. Mit einem Holzstift drücken wir den Schlitz auf, und mit dem gleichen Holzstift pflanzen wir ganz vorsichtig den Setzling ein. Wir bedecken die Wurzeln im Loch mit etwas Sand oder lockerer Erde und drücken diese leicht an.

Es schadet auch nie, eine gute Handvoll Erde rund um den Setzling zu legen, denn das Beikraut soll auf keinen Fall „vermuten", dass es irgendwo Licht gibt und dass es dort nach draußen kriechen kann! Das Beikraut „riecht" Licht förmlich von weitem.

Wenn Sie eine große Pflanzung vorhaben, ebnen Sie diese ein, düngen Sie die ganze Fläche auf ein Mal und decken Sie diese überlappend mit einigen Rollen Folie ab. Auf die Verbindungsstellen legen Sie Holzlatten. Von nun an gehen Sie nur noch auf diesen Latten; der Mulch darf nicht betreten werden – das ist eine allgemein gültige Regel für jeden Mulch!

Durchsichtige Deckmaterialien, wie durchsichtige Folie, erzeugen einen starken Treibhauseffekt. Als Sommermulch sind sie nicht geeignet. Dafür eignet sie sich bestens als Abdeckung der Kompostbeete für die kalte Jahreszeit, vom Herbst bis in den Frühling. Der Kompost reift den ganzen Winter nach und die Nährstoffe werden nicht durch Regen ausgeschwemmt. Mit solchen Folien kann man auch Komposthaufen oder Misthaufen zudecken; sie verrotten schneller und behalten ihren Nährwert darunter. Im Sommer darf man die Folie nur als Dach zum Schutz vor Regen verwenden. Legt man sie direkt auf den Haufen, wird dieser überhitzen.

In einigen Büchern wird noch ein weiteres Verfahren beschrieben: Die sogenannte Solarisation. Ein suspektes Verfahren! Ein Stück Boden wird mit transparenter Folie zugedeckt und die Folienränder eingegraben. Das Volumen dieses „Treibhauses" ist winzig klein und es entsteht eine horrende Hitze. Praktisch alles, das während des Sommers austreibt, verwelkt darin. Die Person, die auf diese Idee kam, verstand offensichtlich nichts davon, was Boden ist. Erstens sterben Regenwürmer und die nützlichen Mikroorganismen darunter den Hitzetod und zweitens können früh austreibende Beikräuter trotz der Hitze versamen. Wofür soll das alles gut sein?

Über **vernünftige transparente Abdeckfolien** werden wir noch separat diskutieren, wenn wir über Abdeckungen für Frühbeete reden.

Agrotextilien, Spinnvlies und sonstige Fliesmaterialien sind fast genau so transparent wie die Folien, „atmen" aber gut. Außerdem reflektieren sie viel Licht und bieten damit eine Teilbeschattung. An warmen Tagen gibt es darunter keine Überhitzung – ein riesiger Vorteil! Aber der Boden trocknet darunter ziemlich schnell aus – das ist ein Nachteil. Zwar kann man durch sie hindurch mittels Beregnungsanlagen bewässern, aber das sollte man nur für Jungpflanzen in Betracht ziehen, denn die Beregnung der Pflanzen von oben verstärkt den Pilzbefall. Das heißt, diese Materialien sind nur für junges Pflanzgut und

Aussaaten ratsam sowie für Frühlings- und Herbstkulturen aus Grünpflanzen oder Radieschen und für den Frostschutz von Erdbeeren. Auf Rahmen gespannt, sind sie zweckmäßig um Gurken- und Tomaten vor dem Morgentau oder Auberginen vor dem Kartoffelkäfer zu schützen. Zur Verwendung als permanente Abdeckungen sind sie zu schwach und zu kurzlebig.

Mulch zur Urbarmachung von Neuland und zur Beikrautregulierung

Es gibt keine schädlichen Pflanzen;
aber es gibt die Herrschaften,
die nicht wissen, wie man sie nutzen kann.

Permakultur- und Bio-Gärtner wenden eine der intelligentesten Techniken an. Ich nutzte sie selber für die Errichtung neuer Beete.

Im Mai trample ich die voll im Saft stehenden, jungen Wiesengräser und Beikräuter nieder und zerquetsche sie. Das ist ein tolles Geschenk für die Würmer.

Wenn der Boden karg ist, streut man ein wenig Hühnermist oder Rindermist oder sogar einen mineralischen Dünger auf das Gras. Darauf legt man Papier: Zeitungspapier in zwei bis drei Schichten, Kraftpapier von Tüten, alte Verpackungen – was man halt eben zur Hand hat. Verpackungskarton eignet sich auch sehr gut. Direkt auf diesen Papiermulch legt man eine dicke Schicht nahrhafter organischer Substanz. Dafür kann man nicht vollständig ausgereiften Mist oder Kompost verwenden; er wird genug Zeit haben, um auszureifen.

Diese „Schichttorte" bedeckt man mit einem „Sahnehäubchen", das heißt, mit einer fünf bis sechs Zentimeter starken Schicht aus Stroh, Laub oder Gras (Foto 9). Die Karton- (oder Papier-) Schicht unterdrückt Beikraut. Die nahrhafte Kompostschicht speichert Feuchtigkeit und nährt den Boden. Dank ihr verrottet auch das Papier gut. Das Stroh schützt den Kompost vor der Sonne und die Schösslinge vor Vogelfraß.

Im ersten Jahr sollte man in ein neues Beet keine kleinen Samen säen, besser sind Setzlinge (oder Knollen) von großen Pflanzen wie Zucchini, Kürbisse, Melonen, Tomaten, Peperoni, Auberginen und Kartoffeln oder Süßkartoffeln. Dies macht man idealerweise wie folgt: Ziehen Sie das Stroh auseinander und machen Sie eine Vertiefung in das organische Material. Stechen Sie mit einer Pflanzkelle ein Loch durch den Karton (das Papier): Die Wurzeln werden ihren Weg nach unten finden. Das Pflanzgut wird nun in die Vertiefung über dem Loch gesetzt und mit Erde zugedeckt. Die Erde wird das Pflanzgut vor der frischen organischen Substanz schützen, bis diese verrottet ist. Jetzt bewässert man die Setzlinge und deckt sie „bis zu den Ohren" mit Stroh zu (Knollen werden ganz mit Erde bedeckt – siehe Abbildung). Wenn es im Sommer ab und zu regnet, braucht man bei dieser Pflanztechnik keine Bewässerungen mehr. Im folgenden Jahr setzt sich der Mulch und alles wird zu Kompost, der Boden strukturiert sich, und Sie bekommen, nach einer guten Ernte, ein von Beikraut befreites, organisches Beet. Alles, was zu tun bleibt, ist jährlich Humus ins Beet zu geben und zu säen, was Ihr Herz begehrt.

Neue Beete machen wir noch einfacher. Zuerst stellen wir einen Rahmen aus Holzlatten oder Holzstämmen von etwa einem Meter

Breite und fünf Meter Länge direkt auf die Wiesen-Grasnarbe. Wir streuen ein paar Schubkarren Mist direkt auf das Gras, legen Papier oder Karton darauf, dann Kompost oder Mist, und zum Schluss Stroh. Im ersten Jahr pflanzen wir Zucchini, Kartoffeln oder Tomaten.

Oder man kann es auch so machen: Nach der Abgrenzung des Beetes mit einem Rahmen, graben wir direkt im Gras (in diesem Falle auch Beikraut genannt) große Löcher, füllen diese mit organischer Substanz und pflanzen die Tomaten dort hinein. Die Setzlinge werden wachsen, aber das Beikraut (Gras) wächst drei Mal schneller. Sobald das Gras eine gute „Ernte" produziert hat, aber das Pflanzgut noch nicht unterdrückt, trampeln wir es mit den Füßen nieder, decken es mit Papier zu und legen eine dicke Schicht angetrocknetes Gras, Humus, Spreu oder das, was gerade zur Verfügung steht, obendrauf.

Wenn Sie den ganzen Sommer über, immer mal wieder Gras oder anderes Grünzeug auf das Beet schmeißen, müssen Sie nur wenig jäten und wenig bewässern. Gießen Sie ein Mal in der Woche, aber reichlich.

Auf ein solches Beet kann man den ganzen Sommer hindurch Küchenabfälle sowie Gras und Beikraut legen. Die Regenwürmer vermehren sich in großer Zahl und verwandeln all das in wunderbaren Wurmkompost. In ein paar wenigen Jahren kann man auf diese Weise die Fruchtbarkeit des Beetes erheblich steigern. So was nennt man ein „Finnisches Beet". Nun, wenn die Finnen im hohen Norden ihren Boden so mulchen können, dann will Gott ganz bestimmt, dass wir das in unseren sonnigen und trockenen Gefilden auch bewerkstelligen können.

Sibirische Gärtner schaffen dies sogar noch einfacher: Sie schichten auf der Neuland-Grasnarbe eine dicke Schicht gemähtes Beikraut (Gras) auf. Während des ganzen Sommers fügen Sie mehr Schichten davon hinzu. Bis zum Frühling ist ein guter, ausreichend fruchtbarer Boden bereit zur Bepflanzung mit Kartoffeln. Sie häufeln dann dieselben Gräser oder Stroh auf die Kartoffeln. Nach der Kartoffelernte säen sie eine Gründüngung, um dann zeitig im Frühling Bienenfreund (Phacelia) zu pflanzen. Dann setzen sie neues Gemüse gefolgt von einer weiteren Gründüngung. Und so weiter und so fort für alle nachfolgenden Jahre. Der Boden verbessert sich vor ihren Augen, und die Ernten steigen.

Kurz zusammengefasst: Der beste Mulch ist natürlich und organisch. Dieser Mulch ist dicht genug, um Beikraut zu unterdrücken, atmet gut, schützt Pflanzen vor Krankheiten, gibt eine Menge Nährstoffe ab und vermehrt die Bodenmikroorganismen. Fazit: Lassen Sie pflanzliche Rückstände nicht auf dem Hinterhof verrotten, nicht in den Kompostanlagen, sondern direkt auf Ihren Beeten!

Der natürlichste Bodenverbesserer

Das Leben auf unserem Planeten basiert auf Pflanzen. Nur sie können organische Substanz aus der Luft und dem Sonnenlicht produzieren. Pflanzen nahmen als erste das Land in Beschlag. Sie erschufen die Tiere. Sie schufen den Boden – und sogar die Atmosphäre, die wir atmen, ließen sie entstehen.

Jede Pflanze unternimmt ständig ungeheure Anstrengungen, um den Boden zu verbessern: Letzten Endes ist der Boden ihr „Haus" und das „Haus" ihrer Kinder. Durch den Aufbau der Wurzeln, erzeugt die Pflanze eine Bodenstruktur. Sie lässt die organische Substanz in den Kanälen für die Regenwürmer und Mikroorganismen. Sie beschattet den Boden und bewahrt damit die Feuchtigkeit. Sie stärkt den Boden und verhindert, dass dieser weggewaschen und weggeblasen wird. Und bei ihrem Hinscheiden hinterlässt sie ein kleines bisschen Humus auf der Erdoberfläche und vermacht somit alles was sie hat – ihren ganzen Körper – den Hinterbliebenen!

Es ist keine Übertreibung zu sagen: Das Leben jeder Pflanze ist ein selbstloser Dienst am Leben aller zukünftigen Pflanzengenerationen – und das wiederum heißt zum Nutzen aller Lebewesen. Was für eine Gehirnwäsche hat man uns denn verabreicht, dass wir diese Wahrheit vergessen haben, und nicht versuchen, sie uns zu Nutze zu machen?

Uns wurde beigebracht, dass bare, unbedeckte, beikrautfreie Felder und Beete der richtige Weg seien. Aber realistisch gesehen, und insbesondere in heißen Zonen, ist unbedeckter Boden gleichbedeutend mit Tod. Das bedeutet Verdichtung, Austrocknung, Strukturverlust und schließlich den kompletten Verlust der Fruchtbarkeit. Eines der Gebote der verantwortungsbewussten Landwirte lautet: Fürchte dich vor unbedeckter Erde! Belasse die Erde nie, auch nicht für bloß einen Tag, ohne eine Mulch- oder Pflanzenbedeckung. Nutze jede Gelegenheit, um den Boden mithilfe von Pflanzen zu strukturieren und zu düngen.

Nutzen Sie die vielen Gelegenheiten dafür, beizeiten im Frühjahr und Herbst und in den Tropen das ganze Jahr hindurch. Und es stehen wirklich wunderbare Pflanzen dafür zur Verfügung: Getreide und Mais, Amaranth, Sonnenblumen, Raps und Senf, einjährige Lupine und Wicken. Und Beikraut verbessert den Boden; es macht ihn nicht schlechter! Seinen grünen Teppich braucht man nur im Frühjahr zur rechten Zeit abzuschneiden.

Der Erfinder des Hand-Flachschneiders, dieses einmaligen Mehrzweckgeräts, V. V. Fokin, nutzt alles, was er hat: „Ist irgendwelches Saatgut übrig geblieben, veraltetes, oder eines das Sie nicht mehr brauchen, dann werfen Sie es nicht weg, säen Sie es dicht auf freigelegtes Land. "Wurzelknollen und Hackfrüchte sind noch besser: Pflanzen Sie diese im Juli und August und lassen Sie die Knollen für den Winter im Boden – lassen Sie auch die Stauden stehen. Wie viel Nahrung bekommen die Bodenbewohner, wenn das alles verrottet!"

Was ich noch erwähnen möchte: In der Saatgutproduktion für Zuckerrüben bleiben nach der Kalibration (= Messung des Kalibers) viele minderwertige Samen als Ausschuss zurück. Diese sind sehr günstig, und die Keimrate von 50 bis 60 Prozent reicht absolut aus für eine Gründüngung. Die Aussaat solcher Zuckerrüben im August ist eine erstaunlich gute Gründüngung!

Gründüngung besteht aus Pflanzen oder einer Mischung aus Pflanzen. Sie werden einzig dazu gesät, um den Boden zu strukturieren, ihn mit organischer Substanz und Stickstoff zu bereichern, und auch um Mineralien aus der Tiefe an die Oberfläche zu holen. Traditionell pflügt man sie ein.

Allerdings zeigte bereits E. Faulkner die schädlichen Auswirkungen des Pflügens. Tief im Boden verrottet die organische Substanz lange nicht. Darüber hinaus bildet sie eine Schicht, eine künstliche Barriere, sodass von unten keine Feuchtigkeit aufsteigen kann, und auch dass die Wurzeln es nicht schaffen, nach unten durchzudringen. Ein solcher Boden trocknet sehr schnell aus. Dabei vernichtet der Pflug die ganze Strukturarbeit der Wurzeln, und oben bildet sich keine Humusschicht. Alles wird auf den Kopf gestellt!

Da ist es viel klüger, die junge Gründüngung mit einem Kultivator, Flachschneider oder Rasierhacke (Englisch: razor hoe – mehr über sie folgt später) in einer Tiefe von zwei bis drei Zentimetern abzuschneiden, mit dem Mulch zu vermischen, oder sie einfach auf der Oberfläche liegen zu lassen. Unter solchen Bedingungen verrottet sie schnell, gibt Nährstoffe ab und wird zu wertvollem Humus. Noch klüger wäre es, sie anzudrücken und mit Stroh oder Gras zu bedecken. Das wichtigste dabei ist, dies alles zum richtigen Zeitpunkt zu machen, bevor die Pflanzen Samen bilden. Lassen Sie diese nie versamen.

Wenn ein Beet für Wurzelgemüse oder Grünpflanzen vorbereitet wird, sollte der Boden für die Aussaat freigemacht werden. In diesem Fall ist es einfacher mit junger, saftiger, einjähriger Gründüngung zu arbeiten. Dicht gesäte Sonnenblumen zum Beispiel sind leicht zu schneiden, solange sie noch nicht ganz kniehoch gewachsen sind, oder Raps bis kurz vor der Blüte. Aber wenn Sie Kartoffeln oder Setzlinge von Strauchgemüse pflanzen, können Sie durchaus die Gründüngung einfach niederdrücken und mit einer dicken Schicht organischer Substanz bedecken.

Wenn Sie leistungsstarke Pflanzen wie Mais oder Sorghum als Gründüngung verwenden, lassen Sie diese besser gleich bis zum Frühling stehen, denn sie werden sehr hart. Sie sollen im Winter selber abfrieren. Mehrjährige Gewächse wie Luzerne eignen sich nur für den Obstgarten und langjährige Grasnarben. Wenn Sie versuchen, diese mit einer Hacke abzuschneiden, haben Sie vor allem viel Schweiß und wenig Preis.

Beikraut kann man natürlich auch mit der Wurzel ausreißen. Auf einem dicht bewachsenen Beet kann man nur schwer mit der Hacke arbeiten. Aber auf dem Beet liegen gelassen, werden sie zu einem wahren Segen. Das ist auch organische Substanz – gewachsen zu unserem ureigenen Nutzen, und das, ohne uns um Erlaubnis zu fragen!

Nun folgt eine Beschreibung, wie russische Gärtner der Gründüngung frönen:

Auf den Beeten für wärmeliebende Kulturen wird die Gründüngung an warmen Tagen in sogenannten „Pflanzzeitfenstern" im Februar oder März gesät. Man streut das Saatgut dicht und arbeitet es mit einer Harke leicht ein. Und bald schon sprießt ein üppiger, grüner Teppich. Ohne zu warten bis die Pflanzen verhärten, schneidet man sie ab und lässt sie auf dem Beet liegen. Wenn Ihnen Humus zur Verfügung steht, streuen Sie ein wenig darüber. Die Setzlinge oder Jungpflanzen setzen Sie direkt in die verwelkte Grünmasse der Gründüngung.

Nach dem Ernten der Frühkulturen wie Kartoffeln, Zwiebeln, Karotten oder Knoblauch, versuchen wir immer noch mit einer zweiten Saat eine zweite Ernte zu ergattern. Sogar Anfang Juli ist es im Süden nicht zu spät Karotten, Rote Bete, Gurken, Zucchini, Rettich und Kräuter zu säen und bis Ende August Kartoffeln, Salate, Radieschen, Blattsenf und Kräuter. Sollte eine zweite Ernte nicht als erstrebenswert erachtet werden, säen wir unmittelbar nach der Ernte eine Gründüngung. Die Beete bleiben üppig grün bis zum Frost. Nach dem ersten Frost streuen wir erneut Gründüngungsamen aus und lockern alles mit dem Flachschneider, damit im Frühling alles wieder wie von alleine sprießt.

Ein kurzer Exkurs über die grasbasierte Landwirtschaft von Williams

Aus der Geschichte haben wir gar nichts gelernt.
Es wird Zeit für die Geschichte, zu resignieren!

Welche Pflanzen eignen sich für die Gründüngung großer Felder? Vor allem mehrjährige Hülsenfrüchte (Leguminosen): Luzerne, Lupine, Klee, Galega *(Galega officinalis)*. Hülsenfrüchte sind reicher an Stickstoff als andere Pflanzen: In ihren Wurzeln leben symbiotische, stickstofffixierende Bakterien. Die Wurzeln von Leguminosen dringen bis zu einer Tiefe von vier Metern in den Boden ein. Während des Sommers helfen sie zwei nahrhafte Heuernten hervorzubringen, was die Kosten für ihre Pflanzung mehr als bezahlt macht.

Der Autor der grasbasierten Landwirtschaft, Vasily Robertovich Williams zeigte: Hülsenfrüchte erschaffen nimmermüde eine besonders krümelige Struktur, die mit unzähligen Kanälen im Boden verflochten ist. Während drei von acht Jahren ist das Feld mit einer Mischung aus

Hülsenfrüchten und Gräsern besetzt, was eine Ernte von gutem Tierfutter ermöglicht. Danach speichert den Boden viel mehr Wasser und der Humusgehalt steigt an, was wiederum die Effizienz von Düngern steigert und die Ernte anschwellen lässt. Williams liefert dazu interessante Berechnungen: Er geht von der Tatsache aus, dass Pflanzen in der Regel ihre Nahrung nur bei einer optimalen Bodenfeuchtigkeit normal aufnehmen können. Der Feuchtigkeitsgehalt einer unstrukturierten (geackerten) Erde schwankt ständig zwischen einem Überschuss und einem akuten Mangel hin und her.

Als Folge ernähren sich die Pflanzen nur während der Hälfte der Zeit normal. Das bedeutet, dass die Bewässerung und die Ernährung der Pflanzen nur zu 50 Prozent effizient sind. Die Wahrscheinlichkeit, dass eine durchschnittliche Regenmenge fällt, liegt ebenfalls bei etwa 50 Prozent. Dass heißt, die Effektivität der Arbeit auf so einem Feld beträgt womöglich nicht mehr als 25 Prozent. Daraus lässt sich ableiten, dass alle Branchen, die in Verbindung zur Landwirtschaft stehen, einen bedeutenden Teil ihrer Produktivität sang- und klanglos verlieren. Man verbrennt vier Mal mehr Kraftstoff als nötig, und die Hälfte der Produktion an Agrarmaschinen und an agrochemischen Produkten wird verschwendet.

Das bedeutet auch, dass die Industrie, die die landwirtschaftlichen Erzeugnisse verarbeitet, die Rohstoffe zum doppelten oder dreifachen Preis einkaufen muss. Und als Folge bekommen die Konsumenten die Nahrungsmittel und andere lebensnotwendige Güter ebenfalls zum dreifachen Preis.

„Alle diese Faktoren werden von der Forschung ausgeblendet; aber stellen Sie sich vor, was für Perspektiven solche Studien eröffnen könnten!" – schrieb Vasily Robertovich in einem seiner zahlreichen Artikel. Und er glaubte wirklich, dass das alles unnötig ist. In der Tat, dieser Titan wissenschaftlichen Denkens, war auch ein bisschen von titanischer Naivität! Stellen Sie sich vor: Alle arbeiten doppelt so viel wie nötig und kaufen doppelt so teuer wie nötig. Davon hätte unsere sozialistische Regierung nur träumen können! Und so wurden die freien, unabhängigen und wohlhabenden Bauern jener Zeit zu „Feinden des Volkes" erklärt.

Hat sich seitdem viel verändert? ... Stellen Sie sich einen Landwirt vor, der in der Lage ist, die Fruchtbarkeit seiner Felder wieder herzustellen, die Erträge zu verdoppeln und gleichzeitig die Kosten um die Hälfte zu reduzieren. Ist dieser Landwirt jetzt glücklich und frei? ... Im Gegenteil: Wahrscheinlich löst sein Erfolg viel Misstrauen und Angriffe seitens verschiedener Dienststellen und Ämter aus, die die „ordnungsgemäße Betriebsführung" zu kontrollieren haben. Zu ihm fährt man nicht, um von ihm zu lernen, sondern um Bußgelder einzutreiben.

Ein Blick in die Geschichtsbücher bestätigt: Kein einziger Staat hat je die Wiederherstellung der natürlichen Bodenfruchtbarkeit gefördert. Für die Behörden ist es nachteilig, gute Bodenfruchtbarkeit zu haben! Es ist für den Staat viel einträglicher, wenn mit teuren Produkten, Kraftstoff, Maschinen und Chemikalien gehandelt wird. Es war so und es ist so. Ich kenne kein einziges Land, das sich ernsthaft um seine Böden und die Senkung der Produktionskosten kümmert.

Im Jahr 1939 verstarb Williams – und seine grasbasierte Landwirtschaft verschwand. Die sowjetische Wissenschaft fing an, auf die Agrochemie des Herrn Pryanishnikov zu bauen und wir erreichten vor allem Eines: Wir übertrafen alle in der Kunstdüngerproduktion. Aber die Ernteerträge fielen weiter. Sie fallen weiter und werden überall auf der Welt teurer, trotz aller „Erfolge" der Agrarwissenschaft. Und sie werden weiter fallen bis die Wissenschaft gegen die Interessen der Wirtschaft anfängt die Landwirte zu lehren, wie man die natürliche Fruchtbarkeit des Bodens wiederherstellt.

Aber kehren wir zurück zu den Gräsern. Trotz ihres tollen Potenzials für Landwirtschaftsbetriebe sind mehrjährige Hülsenfrüchte für Gärtner weniger geeignet. Ihre holzigen Stängel sind ziemlich schwer abzuschneiden, und viele beginnen wieder zu wachsen. Es gibt nur einen Weg sie für die Bodenverbesserung zu nutzen: Den Sommerauswuchs niederstampfen, mit einer dicken Schicht organischer Substanz zuzudecken und bis zum Frühjahr verrotten lassen. Für die Urbarmachung neuer Flächen gibt es nichts Besseres.

Für die bestehenden Beete des Gärtners sind Getreide (Weizen, Roggen, Hafer, Gerste) und Kreuzblütler (Raps, Ölrettich, weißer Senf) besser geeignet. Sie sind kältebeständig, sprießen schnell und lockern vor allem die obere Bodenschicht. Im Frühling kann man Gemüse direkt auf den „Teppich" aus organischer Substanz zwischen die Reihen der abgestorbenen Pflanzen setzen.

Eine ganz andere Sache ist es, wenn Sie schnell viel Biomasse zu Mulch verarbeiten wollen. Hier sind Mais, Zuckerrohr, Hirse und Sorghum das, was man braucht. Das sind sogenannte C4-Pflanzen mit verstärkter Photosynthese. Ihre dreifache Biomasse enthält auch noch einen Haufen Zucker. 50 Quadratmeter einer solchen Saat – dicht bepflanzt und im Sommer geschnitten – bedient Sie mit genug Mulch für Ihren ganzen Garten.

Von großem Nutzen sind im Süden Sonnenblumen und die oben genannten hohen Gräser. Wie Kulissen rund um den Garten gepflanzt, bieten sie einen fabelhaften Windschutz [1] und spenden auch etwas Schatten. Dieser Windschutz erzeugt ein mildes Mikroklima und schützt den Garten vor austrocknenden Winden und vor Hitze. Gurken, die gerne etwas Schatten mögen, klettern mit Vergnügen entlang den starken Stielen (Foto 10).

Als Gründüngung eignen sich eigentlich alle Samen, die Sie sonst wegwerfen würden. Und halten sie stets ein wachsames Auge auf Beikräuter. Reißen Sie nicht alles einfach aus. Es gibt da so ein „Beikraut" – Portulak genannt. Er ist essbar und besonders lecker, wenn man es mariniert. Reißen Sie die kleinen Pflanzen nicht weg, warten Sie bis sie groß sind: Sie erhalten so viel organische Substanz! Da gibt es noch so ein „Beikraut" – Vogelmiere genannt. Im Frühjahr schmeckt sie sehr gut in Salaten. Schneiden Sie die Vogelmiere vor der Blüte nicht ab, denn sie ist ein guter Bodenbedecker und speichert Feuchtigkeit vortrefflich. Es ist nicht notwendig sie zu hacken, sie geht ein, wenn Sie etwas Humus oder Spreu drauf verteilen. Im Allgemeinen ist die Gründüngung eine äußerst kreative Arbeit.

„Die Hauptaufgabe eines Landwirtes ist es, Boden zu erschaffen. Dem Boden soll man mehr geben als man ihm wegnimmt. Der Boden selber wird dafür die Rendite berechnen – und die kann äußerst lukrativ sein – je nach dem Verdienst, den der Bewirtschafter um das Wohl des Bodens erworben hat". (V. V. Fokin)

---

1. Windschutz – Reihen oder mehrreihige Streifen aus hohen Pflanzen, gepflanzt, um die Haupternte vor Sonne und Wind zu schützen. Bei uns ist die Kulissen-Aussaat von Mais mit Getreide als Windschutz breit erprobt worden und hat sich bewährt: Der Ertrag ist fast doppelt so hoch wie normal. Trotzdem hat sich das System nicht durchgesetzt: „Es sei nicht leicht die Felder zu ernten".

Hier sind die fundamentalen Regeln der Gründüngung:
1. Keine mehrjährigen Pflanzen und Wurzelgemüse ohne triftigen Grund anpflanzen.
2. Gründüngung nicht zu stark wachsen lassen. Je stärker die Pflanze, desto früher soll man sie schneiden.
3. Gründüngung dicht an dicht säen.
4. Versuche die Gründüngungsamen vor der Ernte und vor der Frühlingskultivierung zu streuen, sodass man keinen besonderen Aufwand für die Aussaat mehr hat.

Das Wichtigste über Bodenauslaugung

*Kein Boden wird ausgelaugt
solange ihn der Bewirtschafter nicht auslaugt!*

Seit Urzeiten wird die Fruchtfolge als Basis der Landwirtschaft angewendet. Die Quintessenz daraus lautet, dass auf einer bestimmten Fläche niemals dieselben Kulturen während mehrerer Jahre angebaut werden sollen. Dadurch leidet der Ertrag und steigt die Krankheitsanfälligkeit. Meistens ist es wegen der Anhäufung von Bodenkrankheiten. Man sagt auch, dass die Bodennährstoffe einseitig ausgelaugt werden, da die immer gleichen Pflanzen die immer gleichen Elemente aus dem Boden abziehen. Andere haben angedeutet, dass Wurzeln spezifische Gifte produzieren, und dass deren Anhäufung den Boden vergiftet. Was aber sind die wahren Gründe der Bodenauslaugung?

Eine gut begründete Antwort fand sich im Buch des genialen österreichischen Winzers und Wissenschaftlers Lenz Moser. Als er mit ausgelaugten Böden konfrontiert wurde, machte er sich die Mühe Hunderte von Feldversuchen anzulegen. Er fand Folgendes heraus: Der Grund für die Schwächung der Pflanzen sind bestimmte Hemmstoffe – Inhibitoren, die das Wachstum der Wurzeln hemmen. Und es sind vor allem die Wurzeln selbst, die diese Stoffe absondern. Es scheint, dass sie sich auf diese Art dazu veranlassen, selber in die Breite zu wachsen. Und so entwickeln sich die Pflanzen nur dann gut,

wenn die neuen Wurzeln ständig aus der von diesen Inhibitoren betroffenen Zone hinaus wachsen und dabei neue, unbelastete Bodenvolumen aufspüren. Der gleiche Mechanismus lässt jene Sämlinge besser überleben, die weiter weg von der Mutterpflanze keimen, und so den neuen Raum schneller übernehmen.

Wie sich in den Versuchen herausstellte, sind diese Inhibitoren in Wurzeln, Stängeln und Zweigen enthalten. Pflanzen reagieren nur auf Inhibitoren der eigenen Art – sie scheuen die Fremden nicht. Traubenkompost hemmt nur Trauben und Kompost aus Weizen unterdrückt nur Weizen. Wenn man den „erschöpften" Boden mit Wasser auswäscht, finden sich die Inhibitoren in der Lösung. Wenn Sie mit dieser Lösung gesunde Pflanzen derselben Art auf gutem Boden tränken, gehen sie zusehends ein. Wichtig: Inhibitoren hemmen das Wachstum unabhängig von Nahrungsverfügbarkeit, Feuchtigkeit und Schutzmaßnahmen.

Ton bindet diese Substanzen gut. Auf feuchten, tonigen Böden ist dieser Hemmprozess kaum zu erkennen, während er auf leichten, sandigen Böden besonders ausgeprägt vorkommt. Eine wichtige Rolle spielen hier auch die organische Substanz und Mikroorganismen. Als besonders effektiv stellte sich die Gründüngung heraus. Moser säte eine üppige Gründüngung aus. In nur zwei Jahren gelang es ihm, den ausgelaugten, erschöpften Boden komplett zu sanieren und dessen Vitalität wieder herzustellen. Ist das nicht genial?

Die Schlussfolgerung liegt auf der Hand: Das jährliche Beschichten der Beete mit Kompost und der regelmäßige Anbau der Gründüngung kann uns komplett vor einer Bodenauslaugung bewahren. Der Kompost muss zu diesem Zweck aber daher unbedingt seinem Namen gerecht werden: „Aus verschiedensten Komponenten komponiert (= zusammengestellt)."

Offensichtlich ist auch folgendes: Man sollte niemals in das Loch eines entwurzelten Apfelbaums wieder einen Apfelbaum pflanzen oder in das Loch einer Pflaume eine Pflaume. Und auf den Beeten soll man versuchen, Pflanzen verschiedener Arten wachsen zu lassen. Wenn Sie keine organische Substanz und keinen Gründüngung verwenden, dann sollen Sie die Kulturen jedes Jahr auf ein anderes Beet platzieren, ansonsten werden die Erträge aufgrund von Krankheiten fallen. Und nun ist es an der Zeit, intelligente Instrumente anzuschauen.

Nicht die Hacke alleine!

Etwas existiert immer für irgendetwas.
Weisheit.

Dieses Kapitel dient dazu aufzuzeigen, dass praktisch alles immer noch weiter verbessert werden kann. Kein Wunder, dass Ovsinskij die meisten Marken von Landwirtschaftsmaschinen mit einem geteerten Pfahl der alten Völker gleichsetzte. Kein Wunder ist auch, dass Williams die exakte Konstruktionsweise der Bodenbearbeitungsmaschinen und Werkzeuge für eine kluge Bodenbearbeitung beschrieb. Alle anderen Gerätschaften hielt er für schädlich, ja ein Verbrechen und reine Geldverschwendung. Und Vladimir Vasiljevich Fokin fand nicht zufällig nach einem Herzinfarkt, der seine Aktivitäten einschränkte, einen Weg, um wieder gärtnern zu können: Er erfand den Flachschneider, der den Gärtner alles machen lässt, außer vielleicht Spritzen. Jeder, der das Ziel hat, seine Arbeit zu vereinfachen und zu verbessern, kann das tun.

Eine Rasierklinge von einem Kultivator

*Der Garten war glatt rasiert.
Sein Besitzer ein wenig angetrunken.*

Auf der ganzen Welt werden Beikrautjäter (in der Art von Fokins Mehrzweck-Flachschneider) schon seit Urzeiten verwendet. Aber in unserer Tradition der Nachkriegsbodenbearbeitung sind sie zu einer echten Rarität geworden: Gärtner haben sich an herkömmliche Hacken und Schaufeln gewöhnt. Nun sind wir halt gezwungen das Rad – oder eben diese kuriosen Geräte – neu zu erfinden, respektive aus der Vergessenheit zu holen. Es lohnt sich! Diesen Flachschneider, eine wahre „Rasierklinge von einem Kultivator", hat mir der bekannte Blumenzüchter Velentin Levichkin gezeigt. Ich habe selber einen konstruiert und bin Herrn Levichkin noch immer unendlich dankbar, dass er mir dieses Gerät vorgestellt hat.

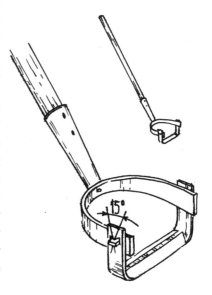

In unzähligen Gartenschuppen lagen in den 1970er oder 1980er Jahren gekaufte Geräte zum Jäten herum. Einige davon sind auch jetzt noch im Verkauf (Foto 11). Am Handgriff ist eine einfache Vorrichtung angebracht: vorne Zahnräder und dahinter ein starker Bügel, der etwas Spiel hat. Der Zweck dieser Vorrichtung ist nobel: Lockere die

Erde und schneide gleichzeitig Beikraut ab. In der Anwendung ist das aber alles ein bisschen komplizierter: Ständig verwickelt sich Beikraut in den Rädern und die Erde verklebt sie. Der Bügelteil aber ist wirklich großartig. Er ist aus Stahl – genau das, was man braucht – die Winkel stimmen und der Anschliff auch. Schneiden Sie einfach die überflüssigen Räder ab (rote Markierungen auf dem Foto) – und Sie bekommen eine wunderbare, Beikraut schneidende „Rasierklinge", die viel, viel mehr Möglichkeiten bietet. Mit der Klinge hackt man nicht, sie wird gezogen. Einfacher geht es, sie auf sich zu ziehen, aber mit ein wenig Übung geht es auch in beide Richtungen.

Die Klinge sollte ihr Werk etwa ein bis drei Zentimeter tief in der Erde vollbringen. So schneidet sie Beikraut und bildet eine lockere Mulchschicht. Die Klinge ist doppelt so effizient wie eine Hacke, und wenn man die Breite zwischen den Reihen an sie anpasst, auch dreifach: Ein Mal ziehen – und die Zwischenreihe ist behandelt.

Es ist sehr wichtig die Klinge rechtzeitig zu schärfen: Stumpfe Klingen arbeiten deutlich schlechter und brauchen doppelt so viel Muskelkraft. Wenn Sie versuchen ausgewachsenes, grobes Beikraut damit zu schneiden, werden Sie außer Atem geraten und häufig verklemmtes Gras wegputzen müssen. Merke: Diese Klinge ist nicht für die Beseitigung von ausgewachsenem Beikraut vorgesehen. Sie ist dafür da, dass es gar nicht erst ausgewachsenes Beikraut gibt. Ausgewachsenes Beikraut wird besser mit der „Axt auf einem Griff" entfernt, die wir Hacke nennen.

Und hier ist noch eine Idee: Statt des Zahnrades können Sie ein gewöhnliches Rad befestigen, sagen wir von einem alten Kinderwagen. Danach läuft die Klinge schnell und schneidet vorwärts und rückwärts.

Seit der Veröffentlichung der ersten Ausgabe dieses Buches in russischer Sprache sind mehr als zehn Jahre vergangen und jetzt findet man ein ähnliches Gartengerät im Verkaufsangebot. In Novosibirsk produziert man den Flachschneider „Mauersegler". Ein gutes Gerät. Sein zweifelloser Vorteil ist sein selbstschärfendes Messer. Jedoch wird sein Stiel oben, direkt an die Klinge, angebracht, was die Benutzerfreundlichkeit erheblich verringert. Aber man gewöhnt sich ja an so Vieles.

Fokins Flachschneider

Er jätete ruhig, gemächlich und unablässig – wie ein Kartoffelkäfer.

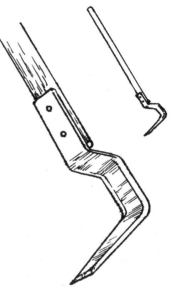

Nach dem Verlassen des Krankenhauses realisierte Vladimir Vasiljevich Fokin, dass er die Schaufel nicht mehr in die Hand nehmen konnte. Er ließ aber den Kopf nicht hängen. Im Gegenteil: Er entwickelte den (Mehrzweck-) Flachschneider, der leicht zu bedienen ist. Er ließ diesen patentieren und schließlich auch produzieren. Er verfasste auch ein detailliertes Benutzerhandbuch. Während vieler Jahre bearbeitete er seinen Garten selber mit dem raffinierten Gerät.

Sie werden feststellen, dass es sich eigentlich um die gleiche Art „Rasierklinge" handelt, wie oben beschrieben, doch ohne eine Seite (Foto 12). Der kleine große Unterschied ist, dass Sie mit der Klinge genau zwei Tätigkeiten ausüben können, mit dem raffinierten Flachschneider jedoch deren zwanzig! Das ist ein raffiniertes Instrument. Die Winkel aller Bögen sind schräg, auf den Grad genau bemessen. Der hochwertige Werkzeugstahl hat eine optimale Dicke, sodass das Gerät leicht ist und doch kann man damit auch recht hoch gewachsenes Beikraut sicher wegbekommen. Der Schneider kann in vier verschiedenen Positionen am Griff befestigt werden, je nachdem, was Sie mit ihm gerade vor haben. Um die Position zu ändern, braucht man gerade mal zwei Minuten – aber die Effektivität der Arbeit steigt sofort. Dem Flachschneider ist ein kleines Benutzerhandbuch beigelegt. Es beschreibt, was das Gerät alles kann, und wie es funktioniert. Dies ist ein echt intelligentes Werkzeug. Sie sollten lernen, wie man damit umgeht. Sie werden ihre helle Freude daran haben, so wie ich.

Mit dem Flachschneider lässt sich der Boden leicht lockern und grubbern, er hilft Ihnen Beete zu formen, Furchen zu machen, nach dem Säen die Saat zu bedecken, Beikraut zu schneiden und zu graben. Sie können damit wie mit einer Sense Gras schneiden, rechen und häufeln, Gras und Ruten und Himbeerauswuchs sowie Erdbeerausläufer abschneiden. Sie können schaben, scharren, kratzen, Erde oder Beton mischen und so weiter. Die folgende Tatsache spricht Bände über die Effektivität von Fokins Flachschneider: Nach seiner schweren Krankheit war es Vladimir Vasiljevich Fokin und seiner Frau möglich, nur zu zweit fast einen halben Hektar Land zu kultivieren und die beiden heimsten stets eine gute Ernte ein. In nur wenigen Jahren wurde der Flachschneider in ganz Russland verkauft.

Die cleveren „Hacken" unserer Großväter

Lassen Sie uns etwas Antikes erfinden!

Abgebildet sehen Sie einen Grubber oder Striegel, „Planet" genannt. Die Bilder stammen aus der „Enzyklopädie der russischen Landwirtschaft" (Verlag F. Devrien, 1902 - 1909). In der Enzyklopädie sind eine große Vielfalt an Grubbern abgebildet: manuelle für Pferde,

einreihige, zwei- und dreireihige. Damals fand man solche auf jedem Bauernbetrieb.

Man bearbeitete mit ihnen alle Reihenkulturen: Kartoffeln, Kohl, Auberginen, Karotten und Rote Bete. Die Leistung solcher Geräte war bis zu zehn Mal höher als die einer Hacke. Wie man auf dem Foto sieht, war diese Aufgabe nicht etwa Männerarbeit (Abb.). Und sofort tauchen vor dem geistigen Auge die Bilder auf: Die Felder unserer heutigen Landwirtschaftsbetriebe. Eine typische Szene: Zwischen üppigem, grünem Beikraut arbeiteten unsere Großmütterchen einzeln oder in Gruppen, mit ihren „Hacken". Am Tag auf dem Feld, und in der Freizeit in eigenem Garten. Hacken und hacken, und nochmals hacken, wohin man auch blickt. So machen wir das heute. Das Foto aber ist über hundert Jahre alt und ist ein Wunder des Fortschritts gemessen an unseren rückwärts gewandten „modernen" Hack- und Pflügmethoden. Ich denke, wenn man sich bemüht, kann man solche Maschinen noch immer irgendwo finden. Einen ähnliches Gerät, hergestellt in der Ukraine der 1960er Jahre, fand ich im Garten eines meiner Kunden. Er lobte es in den Himmel, und war sehr überrascht, zu erfahren, dass es keine moderne Erfindung ist. Da wurde mir klar: Ich musste einfach darüber schreiben.

Die „Planet" Hand-Grubber und ihresgleichen verschwanden in den späten 1940er Jahren komplett von der Bildfläche. Die Ära der Traktoren war angebrochen und die Agroindustrie produzierte sie fast im Minutentakt. Und so interessierte sich schnell niemand mehr für effiziente manuelle Arbeit. Wie schnell kann doch eine intelligente Sache in völlige Vergessenheit geraten!

Aber zu guter Letzt hat der „Planet" doch noch Nachkommen hinterlassen. Siehe dazu die nächsten Seiten.

Die Grubber unserer Tage

Wenn der Bauer sich weigert, tief zu pflügen heißt das noch lange nicht, dass er oberflächlich ist.

Moderne Handgrubber, meist produziert von kleinen Firmen, sind die kleinen Brüder des „Planet". Sie sind stark vereinfacht und deutlich leichter. Aber sie haben auch viele gute Eigenschaften verloren. Dennoch sind sie immer noch besser als eine Hacke. Zum Verkauf sieht man sie selten. Einmal gewöhnt zu hacken, interessieren wir uns wenig dafür. Ich versuchte die Hersteller für solche Werkzeuge zu gewinnen, leider aber ohne Erfolg.

Ich habe solche Maschinen einige Male auf Datschas gesehen. Ihre Besitzer haben einen anderen Gesichtsausdruck, denn sie sind nicht Sklaven in ihren eigenen Gärten. Insbesondere Frauen sagen: „Das macht Spaß: Ich fahre ein Stündchen damit rum, dann ist alles bereits gejätet, ich habe Zeit für mich und kann mich wunderbar erholen!" Gerade auch ältere Semester, die schon einmal mit einem solchen Grubber gearbeitet haben, geben ihn für kein Geld der Welt mehr her.

Wichtig ist es, den Grubber für seine Bedürfnisse anzupassen, sodass er sich nicht zu tief in die Erde eingräbt und mühelos schneidet. Na ja, und dann muss man halt hin und wieder das Rad schmieren und die Schneide anschleifen.

Gewöhnlich werden die wirkungsvollsten Konstruktionen von Heimwerkern für sich selber angefertigt. Zum Beispiel Sergey Kolyada aus Krasnodar hat einen wunderbaren Grubber entwickelt – leicht, bequem, wendig und optimal ergonomisch. Das ist die beste der mir bekannten Konstruktionen (Foto 13). Einmal in der Hand gehalten, gibt man ihn nicht wieder her! Aber so ein Meisterstück selber herzustellen ist leider nicht jedem gegeben. Vielleicht wird das Foto Ihnen helfen, etwas Ähnliches zu erschaffen.

Na ja, wenn schon graben, dann...!

Trainiere hart, kämpfe leicht!
A. Suvorov

All die erwähnten Methoden der Bodenbearbeitung verbessern den Boden allmählich und kontinuierlich. Aber es braucht Zeit. Tonige, schwere Böden verbessern sich sehr, sehr langsam. Und wenn Sie eine schnelle und deutliche Fruchtbarkeitsverbesserung auf Ihren Beeten herbeiführen wollen, und die Menge des organischen Materiales begrenzt ist? Hier drängt sich die Technik des doppelten Grabens auf. Dieses Verfahren verwendet man in der bio-intensiven Mini-Landwirtschaft (nach John Jeavons).

Man macht diese schwere Arbeit nur einmal, aber die Wirkung ist unmittelbar. Das Ziel ist, den Boden in einer Schicht von 50 bis 60 Zentimeter radikal zu verbessern. Er soll porös und krümelig werden, mit einer besseren Feuchtigkeits- und Wärmerückhaltekapazität. Und er muss mit frischem Kompost und sonstiger organischer Substanz angereichert werden. Wir wenden dieses Verfahren meist nur für einzelne Beete an, da es sehr arbeitsintensiv ist.

Zuerst legt man neben dem zu erstellenden Beet alle notwendigen Materialien bereit: Kompost und lockere organische Substanz, für tonhaltige Böden zusätzlich Sand, für sandige Böden Lehm und Schotter. Es ist zentral die Erde in einen möglichst optimalen Zustand der Zusammensetzung zu bringen. Schotter kann übrigens als Wärmespeicher eingesetzt werden. Graben Sie nur bei optimaler Bodenfeuchtigkeit, sonst werden Sie nie eine gute Bodenstruktur erschaffen. Am besten verwenden Sie eine viereckige Schaufel.

Zuerst markieren wir den Beetrand und danach heben wir an einem Ende einen schaufelbreiten Streifen aus. Die Erde aus diesem Streifen nehmen wir heraus und legen sie zur Seite – sie wird bis zum Schluss nicht mehr benötigt. Das Ergebnis ist ein quer verlaufender Graben von der Tiefe und der Breite Ihrer Schaufel.

Dieser Graben markiert den Beginn der Arbeit. Auf seinen Boden schütten wir einen Eimer Kompost, einen Eimer Sand (für sandigen Boden einen Eimer Ton mit Schotter) und eine Hand voll organischen Mehrnährstoffdünger. Verteilen Sie das Ganze gleichmäßig, und vermischen Sie alles in kleinen Portionen mit der Erde am Boden des Grabens, sodass es möglichst tief eingearbeitet wird. So, der Boden ist fertig.

In kleinen Portionen schaufeln wir die obere Schicht des nächsten Streifens obendrauf. Diese Erde wird dabei auch mit einen Eimer organische Substanz, Bodenlockerer und Bio-Dünger angereichert. Jetzt besteht der erste Streifen des Beetes mit der Tiefe von einem halben Meter aus einer Mischung von Erde und Kompost. Wir trennen ihn mit einem Stück Sperrholz ab, dass es zusammenhält und nicht herunterfällt.

Daneben haben Sie bereits einen zweiten Graben ausgehoben. Jetzt beginnt alles von vorn. Auf den Boden des zweiten Grabens geben Sie organische Substanz (plus Sand oder Ton mit Schotter, je nach Boden), die Sie in den Boden einarbeiten. Düngen sie das Ganze wie oben beschrieben und schaufeln Sie dann wiederum die obere Schicht des dritten Streifens auf den zweiten Streifen – in kleinen Portionen und auch wieder mit organischer Substanz, Bodenlockerer und Bio-Dünger angereichert. Trennen Sie das Ganze wieder mit einem Sperrholz ab. Und so weiter...

Einerseits ist die Schaffung eines solches Beetes auf schweren Böden eine echte Baustelle und eine Plackerei. Andererseits werden Sie schon im ersten Pflanzjahr mit einer reichen Gemüseernte belohnt. Von nichts kommt nichts. Das ist und bleibt so. Dafür brauchen Sie danach nur jeweils die oberste Schicht zu lockern, die organische Substanz drauf zu legen und fertig.

Für eine tiefe Lockerung solcher Beete ohne den Boden umzugraben ist ein U-förmiger Bodenlockerer am besten geeignet. F. S. Leontjev bezeichnete dieses Gerät so: „Ein breiter, gabelähnlicher Graber"; (im Internet ist das Gerät unter „broadfork" zu finden – auch viele Bilder.) Dieses Gerät macht nur Spalten, verschiebt den Boden und bereichert ihn dabei mit Luft. Seine Zinken lockern den Boden bis zu einer Tiefe von 45 Zentimetern und einer Breite von 70 Zentimetern. Geeignet ist es vor allem für ausreichend lockere und organische

Böden. Für dichtere Böden sollte man die Zinken (Spitzen) um die Hälfte kürzen. Solche Bodenlockerer sind besonders handlich für die Lockerung von Beeten, deren Breite gleich der Breite des Bodenlockerers ist.

Zusammenfassung über die clevere Landwirtschaft

Lasst uns die Zivilisation Garten um Garten voranbringen.

So, liebe Gärtner der Welt, ich schlage vor, dass wir folgendes erkennen und anerkennen: Der Boden ist nicht bloß eine Mischung aus Chemikalien und Erde, erschaffen durch unsere Pflüge und Kultivatoren. Boden ist eine stabile und ausgereifte Lebensgemeinschaft bestehend aus Wurzeln, oberirdischen Pflanzenteilen, Insekten, Würmern und Mikroorganismen. Sie alle haben sich perfekt angepasst und passen ihrerseits die Bodenbeschaffenheit so für sich an, dass sie unendlich überleben und sich vermehren können. Sie haben es bereits getan – und wir können es nicht einmal begreifen!

Auf 100 Quadratmeter fruchtbarem Boden leben mehr als dreihundert Kilogramm Pilze und Mikroben. Oft leben sie von nur einer halben Stunde bis zu einige Stunden lang. Wenn genug Nahrung vorhanden ist, vermehren sie sich mit der Geschwindigkeit einer Lawine. Dabei setzen sie ständig die Produkte ihres winzigen Lebens frei: Verdauungsenzyme, Vitamine, Wachstumsstimulatoren, Antibiotika und Nährstoffe. Pflanzen füttern die nützlichen Bakterien und Pilze indem sie ihnen fast die Hälfte ihrer organischen Substanz zur Verfügung stellen. Im Gegenzug betreuen Pilze und Mikroorganismen die wachsenden Wurzeln und nähren sie.

„Der Mensch kann aus einem Kilogramm Eisen ein Kilogramm Nägel herstellen. Die Natur erzeugt aus einem Kilogramm Samen ohne Mühe und Kosten einen Zentner Nahrungsmittel," – bemerkt Y. I. Slaschinin. Und der schlaue Karl Marx teilte seine Entdeckung mit uns: Er verfasste sein berühmtes Werk „Das Kapital", um zu beweisen, dass „durch die Betätigung der Arbeitskraft nicht nur ihr eigener Wert reproduziert, sondern ein überschüssiger Wert produziert wird". Erst am Ende seines vierten Wälzers erklärt er: „Die ursprüngliche Quelle des absoluten Mehrwertes ist die Natur, das heißt die Photosynthese der Pflanzen." Das ist eine offensichtliche Tatsache. Die gesamte Wirtschaft unseres Planeten wird nur durch einen Faktor bestimmt: Die Fruchtbarkeit unserer Böden.

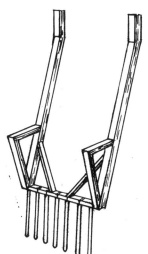

Der Messwert der Nutzung der Sonnenenergie kann in Bezug auf die nützliche Pflanzenmasse pro Hektar oder pro Quadratmeter gemessen werden. Und zwar nicht die der Ernte einer einzelnen Aussaat, sondern im Gesamten, für das ganze Jahr.

Unsere Landwirtschaft hat noch nicht gelernt, die Sonnenenergie voll zu nutzen! Alte Völker maßen die Ernte in „Selbst". Ein „Selbst" bemaß, wie viel Mal mehr man geerntet, als man gesät hatte. Gemäß Aufzeichnungen der alten Ägypter erreichten ihre Körnerträge 300 „Selbst". Unser bestes Ergebnis liegt bei 30 „Selbst".

Unsere moderne Landwirtschaft, mit Düngermitteln, Chemikalien und Technik übt sich im Versuch, sich selber mit teuren Prothesen und Gehhilfen zu umgeben. Sie gibt diesen Dingen den Vorzug vor der Überlegung, dass man seine eigenen Augen, Füße und Hände benutzen kann. Anstelle der Verwendung unserer eigenen Intelligenz, der Sonnenkraft und der Kraft der Pflanzen, zahlen wir lieber eine Menge Geld für Dünger, Chemikalien und Treibstoff. Ich bin sicher, wir können diesen Irrsinn beenden! Für den Anfang im eigenen Garten.

Hier sind die wichtigsten Empfehlungen für den intelligenten Bauern. Nennen wir sie den „Kodex der intelligenten Bodenbearbeitung".
1. Grabe nie ohne besondere Notwendigkeit. Verwende organische Abfälle, Mulch, Kompost und Gründüngung, um den Boden zu lockern und um Struktur zu erschaffen.
2. Lockere den Boden nicht tiefer als fünf Zentimeter. Mach die Bodenstruktur nicht kaputt. Erarbeite eine lockere Deckschicht, unter der eine natürliche Bewässerung durch Tau und Kondensation stattfinden kann.

3. Füttere und pflege die Bodenlebewesen, genauso wie Deine Lieblingshaustiere. Gib dem Boden mehr organische Substanz, als Du ihm wegnimmst. Stell den Kompost direkt auf den Beeten her. Verwende alles, was verrotten kann. Und lass alles wachsen, was wachsen kann.
4. Lass den Boden nie entblößt. Säe Gründüngung! Wechsle die Bepflanzung überlappend, sodass bis zur Erntezeit der ersten Kultur die zweite Kultur bereits keimt.

Von mir persönlich:

5. Überlege sieben Mal, bevor Du den Empfehlungen vertraust, die Dich dazu drängen, mehr Arbeit oder mehr Geld zu investieren. Die Natur hat alles, was man braucht. Wir haben einfach nicht gelernt, dies zu nutzen!
6. Nimm dir Zeit! Bio-Gärtnern ist keine einmalige Angelegenheit, sondern einen Lebensstil auf der Erde. Den Boden, der seit Jahrzehnten kaputt gemacht wurde, kann man nicht in einem Jahr wiederherstellen. Er braucht Zeit, um sich wiederherzustellen. Hilf ihm dabei!

Die Umstellung auf natürlichen Garten- und Landbau ist faszinierend und dankbar, aber nicht einfach. Wenn man auf einen ausgelaugten Boden plötzlich sonstige organische Substanz und Kompost ausbringt, beginnt es oft erst mal mit verschiedenen Schlamasseln: Plötzlich vermehren sich die Schnecken, Landasseln, Maulwurfsgrillen und die Mäuse. Das ist natürlich, denn Sie haben schließlich das Ökosystem enorm verändert. Das neue Futter löst eine blitzartige Vermehrung der Verbraucher aus. Aber keine Panik: Den Plagegeistern folgen sehr schnell deren Feinde, die „Raubtiere" und nützliche Mikroorganismen und nach ein paar Jahren kommt alles wieder ins Gleichgewicht. Je schneller die „Raubtiere" sich vermehren, desto schneller kehrt alles ins natürliche Gleichgewicht zurück. Doch seien Sie in den ersten zwei, drei Jahren wachsam, und wenn der Ertrag bedroht ist, versuchen Sie die „Schädlinge" einzudämmen, ohne den „Nützlingen" zu schaden.

Das folgende Kapitel ist für „Faulenzer". Wenn Sie keine Übermenge an Gemüse brauchen, können Sie ihre Landfläche, die Sie pflegen müssen, bis auf wenige Quadratmeter reduzieren.

Die Regenwürmer bringen Unterboden aus verschiedener Tiefe um vieles verbessert in die Oberbodenschicht. Man könnte nach Charles Darwin Humus definieren als die durch den Verdauungskanal der Würmer hindurchgegangene und umgewandelte Erde.

Erhard Hennig (1906 – 1998), deutscher Humusforscher

KAPITEL 4

Beete von unterschiedlich ausgeprägter „Intelligenz"

oder

Wie man Gemüse auf engstem Raum zieht

Schmale Beete – die Mutter aller Erfindungen!

Gemüse auf engstem Raum zu kultivieren ist mein Ideal und auch das Lieblingsthema meiner Bücher. Es ist sehr vorteilhaft und äußerst interessant, aber keinesfalls schnell und auch nicht einfach. Ich lade alle gleichgesinnten Gärtner zum Erfahrungsaustausch ein.

Im Westen werden Gemüse, im speziellen Kopfsalat und andere grüne Salate, von Gemüsebauern auf typischen bäuerlichen Feldern von 2.00 bis 5.000 Quadratmetern angebaut. Auf hoch entwickelten Gemüsefarmen in den USA können dabei bis zu $ 4,20 pro Quadratmeter erwirtschaftet werden. Die Rendite kann auf einer biologisch betriebenen Farm bis zu $ 50,00 pro Stunde betragen. Im Gegensatz dazu habe ich berechnet, dass der durchschnittliche Gemüseproduzent in Russland nur $ 0,1 bis 0,2 pro Stunde erwirtschaftet. Das deckt gerade mal die Kosten einer Fahrkarte für den Nahverkehrsbus. Ist das so, weil wir uns so selten die Mühe machen, selber zu denken, oder weil wir uns lieber auf irgendwelches Buchwissen verlassen – oder vielleicht weil wir auf das pure Glück hoffen?

Die Böden unserer südlichen Breitengrade sind vorwiegend schwere Tonböden, die fast ausschließlich zu Tode gepflügt worden sind. Ihnen fehlt die Struktur. Sie erreichen ihr volles Potenzial nur bei einem optimalen Feuchtigkeitsgehalt. Aber dies ist in diesem heißen Klima fast ein Ding der Unmöglichkeit. Die lokale Bevölkerung kann nur durch ständiges Bewässern und intensive Pflege der Kulturen eine genügende Ernte erzielen. Leider funktioniert dies für den typischen Heim-, Schreber- und Selbstversorgergärtner nicht. Mein Grundstück ist ein typischer Datschagarten: Die Erde besteht aus schwerer, alkalischer Lehmerde – hart wie Stein im Sommer und wie Töpferton bei

Regen. Als wir dieses Grundstück erstmals in Beschlag nahmen, blieb meine Schaufel in der Gleischicht[1] stecken. Wer solchen Boden urbar machen will, muss seine Freiheit dafür aufgeben. Wenn man nämlich nur für kurze Zeit nicht aufpasst, wird der Boden von der Sonne hartgebacken oder er wird bei einem Wolkenbruch total durchnässt. Ich habe aber keine Lust der Sklave meines Grundstückes zu sein! Deshalb setze ich auf organische Substanz.

Organische Substanz entfesselt das volle Potenzial der Pflanzen und erspart uns einen Haufen Arbeit und Ärger. Sie gibt den Tonböden Struktur und Vitalität und den sandigen Boden versorgt sie mit Nährstoffen, Humus und gibt ihm Stabilität.

Die Eigenschaften moderner Gemüsesorten und -hybriden kommen nur in fruchtbaren, kompostreichen Beeten mit Tropfbewässerung zum Tragen, da sie normalerweise unter solchen Bedingungen gezüchtet wurden.

Wir scheinen nie genug Zeit und Energie zu haben für all die Dinge, die erledigt werden müssen. Deshalb ist es wichtig einzusehen, dass alles, was wir vergeblich tun, in Tat und Wahrheit schädlich ist. Wenn wir Aufwand betreiben, ohne einen vernünftigen Ertrag zu erhalten, dann ist das sehr schädlich für uns. Dann haben wir nämlich sowohl unsere Zeit verschwendet als auch weder einen Nutzen noch Freude gehabt. Aus der Sicht des Biogärtners ist umgegrabene Erde völlig ungeeignet für den Gemüseanbau. Gemüse, das mit Chemikalien kultiviert wird, ist bestenfalls noch Menschenfutter ohne Geschmack. Eigentlich ist das gar kein Gemüse, sondern bestenfalls eine Gemüse-Attrappe.

Nur ein gutes, organisches Beet kann echtes Gemüse hervorbringen und das oft mit zwei oder drei Ernten pro Jahr. Dabei gibt es viele verschiedene Anbaumethoden: Stationäre Beete sind, einmal erstellt, sehr einfach zu bewirtschaften und können für Jahre bepflanzt werden. Kompost ermöglicht es, diese mit senkrechten Pfosten oder Rankgittern zu versehen und Kletterpflanzen anzubauen. So verwandeln Sie diese Beete in gigantische „Blumentöpfe". Organische Substanz ermöglicht eine breite Vielfalt im Garten.

---

1) Glei: eine Schicht aus klebriger, feuchter, mineralischer Erde, die sehr wenig Luft aufnehmen kann. Der schwarz-blaue Glei kommt in Gebieten mit häufiger Staunässe vor.

Das Hochbeet zehn Jahre später

Ich baue aus Stein ein Haus
Ich säe dort Radieschen aus
Am Tag der Chrysanthemen,
werd ich sie zur Schwiegermutter nehmen
Wird sie mich mit Sake ehren?
Aus dem Japanischen

Im Wesentlichen ist ein Hochbeet in der Tat ein vergrößerter Blumentopf. Die Umrandung kann aus Ziegelsteinen, Rundholz, gesägtem Holz oder Steinen gefertigt werden. Ein Hochbeet sollte etwa einen Meter breit sein, die Länge kann frei gewählt werden. Die Höhe kann je nach Bedarf zwischen 30 bis 80 Zentimeter betragen. Es kann mit einer Steinmauer direkt auf das Gras errichtet und mit Bodenplatten umgeben werden – eine prächtige Konstruktion (Foto 14). Solche Hochbeete sind hervorragend geeignet für die gemischte Bepflanzung und können eine Art Gerüst oder ein Rankgitter in der Mitte für das Ziehen von Gurken und Tomaten enthalten. Es ist am Besten eine Tropfbewässerung zu installieren und idealerweise deckt man das Ganze mit einem Dach aus Plastik oder Polykarbonat. Das hilft, die Gemüse vor Pilzkrankheiten zu schützen. Das Hochbeetgerüst kann auch mit seitlichen Öffnungen versehen werden, um Kriechpflanzen wie Buschbohnen, Erdbeeren, Petunien und Kapuzinerkresse anzupflanzen. Ein kleiner Tank für die Bewässerung kann an der Seite angebracht werden für die Bewässerung mit von der Sonne temperiertem Wasser (Foto 15). Verwenden Sie keinen Beton am Boden. Direkter Bodenkontakt erlaubt einen normalen Feuchtigkeitsaustausch.

Das Beet wird in Schichten befüllt. Jeder Schicht wird Erde beigemischt – etwa die Hälfte des Volumens in jeder Schicht – und, falls möglich, auch etwas Nahrungsmittelabfälle. Gut ist es auch, wenn etwa ein Viertel des Volumens aus lockerem Material besteht wie z. B. Sand, Löss[1] Perlit, oder Vermiculit – was immer Sie zur Verfügung haben.

Die Oberfläche des Beetes sollte im Sommer mit Mulch bedeckt

---

1) Löss: Eine sehr feinkörnige meist kalkhaltige, gelbliche, poröse Ablagerung, die in der Eiszeit vom Wind zusammengetragen wurde.

werden. Auf dem Boden wird grobes, halb verrottetes organisches Material – verrottende Stängel und Stiele, zerhacktes Gestrüpp oder verrottetes Holz – ausgelegt. Es hilft auch, etwas organischen Stickstoffdünger hinzuzufügen, um den Verrottungsprozess zu unterstützen. Es schadet auch nie, etwas Tuffkalk[1] , Ziegelschotter oder Tongranulat reinzuschmeißen. Das alles hilft Feuchtigkeit zu speichern.

Die mittlere Schicht besteht aus unreifem Kompost, halbverrottetem Mist, Stroh, Spreu und anderen Pflanzenrückständen. In dieser Schicht ist es wichtig mehr Sand als Erde beizumischen.

Die oberste Schicht ist aus ganz verrottetem Kompost vermischt mit Erde und Sand zuzubereiten.

Während des ersten Jahres wird sich diese Füllung um 15 bis 20 Zentimeter setzen, deshalb ist es vorteilhaft, das Ganze recht hoch aufzuschichten und eine Tropfbewässerung an der Oberfläche anzubringen.

Wenn es sich gesetzt hat, legen Sie einfach eine Schicht oben drauf. Danach wird es sich nur noch wenig setzen und Sie tragen einfach jeden Herbst wieder eine Portion neue organische Substanz auf.

Hochbeete haben viele Vorteile:
 a) Sie sind schön anzusehen, ordentlich und es gibt wenig Schmutz und Wirrwarr
 b) Sie sind komfortabel zu bearbeiten, da man sich kaum bücken oder kauern muss
 c) Sie maximieren den Platz durch die Verwendung von Rankgittern für Kletterpflanzen, die Oberfläche ist für die normale Bepflanzung vorgesehen und die Seitenwände für Kriechpflanzen
 d) Sie enthalten große Mengen an nährstoffreichem Kompost, der weniger Bewässerung und Düngung benötigt
 e) Bei der Erstbefüllung im Frühling wärmen sich die Hochbeete durch den Kompostierungsprozess im Inneren auf und sie werden auch von der Sonne gewärmt, was sie zu einem idealen Frühbeet für frühes Gemüse macht
 f) Sie müssen nicht umgegraben und es muss nur wenig gejätet werden
 g) Sie beanspruchen nur ein Minimum an Platz.
Aber:

1) Tuffkalk: Ein weiches, poröses Sedimentgestein, das aus Kalziumkarbonat besteht. Es entsteht durch die Verdunstung von Wasser.

a) Man muss das Hochbeet zuerst erstellen, was Zeit und Geld kostet
b) Sie benötigen eine große Menge an organischem Material und
c) Diese organische Substanz muss von hoher Qualität und nährstoffreich sein.

Diese drei „klitzekleinen" Schwächen verhindern, dass Hochbeete noch populärer werden, als sie es schon sind. Doch alle meine Freunde, die klassische Hochbeete unter einem Plastikdach errichtet haben, sind sehr zufrieden mit dem Resultat: Gurken und Tomaten sind weniger krankheitsanfällig, spenden Früchte bis zum ersten Frost und sie zu kultivieren ist kinderleicht. Einer meiner Kunden, dem es nach einem Herzinfarkt wirklich mies ging, gefiel diese Idee. Er schöpfte neuen Mut und baute mehrere Hochbeete in seinem Garten im Kurdyumov-Stil. Er wird nie müde mir zu erzählen, wie das sein Leben rettete (Foto 16 und 17).

Im Grunde sind diese Beete kleine Gemüsefabriken und es macht wirklich Sinn, diese zu errichten!

Das Tröpfchenbewässerungsband ist das vernünftigste Bewässerungssystem für Hochbeete. Im ländlichen Russland ist es jedoch nicht einfach, an solche Bänder heranzukommen. Irgendwie schaffen wir es aber trotzdem immer wieder, solche Probleme zu lösen und konstruieren einfach eigene Alternativsysteme. Zum Beispiel kann man kleine

AUSGEREIFTER KOMPOST

EINFACH ZERSETZTES ORGANISCHES MATERIAL

DRAINAGE FÜR ÜBERSCHÜSSIGES WASSER

Löcher in eine PET-Flasche stechen und diese im Beet eingraben. Auch große (Fünf-Liter) Wasserbehälter aus Plastik funktionieren wunderbar. Wenn man diese an einem Tag pro Woche einmal am Morgen und noch einmal am Abend füllt, reicht das Wasser für eine ganze Woche.

Man kann auch mit einem Schraubenzieher kleine Löcher in einen Schlauch stechen und diesen unter den Mulch legen. Die Öffnung am Ende des Schlauchs wird zugestöpselt und schon kann der Schlauch am vorderen Ende an einem Wasserfass angeschlossen oder mit einem anderen Schlauch verbunden werden. Dann lässt man für etwa 15 bis 20 Minuten etwas Wasser durch den Schlauch (oder das ganze Schlauchsystem) fließen. Dabei ist es wichtig, den Wasserhahn nicht zu stark aufzudrehen und ihn nach gegebener Zeit wieder ganz zu schließen.

Erde, die mit viel organischer Substanz angereichert ist, wird diese aktiv umwandeln und die Nährstoffe den Pflanzen zur Verfügung stellen. Deshalb eignet sich ein organischer Volldünger auch recht gut für die Verwendung im Hochbeet. Diese sollte aber nur einmal monatlich im Mai, Juni und Juli verabreicht werden.

Dächer aus transparentem Plastik oder doppelwandigem Polykarbonat haben viele Vorteile. Die Erfahrung zeigt, dass sich unter diesen Dächern wenig Tau bildet. Tau ist die Hauptursache vieler Krankheiten. Aus diesem Grund werden Tomaten selten durch Krautfäule *(Phytophtora infestans)* „verbrannt" und Gurken leiden selten an falschem Mehltau. Die Dächer erzeugen ein günstiges Mikroklima, streuen das Sonnenlicht und schützen die Pflanzen vor Wolkenbrüchen und Hagel.

Rankgitter werden am besten aus Metall konstruiert.

Sie sollten robust gefertigt werden, weil sie erstens auch starken Winden trotzen sollen und zweitens, weil sie das nicht zu unterschätzende Gewicht der Kletterpflanzen und deren Früchte mit bis zu 50 Kilogramm pro Laufmeter halten müssen.

Im Frühling wärmen sich Hochbeete schnell auf – insbesondere jene mit gemauerten Umrandungen (Stein usw.). Wenn man sie in einer Nord-Süd-Ausrichtung anlegt, wärmen sich beide Seiten einigermaßen gleichmäßig auf. Im Winter frieren sie leichter durch als normale Beete und sind somit für mehrjährige Pflanzen schlechter geeignet.

Gurken und Tomaten können Sie im Frühling direkt ins Beet, entlang der Mittellinie und mit einer Folie bedeckt, säen. Im April und Mai bringen Hochbeete schöne Radieschen- Gartenkresse- und Salaternten hervor. Gegen Juli reifen die ersten Tomaten und Gurken entlang der zentral angeordneten Rankgitter. Da sie wegen des reichhaltigen Komposts sehr kräftig wachsen, empfiehlt es sich, ihre Geiztriebe radikaler als üblich auszugeizen. Nach der Ernte der Frühgemüse, und dem Entfernen der unteren Triebe der Tomaten und Gurkengewächse, können entlang der Ränder Karotten und Kohlrabi gepflanzt werden. Und im Herbst ist immer noch genug Zeit um Kopfsalat, indischen Senf oder späte Radieschen zu pflanzen. Letztendlich wird das Hochbeet mit Stroh und Pflanzenrückständen bedeckt und so fit für den Winter gemacht. Im nachfolgenden Frühling muss dann bloß wieder eine frische Schicht reifen Komposts aufgetragen werden – und der Spaß kann von neuem beginnen.

Aber es geht auch einfacher: Für einige Gewächse kann man ganz einfach die natürliche Vitalität des Frühling-Kompostes ausnutzen ohne überhaupt ein Hochbeet bauen zu müssen: Sie können dazu einfach die Konstruktion für Ihren Kompost um ein Abteil erweitern. Im Frühling wird darin noch nicht verrotteter Winterkompost zu einem Haufen aufgeschichtet. Darauf werden kleine Erdhaufen gemacht. Kürbisse und Gurken können dann direkt in diesen Erdhaufen gesät werden. Manchmal sprießen sogar Gemüse aus Samen im Küchenabfall wild aus dem Komposthaufen. Sie überholen in ihrer Entwicklung alles, was ich an Setzlingen auspflanze und sprießen weit stärker, als jene in meinen Beeten es vermögen, obwohl diese die allerbeste Pflege erhalten!

Erhöhte Beete

Und wenn du ermüdest beim Errichten der erhöhten Beete, dann ist es sehr komfortabel, sich in ihnen hinzulegen und ein Nickerchen zu machen.

Erhöhte Beete eignen sich speziell in nassen und nördlichen Regionen. Sie wärmen sich schneller auf und wenn es zu viel Niederschlag oder Grundwasser gibt, werden sie nicht übernässt. Gärtner in höher gelegenen Gebieten können gut ohne sie auskommen, aber viele Gebiete, wo es Tonböden gibt, speziell ehemaliges Ackerland und Reisfelder, werden oft mit Grundwasser durchnässt. In solchen Gebieten sollten Obstbäume auf Erdhügeln (Aufschüttungen) und Gemüse in erhöhten Beeten gepflanzt werden. Selbst in normalen Jahren ist der Boden dort sehr kompakt. Eine dicke Oberschicht aus organischer Substanz, die von Würmern in den Boden eingearbeitet wird, hilft den Boden zu lockern und mit Luft zu versorgen. Erhöhte Beete sind wirklich die Rettung in der Not auf meinen alkalischen Böden.

Ein erhöhtes Beet wird als permanentes Beet mit Rahmen aus Holz, einer Mauer oder anderen Materialien angelegt. Meine Rahmen habe ich aus Brettern und Baumstämmen konstruiert (Foto 18 und 19). Die Rahmen haben die geniale Eigenschaft, dass sie die zu kultivierende Fläche genau begrenzen und plötzlich scheint die Fläche nicht mehr so endlos groß. Die Beete sind etwa 10 bis 15 Zentimeter hoch und werden jedes Jahr von neuem bis zum Rand mit Kompost gefüllt. Gurken und Kohlgewächse können mit Mist unterlegt werden. Die Beete werden immer mit einer dicken Schicht lockerer organischer Substanz bedeckt.

Wenn erhöhte Beete 80 bis 120 Zentimeter breit sind, ist es eigentlich egal, in welcher Himmelsrichtung sie angelegt werden. Gemüse können entlang des Beets oder quer über das Beet gepflanzt werden. Die Gemüsereihen selber sollten aber immer in einer Nord-Süd Ausrichtung gepflanzt werden, damit die Pflanzen gleichmäßig besonnt werden. Auch schmale Beete von 40 bis 70 Zentimetern Breite sollten in nord-südlicher Richtung angeordnet sein. Diese werden wir aber separat behandeln.

Erhöhte Beete, wie auch Hochbeete, können mit Rankgittern für Gurken, Tomaten und Bohnen, Plastikdächern und Tröpfchenbewässerungssystemen ausgerüstet werden. So gesehen sind erhöhte Beete nichts anderes als niedrige Hochbeete. Es braucht für sie jedoch nicht so viel organisches Material um sie zu befüllen und sie frieren im Winter auch nicht so leicht durch, wir ihre „größeren Geschwister". Das sind ihre Vorteile. Da sie aber nicht so hoch sind wie ihre Verwandten, sind sie nicht so voluminös, und nicht ganz so praktisch und bequem zu bearbeiten. Das ist ihr Nachteil.

Beim Errichten des Beetes soll die Erde einmal umgegraben und mit organischer Substanz und Sand angereichert werden. Ist das Beet einmal gefüllt, sollte es niemals mehr von einem menschlichen Fuß betreten werden. Nur die Hände des Gärtners und organische Substanz haben darin noch etwas zu suchen. Bedecken Sie das Beet mit reichlich Mulch und stellen sie ein Fass für Flüssigdünger daneben und das Werk ist vollbracht.

Wenn der Boden schön locker ist, brauchen Sie ihn nicht mal umzugraben. Besser wäre es, Würmer anzulocken. Schon nach einem Jahr werden die organische Substanz und die Würmer das Beet in bis zu 20 Zentimeter Tiefe gelockert haben.

Im Frühling kippe ich zwei bis drei Schubkarren Kompost auf das Beet ohne ihn einzuarbeiten. Dann säe oder setze ich die Pflanzen direkt in den Kompost. Wenn diese keimen, lege ich etwas Mulch aus Gras, Spreu oder Stroh darauf. Ein paar Beikräuter werden durchstechen, aber diese können sehr einfach mitsamt den Wurzeln aus dem Mulch ausgerissen werden.

Wie in einem Hochbeet können mit diesem System von Frühling bis Herbst bis zu vier Ernten unterschiedlichen Gemüse (siehe unten) abgenommen werden. Die recht intensive Tröpfchenbewässerung und das energische Pflanzenwachstum verlangen nach deftiger Nahrung; deshalb ist es gut, wenn die Beete einmal monatlich mit einer Lösung aus biologischem Dünger oder mit organisch-mineralischem Dünger angereichert werden. Mit Bogendraht oder einem einfachen Gerüst und etwas Folie kann das erhöhte Beet einfach in ein Frühbeet verwandelt werden. Eine solche Konstruktion erlaubt es, im Frühling darunter Setzlinge zu ziehen.

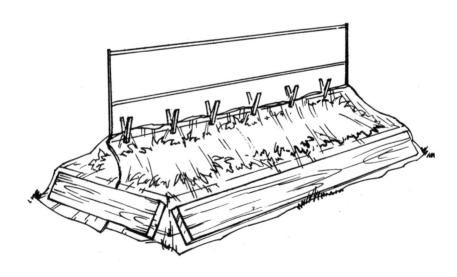

Falls Sie in einem kalten Gebiet leben, ist es besser die Konstruktion den Gegebenheiten anzupassen, damit das Beet leichter aufwärmt. Es sollte längs in einer Ost-West Ausrichtung angelegt und so eingerichtet werden dass es leicht gegen Süden abfällt. Dabei sollte die nördliche Längsseite etwa 15 Zentimeter höher liegen als die südliche. Jedes Grad Neigung gegen Süden hat dieselbe Wirkung, wie wenn man das Beet um 100 Kilometer in Richtung Süden verschieben würde! Russische Gärtner verwenden diese „Solarbeettechnik" schon seit alten Zeiten. Sie ist in den Büchern von Pavel Frankovitsch Trannua und Alexej Alexejevitsch Kazarin detailliert beschrieben.

Schmale Beete und schmale erhöhte Beete

*Schmale Beete erweitern die Breite
des geistigen Horizonts ihrer Erbauer.*

Es hat sich gezeigt, dass schmale Beete die rationalsten und produktivsten sind. Sie sind meist etwa 40 bis 70 Zentimeter und die Gehwege etwa einen Meter breit. Auf jedem Beet können zwei Reihen Buschgemüse, die entlang der Ränder versetzt und in einer dichten Pflanzanordnung (zickzack) gepflanzt werden. Oder es können drei bis vier Reihen Salate, Kräuter oder Knollengemüse o.Ä. gepflanzt werden.

Diese Anordnung birgt ein riesiges Potenzial an Produktionskapazität. Viele Gärtner haben längst bemerkt, dass Pflanzen, die am äußersten Rand der Beete zu Hause sind, sich beinahe doppelt so vital entwickeln wie jene in der Mitte.

Es gibt am Rand einfach mehr Licht und Platz, weil sie sich dort weniger gegen die Nachbarn behaupten müssen. Es braucht weniger „Ellbogeneinsatz". In schmalen Beeten stehen alle Pflanzen am Rand.

Die breiten Gehwege zwischen den Beeten sind genau das, was Pflanzen brauchen, um ein Maximum an Sonnenstrahlen und Platz zu erheischen. Im Sommer wächst das Buschgemüse über die Ränder der Beete hinaus und nehmen fast die ganzen Gehwege in Beschlag.

Die „Schmalbeetmethode" wurde ursprünglich von Jacob Mittleider entwickelt und die Idee verbreitete sich auf der ganzen Welt. Tatjana Yurievna Ugarova war eine der ersten Russinnen, die Mittleiders System des Gemüseanbaus beherrschte. Ihr Buch „Familien-Garten auf schmalen Beeten" ist sehr populär und wurde mehrmals nachgedruckt.

Ein schmales Beet kann auch ohne Umrandung erstellt werden, abgegrenzt durch seinen „Erddamm". Die Bewässerung sollte direkt an die Wurzeln erfolgen, oder mit einem Tropfsystem. Das Wasser darf nicht aus dem Beet auslaufen. Zwischenreihen auf den Beeten werden mit einem Flachschneider oder einer Klinge von Beikraut frei gehalten, oder besser noch, indem man kompakt Mulch darüber ausbreitet (Foto 20). Für hoch wachsende Gemüse kann auch ein Rankgitter installiert werden.

Sie können auch, wie Mittleider das tat, das Beet mit Sägemehl, Sand oder Tongranulat füllen und direkt darin Gemüse pflanzen – unter konstanter Bewässerung mit organischem Flüssigdünger. Aber warum um alles in der Welt sollte man dem Boden mit sündhaft hohen Dosen chemischen Düngers den Garaus machen? Wir Biogärtner verzichten voll und ganz auf solche Dünger, weil wir wissen, dass alles, was eine Pflanze braucht, nur ein gesunder, lebendiger Boden ist.

Unsere Zwischenreihen sind mit einem dicken, organischen Mulch oder Karton bedeckt – oder gar mit Linoleum. Würmer gedeihen wunderbar darunter und es gibt einen wahren Überfluss an Nährstoffen und Feuchtigkeit, die von den Wurzeln leicht aufgenommen werden.

Die Gesamtfläche wird genutzt, gehegt und gepflegt werden muss jedoch nur ein Drittel! Und die Ernte, die so eingefahren werden kann, übersteigt jene, die sie erreichen würden, wenn sie die gesamte Fläche bepflanzen würden. Nur geht es so viel einfacher.

Sie können auch eine schmale Zone mit Brettern umranden und den Verschlag mit organischer Substanz füllen und das ganze so einfach in ein schmales, erhöhtes Beet umfunktionieren. Die sind ja so bequem zu bearbeiten. Ich mag es zum Beispiel, ein Brett am Verschlag anzubringen und sitzend das Beet zu bearbeiten. Was für ein Vergnügen!

Je kleiner das Volumen des Beets ist, desto wichtiger ist die Rolle der Nährstoffversorgung, was es unabdingbar macht, regelmäßig „Zusatzfutter" für die Pflanzen herbei zu karren. Laut Mittleiter, sollten schmale Beete jeden Tag getränkt werden. Wenn Sie aber organische Substanz verwenden, können Sie sich diese Plackerei ersparen. Wenn beides, Beete und Gehwege, mit Mulch bedeckt sind, genügt es, wenn sie zwei Mal wöchentlich gießen. Eine Tröpfchenbewässerung erledigt diese Arbeit auch für Sie – ein, maximal zwei Bewässerungsbänder pro Beet reichen völlig aus.

Lange, schmale Gräben sind die schmalen Beete in einem heißen Klima

Um auch unter den klimatischen Bedingungen im heißen Süden ein kostengünstiges Gartenbausystem anbieten zu können, passen wir diverse Techniken diesen Begebenheiten an und kombinieren die unterschiedlichen Vorteile der einzelnen Beet-Typen.

Falls das Land nie staunass wird, empfiehlt es sich, die Beete in den Boden abzusenken. Dazu hebe ich direkt in der Grasnarbe einen Graben aus – zwei Schaufeln breit und eine Schaufel tief. Dann breite ich am Grund des Grabens Mist und Humus aus und lege reifen Kompost vermischt mit Erde darauf (Foto 21). Dort hinein pflanze ich in

zwei Reihen Tomaten, Gurken, Bohnen, Kohl und Peperoni. Nachdem diese gekeimt haben und zu wachsen beginnen, schichte ich den Graben hoch mit Stroh oder geschnittenem Gras auf. Mein Nachbar, Sergey Kladovikov, mulcht seine Gräben mit verschnippeltem Karton (Foto 22). Das sieht doch ganz ordentlich aus! Danach muss man nur noch zweimal wöchentlich bewässern – wenn es regnet weniger. Hin und wieder ist es notwendig, ein paar gar dreiste Beikräuter auszureißen. Früher pflegte ich die Gehwege während des Sommers zu mähen – und das Gras wucherte. Schließlich breitete ich in den Wegen eine dicke Folie aus und bedeckte das Ganze mit Heu und Spreu. Die Ränder der Plastikfolie wurden entlang des Grabens eingebuddelt. Nach zwei Jahren entfernte ich die Folie und begann den Weg mit Stroh zu decken. Es wächst dort kaum Beikraut.

Die Gewächse gedeihen hervorragend in diesen Gräben und bei guter „Fütterung" und Bewässerung bekommen Sie wahrlich phantastisches Gemüse. Jedes Jahr wird der Boden des Grabens ein bisschen tiefer und lockerer, denn die Würmer holen sich den Kompost und transportieren ihn tiefer in den Untergrund. Die wichtigsten Vorteile der Gräben sind ihre hervorragende Fähigkeit Feuchtigkeit zu speichern und so trocknen sie kaum aus. Die Pflanzen werden nicht gestresst, auch nicht bei nur moderater Bewässerung. Man kann natürlich auch diese Methode auf die Spitze treiben – es gibt aber keinen Grund für Kürbisse Gräben anzulegen!

Erdlöcher – das Nonplusultra des geruhsamen Gärtnerns

*Ich würde jeden Nerv bemühen und ganze Berge versetzen,
um ja nur rumsitzen und dem süßen Nichtstun frönen zu können.*

Oder

*Wer sich selbst eine Grube gräbt,
darf später auch selber ernten*
Franz Felix

In der ersten russischen Ausgabe dieses Buches verwendete ich ein Bild eines erhöhten Mini-Beetes: Ein Fass mit Gemüse. Es war zwar eine gute Idee, aber in der Praxis bewährte es sich nicht wirklich. In unserem heißen Klima musste ich eine sehr dicke Schicht Mulch auf das Fass legen und es konstant bewässern. Die Tröpfchenbewässerung funktionierte jedoch ganz gut. Nach dieser Erfahrung entschied ich, das „Fass" im Boden einzugraben. Anstatt ein Fass zu verwenden, grabe ich ein quadratisches Loch 60 mal 60 Zentimeter etwa zwei Schaufeln tief aus. Da hinein fülle ich zwei Eimer organische Substanz und arbeite diese in den Boden ein, danach lege ich zwei Schubkarren organische Substanz vermischt mit Erde oder Sand darauf. Auf das ganze lege ich noch eine Schubkarre Kompost. Um die Grube herum breite ich eine schwarze Plastikfolie aus, grabe die Plastikränder an den Seiten des Erdloches ein und bedecke die Folie mit Stroh.

Sechs Kürbisse und dieselbe Menge an Mais säe ich in jedes Erdloch. Dann wird es „gefährlich", denn die Kürbisse „schießen hoch" – wie verrückt. Das einzige, was zu tun bleibt, ist den Gartenschlauch einmal pro Woche zu bemühen und jede Grube rund zehn Minuten zu wässern. Sommerkürbisse, die ich in solchen Löchern anbaue, erfreuen unsere Mägen und Geschmacksnerven den ganzen Sommer hindurch bis im Herbst kaltes Wetter einsetzt. In zwei solcher Gruben ernte ich über 100 Kilogramm Kürbisse pro Saison. Das ist schon nah am Ideal!

Ich probierte dieselbe Grubenmethode mit Melonen aus. Um diese zu bewässern ist es am einfachsten, eine durchlöcherte Plastikflasche zu vergraben. Nach dem dritten Jahr sollte zusätzlich organischer Dünger zugeführt werden. Auch das ist sehr einfach zu bewerkstelligen. Im Herbst entleere ich ein paar Biotoiletten in das Loch und im Frühling füge ich ein paar Eimer mit Küchenabfällen hinzu und bedecke das Ganze mit Gras – und das war's schon.

Lauben, Zäune und Wände mit südlicher Ausrichtung

Falls Sie einen stabilen Maschendrahtzaun haben, haben Sie bereits ein exzellentes Rankgitter für hoch wachsende Pflanzen oder Kletterpflanzen. Alles, was Sie tun müssen, ist einen Graben entlang des Zauns auszuheben, und diesen mit organischem Material zu befüllen. Ein Netz eignet sich bestens für Bohnen und Gurken. Einen Nachteil haben die Netze: Im Herbst muss man die Pflanzenreste wegputzen. Wenn Sie dies erledigen, bevor sie austrocknen, dann ist das keine große Sache. Zäune haben den großen Vorteil, dass man nicht erst noch ein Rankgitter erstellen muss und dass die Beete kaum Platz brauchen.

Auf dieselbe Art kann man entlang einer Gartenpergola einen kleinen Graben anlegen. Mit dekorativen Pflanzen oder mit Feigenblattkürbissen, Spargelbohnen[1], Stangenbohnen mit roten und weißen Blumen und Helmbohnen mit violetten Blumen wird es eine gute Figur machen.

Die Gurke ist eine Kletterpflanze. Ich empfehle, sie nicht an einer Gartenpergola zu pflanzen, denn sie tendiert dazu zu kränkeln und dann ist das ganze nicht mehr schön anzusehen. Anstatt Steinplatten entlang der Sockel oder Wände zu verlegen, lege ich dort schmale Beete aus Sand, Kompost und Steinen an. Wände und Mauern südlicher und östlicher Ausrichtung spenden den Pflanzen eine beträchtliche Menge an zusätzlicher Wärme und reflektiertes Sonnenlicht. Das beschleunigt ihre Entwicklung um acht bis fünfzehn Tage. In der Vergangenheit habe ich entlang meiner Wand Bohnen und Spargeln und darunter Cherry-Tomaten gezogen. Die sind nun aber in ein Beet umgezogen und wurden durch Trauben ersetzt (Foto 23).

1) Spargelbohnen *(Vigna unguiculata):* Die Kuhbohne ist eine Bohnenart mit bis zu 60 Zentimeter langen Hülsen. Sie werden im Abschnitt „Bohnen" des Kapitels 13 beschrieben.

Pyramiden und Schirme

Pyramiden und Schirme sind nichts anderes als eine Grubenbepflanzung mit einem Klettergerüst darüber. Gurken und Bohnen eignen sich besonders gut für diese Anbauart. 20 Gurkenpflanzen auf einem Quadratmeter Fläche zu kultivieren, ist doch der Traum eines jeden Faulenzers! Ein weiterer Vorteil der Pyramidenkonstruktion ist, dass sie sehr einfach mit Stoff oder Plastik bedeckt werden kann (das Ganze wird einfach mit Wäscheklammern befestigt), um die Pflanzen vor Spätfrost zu schützen. Und schließlich sind solche Konstruktionen eine Zierde für den Garten und es gibt kaum Arbeit, außer dem gelegentlichen Bewässern und dem Anbinden der Pflanzen am Anfang des Sommers.

Die Schlussfolgerung

Obwohl wir noch weit davon entfernt sind, abschließende Schlussfolgerungen zu ziehen, nehmen doch einige allgemeine Ideen Gestalt an.

Der faule Gärtner sollte:
a) des Öfteren eine Anordnung schmaler Beete realisieren
b) in trockenen Regionen und im Süden Beete in die Erde absenken und in nassen Regionen und im Norden Beete erhöhen
c) nie knauserig sein, wenn es darum geht, Beete mit organischer Substanz anzureichern und im Sommer reichlich Mulch aufzutragen ... und...
d) wo immer möglich Beete als Gräben, Erdlöcher und Pyramiden anlegen und entsprechend verschmälern.

Alle offenen Bereiche des Grundstückes sollten regelmäßig gemäht werden. So wird die Fläche auf natürliche Weise in einen kunterbunten Rasen verwandelt. Die Gehwege zwischen den Beeten bedeckt man am besten mit organischer Substanz und oben drauf legen Sie Stroh, Karton, Linoleum oder irgend etwas anderes, das Ihnen in die Finger kommt. In heißen Regionen empfiehlt es sich, in Hochbeeten oder Gräben eine Tröpfchenbewässerung zu installieren, oder Plastikwasserflaschen mit Löchern zu vergraben. Tanks und Fässer sind nützliche Behälter für selbst hergestellte Jauchen und Nährlösungen.

Wenn wir uns kontinuierlich in diese Richtung bewegen, können wir Trockenheit und Dürre unbeschadet überstehen und erfolgreich einen Gemüsegarten aufbauen, in dem die schwierigste Arbeit das Ernten sein wird. Und schon bald wird es uns gelingen, auch dies noch rationeller zu gestalten.

Die Basis des intelligenten Gartenbaus sind schmale Beete. Aus diesem Grund verdienen sie eine detailliertere Betrachtung. Im folgenden Kapitel widmen wir uns genau dem: „Die kurze Fundamentallehre des Schmalbeetgärtnerns" mit meinem Kommentar.

KAPITEL 5

Schmale erhöhte Beete und schmale Gräben

oder

Garten fast ohne Probleme

*Genau die Enge dieser Methode, erweitert
so sehr ihre Möglichkeiten!*

Wozu pflanze ich verschiedene Gemüse kombiniert in einem einzelnen breiten Beet? Macht es vielleicht mehr Spaß? Doch das Wichtigste dabei ist, dass ich versuche, auf der gleichen Fläche mehr Gemüse zu ernten. Aber ach, es gelingt nicht immer so, wie man es sich wünscht! Mal passt die Sorte nicht, mal ist die Qualität der Samen minderwertig, mal gibt es unerwarteten Frost, oder man verpasst das Jäten, es schleichen sich Fehler in die Berechnungen ein, man ist abgelenkt oder war einfach faul. Und siehe da, diejenigen Pflanzen, die laut Plan später sprießen sollten, wachsen schneller und unterdrücken diejenigen Gewächse, die voraus sein sollten. Dann kommt es zu einem Kampf um Raum und Licht, und die Nachzügler verkümmern.

Schmale Beete beseitigen das Problem der Pflanzanordnung und Durchmischung. Es reicht, genug Abstand zwischen den Pflanzen einzuhalten. Die Pflanzen wachsen in zwei Reihen, jede ist auf einer Seite dem breiten Gehweg zugewandt und kann sich so glücklich in Richtung dieser Freiheit ausstrecken und die Gelegenheit nutzen, diese Freiheit in vollen Zügen zu genießen und so zur vollen Entfaltung zu kommen. Genau so hat Ovsinskij seine Pflanzen gepflanzt: „Eine breite Zwischenreihe (Gehweg) ist notwendig, um die Pflanzen mit der erforderlichen Menge an Licht zu versorgen und die Pflanze so zu „überzeugen" volle Körner (oder Früchte!) zu bilden, in der Hoffnung, dass sie in den freien Raum des Gehwegs fallen werden".

Die durchschnittliche Breite der Beete beträgt einen halben Meter, die der Gehwege oder Gänge einen Meter. Im Süden, und wenn sehr wenig Land zur Verfügung steht, kann man die Gänge auf 80 Zentimeter verschmälern, aber nur im offenen Gelände, wo sie sonst nie

Schatten haben. Es scheint vielleicht so, dass in den Gängen unnötig viel Erde brach liegt. Doch genau diese nur scheinbar unproduktiven Gänge sind es, die den Ertrag vergrößern – und wie! Auf 100 Quadratmeter Brutto-Gartenfläche sind 35 Quadratmeter mit Beeten belegt. Das bedeutet, dass die Beete mehr Bewässerung und mehr Pflege bei weniger Aufwand bekommen. Als Resultat werfen die schmalen Beete gleich viel oder sogar mehr Ertrag pro 100 Quadratmeter ab als ein althergebrachter Garten. Doch die Arbeit in diesem Garten ist leichter und angenehmer, der Garten ist schön, erfreut Augen und Gemüt und schont den Rücken.

Bei vielen Tipps und Zahlen stütze ich mich auf das Buch von T. J. Ugarova „Familien-Gärten auf schmalen Beeten". Tatjana Jurjevna ist eine wahre Meisterin der schmalen Beete, und ihre Erfahrung ist die

Erfahrung einer Praktikerin. Allerdings ist zu berücksichtigen, dass Ugarovas Erkenntnisse auf den Bedingungen der Region Moskau beruhen. Zudem wendet sie strikt die Mittleiter-Methode (siehe oben) an und verwendet somit reichlich Mineraldünger und bewässert täglich. Ich werde hier jedoch die biologisch-organische Version des schmalen Beetes mit geringer Zugabe von Mineraldünger, und unter der Verwendung von organischem Mulch und mit nur sporadischer Bewässerung beschreiben. Unser durchschnittlicher Datschabesitzer ist nämlich nur einmal in der Woche im Garten und das ist am Wochenende!

Richten wir die schmalen Beete ein

Die Beete sollten in einem gut besonnten Bereich in nord-südlicher Ausrichtung angelegt werden. Um sie schön auszurichten, können Sie parallel in einem Abstand von 45 Zentimeter zwei Schnüre spannen. Jetzt gibt es drei Varianten:

1. Variante: Der 45 Zentimeter breite Streifen wird mit organischer Substanz angereichert, diese wird gut in die Erde eingearbeitet und geharkt. Die Erde in den Gehwegen wird auf das Beet geharkt und an den Rändern etwas angehäuft, sodass eine Art Seitenwand von acht bis zehn Zentimeter Höhe entsteht. Von nun an wird das Beet nur noch innerhalb dieser leicht angehäuften Ränder bewässert. Wenn der Boden fruchtbar ist und mit reichlich organischer Substanz und Mulch versorgt wird, dann ist diese Variante nicht schlechter als ein Graben mit organischer Substanz. Wenn Sie mit einem Wasserschlauch bewässern, dann haben Sie noch eine Aufgabe: Die Beete sind genau horizontal auszurichten, damit das Wasser nicht nur in eine Richtung fließt und sich dort in einer Pfütze sammelt. Eine perfekte Waagrechte zu erreichen ist eine anspruchsvolle Aufgabe! Da ist es besser, von Anfang an ein Tropfbewässerungssystem zu installieren.

2. Variante: Entlang der Schnüre graben Sie eine Grube von einer Schaufel Tiefe. Es ist nicht nötig, diese horizontal auszurichten oder zu vertiefen. Nur die Wände sollten gerade sein. Damit das Gras nicht in den Graben hineinwächst, legt man Plastikfolien in die Gänge, deren Ränder sieben bis zehn Zentimeter in den Graben abgesenkt werden. Die Folie bedeckt man mit Erdaushub, der automatisch nach und nach

mit den Füßen zu einer dünnen Schicht flachgetreten wird. Hier wird kein Beikraut wachsen, da es zu trocken ist. Der Graben wird mit organischem Material gefüllt: Unten Mist oder Ernterückstände, Sand, Erde und Mineraldünger (Kalium, Phosphor und Kalzium). Darüber legen wir eine Schicht aus Fertigkompost.

3. Variante: Statt Schnüre werden Holzlatten gestellt, man befestigt diese mit Pfählen, sodass eine Art schmaler Korb entsteht. Diesen „Korb" füllt man mit organischer Substanz, genauso wie man oben beschrieben den Graben füllt. Beikraut können Sie effizient unterdrücken, indem Sie Papier auf dem Boden auslegen. Wenn Sie aber schnell das Maximum aus dem Beet herausholen wollen, dann lockern Sie die oberste Bodenschicht und füllen den unteren Teil des Korbes mit Kompost und arbeiten den Kompost etwas in den Boden ein.

Wenn in Ihrem Garten Grundwasser oder Staunässe ein Problem darstellt, dann ist es notwendig, solche Körbe zu bauen, denn in den Gräben können Pflanzen nach starkem Regen ertrinken. Selbstverständlich können Sie in einem Garten mit reicher, krümeliger, schwarzer Erde ohne jegliche zusätzliche organische Substanz gärtnern. Es hat dort von allem genug. Nur gießen müssen Sie ab und zu! Aber im

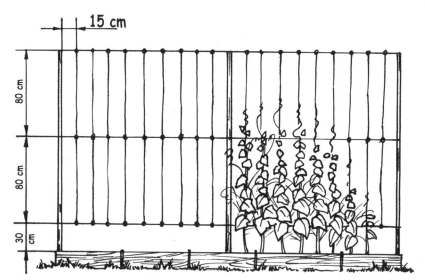

Fall von nassen oder ertragsarmen (Ton-) Böden oder in der Nähe einer sogenannten Gleischicht (wie bei mir) ist organische Substanz einfach unverzichtbar. Ohne sie entfalten auch Mineraldünger praktisch keine Wirkung. Wenn aber organische Substanz vorhanden ist, entfalten Mineraldünger eine sehr gute Wirkung, auch in sehr kleinen Dosen.

Für hoch wachsende Gemüse sind Stützen ratsam. Natürlich können Sie auch verschiedene Stäbe oder Pfosten verwenden. Aber da es sich um permanente Beete handelt, ist es besser ein festes, stabiles Rankgitter zu installieren. Die unterste horizontale Querverstrebung (ein starker Draht genügt) sollten Sie auf einer Höhe von 35 bis 40 Zentimetern anbringen. Daran können Sie bequem mit Wäscheklammern eine Folie für den Schutz der Kulturen im Frühling befestigen (Abbildung S. 136). Der oberste horizontale Draht (oder eine andere Querverstrebung) sollte auf einer Höhe von 1,8 bis zwei Metern zu liegen kommen. Ein kräftiger, horizontaler Draht dazwischen in der Mitte ist sehr empfehlenswert, da viele Früchte der Tomate tendenziell auf einer Höhe von 100 bis 120 Zentimetern entstehen und dort eine Stütze brauchen. Die drei horizontalen Drähte verbinde ich jeweils noch mit vertikalen Drähten oder mit einer starken Schnur. So klettern die Pflanzen ganz von alleine hinauf.

Die Bewässerung wird in der Mitte des Beetes verlegt. Wenn das Beet gemulcht ist, dann genügt es, ein Grabenbeet einmal in der

Woche zu gießen, im Falle eines Korbes muss zweimal wöchentlich gegossen werden. Mit der Tropfbewässerung kann man auch leicht Zusatznahrung zuführen. Im Gegensatz zum Wasserschlauch oder der Gießkanne verdichtet der „Tropf" den Boden nicht, was den Bodenbewohnern hilft, den Humus schnell in den Boden zu verfrachten und so die Fruchtbarkeit im Beet noch effizienter zu fördern.

Und wenn Sie keine Tropfbewässerung installieren können, bauen Sie Ihre eigene, hausgemachte Bewässerungseinrichtung. Stechen Sie dazu, z. B mit einem Messer, Löcher in den unteren Teil eines Fünf-Liter Kunststoffbehälters (seitlich und am Boden). Pro Laufmeter graben Sie einen so perforierten Kunststoffbehälter ins Beet ein. Füllen Sie diese Behälter mit Wasser, schrauben Sie die Deckel drauf und das ist schon die ganze Bewässerung.

Säen und pflanzen wir in schmalen Beeten

1. Samen und Setzlinge werden entlang des Beetrandes in zwei Reihen angeordnet. Die Doppelreihe ist die Trumpfkarte der schmalen Beete: Alle Pflanzen wachsen am Rand. Nach Mittleiters System streut man in der Mitte des Beetes Dünger. Im organischen Beet allerdings verwenden wir die Mittellinie anders. Einerseits kann man hier ein Rankgitter installieren und daran Gurken, Bohnen und

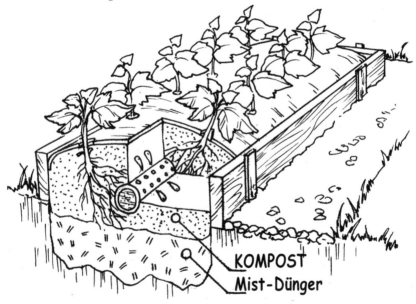

Klettertomaten wachsen lassen. Anderseits kann man auch eine Reihe Mais pflanzen. Mais darf man nicht zu dicht pflanzen: 60 bis 70 Zentimeter Abstand zwischen den Pflanzen einhalten. Wir essen die Maiskolben und die Stiele werden weggenommen und zu Mulch verarbeitet. Zu guter Letzt: Wurzelgemüse oder Kräuter wachsen perfekt in drei Reihen: Salate, Wasserkresse, Rukola, Petersilie, Koriander, Kohlrabi, Karotten, Zwiebeln, Knoblauch, Rüben und Wintersorten von Radieschen. Die gewöhnlichen Radieschen können im Abstand von nur fünf bis sieben Zentimeter gesät werden.
2. Eine noch sinnvollere, sehr rationelle Pflanzanordnung ist die Folgende: Diese Anordnung wird sowohl in Reihen als auch über das ganze Beete angelegt. Die Pflanzen stehen sich nicht gegenüber wie in den Ecken eines Quadrates, sondern versetzt zueinander in einer Dreiecksformation. Das ergibt ein Zickzackmuster. Reihengemüse wie Salate und Wurzelgemüse werden so ausgedünnt, dass die übrig gebliebenen Pflanzen in diesem Zickzackarrangement zurück bleiben.
3. Zur Erleichterung der Aussaat verwenden einige Gärtner einen Marker. Dabei handelt es sich um eine Holzleiste von einem bis eineinhalb Metern Länge. Auf der glatten Seite sind die Abstände von jeweils acht, sechzehn und zweiunddreißig Zentimetern markiert, jeder Abstand mit einer eigenen Farbe. Mit diesem Marker ist es einfach, eine dichte Bepflanzung in den äußeren Reihen und eine großräumige Bepflanzung in den Zwischenreihen anzulegen, fast nach Ovsinskijs Pflanzanlage.

Ist es möglich, die Pflanzendichte noch zu erhöhen? Wahrscheinlich, ja. Sie können für Klettergemüse ein zweireihiges, V-förmiges Rankgitter verwenden. Damit erhöhen Sie die Anzahl der Pflanzen um das Anderthalbfache. Und wenn Sie Kletterpflanzen in einer Reihe setzen, können Sie darunter niedrig wachsende Kulturen in einer weiten Anordnung anpflanzen. Bei dieser Anlage ist es notwendig, bei den Kletterpflanzen die unteren Blätter früh zu entfernen. Ich habe zum Beispiel eine Reihe von Rankgurken und zwei Reihen von Kohl zusammen gepflanzt und die Erträge waren nicht schlecht.

Unter ausgewachsenen Rankgitterpflanzen, das heißt im Klartext bei einer vier-bis fünfstündigen Beschattung, gedeihen die folgenden

Pflanzen nicht gut: Zwiebeln, Blumenkohl und Rosenkohl, Kopfsalat (er wird keinen Kopf formen), und auch Tomaten, Peperoni, Auberginen, Zucchini – sie bilden nur wenig und kleine Früchte.

Tabelle 1

Hier sind die ungefähren Abstände zwischen den Pflanzen in einer Reihe aufgeführt: Alle diese Kulturen werden in zwei Reihen versetzt in einer zickzack Ordnung gepflanzt – außer wo es anders erwähnt wird.

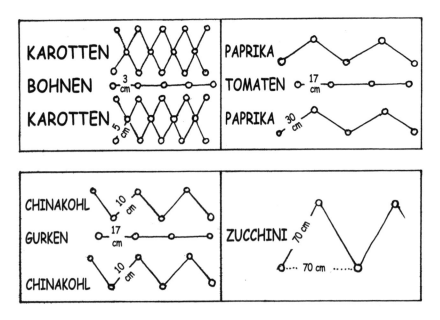

Im Halbschatten wachsen die folgenden Gewächse nicht schlecht: Knoblauch, Blattsalat und Chinakohl, Kohl, Spinat, Wurzelgemüse und alle Kräuter. Allerdings muss man sie mit anderthalb oder gar zweimal mehr Abstand zueinander pflanzen.

Die Hauptpflege auf den schmalen Beeten besteht aus der Entfernung von alten und kranken Blättern sowie aus der gelegentlichen Bewässerung und Düngung. Zudem müssen Klettergemüse und Tomaten angebunden, und bei den Tomaten die Geiztriebe entfernet werden.

Tabelle 1:

Kletterbohnen	**3 – 4 cm** Bemerkung: Die Kaukasier lassen Kletterbohnen seit alten Zeiten an Zaunpfählen hochklettern. Diese Pfähle werden in einem Abstand von 15-20 cm voneinander eingesteckt. Pro Zaunpfahl pflanzt man 3-4 Bohnensamen
Erbsen, Radieschen Petersilie, Kresse, Rukola, Fenchel, Dill, Basilikum, Koriander	**5 cm** Bemerkung: Diese Kulturen kann man in drei zweizeiligen Reihen pflanzen (siehe Abbildung).
Rote Bete	**7 – 10 cm** Bemerkung: Je weiter voneinander gepflanzt, desto größer wächst das Wurzelgemüse. Rote Bete kann man in zwei doppelzeiligen Reihen in einer zickzack Anordnung anpflanzen. Zwischen den Doppelreihen soll man 12-15 cm Platz lassen.
Buschbohnen Pastinaken Chinakohl Mehrjährige **- Zwiebeln - Winterzwiebeln - Schnittlauch**	**10 cm** Bemerkungen: Den mehrjährigen Pflanzen gibt man ein separates Beet, wo sie nur **wenig Platz haben, diesen aber für viele Jahre einnehmen.**
Sellerie, Daikon, Kohlrabi, Mangold, Ranken-Tomaten, Ranken-Gurken	**17 cm**
Pfefferschoten, Steckrüben, Rüben, Blatt- und Kopfsalat, Gurken ohne Gitter, Kartoffeln	**25 – 30 cm**
Paprika, Auberginen, Chinakohl, Kohl (Frühsorten), Strauchtomaten	**30 –40 cm**
Kohl Mittel- und Spätsorten, Rotkohl, Blumenkohl, Broccoli	**35 cm**
Blasenkirschen	**50 cm**
Rosenkohl	**60 cm**
Zucchini und Patisson	**70 cm** Diese Gemüse pflanzt man in einer Reihe.
Kürbis	**100 cm** Dieses Gemüse pflanzt man in einer Reihe.

Die wichtigste Arbeit – zur Zeit zu ernten, zu schauen, dass die Früchte nicht überreifen, können wir, glaube ich, bewerkstelligen.

Jetzt können wir uns alle Optionen von Beeten, Gruben und Gräben vorstellen. Wir können uns jetzt den Garten von oben – wenn auch nicht ganz aus der Höhe der Vogelperspektive, dann doch mindestens vom Dach oder vom Nachbarsbaum betrachten. Was sehen wir von dort?

KAPITEL 6

Clever Gärtnern aus der Vogelperspektive

oder

Der Versuch das Rationale mit dem Schönen zu verbinden

*Wie sind alle eins
Aber jeder ist einzigartig*

Man findet in jedem Gartenmagazin Vorzeigeprojekte von Gärten mit idealen Anordnungen von Blumen, Bäumen und Beeten. Aber ich kann nicht verstehen, wie man so was im eigenen Garten sollte umsetzen wollen. Letzten Endes hat jeder Garten seine eigenen, sehr spezifischen Voraussetzungen – das Klima und das Mikroklima, die Richtung der Sonneneinstrahlung, die Neigung, die Bodenart sowie Grundwasser und Feuchtigkeitsgehalt. All diese Aspekte machen jedes Grundstück einzigartig.

Überdies hat jeder Gärtner seine eigenen persönlichen Ziele und sein Garten hat eine bestimmte Anordnung von Gebäuden, Geländestrukturen usw. Jeder möchte seine bevorzugten Pflanzen ziehen. Ganz zu schweigen davon, dass jeder der individuelle Designer seines persönlichen Gartens sein möchte. Ich kann mir niemanden vorstellen, der gerne den exakten Plan eines Anderen umsetzen möchte. Der Hauptunterschied liegt oft einfach auch bei den zur Verfügung stehenden Mitteln. Kaum ein Westeuropäer kann sich vorstellen, wie ungleich die Voraussetzungen in Russland sind. Da gibt es Menschen, die einfach alles haben und solche, die nur wenig haben und auch noch jene, die praktisch überhaupt nichts haben. Worauf können wir uns aber immer verlassen? Nur auf eines: Auf die kontinuierliche Entwicklung unseres Intellekts, unseren Einfallsreichtum und den gesunden Menschenverstand. Wahrlich, wir Russen haben kaum eine andere Wahl, als einfach ein großartiges und doch rätselhaftes Land zu sein und auch zu bleiben.

Im Prinzip hätte schon die Kraft unserer arbeitssparenden Ideen unsere Gärten in ein himmlisches Paradies verwandeln müssen. Da wir aber noch immer am Kollektivismussyndrom leiden, neigen wir noch immer dazu, alles zu ändern – außer unserem eigenen Leben. Es ist, als ob wir danach strebten, die Gesellschaft zu verändern und die Regierung dazu zu bringen, zur Besinnung zu kommen, sodass sie erleuchtet werde und plötzlich von sich aus versuchen würde, unser Leben zu verbessern. Ganz alleine und ohne unser Zutun. Leider ist diese schleierhafte Logik für den Gärtner total untauglich. Leider hat weder die Gesellschaft noch die Regierung die leiseste Ahnung davon, wie sie Ihren Garten verbessern könnte, sodass er Ihnen gefällt. Genau deshalb ist, wie ich das schon erwähnt habe, der Garten ein hervorragendes Testgelände für Erfolg. Er sollte eine tolle Ernte abwerfen und Ihnen Spaß bereiten. Er sollte in Ihren Augen schön sein und ein komfortabler Ort, an dem Sie sich entspannen können. Aus diesem Grunde liefere ich Ihnen keinen vorgefertigten Plan für die Gestaltung Ihres Gartens, sondern ich werde verschiedene rationale Prinzipien der Gartengestaltung und des Unterhalts darlegen, die ich in den vergangenen Jahrzenten zusammengetragen habe. Lassen Sie uns gleich zur Sache kommen.

Wie viele und welche Arten von Beeten Sie brauchen

Man kann nicht allen alles geben,
da es zu viele alle und zu wenig alles gibt!

Nur der aufmerksamste unter den erfahrensten Gärtner kann die optimale Anzahl Beete für seine Bedürfnisse und wie man sie am besten anlegt um genügend Gemüse für ein ganzes Jahr ernten zu können, berechnen und planen.

Kennen Sie die gesamte Ausbeute eines jeden Gemüses, das Sie in Ihrem Garten anbauen? Wahrscheinlich wissen Sie auch nicht, wie viel Sie von welchen Gemüsen brauchen. Das ist auch für mich immer noch ein großes Rätsel. Wahrlich, unsere Gärtner sind das perfekte Spiegelbild dessen, wie gut wir verstehen, was wir wollen!

Vor kurzem machte ich die bescheidene Entdeckung, dass die Mehrheit von uns in ihren Gemüse- und Obstgärten gar nicht so sehr für eine reiche Ernte, als viel mehr zum Vergnügen arbeiten. Das Vergnügen, alles gedeihen und sprießen zu sehen. Wir lieben es, die schönen Pflanzen zu bewundern, die geraden Reihen unserer Beete, das üppige Grünzeug und, noch wichtiger, die reifende Ernte. Wenn es ein „schlechtes Jahr" wird, sind wir doch irgendwie unschuldig, aber in einem guten Jahr schwillt unsere Brust! Wir haben diese Fülle erschaffen! Wir sind hoch erfreut, wenn es eine reiche Ernte gibt, aber wenn eine Fäulnis die Ernte vernichtet, oder wenn ein Hagelschlag sie zunichte macht, dann leiden wir aus irgendeinem Grunde nicht gar so sehr.

Unser reeller Bedarf an Gemüse ist ja eigentlich bloß das, was wir zu verzehren vermögen, inklusive dessen, was wir einlagern und haltbar machen. Was wir aber sicher brauchen, um in freudiger Dankbarkeit und gelassener Einkehr zu leben, ist die Vorfreude. Meiner Ansicht nach ist die Vorfreude zehnmal größer als das, was wir effektiv brauchen.

„Was sagen Sie denn da? Je mehr Gemüse, desto besser!" Wirklich? Genau deshalb reicht Ihre Zeit und Energie nur für den Anfang der Gartensaison. Im Frühling, wenn die Beete noch leer da liegen, sind wir noch voller Vorfreude. Sie entspringt der Hoffnung, dass irgendwie alles gut gedeihen wird – ganz von alleine. Wir möchten zuschauen, wie alles gedeiht, aber aus irgendeinem Grund sind wir nicht darauf erpicht, zu hart für diesen Erfolg zu arbeiten. Und dann, einen Monat später, ändert sich das alles. Die Pflanzen entsprechen nicht unseren Erwartungen, Setzlinge entwickeln sich nicht, wie erwartet; und dann erlöschen Beikraut und Trockenheit unsere Hoffnung noch vollends. Unser Enthusiasmus verläuft im Sand. Des Hoffens überdrüssig, stürzen sich einige ins andere Extrem und sagen „weniger ist mehr."

Ich glaube, wenn es uns gelingt die sagenumwobene goldene Mitte zu finden – das heißt, unsere eigentlichen Bedürfnisse – dann bringt uns dies in eine gute Ausgangslage von der aus wir ruhig und bewusst voranschreiten können.

Lassen Sie uns nun einen Blick auf die Daten Tatjana Ugarovas über die Anbauerträge aus einem Quadratmeter oder zwei Laufmeter eines schmalen Beets werfen, was im Wesentlichen auf dasselbe herausläuft. Wenn wir noch den Stand unseres Könnens, die Qualität des Saatguts usw. in Betracht ziehen, dann drängt es sich auf, Tatjanas Zahlen zu halbieren. Basierend auf diesem realistischen Minimum berechnen wir die Ernte der wichtigsten Früchte und Gemüse. Sie können die Tabelle mit weiteren Kolonnen ergänzen, wie z.B. „benötigte Kilogramm für unseren Haushalt" oder „benötigte Laufmeter Schmalbeet". Fügen Sie diese Angaben gleich hier ein.

Kultur	Pflanzen pro 2 LM* schmalen Beeten, Stück	Ertrag von diesen 2 LM*0 in kg
Kohl früh	12	12 (bis 24)
Kohl spät	12	20 (bis 40)
Brokkoli	10	6 (bis 12)
Rote Bete	60-80	15 (bis 30)
Tomaten	12-22	15 (bis 30)
Bohnen	80	4 (bis 8)
Karotten	80	8 (bis 16)
Zucchini	6	20 (bis 40)
Kopfsalat	20	6 (bis 12)
Gurken	22	20 (bis 40)
Zwiebeln	80	6 (bis 12)
Radieschen	160	4 (bis 8)
Knoblauch	80	4 (bis 8)
Kartoffeln	14	10 (bis 20)

Erklärungen zur Tabelle:
1. Erfahrene Gärtner kennen die etwaige Produktivität Ihrer Kulturen und können die Ungenauigkeiten der Tabelle den Voraussetzungen des eigenen Gartens anpassen.
2. Die Angaben über Zwiebeln, Knoblauch und Radieschen stammen von mir.
3. Schmale Beete eigenen sich bestens für Kartoffeln. Besonders gut gedeihen sie auch in Gräben, bedeckt mit Stroh. So kann man den Ertrag deutlich steigern.

* LM = Laufender Meter

Was kommt dabei heraus? Meine Familie besteht aus begeisterten Gemüsevertilgern – wir verspeisen zu fast jeder Mahlzeit Gemüse. Diese ungeheure Nachfrage (etwa eine Tonne Gemüse für die fünfköpfige Familie pro Jahr) kann man mit sehr bescheidenen, ich würde sogar sagen, selbst mit grottenschlechten Erträgen, auf 90 Quadratmetern Pflanzfläche oder in 180 Laufmetern Schmalbeeten oder Gräben befriedigen. Und das bedingt ein bloß 270 Quadratmeter großes Grundstück! Nun, genau so groß ist in etwa mein Garten. Bedenken Sie zudem, dass die Erträge auf üppigen, organischen Böden höher sein könnten, dass die Beete noch rationeller bearbeitet werden könnten, und dass bei weitem nicht alle so viel Gemüse brauchen. Daraus lässt sich folgern, dass auch ein nur halb so großer Garten absolut ausreichen würde. Ist diese Verlockung nicht einen Versuch wert?

Zum Beispiel wäre es toll, dieselben Gemüse zu kultivieren, die Jeff Dawson von der Universität von Kalifornien zur Verfügung standen, als er berechnete, wie viele Pflanzen pro Sommersaison nötig sind, um einen Konsumenten zu versorgen. Er errechnete folgende Zahlen: Buschbohnen: acht Pflanzen plus drei Stangenbohnen; Kohl: zwei Köpfe; Peperoni und Auberginen: je zwei Pflanzen; Kartoffeln: zwölf Pflanzen; Gurken und Tomaten: je zwei Pflanzen; drei Melonen; zwei Kürbisse; zehn Rote Bete; fünfzehn Karotten; Kopfsalat: drei Stück pro Woche; dazu noch zehn Radieschen pro Kopfsalat; zwölf Zwiebeln; gleich viel Knoblauch und dann noch Kräuter. Das mag nach sehr wenig aussehen. Ich habe versucht, das mal selber zu berechnen. Für das ganze Jahr habe ich Dawsons Angaben mit vier multipliziert, um die Menge für ein ganzes Jahr (nicht bloß den Bedarf der Sommersaison, sondern für alle vier Jahreszeiten) zu berechnen. Es stellte sich heraus, dass, wenn die Gemüse alle in etwa einer Standardgröße entsprechen, man viel, viel mehr Gemüse bekommt, als man in einem Jahr essen kann! Ist nicht genau das unser größter Fehler, liebe Freunde, dass wir fünfmal mehr anpflanzen als wir jemals verbrauchen können und dann aufhören, die Pflanzungen zu pflegen, weil wir nicht genug Zeit und Kraft dafür haben?

Also, wie groß haben Sie sich denn Ihre Pflanzfläche vorgestellt?

Ich kann mir lebhaft vorstellen, dass Sie verwirrt sind, jetzt, wo Sie realisieren, wie klein Ihr effektiver Bedarf ist und Sie sich ernsthaft fragen, was Sie bloß mit dem Rest der Fläche anfangen sollen?! Machen Sie sich keine Sorgen. Säen Sie mutig auf dem Rest des Landes Rasen aus und gestalten Sie kleine, hübsche Blumenbeete. Es ist auch möglich Beeren zu pflanzen: Aus Erfahrung weiß ich, dass es davon nie genug gibt. Sie können auch einen kleinen Hain mit Nadel- und Waldbäumen anlegen. Auf 800 bis 1000 Quadratmeter kann man alles sehr vernünftig arrangieren: Ein Fünftel bis ein Viertel davon für Gemüse, den Rest ... für Rasen und ... lassen Sie Ihre Kreativität walten. Schauen Sie mich an: Ich habe beinahe 3500 Quadratmeter. Es wäre eine Mammutaufgabe das alles mit Gemüse zu kultivieren. Das wäre das Gegenteil von clever. Da wäre es einfacher zu sterben!

Jetzt nehmen Sie einen Stift und ein Blatt Papier zu Hand. Wir werden jetzt den Plan Ihres cleveren Gartens zeichnen. Wie groß er ungefähr sein wird, wissen wir bereits. Es bleiben nur noch ein Paar Regeln zu berücksichtigen.

Die wichtigsten Regeln der Gartengestaltung

Studenten, ich bitte um Aufmerksamkeit, ich diktiere!
Die Ellipse ist ein Kreis, welchen man in ein Quadrat,
das doppelt so lang wie breit ist, einpasst.

Foto 1: Mein fauler Garten

Foto 2: Die Gurken wachsen ausgezeichnet.

Foto 3: Idealer Mulch – gemähtes Gras.

Foto 4: Neue Beete für Süßkartoffeln.

Foto 5: Mulch von Bauer V. Antropov.

Foto 6: Man kann auch mit Karton mulchen, wie S. Kladovnikov.

Foto 7 + 8 oben: Guter Ertrag vom Hochbeet und sehr bequem.

Foto 9 + 10 rechts und unten: Hochbeet mit Spalier und Dach. Hochbeet-Design

Foto 11: Erhöhte Beete aus Baumstämmen sind sehr langlebig.

Foto 12: Diese erhöhten Beete können sich in Frühbeete verwandeln.

Foto 13: Gartenmelde ziert jedes Beet.

Foto 14: Zwiebeln und Karotten sind gute Nachbarn.

Foto 15: Zwischen Tomaten und Bohnen haben es noch Radieschen geschafft groß zu werden.

Foto 16: Nach der Radieschenernte bleiben Salatstreifen.

Foto 17: Kohl in den Zwischenräumen von Kartoffeln.

Foto 18: Radieschen und Knoblauch leben friedlich miteinander.

Foto 19: Späte Tomatensorten warten bis das Beet frei wird.

Foto 20: Hier setzte man Gurken auf den Platz von bereits geernteten Radieschen.

Foto 21: Gurken fühlen sich gut im Mais.

Foto 22: Buschbohnen, Kohl und Mais.

Foto 23: Reif werdende Tomaten neben einer noch jungen Erdbeerpflanzung.

Foto 24: Genau diese ersten Blüten bremsen die Entwicklung der Pflanze.

Foto 25: Kartoffeltriebe sind kleine Kartoffelsträuche.
Foto 26: Blattknollen in den Händen von Andrey Udovitsky.

Foto 27: Am nähesten zum Haus sind bei uns die Blumenbeete.

Foto 28: Beete rund um den Stamm sind schön und nützlich für den Baum.

Foto 29: An der südlichen Wand – Trauben und Steingarten mit Bergkräutern.

Foto 30: Hier braucht man keinen Trimmer, alles erledigt der Rasenmäher

Foto 31: Die schrägen Wege sind bequemer zum Gehen.

Foto 32: So sieht der lebendige Boden aus.

Foto 33: Wenn man die Räder wegnimmt, bleit ein guter Beikrautvernichter.

Foto 34: Fokins Flachschneider

Foto 35: Kultivator von Sergey Koliada.

Foto 36: Lehmlösung auf das Dach gespritzt – Schutz vor Überwärmung.

Foto 37: Ein solches Gewächshaus ist nicht sehr attraktiv, aber sehr praktisch.

Foto 38: Einen einfachen Hydrozylinder installiert und das Gewächshaus wird cleverer.

Foto 39: Cleveres Gewächshaus von Vladimir Antropov.

Foto 40: Hier ist es – Süßkartoffel (Batat).

Foto 41: Vorschlag für eine leckere Mahlzeit.

Foto 42: Das kann man Salat nennen.

Foto 43: Ein schönes Bild

Foto 44: Der Marmorkürbis, das kulinarische Wunder.

Eine unüberlegte Anordnung der Beete, Wege und Wasserquellen birgt ein kolossales Potenzial an überflüssiger Arbeit. Und die meisten Gärtner schöpfen dieses grenzenlose Potenzial an Arbeitssucht auch voll und ganz aus. Und auch ich bin nicht wirklich eine Ausnahme. Mein Garten ist bei weitem nicht perfekt. Aber jedes Jahr ändere ich etwas, erwäge immer wieder, was man verbessern könnte und sehe dann auch, wie es Stück für Stück besser wird. Diese Überlegungen teile ich jetzt mit Ihnen:

1. **Pflanzen Sie in Zonen.** Das ist ein fundamental wichtiges Prinzip! Es würde nicht schaden, es zu wiederholen. Je mehr Aufmerksamkeit eine Kultur braucht, desto näher bei Ihnen soll sie gepflanzt werden. „Gemüse sind Ihnen dankbar, wenn sie aus dem Küchenfenster zu sehen sind". Das ist wirklich wahr! Und sie sind ganz besonders dankbar, wenn eine Wasserquelle in ihrer Nähe ist. Eimer oder einen Schlauch entlang langer Wege zu schleppen ist langweilige, unkreative Arbeit. Dazu auch noch sehr hart und nicht wirklich clever. Und was ist, wenn man erschöpft, krank, nicht mehr sehr jung oder einfach niedergeschlagen ist? Je weiter man schleppen muss, desto kleiner das Interesse... Genau daher kommt dieses Naturgesetz: Die Bewässerung der entferntesten Beete wird immer auf später verschoben.
Im Allgemeinen gilt: Wenn ein Beet irgendwo hinter Bäumen und Sträuchern, in einem Hinterhof, oder ganz einfach in der hintersten Ecke unseres Grundstückes liegt, nehmen wir es nicht ernst. Selbst, wenn eine Bewässerungsleitung zum Beet führt. Nicht umsonst sagt man: „Aus den Augen – aus dem Sinn!" Mit Ausnahme der ganz eifrigen Enthusiasten sind wir alle so.
„Dumme" Gärtner hadern in einer solchen Situation mit sich. „Clevere" Gärtner überlisten sich: Platzieren Sie die Gemüse, die intensive Pflege benötigen, möglichst nahe am Haus, und diejenigen, die weniger Aufmerksamkeit verlangen, weiter entfernt. Im nächsten Frühling lassen Sie die frühen Radieschen und Salate direkt beim Haus sprießen; das Treibhaus mit den Setzlingen versetzen Sie ganz nahe an die Türe; ebenfalls hierher gehören die Beete mit Gurken, Tomaten und Kräutern. Selbstverständlich müssen Sie hier auch zwingend eine Wasserzufuhr haben – genau hier. Ein wenig

weiter weg vom Haus dürfen die Beete für Wurzelgemüse, Peperoni und Auberginen, Kohl und Bohnen liegen. Noch weiter weg Stauden, Kürbisse und Kartoffeln. Wünschenswert und auch clever wäre es, die Bewässerung auch dorthin zu ziehen. Ganz hinten liegt der Obstgarten. Selbst innerhalb der einzelnen Beete sollten Sie jene Pflanzen am näheren Ende pflanzen, die mehr Pflege brauchen. Das Foto 24 habe ich direkt vor unserer Haustüre gemacht. Man sieht deutlich, was für uns das Wichtigste ist: Es sind die Beete mit den Zierpflanzen.

2. **Im Schatten** gibt es keinen Ertrag. Fast alle Gemüse benötigen direkte und konstante Besonnung. Sogar in unserer südlichen Sonne reduziert sich der Ertrag im Halbschatten der vereinzelten Baumkronen um 50 bis 70 Prozent! Es ist besser an so einem Ort Rasen oder Blumen zu pflanzen. Es macht aber Sinn, Gurken an alleinstehenden Bäumen hochranken zu lassen, denn im Süden haben sie den Halbschatten gern, sind weniger krank und nehmen fast kein Platz weg. Im Halbschatten kann man auch Rhabarber, Sauerampfer, Knoblauch, Salat, Kräuter, mehrjährige Zwiebeln und Frühlingszwiebeln pflanzen. Aber Tomaten, Paprika, Auberginen, Kürbisse, Zucchini und Kreuzblütler (Radieschen, Daikon, Rettich, Kohl und Bohnen) vertragen den Schatten nicht. Auch Erdbeeren tragen schlecht im Halbschatten.

3. **Ordnen Sie alle Beete, Rankgitter und Befestigungsrahmen an, um die Besonnung zu maximieren.** Wenn ein Rankgitter in der Mitte des Beetes steht, sollte es in einer Nord-Süd-Ausrichtung angelegt werden. Andernfalls ist nur die besonnte Seite des Gitters produktiv und die schattige Seite des Beetes wirft praktisch nichts ab.
Wenn Sie ein Rankgitter entlang einer Wand erstellen wollen, lassen Sie das Gitter von Osten nach Westen verlaufen. So profitieren alle Pflanzen von der maximalen Sonneneinstrahlung.
Das Schöne an langen Beeten ist, dass sie die bepflanzte Fläche so toll in die Länge ziehen. Ein Quadratmeter ist ein Quadrat von ein mal ein Meter, aber das gilt auch für einen zehn Zentimeter breiten Streifen von zehn Meter Länge! In unserem Fall ist ein Quadratmeter ein zwei Meter langer Streifen von 50 Zentimetern

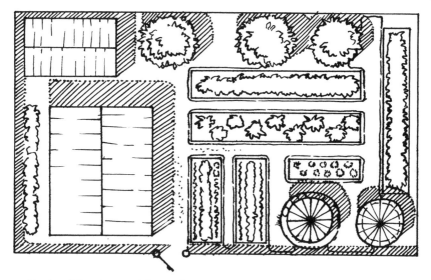

Breite. Man kann sich auch einen vier Meter langen Streifen von 25 Zentimetern Breite vorstellen. Auch solche „Quadratmeter" können noch produktiver werden – natürlich bei einer guten Bewässerung und (Grün-) Düngung und mit breiten Gängen. Ein Beet mit einer Breite von 12 Zentimetern und einer Länge von acht Metern ist wohl eher eine kleinvolumige Hydrokultur: Gemüse entlang eines Rohres, in Torfersatzwürfeln, gespeist mit einer organischen Nährlösung.

4. **Machen Sie stationäre Beete.** Stationären, langjährigen Beeten fügen Sie ständig organisches Material und Dünger hinzu. Und Sie brauchen nur die Beete zu gießen. Sie betreten die Beete nie, sodass Sie niemals zur Bodenverdichtung beitragen. Nur diesen kleinen Raum jäten Sie und mit jedem Jahr tun Sie das immer weniger. Es ist sinnvoller, nur die klar definierten, begrenzten Stellen zu hegen und zu pflegen. So sparen Sie Ihre Kräfte und viel Zeit! Und das ist nicht der einzige Vorteil des stationären Beetes. Man kann sie anheben, um sie vor Staunässe zu schützen. Sie können die Wege mit Rasen bepflanzen oder Steinplatten verlegen. Man kann das alles wunderschön gestalten und den Gemüsegarten mit Blumenbeeten bereichern. Und wenn Sie sich erst ein Mal an Ihre persönliche Beetanordnung gewöhnt haben, werden Sie schnell

lernen, das Verhalten Ihrer Pflanzungen einzuschätzen und den Ertrag zu berechnen und vorherzusagen.

Wenn es Ihnen verleidet, wechseln Sie öfters die Kulturen, Sorten und deren Standort. Fügen Sie verschiedene Blumen und Sträucher hinzu.

5. **Trennen Sie die Beete vom Rest des Grundstückes mit Einfassungen ab.**
Dann wird Ihr Grundstück plötzlich überschaubar, einfach und zweckmäßig! Solange es keine Umrandungen gibt, nehmen Sie Ihre Beete nicht als selbstgenügende „Persönlichkeiten" in Ihrem Garten wahr und sie werden ständig unter Unsicherheit und unter Ihrem ziellosen Tun leiden. Begrenzen kann man mit allem, was man hat: Stein, Ziegel, Holz – was gerade zur Verfügung steht. Der beste Rand erlaubt es Ihnen, das ganze Gras eines Rasens abzuschneiden, ohne dass Sie viel Trimmerfaden (Rasentrimmer) kaputt machen. Diesen Ansprüchen entsprechen Holzlatten und Holzstämme. Und die ideale Begrenzung ist eine, die es erlaubt mit dem Rasenmäher zu mähen ohne Reste zu hinterlassen. Ich strebe bei uns nur solche Abgrenzungen an (Foto 25).

Ich begrenze und trenne alles, bis hin zu den Blumenbeeten und Sträuchern. Die Beete mit Pfosten und Latten, Blumenbeete mit Steinen, was in meinem Garten wie von Zauberhand kleine Steingärten entstehen lässt. Alles, was außerhalb der Begrenzung wächst, ist mir egal. Ich nehme den Trimmer und schneide es ab und ich sehe mit Vergnügen, wie wenig Fläche ich effektiv noch bearbeiten muss (Foto 26).

6. **Nutzen Sie Wände, Gartenlauben und Zäune für die Kletterpflanzen.** Nicht geeignet dafür sind nördliche und westliche Seiten der Gebäude: Blumen und Früchten wird es dort nicht genug geben, dafür umso mehr Krankheiten.

7. **Bestimmen Sie eine Ecke für organisches Material.**
Der ideale Ort dafür ist schattig, möglichst nahe an der Ausfahrt und nahe bei den Beeten. Machen Sie Platz für einen Komposthaufen und vielleicht auch Platz für eine Tonne o.Ä. für Jauche.

Wenn Sie darum herum Sträucher anpflanzen und Rankgitter für Kletterpflanzen aufstellen, wird der Blick auf den Garten nicht verdorben.

8. **Nehmen Sie sich genug Zeit, um brauchbare Wege und Durchgänge zu bauen,** insbesondere solche, die vom Haus, der Wasserquelle und vom Kompostbereich zu den Pflanzungen führen. Auf diesen Wegen sollten sowohl Schubkarren gut rollen, als auch eleganter Frauenbesuch in Stöckelschuhen gut schreiten können. Solange Sie diese Wege nicht haben, können Sie es sich gar nicht vorstellen, wie viel Kraft und Nerven ein gut angelegter Gartenweg erspart. Aber sobald Sie diesen erstellt haben, werden Sie es sofort merken und es sicher nie bereuen.

9. **Knausern Sie nicht beim Aufbau eines Bewässerungssystems.** Es ist Garant für genügend Feuchtigkeit und spart Ihnen später sehr viel Zeit und Mühsal. So etwas zahlt sich mehrfach aus. Später werden wir die Tropfbewässerung näher diskutieren.

10. **Beschränken Sie sich nicht auf gerade Linien und rechte Winkel!** Wenn es die Bequemlichkeit oder die Umstände verlangen, biegen Sie, schrägen Sie und runden Sie Ihre Beete ab! Nutzen Sie mutig Ihre Fantasie. Zum Beispiel für Kräuter, Stauden und Grünpflanzen passt ein Permakultur-Beet in der Form eines Schlüssellochs wunderbar: Es ist kompakt und sieht wie ein hübsches Blumenbeet aus. Wenn Sie Schläuche schleppen oder Karren herumstoßen müssen, ist ein „Fischgrätengarten" sehr komfortabel: Er hat keine rechten Winkel. Das macht das Hantieren mit Schläuchen und Karren viel einfacher, da man weniger aneckt. Zudem sind rechte Winkel auch für jeden Gartenbesucher nervig. Haben Sie schon mal bemerkt, wie die Menschen, trotz der sorgfältigen Planung der Gartenarchitekten, ständig diagonale Abkürzungen in die Parkanlagen trampeln? U. S. Kladovnikov hat 600 Quadratmeter „Fischgrätengarten". Schade, dass ich das von oben nicht fotografieren konnte (Foto 27).

So, jetzt haben Sie alles, um Ihren Plan zu entwickeln und zu zeichnen. Zuerst zeichnen Sie die Außengrenzen Ihres Gartens. Danach:

a) Zeichnen Sie das Haus und Ökonomiegebäude sowie Bäume und Zäune

b) Zeichnen Sie deren Schatten am Mittag, wenn die Sonne am Südhimmel steht.

Die Fläche des Schattens ist die Hälfte der Höhe des Gebäudes oder Baumes. Schraffieren Sie die Schattenzonen aus. In den schraffierten Zonen können Sie kein Gemüse pflanzen. Im Maßstab Ihres Plans schneiden Sie (aus einem zweiten Blatt) Streifen, Rechtecke, Quadrate und Kreise aus. Das sind Ihre Beete, Gräben, Gruben, Pyramiden und Boxen. Deren Gesamtfläche sollte der Fläche der von Ihnen zuvor errechneten Pflanzfläche entsprechen. Tragen Sie auf jedem Papierstreifen den Namen des Gemüses ein, das Sie auf dieser Fläche anbauen wollen (oder zwei Namen, falls Sie das Beet zweimal pro Saison bepflanzen). Sie können die Streifen auch farbig machen oder ein Symbol für jede Kultur verwenden. Und jetzt platzieren Sie die Papierstreifen auf dem Plan unter Berücksichtigung der oben genannten Regeln.

Die Schönheit des Gartens liegt in seiner Zweckmäßigkeit

*Ein unansehnlicher Garten
macht aus einem Menschen einen Arbeitssüchtigen.
Ein schöner Garten
macht aus einem Arbeitssüchtigen einen Menschen!*

Fakt: In der Natur gibt es nichts Hässliches. Jedes Lebewesen, jede Pflanze, Gemeinschaft oder Landschaft nimmt ihren eigenen Platz in der Sammlung der ästhetischen Meisterwerke ein. Wir verstehen dies immer deutlicher, dank der modernen Fotographie. Durch die Fotographie erkennen wir, dass in der Natur alles, absolut alles zutiefst rational ist. Jeder Fleck, jede noch so winzige Lichtreflektion hat eine

Bedeutung für das Überleben und für die Verbesserung des Lebens. In diesem Sinne sind Schönheit und Rationalität tatsächlich Synonyme.

Der Mensch mag künstliche Formen der Schönheit erschaffen, aber ihr Wesen bleibt gleich: Alles Rationale und Konstruktive, das zum Fortschritt beiträgt, erscheint schön. Es ist möglich zu sagen, dass Schönheit unsere Wahrnehmung der Fülle des Lebens selbst ist. Dabei sind wir Menschen die einzigen Lebewesen auf der Erde, die durch ihr irrationales Tun auch ihr Leben verschlechtern können. Wenn wir unbedacht handeln, können wir auch totale Hässlichkeit erschaffen. Deshalb die Frage: Ist Ihr Garten schön? Und noch wichtiger: Haben Sie auch genug Kraft, seine Schönheit zu würdigen?

Was macht die Schönheit des Gartens aus?

Zu allererst ist es die Kraft und die Fülle der Pflanzen selbst. Eine gute Ernte schmeichelt als erstes den Augen und erst danach dem Mund. Wenn wir auf einer Verpackung für Samen schönes Gemüse auf dem Foto sehen, greifen wir vorbehaltlos in die Tasche nach Geld. Auf den Beeten bewundern wir vor allem die stärksten Pflanzen und die größten Früchte. In den Verkaufsläden auch. Faktisch hat diese „Abhängigkeit" auch ihre Schattenseite: Wir kaufen schöne, ungenießbare Waren und vergessen dabei den Geschmack und Vitamine! Natürlich müssen die Pflanzen stark sein. Aber warum beurteilen wir die Produkte nach dem äußeren Schein anstatt danach, ob sie schmecken oder gesund sind?

Zum Zweiten ist es die Kombination der verschiedenen Beete und der Reihen von Gemüse, die den Garten schön macht. Besonders eindrucksvoll ist es, wenn die Pflanzen mannigfaltig sind und die Unterschiede zueinander hervorgehoben werden (Foto 28). Die Vielfältigkeit des Gartens liebkost die Seele. In der Tat: Das ist Vielfalt und Vielfalt ist Fülle.

Äußerst attraktiv ist die Kombination von hohen Spalierpflanzen mit niedrigen, bescheidenen Arten. Es ist ein Vergnügen zu beobachten, wie sie in Harmonie zusammen gedeihen.

Und drittens, damit die Schönheit der Beete gut erkennbar wird, braucht man einen kontrastierenden Hintergrund. Der traditionelle Gartenhintergrund ist nackte, kahle Erde. Aber ich empfinde kahle Erde als Verunstaltung. In der Natur ist sie gänzlich undenkbar. Was haben wir, um die Kahlheit zu bedecken? Organische Substanz als Mulchmaterial ist eine Bedeckung für Beete, aber man braucht nicht den ganzen Garten damit zu bedecken. Schotter ist ziemlich teuer und mit der Zeit wird er auch in die Erde eingedrückt und von Beikraut überwuchert. Die einzig perfekte Abdeckung freier Flächen ist die Grasnarbe, oder einfacher gesagt – ein Rasen. Der Garten sieht vor seinem Hintergrund wundervoll aus und verwandelt sich in einen Park. Wildrasen ist der ideale Kontrasthintergrund für alle anderen Pflanzen.

Er ist auch in allen anderen Belangen nützlich. Die Grasnarbe strukturiert den Boden und schützt ihn vor dem Austrocknen. Rasen ist hygienisch, denn er lässt keinen Dreck und Staub entstehen, was für die Gemüse wichtig ist. Er ist auch praktisch um darauf mit einer Karre zu fahren und zu gehen. Der Rasen ist auch umweltfreundlich. Er leistet seinen Beitrag zur Artenvielfalt und zur Verminderung der Anzahl von „Schädlingen". Er ist ein Hort für deren Gegenspieler. Er ist auch ein Wärter: Er unterdrückt Beikräuter und ersetzt sie durch nützliche Wiesengräser. Und schließlich, ist der Rasen – der „faulste" Weg, um den Boden in bester, ich unterstreiche, in bester Ordnung zu halten. Es braucht nur vier oder fünf Mähdurchgänge pro Sommer. Dazu bekommt man auch gleich noch reichlich nahrhaften pflanzlichen Mulch für die Beete – gratis und franko. Meine Freunde, das ist keine Arbeit, sondern ein Vergnügen.

Ich kenne nichts, das rationaler wäre, als die bunten, wilden Gräser. Sie haben richtig gelesen: wilde Gräser. Gepflegte, saubere, sterile Rasenflächen sind für die meisten unserer russischen Gärtner zu teuer. Darüber hinaus sind sie sehr arbeitsintensiv: Sie müssen zweimal in der Woche mähen, häufig gießen, jeden Monat düngen und nach einem harten Winter vertikutieren und nachsäen. Ein solcher Rasen benötigt ja genau so viel Aufmerksamkeit, wie ein Gurkenbeet! Aber was ist denn so schlecht an einer wilden Grasnarbe, die unsere Freiflächen so wunderbar bedeckt und zudem noch alle oben dargelegten Vorteile hat? Nichts! Man muss ihn nicht einmal säen, ihn erstellt die Natur selber.

Tatsache ist, dass Beikraut das Mähen nicht verträgt, insbesondere häufiges Mähen. Beikraut ist ein Produkt unserer Agrokultur. Wir, die Menschen, habe diese „Unkräuter" in den paar Tausend Jahren, in denen wir das Land bewirtschaftet haben, unbewusst „gezüchtet" und selektioniert, während wir unsere Kulturpflanzen pflegten. Beikräuter sind die Nachkommen unserer Pflege. Sie gedeihen prächtig und sind wirklich unzerstörbar – aber nur auf bearbeitetem Boden. Nirgendwo sonst können sie wachsen.

Und genau das ist ihre Achillesferse! Reißen Sie den Boden nicht mit Eisen, welcher Art auch immer, tief auf. Fangen Sie stattdessen an zu mähen – und die Beikräuter haben „ausgesungen", weil sie einen Gegenspieler haben: Wiesengräser. Sie haben sich an das Mähen angepasst: Sie werden seit Urzeiten von Tieren gefressen. Deshalb haben sie ihren Wachstumspunkt unterhalb der Grasnarbe versteckt. Darüber hinaus fördert das Mähen (und Abgrasen) ihre Fortpflanzung, denn es fördert die Bildung von Seitentrieben und Ablegern. Ihre Samen können in der Grasnarbe keimen, da sie sich quasi in den Boden hinein schrauben können.

Jeglicher Beikrautbestand enthält genug Samen von Wiesengräsern. Mähen Sie den Bestand jedes Mal, wenn ihr grüner Teppich 20 bis zu 25 Zentimeter hoch gewachsen ist. Im Mai in der Regel alle zwei Wochen, im Juni alle drei und im Juli und August einmal monatlich. Mit jedem Mähen werden die Wiesengräser stärker, vermehren sich und unterdrücken das Beikraut zusehends. Im Juli sollte man den Gräsern die Möglichkeit geben, zu versamen. Warten Sie deshalb im Juli mit dem Mähen, bis die Blütenstände oder Rispen gelb werden. Die Pflanzengemeinschaft der Grasfläche verändert sich jedes Jahr, und das Beikraut verschwindet nach und nach von der Bildfläche.

Wenn Sie eine Fläche schnell auf Wiesengräser umstellen möchten, dann streuen Sie im Frühling Gräsersamen direkt auf das gemähte Gras und legen Sie eine Mulchschicht aus Kompost in einer Dicke von zwei bis drei Zentimetern darauf. Gießen Sie alles drei bis vier Mal mit einem Sprenkler. Schneiden Sie weiter alles ab, was auswächst. Bis zum Herbst hat das Beikraut den Gräsern Platz gemacht.

Die besten Gräser für schattige Bereiche, zum Beispiel für einen Obstgarten, sind das Straußgras *(Agrostis stolonifera)* und Rispengras *(Poa annua)*. Heutzutage trifft man immer häufiger auf Gärten, die mit diesen Gräsern bedeckt sind. Sie bilden eine Menge Seitentriebe und bedecken den Boden schnell mit einem Teppich von unvergleichlicher Flauschigkeit. Sie decken den Boden dicht ab und er wird da-

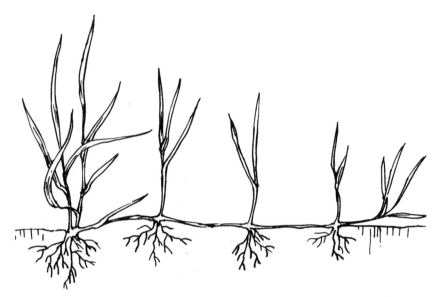

runter wunderbar gelockert. Aus jeder Knospe am Stiel kann sich eine Wurzel bilden. Deswegen kann man diese Gräser, außer dass man sie aussät, direkt in den Boden stecken, wie Setzlinge, entweder einzeln oder in kleinen Büscheln. Pflanzen Sie kleine Büschel in einem Abstand von einem halben Meter voneinander, gießen Sie diese, und schon nach einem Jahr haben Sie eine üppige, grüne Matte.

Im Sommer kann Straußgras an der Sonne „verbrennen", aber dieses „Heu" wird bereits nach dem nächsten Regen wieder grün und wächst weiter, als ob nichts geschehen wäre. Und sogar ausgetrocknetes, verdorrtes Straußgras sprießt erneut aus den Knötchen ihrer Ableger!

Samen von Straußgras kann man kaum verwechseln: Sie sind klitzeklein – nicht länger als eineinhalb Millimeter. In der Regel werden sie den Saatgutmischungen für schattige Bereiche beigefügt.

Die Werkzeuge, die Sie für die Erstellung einer Grasnarbe benötigen, sind der Trimmer und der Rasenmäher. In Europa findet man sie in jedem Haus, wie einen Rechen. In Russland haben sie sich erst vor relativ kurzer Zeit, zu Beginn des neuen Jahrtausends, verbreitet. Als ich den Trimmer erstmals in die Hände nahm und sah, wie erfreulich das Gras vom Trimmer zur Seite flog, wurde mir klar, dass ich einen kleinen Park haben würde! Und diesen habe ich bereits (Foto 29).

In den Rasen füge ich hier und da kleine Blumenbeete ein: Kleine „Knöpfe" aus Pflanzen, leicht mit Humus angehoben und mit Steinen eingefasst. Die Blumen pflanze ich darin so eng wie nur möglich, dass es keinen freien Platz gibt. Dabei bevorzuge ich mehrjährige Pflanzen: Man muss diese nicht immer wieder ansäen und sie brauchen praktisch keine Pflege. Auf diese Weise ist ein sehr faulenzerfreundlicher und schmucker Garten entstanden. So habe ich die Muße, meine aktive Zeit damit zu verbringen, Anpassungen und Verbesserungen vorzunehmen und mich dem Neubau von Gemüse- und Blumenbeeten zu widmen.

Die Plätze rund um Baumstämme verwandle ich auch in Blumenbeete. Ich begrenze diese mit Steinen, fülle sie mit Humus und pflanze dort Blumen und teilweise auch verschiedene Grünpflanzen. Dem Baum geht es gut und wir haben auch Spaß dabei (Foto 30).

Mauern und Zäune versuche ich mit Kletterpflanzen zu bepflanzen. Sehr attraktiv sind dekorative Kürbisse, farbige Bohnen, Winden und Heckenkirschen. In den letzten Jahren haben wir die Clematis entdeckt. Ich denke, dass unser Klettergarten (er erstreckt sich über etwa 600 Quadratmeter) in fünf Jahren sehr adrett aussehen wird. Noch mehr über Rasenflächen erzähle ich in meinem Buch „Clever Gärtnern, Band Obstgarten".

Kaufen Sie einen Rasenmäher und Sie werden nie wieder graben wollen. Es scheint, ich habe mich bereits zu sehr beeindrucken lassen: Manchmal kommt mir der Gedanke, den ganzen Garten mit Rasen zu bedecken! Nehmen Sie meine bittere Erfahrung ernst. Vergessen Sie nicht: Je weniger Sie gezwungen sind, im Garten zu arbeiten, desto weniger möchten Sie arbeiten!

Die Wurmgänge dienen den Pflanzen als Wachstumswege. Besonders die senkrechten Röhren sind bevorzugte Leitbahnen für das Eindringen von Pflanzenwurzeln in Tiefen von zwei bis drei Metern, oft bis zum Grundwasser.

Erhard Hennig (1906 – 1998), deutscher Humusforscher

KAPITEL 7

Wie man Pflanzungen verdichten kann

oder

Überlegungen für die Fans des Kombinierens

Alles in allem ist alles in allem
Weisheit

Wichtig: Wenn Sie bereits wissen, wie man gutes Gemüse anbauen kann und wenn Sie mit Ihrem Ergebnis zufrieden sind, müssen Sie überhaupt nichts kombinieren, also in Mischkulturen anbauen. Sie brauchen es schon gar nicht zu tun, wenn Sie nicht unbedingt erfinderisch sind: Eine gute Kombination zu finden ist nicht einfach. Man muss alles durchdenken, strategisch planen, notieren usw. Kurz gesagt, es ist für Liebhaber.

Ich finde das Kombinieren sehr sinnvoll:
1. Weil man es schaffen kann, das Gemüse zweier Beete in eines zu packen. Eine Karottenernte auf einem schmalen Beet ist gut. Aber dazu noch einen Spalier mit Gurken zu haben, selbst bei einem durchschnittlichen Ertrag, ist noch besser. Die meisten russischen Datschas umfassen 400 bis 600 Quadratmeter. Man ist gezwungen erfinderisch zu sein!

2. Weil die Pflanzen einander gegenseitig vor „Schädlingen" schützen können. In einem kombinierten Beet fühlen sich „Schädlinge" nicht wohl. Eine Mischkultur erlaubt es, praktisch ohne Gift auskommen, was sehr wichtig ist, wenn man versucht, ein stabiles Ökosystem aufzubauen.

3. Weil Mischkulturen eine permanente und dichte Vegetation ermöglichen, was für den Boden von Vorteil ist. Und schließlich, experimentieren ist einfach interessant. Im Allgemeinen ist es ein sehr

sinnvoller Weg, voller faszinierender Entdeckungen. Pflanzen gelungen zu kombinieren ist einfacher in der Theorie als in der Praxis. In dieser Kunst habe ich schon, öfter als in anderen Disziplinen, aus meinen Fehlern lernen müssen. Das Schwierigste ist herauszufinden, wann man was säen soll. Man muss sicherstellen, dass die Pflanzen einander nicht unterdrücken. Wenn Sie zum Beispiel zur gleichen Zeit die Setzlinge von Kohl und Gurken pflanzen, werden die Gurken hoffnungslos hinterherhinken und der Kohl wird sie unterdrücken. Unter den Pflanzen gibt es „Sprinter", die hochschießen. Es gibt aber auch die „Invasoren", die eine Fläche ungestüm besetzen. Aber jede Pflanze verhält sich je nach Wetter oder Bodenart unterschiedlich. Man kann das nur durch Erfahrung herausfinden.

Hier ist die grundlegendste Tatsache der Mischkultur: Die prächtigste und ertragreichste Pflanze bekommen Sie auf jeden Fall, wenn diese Pflanze einen Quadratmeter Platz für sich alleine hat! Daher ist die Mischkultur im Grunde genommen ein Kompromiss zwischen der Freiheit der Pflanze sich ungehindert entwickeln zu können, dem Platzmangel im Garten und unserem Wunsch, nicht zu hart arbeiten zu müssen. Und nur für ganz scharfsinnige Gärtner ist es die Kunst der maximalen Nutzung der Sonnenenergie und des Bodens.

Im Allgemeinen tolerieren Kulturpflanzen eine sehr enge Nachbarschaft nicht gut. In einem engen Kreis von Nachbarn wird ihr Wachstum stark gehemmt, und je mehr Licht sie brauchen, desto mehr bleiben sie zurück. Sobald sie jedoch zum Sonnenlicht vorgedrungen sind, wachsen die meisten schnell. Das trifft besonders auf Tomaten, Kürbisse, Salate und Kohl zu. Gurken und Bohnen wachsen, wenn mindestens ihre Spitze es schafft, die restliche Vegetation zu durchbrechen. Um zu erreichen, dass Pflanzen bekommen, was sie erwarten und uns möglichst viel von dem zurückgeben, was wir erwarten, ist eines wichtiger als genug Platz: genug Zeitabstand zwischen den Auspflanzungen.

Die einfachste und vernünftigste Weise, um Gemüse auf schmalen Beeten zu kombinieren ist, sie in zwei Reihen zu pflanzen. Auch möglich sind drei Reihen, wenn Sie in der Mitte ein Rankgitter verwenden. Es gibt auch gute Möglichkeiten für breite Beete. Ich kam zu dem

Schluss, dass es einfacher ist, Reihen oder Streifen von Pflanzen zu kombinieren, als mehrere Pflanzen in derselben Reihe. Noch einfacher sind kleine Pflanzplätze von einem bis eineinhalb Quadratmeter Fläche zu kombinieren. Im Süden arbeiten einige Gärtner mit der „Amphitheater"-Methode. Gerne teile ich nachfolgend meine Beobachtungen und Erfahrungen mit Ihnen.

Schlussfolgerung über den „Quadratfuß"

Diese Methode der Pflanzanordnung, oder besser gesagt des Verständnisses der Anordnung der Pflanzen an einem begrenzten Ort, erfand der Amerikaner Mel Bartholomew. Sein Buch „Square Foot Gardening" („Beete im Quadrat") wurde in viele Sprachen übersetzt. Mel hat eine sehr einfache Methode eines kombinierten Beetes vorgeschlagen – ein Quadrat von 30 mal 30 Zentimetern (entspricht etwa dem amerikanischen „Square Foot", daher der Name „Quadratfuß"). Es ist sehr einfach, darauf ein paar Pflanzen von unterschiedlicher Wuchshöhe zu platzieren und deren Entwicklung zu beobachten, und so zu lernen, wie sie miteinander auskommen. Zum Beispiel kann in der Mitte eine Peperoni stehen, in den Ecken vier Karotten und dazwischen vier Petersilienstauden. Ich selber habe Quadrate von 50 x 50 Zentimetern verwendet. So hat man etwas mehr Platz. In so einem Quadrat pflanze ich zum Beispiel in der Mitte eine hohe Tomatenpflanze, zwei bis drei Gurken oder vier Buschbohnen auf einer vertikalen Kletterstange. (Die unteren Blätter entfernt man so früh wie möglich.) In die vier Ecken kommen vier Rote Bete oder vier Steckplätze mit je drei Karotten, und zwischen ihnen, entlang dem Rand des Quadrats, drei oder vier Büschel Petersilie, Koriander, Kresse oder Radieschen.

Man kann die Produktivität des Quadrats zeitlich ausdehnen. Ein Beispiel: Zuerst lässt man Radieschen wachsen – 30 bis 40 Pflanzen in fünf Reihen, ungefähr alle fünf Zentimeter in der Reihe. Dann kommen die Gurkensetzlinge ins Quadrat oder Sie säen Karotten oder Rote Bete aus. Nach der Ernte der Wurzelgemüse im September können Sie wieder Radieschen oder Salat säen.

Ich habe versucht, diese Quadrate auf einer Fläche von ein mal vier Metern anzuordnen und scheiterte kläglich: Die Pflanzen in der Mitte blieben zurück oder entwickelten sich überhabt nicht. Das

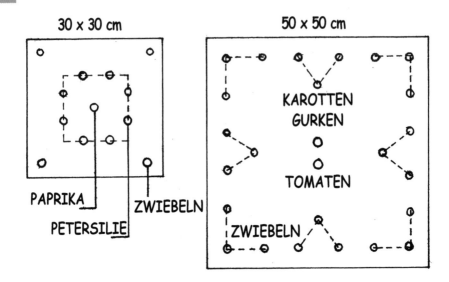

schmale Beet hatte wieder einmal gewonnen! Jetzt kann ich denjenigen etwas berichten, denen die Idee von den Quadraten gefallen hat.

1. Umrahmte und mit Kompost gefüllte Quadrate funktionieren am besten, wenn sie isoliert stehen und rundherum nichts wächst. Dann entwickeln sich alle Pflanzen gut. Fazit: Man soll die Quadrate nicht zu einer großen Anordnung vereinen. Aber man kann daraus einen Streifen in der Breite eines Quadrates machen. Die zentrale, hohe Reihe im Streifen wird dadurch nicht durch andere Pflanzen bedrängt. So haben wir wieder ein schmales Beet bekommen.
2. Fakt: Die Pflanzen auf der Nordseite des Quadrates werden unterversorgt wegen des Schattenwurfs der Zentrumpflanze. Das heißt, hohe Pflanzen muss man an der Nordseite des Quadrates pflanzen. Das ist bereits kleines „Amphitheater".
3. Wenn ein breites Beet aus Quadraten besteht, sind besser nur tief wachsende Pflanzen zu verwenden. Nicht geeignet für eine solche Verdichtung sind Zucchini, Kürbisse, Mangold und alle Kohlarten außer Kohlrabi, denn Sie unterdrücken mit ihren „Elefantenohrenblättern" alles.

4. Quadrate mit hängenden oder weit verästelnden Pflanzen, die lange auf dem Beet bleiben, muss man versetzt in einer Zickzack-Anordnung anpflanzen. Wenn Sie aus den Quadraten ein Blumenbeet zusammenstellen, machen Sie daraus ein „Schachbrett". In den „hellen" Quadraten können Gras oder andere deckende Pflanzen gesät werden.
5. Die Einrahmung der Quadrate wird am besten, insbesondere bei Blumenbeeten, von Anfang an mit hellen Holzleisten erstellt. Ein „Netz" aus solchen niedrigen Kistchen ist einfacher zu bepflanzen und man sieht besser, was man macht. Aber das Wichtigste ist: es sieht sehr elegant aus!

Die Quadrat-Methode ist bestens geeignet, um mit Mischkulturen zu experimentieren und hilft Ihnen, die tauglichsten Pflanzkombinationen zu finden. Sie passt perfekt für Wintergärten, Loggien und Terrassen. Sehr schön ist sie auch für ein kleines, rechteckiges Wandblumenbeet, in dem vor allem die kompaktesten Pflanzen ausgepflanzt werden. In einem gewöhnlichen Garten ist das Quadrat kaum zu gebrauchen. Geeignet ist aber ein Streifen aus Quadraten ähnlich einem schmalen Beet.

Dreiecke sind noch besser
Hier geht es darum, wie man einen Bereich rational auffüllt. Unsere Garten- und Landbaugeräte können nur senkrecht säen, pflanzen und kultivieren. Genau deswegen ist eine rechtwinklige Bepflanzung für uns gewohnter. Aber sie ist nicht die vernünftigste. In der Natur existieren keine Quadrate, dafür aber Sechsecke: Sie nutzen den Raum am effizientesten. Bei uns haben das die Agronomen Vladimir Petrovich Ushakov und Petr Matveevich Ponomarev erforscht. Die Bauern in der biologischen Landwirtschaft verdichten die Bepflanzungen schon seit langem. Sie ordnen die Pflanzen sechseckig an.

Wenn eine Pflanze sich in den Ecken eines Quadrates befindet, tendieren die Büsche dazu, eine rundliche Form zu bilden, dabei geraten sie von vier Seiten her unter den Druck ihrer Nachbarn.

Um dieses Problem zu lösen, reicht es aus, die Reihen abwechselnd um die Hälfte der Abstände zwischen den Pflanzen zu ver-

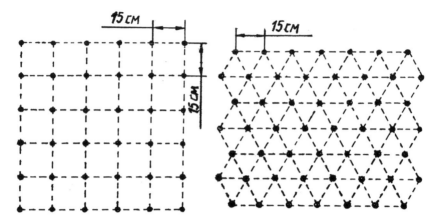

schieben, und schon bilden die Sträucher wunderbare Sechsecke. Der Freiraum für jede Pflanze vergrößert sich, der Druck der Nachbarn sinkt und ungenutzten Zwischenräume werden kleiner. Genau so sollten voluminöse Pflanzen in schmalen Beeten angeordnet werden – Kohl, Peperoni, Auberginen und Zucchini. Und es schadet auch nicht, andere Gemüse und auch Setzlinge so zu pflanzen.

Auf einer großen Fläche, zum Beispiel beim Kartoffelanbau, kann der Effekt beträchtlich sein: Auf derselben Fläche und unter den gleichen Bedingungen kann man fast 20 Prozent mehr Pflanzen unterbringen und es bleibt erst noch weniger Platz für das Beikraut.

Auch einzelne Pflanzenreihen sollten besser nicht in einer Linie, sondern im Zickzackmuster angepflanzt werden – zweispurige Zickzackstreifen. Wenn der Pflanzenstreifen von beiden Seiten offen ist, kann man den Zickzack verdichten. Der Winkel zwischen gegenüber liegenden Pflanzen wird so sehr eng – fast schon wieder rechteckig. Auf einer freien Fläche – sagen wir z. B. entlang der Wege – ist es immer rationaler in zwei Linien und versetzt, also im Zickzack zu pflanzen.

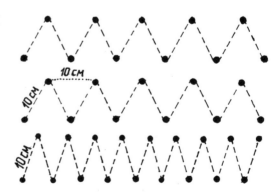

Kombination in der Vertikale

Herr Doktor! Geben Sie mir bitte Tabletten gegen Gier.
Ja, mehr, mehr!!!

Theoretisch ist es möglich, nicht nur die Fläche des Beetes, sondern auch das Maximum an Volumen auszunutzen – oberhalb des Beetes und an den Seiten. So viel Luftraum geht sonst ungenutzt verloren! Die Idee ist so bestechend, dass ich immer wieder irgendwelche Experimente durchführe. Auf einem schmalen Beet kann man zwei oder drei Kulturen kombinieren. Entlang der Ränder, versetzt natürlich, sprießen Kohl, Rote Bete, Karotten, Chinakohl, Salat, Peperoni oder Buschbohnen. In der Mitte an einem Spalier wachsen Gurken, Tomaten, Kletterbohnen oder es steht dort Zuckermais.

Drei Kulturen in einem schmalen Beet schrecken „Schädlinge" besser ab als bloß zwei. Ein Beispiel: Auf einer Seite des Spaliers Dill, auf der anderen Seite Karotten. Wichtig ist hier, nicht zurückhaltend zu sein, und die unteren Triebe und Blätter der Kletterpflanzen konsequent zu entfernen. Ansonsten scheitert jede Kombination: Kletterpflanzen unterdrücken alles, was an ihren Seiten wächst.

Wenn das Beet in einer Nord-Süd-Ausrichtung angelegt ist, muss man die Spalierpflanzen um das Eineinhalbfache weiter auseinander pflanzen als üblich. Licht muss diese Pflanzen frei durchdringen können oder jede Gemüsereihe bleibt den halben Tag im Schatten. Wenn aber das Beet eine Ost-West Ausrichtung hat, sollte man das Spalier am Nordrand platzieren. Und schon haben Sie ein „Amphitheater".

Das Hauptproblem dabei ist: In der Regel sind die Spalierpflanzen wärmeliebend und die Gemüse in den Seitenreihen kältebeständig. Deswegen können die Frühgemüse, die in den Seitenreihen im März-April gepflanzt wurden, oft die später gepflanzten „Südländer" überholen und beschatten. Bleiben die Gurken oder Bohnen im Schatten des Kohlblattes, „frieren" sie wortwörtlich ein und bleiben hoffnungslos zurück. Sogar im Halbschatten der Karotten bleiben die Gurken leise sitzen und warten brav auf die Befreiung. Tomaten sind etwas robuster. Sie können eventuell durchwachsen, bleiben aber auch bedeutend im Wachstum zurück.

Wie machen wir das?

- Zuerst säen wir „Zwerg-Ephemeren[1]" wie Radieschen, Kresse oder Koriander. Dann verpflanzen wir die Setzlinge der Kletterpflanzen ins Beet und die Seitenreihen säen wir erst dann an, wenn die Kletterpflanzen bereits am Hochklettern sind.
- Stellen Sie sicher, dass die Seitenreihen möglichst weit vom Spalier entfernt sind. Im schmalen Beet sind das 20 bis 25 Zentimeter auf jeder Seite.

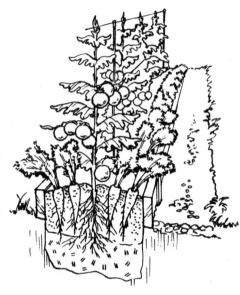

- In der Mitte nur gesunde, hochwertige Setzlinge mit intaktem Wurzelsystem pflanzen, sodass sie nicht zu viel Zeit zum Anwachsen benötigen.
- Zu gegebener Zeit die seitlichen Reihen gründlich ausdünnen, um das Pflanzenwachstum nicht auszubremsen.

Fazit: Es ist am einfachsten Kletterpflanzen mit den Pflanzen zu kombinieren, die über den ganzen Sommer zum Aussäen geeignet sind. Das sind Rote Bete, Rüben, Buschbohnen, Chinakohl, Rettich, Karotten, Salate, Kohlrabi, Erbsen, Mangold, Kräuter. Es ist nicht empfehlenswert, diese zu früh zu säen, und zwar wegen ihrer Neigung Blüten zu bilden, anstatt Knollen zu produzieren.

Besonders zu erwähnen ist die Zwiebel: Wie sich herausstellte, verträgt sie gar keine Schatten spendenden Nachbarn. Aber wir haben auch für sie die geeignete Nachbarin gefunden: Nachdem die Zwiebeln zu wachsen begonnen haben, säen wir in den Zwischenreihen Karotten aus (Foto 31). Die Zwiebeln werden bald zum Verzehr geerntet, die Karotten bleiben vorerst im Beet.

Vorausgesetzt, dass die Spalierpflanzen der seitlichen Reihen tatsächlich schneller wachsen, können darunter auch kriechende Pflan-

---

1) Ephemere sind kurzlebige Pflanzen, die innerhalb einer sehr kurzen Vegetationsperiode Blüten und Früchte bilden, um danach abzusterben.

zen wie kriechende Gurken, Zucchini, Patissone (eine Form des Gartenkürbis), Brokkoli oder Buschtomaten verwenden werden. Besonders gut gedeihen die Buschbohnen unter dem Spalier (Foto 32). Es ist sehr praktisch, die seitlichen Kulturen erst im Juni zu säen, wenn die Frühernte der Kräuter auf den Seiten bereits beendet ist und die unteren Blätter der zentralen Rankpflanzen entfernt sind. Das Beet ist dann also praktisch leer. Hier kann man alle schnell reifenden Gemüse pflanzen. Diese sind oben aufgeführt. Es ist jedoch notwendig, durch häufiges Gießen eine gute Keimung zu erreichen und den Boden zu mulchen.

Die Kombination von Längsreihen in einem breiten Beet ist viel schwieriger, als in einem schmalen. Die Hauptsache ist: Egal wie das Beet platziert ist, die Zwischenreihen (Zwischenräume) dürfen nicht weniger als 15 bis 20 Zentimeter breit sein. Beispielsweise kann man auf einem Beet von 120 Zentimeter Breite je drei Reihen (oder Streifen) auf beiden Seiten der Mittellinie platzieren. Die Reihen in der Nähe des Spaliers besetzt man mit Dill, Basilikum oder Majoran; diese sollte man ständig zurückschneiden, sodass sie die Seitenreihen nicht stören. Karotten oder Peperoni in der mittleren Reihe zu pflanzen ist sinnlos. In der Mitte eingeklemmt geben sie keinen Ertrag. Ihr Platz ist in den äußersten Seitenreihen.

Ein „Amphitheater" aus Gemüse

Drei Kulturen auf einem breiten Beet zu kombinieren ist noch schwieriger. Der einfachste Methode ist die „Treppe":

a) Das Beet wird in einer Ost-West Ausrichtung angelegt, also "mit dem Gesicht zur Sonne".
b) Das Spalier steht auf der Nordseite des Beetes.
c) Die Gemüse unterscheiden sich beträchtlich in der Wuchshöhe. Das Beet erinnert an die Tribüne eines Stadions.

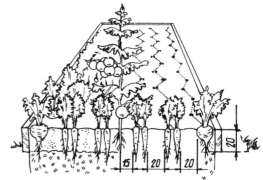

Die wichtigste Regel des „Amphitheaters": Die hinteren, höher wachsenden Reihen müssen den vorderen „Nachbarn" im Wachstum deutlich voraus sein.

Zuerst pflanzt man die Setzlinge am Spalier – das ist der „Balkon". Wenn diese anfangen in die Höhe zu wachsen, pflanzt man die mittlere Kultur – das ist das „Parkett". Als letztes, 10 Tage später, sät man den „Orchestergraben". Auf diesem Platz sind gerade Radieschen, Kresse oder Koriander reif geworden. Diese erntet man vorab.

Als mittlere Kulturen für das „Parkett" sind nur Peperoni, Auberginen, Strauchtomaten auf Pfählen und Kräuter geeignet: Basilikum, Katzenminze und Dill. Diese werden gepflanzt, wenn die Gurken oder Bohnen ihre Klettertriebe austreiben. Wenn Tomaten mit Bohnen gepflanzt werden, unterdrücken diese die Bohnen zuerst, Peperoni tun das aber nicht. Die Kuhbohne, auch Schwarzaugenbohne genannt *(Vigna unguiculata)*, und einige Sorten von Kletterbohnen sind so sehr wärmeliebend, dass sie erst in der Juniwärme zu wachsen beginnen, obwohl sie zusammen mit den Buschbohnen austreiben. Ferner zu beachten ist, dass Tomaten und Kohl schneller als alles andere wachsen.

Im „Amphitheater" sollte man die Gemüsereihen in Abständen anordnen. Die hinterste Reihe kommt ganz hinten an den Rand: Lassen Sie dem Beikraut dort keinen Platz! 30 bis 40 Zentimeter weiter vorne kommt die mittlere Reihe hin. Weitere 20 Zentimeter weiter vorne kann man eine Reihe Karotten oder Rote Bete pflanzen. Buschbohnen können nur am Rand wachsen – ihre Sträucher brauchen immer viel Platz und erstrecken sich immer in den Gang hinein. Zwiebeln sollten Sie auch besser am Rand pflanzen, da sie viel Licht brauchen.

Der Ertrag eines „Amphitheaters" ist nicht größer als in einer Monokultur[1]. Trotzdem ist es ein sehr produktives Beet und dazu noch ein schönes (Foto 33). Am besten sieht das „Amphitheater" aus, wenn es als Halbkreis nach Süden geöffnet und mit Fliesen eingerahmt arrangiert ist.

Das Einfachste sind Streifen

In der Praxis reicht die Geduld oft nicht aus, alle Beete so genau zu planen und zu bepflanzen. Und alle oben erwähnten Methoden ver-

---

1) Monokultur: Wenn eine einzelne Nutzpflanze auf einer großen Fläche angebaut wird.

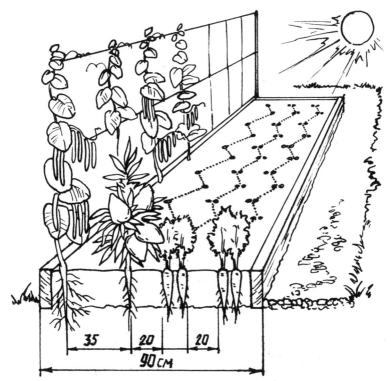

wendet man von Fall zu Fall, wenn die Gartenfläche frei wird, weil wieder etwas geerntet wurde. Man will es irgendwie einfacher haben: Am liebsten bloß ein, zwei Mal mit der Hand winken und schon wächst alles am richtigen Ort!

Am nächsten an dieser Einfachheit ist in breiten Beeten die Aussaat in Querstreifen. Dies gilt für grüne Pflanzen wie Salate, Wurzelgemüse, Zwiebeln und Buschbohnen. Die Beete bepflanzt man abschnittsweise in Querreihen (Foto 34). Ein Meter Radieschen, ein halber Meter Salat – und auf eine frei werdende Fläche kann man säen, was man will. Zehn Reihen Rüben, zehn Karotten, sechs Reihen Zwiebeln, drei Reihen Petersilie. Das alles ist sehr einfach und mit genug Abwechslung um „Schädlinge" abzuwehren. Man muss nur darauf achten, dass eine Pflanzreihe die andere nicht unterdrückt: Lassen Sie deshalb genug Platz zwischen den Streifen nutzen Sie die Beetränder aus. Auf diese Weise leben auch mehrjährige Stauden an den Beeträndern gut.

Ganz einfaches Kombinieren

Mit einem Zauberstab winken wie im Märchen und der Wunsch ist erfüllt – der Traum eines jeden Faulenzers! Ich habe mir diesen Traum so weit wie halt möglich erfüllt. Beikraut gibt es auf meinen kompostreichen Beeten fast keines, und es macht mir nichts aus, einmal gründlich zu jäten. Im Frühling, so um Ende März, bearbeite ich das Beet mit einem Rechen und decke es mit Folie ab. Nach ein bis zwei Wochen schneide ich den Teppich junger Beikräuter mit einem Flachschneider ab und weitere zwei bis drei Tage später nehme ich die Samen von Radieschen, Kresse, Koriander und Salat und verstreue diese einfach auf dem Beet. Ich arbeite diese ein wenig mit dem Rechen ein, gieße sie und decke alles mit Folie ab. Nach zwei bis drei Wochen setze ich mich gemütlich auf ein Brett, jäte ohne Eile und dünne alles aus, was als zu viel erscheint. Alles, was zu tun bleibt, ist die jungen Grünpflanzen regelmäßig zu ernten – zuerst den mittleren Streifen, wohin bald die Gurken und Tomaten gepflanzt werden.

Und wollen sie wirklich zusammen leben?

Verwandte sind in keiner Weise miteinander verbundene Menschen, welche sich regelmäßig zum feinen Essen treffen anlässlich der Veränderung ihrer Anzahl.
A.Knischev

Je vielfältiger die Gemeinschaft ist, desto stabiler ist sie auch. In einem bunt durchmischten Umfeld ist es für „Schädlinge" schwieriger, sich zu etablieren. Es ist schwieriger für sie, in einer Umgebung voller unangenehmer und beängstigender Gerüche „ihre Pflanze" zu finden und es gibt auch viele „Feinde". Doch die Pflanzen beeinflussen sich auch gegenseitig: Sie beschatten sich gegenseitig und produzieren aggressive, flüchtige Stoffe sowie Wurzelausscheidungen.

Erinnern wir uns an die Erkenntnisse von Lenz Moser. Er zeigte deutlich auf, dass einige Pflanzen das Traubenwachstum stimulieren während andere es unterdrücken – unabhängig von ihrer Größe und selbst bei reichlicher Versorgung mit Nahrung und Wasser. Es ist eine erwiesene Tatsache, dass Pflanzen chemisch und durch elektromagnetische Signale miteinander kommunizieren. Dafür gibt es sogar eine wissenschaftliche Bezeichnung – Allelopathie. Es ist jedoch eine riesige Menge an (teils widersprüchlichen) Daten dazu vorhanden, dass es schwierig ist, einen praktischen Nutzen daraus zu ziehen. Ich habe versucht, die mir verfügbaren Daten in einem Sack zu sammeln, habe sie geschüttelt und ausgepresst. Hier folgt nun, was ich daraus schließe:

- Definitiv nicht miteinander klar kommen: a) Pflanzen von gleicher Höhe und mit Blättern gleicher Größe, wenn sie eng beieinander gepflanzt werden; b) Mitglieder derselben Familie, also Verwandte. Das ist nachvollziehbar: Sie haben dieselben Bedürfnisse und scheiden auch Ähnliches aus. Bei uns ist es nicht anders: Häufig sind die Verwandten die schlechtesten Freunde. Besonders heftig streiten die Doldenblütler miteinander: Dill, Petersilie, Sellerie, Pastinaken, Liebstöckel, Koriander. Nur Karotten sind ziemlich loyal.
- Fenchel und Wermut unterdrücken alles – ohne Ausnahme.
- Zwiebeln und Knoblauch sind aggressiv gegen Bohnen und Kohl.
- Den Karotten, Rüben, Gurken und Tomaten ist alles mehr oder weniger egal.
- Salat und Spinat geben Substanzen frei, die die Wurzeln anderer Pflanzen aktivieren und sie beschatten den Boden gut. Sie sind gute Helfer und Ernährer des Gemeinwesens!
- Sie schützen die Mitbewohner vor „Schädlingen": Bohnen und Petersilie sowie Kräuter aus der Familie der Lippenblütler: Zitronenmelisse, Basilikum, Bohnenkraut, Thymian, Katzenminze, Ysop (Eisenkraut/Bienenkraut) und Majoran. Dasselbe leisten einige Zierblumen: Ringelblume, Kapuzinerkresse, Chrysanthemen, Kosmeen. Zwiebeln und Knoblauch hemmen Pilzkrankheiten.
- Mais, Topinambur, Hirse und Sorghum spenden allen Schatten, schützen vor dem Wind und schaffen ein gutes Mikroklima.

Die Sonnenblumen dagegen können gegenüber vielen Gemüsen aggressiv sein, und es ist besser sie am Rand des Gartens zu platzieren.

Tatajna J. Ugarova benennt einige Beispiele von Pflanzenpaaren, die einander helfen, den „Schädlingen" zu widerstehen. Diese kann man in Nachbarreihen pflanzen. Karotten und Zwiebeln schützen einander vor der Karotten- und Zwiebelfliege. Sellerie schreckt die Kohlfliege von verschiedenen Kohlarten ab. Man setzt sie zwischen den Kohlpflanzen und sie sprießt nach der Kohlernte weiter. Gurken und Dill können perfekt neben einander existieren unter der Bedingung, dass nicht zu viel Dill gepflanzt wird. Gut zusammen leben auch Basilikum und Tomaten. Nicht schlecht passen auch Kohlrabi und Salat zusammen, den letzteren erntet man früher als den Kohlrabi. Gurken, die an Mais oder Sonnenblumen hochklettern, gedeihen ausgezeichnet und bringen Ertrag bis in den Herbst. Stangenbohnen existieren perfekt neben niedrigen Gurken und Tomaten. Radieschen sollte man dort pflanzen, wo später Zucchini, Kürbisse und andere späte Gemüse gepflanzt werden. Aber das ist bereits die Frage eines Kombinierens in einer zeitlichen Abfolge.

Das Gemüseschlaraffenland

*Auch nach einer schlechten Ernte
muss man säen.*
Seneca, Epistulae morales

*Doch nach einer guten Ernte
macht es richtig Spaß.*
Ergänzung: Franz Felix

Wenn wir lernen, wie wir von jedem Beet bis zu drei bis vier Ernten bekommen können, ist es möglich, dass wir vom Frühlingsanfang bis zum Spätherbst Gemüse essen, ohne uns den Kopf zu sehr über die idealen Kombinationen zerbrechen zu müssen. Hier im Süden Russlands können wir Beete vom April bis Oktober bepflanzen – mit der Hilfe von Schutzfolien von März bis November. Dabei können Kohl, Salate, Petersilie, Blattsenf, Koriander und Lauch ruhig unter einer Folie überwintern und dabei sogar ein wenig weiter wachsen.

Und so habe ich mir gedacht: Es ist eine Sünde dies nicht zu nutzen. Auch in einem eher kalten Frühling kann ich auch ohne Plastik locker auf einem Beet Radieschen und Kresse, danach Salat und später Karotten ernten; im Spätfrühling wachsen im Zentrum Tomaten und auf den Seiten Peperoni; im Juni kann ich auf die freien Plätze Chinakohl setzen; Ende September, nach der Räumung des Beetes, kann ich noch eine Ernte Radieschen und Grünzeug bekommen, und im Winter säe ich Salat für die zeitige Frühlingsernte.

Zeitreserven gibt es auch in Sibirien. Wenn wir die Pflanzen gemäß ihrer Vegetationsperiode und Aussaatzeit klassifizieren und sie in unser Gartenjahr einordnen, kriegen wir ein ziemlich klares Bild. Es wird anschaulich, wie man die Beete in einer Saison am besten nutzt. Die Daten basieren auf meiner sowie auf der Erfahrung anderer Menschen und auch auf den von klassischen Studien von Valentin Brizgalov und auf Tony Biggs Buch „Gemüse ziehen".

Früh säen, lange Vegetation:

Kohl, späte Sorten	200 Tage
Rotkohl	180 Tage
Rosenkohl	180 Tage
Wirsing	130-150 Tage
Brokkoli	100-160 Tage
Lauch	180 Tage
Blumenkohl	160-180 Tage
Zwiebel (Ramtillkraut od. echter Schwarzkümmel od. Feigenblattkürbis)	200 Tage
Topinambur	150 Tage
Schwarzwurzel	kann man bis zum Winter ernten
Pastinaken	150-180 Tage, können im Beet überwintern

Nehmen das Beet permanent in Anspruch:

Petersilie, mehrjährige Zwiebeln, Lauchzwiebel, Schnittlauch, Winterzwiebeln, Sauerampfer, Rhabarber, Liebstöckel, Minze, Estragon, Minze, Chinesischer Lauch.

Früh säen, kurze Vegetation:

Salat	40-60 Tage

Chinakohl	50 Tage
Radieschen	20-40 Tage
Kresse	20 Tage
Kohlrabi	60-70 Tage
Koriander	40 Tage
Blattsenf	40 Tage
Frühlingszwiebel	20-40 Tage

Säen spät, lange Vegetation (140 Tage):
   Tomate, Gurke, Kletterbohnen, Paprika (Peperoni), Aubergine, Kürbis, Zucchini, Patisson-Kürbis, Brokkoli, Zuckermais, Chicorée, Süßkartoffel, Stachelgurke u.a. tropische Gemüse.

Zeit zum Ausreifen, wenn Ende September oder später ausgesät, haben:

Radieschen	30-50 Tage
Salat für Frühlingsernte, Blattsenf	40 Tage
Kohlrabi	60 Tage
Chinakohl	50 Tage
Koriander	40 Tage

Unter Folie können nachreifen:
   Salat, Mangold, Spinat, Chicorée, Endiviensalat, Schalotten, Karotten, Kartoffeln.

Säen früh, ernten im Sommer:

Karotten	100 Tage
Rübe	60 Tage
Brokkoli	100 Tage
Kohlrabi (späte Sorten)	70-90 Tage
Erbsen	90 Tage
Spinat	60-90 Tage
Schalotten	120 Tage
Dill	100 Tage
Kohl, früh	110 Tage
Kartoffeln	60- 120 Tage

Säen später, ernten im Sommer:

Sojabohnen	100 Tage
Buschbohnen	70-90 Tage
Randen	110 Tage
Zwiebeln	120 Tage

Gewürzkräuter: Koriander, Basilikum, Ysop (Eisenkraut), Katzenminze, Dill, Fenchel, Sellerie.

Säen im Sommer:

Chicorée-Salat, Rettich,	
Daykon (japanischer Rettich)	100 Tage
Pastinaken (Winter)	150 Tage
Chinakohl	80 Tage

Kartoffeln (für die zweite Ernte) werden Ende August gepflanzt, geerntet wird Mitte November.

Kann man von Frühling bis Ende Juli säen:

Gurken, Zucchini und Kürbis, Karotten, Rote Bete, Salate, Buschbohnen, Chinakohl, Rüben, Steckrüben, Spinat, frühe Blumenkohl und Brokkoli, Kohlrabi, Erbsen, Mangold, Sojabohnen, Endiviensalat, Gewürzkräuter.

Haben sie erst einmal gelernt zu kombinieren, können sich clevere Gärtner das Beet mit nur einem Gemüse nicht mehr vorstellen. Für sie ist es Unsinn!

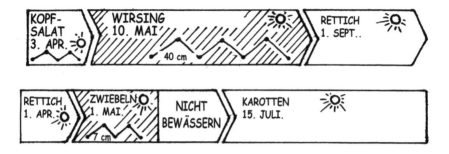

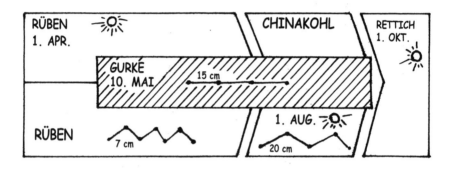

Beispiele erfolgreicher Kombinationen

Denken ist Glücksache, doch leider sind viele vom Pech verfolgt.
Reinhold Hauenstein

In Russland gibt es viele clevere Gärtner. Sie alle haben eigene Varianten des produktiven Kombinierens gefunden: Sie gewinnen aus einem Beet zwei, drei oder sogar mehr Ernten.

Da gibt es den Garten von Alexey A. Kazarin aus der Nähe von Pskov. Schauen Sie nur, wie er Kohl mit Kartoffeln und Rote Bete mit Knoblauch kombiniert. Sogar seine zweite Ernte ist fast immer sehr ertragreich (Foto 35 und 36).

Und hier sehen Sie den Garten von Sergey M. Kladovnikov aus Kuban. Er ersetzt ständig die geernteten Pflanzen durch andere. Ein Beispiel: Hier wird im Juni Knoblauch geerntet (Foto 37), die Johannisbeerensetzlinge werden verkauft, und das Beet wird mit Gurken und Mais besetzt. Und hier werden bald Erbsen sowie Knoblauch geerntet und neben den Karotten fangen die Tomaten an zu wachsen – ihre Triebe sind rechts des Bewässerungsrohrs bereits gut sichtbar (Foto 38). Auch können Sie gut sehen, wie der Dill sich nach der Salaternte breit macht. Im Zentrum des Beetes wachsen bereits die Gurken, bedeckt mit Plastikkappen als Frostschutz (Foto 39).

Der Präsident des Vereins „Natürlicher Landbau" von Dnipropetrowsk, Stanislav Karpuk, hat es geschafft, auf einem Beet acht verschiedene Kulturen wachsen zu lassen! Und hier sind seine bewährten Kombinationsoptionen: Frühsorten von Kohl, Gurken und Mais; Bohnen, Mais und Kohl; und Zwiebeln, Karotten und Gurken (Foto 40, 41, 42).

Boris A. Bublik, Gärtner und Schriftsteller aus Kharkov, hat sogar ein Zwei-Jahres-System der Pflanzkombination ausgearbeitet – das ist Kunstflug! Hier ein Beispiel:

Ende August sät man Weizen in Reihen quer über das Beet und nach ein paar Wochen steckt man zwischen diese Reihen Brutzwiebeln des Knoblauchs (auch Bulbillen genannt). Im Frühling wird der Weizen abgeschnitten und an seine Stelle pflanzt man zwei Tomatenpflanzen am Rand des Beetes und in der Mitte einen Strauch Basilikum. Im Spätsommer, vor dem Entfernen dieser Pflanzen, streut man Koriander und Blattsenfsamen auf das Beet. Ein Teil der ausgewachsenen Grünpflanzen wird geerntet, der Rest bedeckt das Beet während des Winters. Im nächsten Frühling sprießen unsere Knoblauch-Bulbillen energisch in ihren Reihen. Zwischen diesen Reihen sät man frühes Grünzeug: Radieschen, Salat, Kresse und Chinakohl. Nach der Ernte des Grünzeugs können erneut Tomaten und Basilikum, wie oben erwähnt, angebaut werden und der ausgewachsene Knoblauch wird nach und nach geerntet. Im Herbst kommen die Tomaten auf den Teller und die Tomatenstauden werden nach der Ernte entfernt. Dann sät man Wicken oder Hafer in dem Beet und so wird das Beet zum Bett mit einer „Decke" für den Winter.

Und hier folgt eine weitere Möglichkeit: Das Knoblauchsystem. Mitte September steckt man Knoblauchzehen in Reihen in das Beet, danach wird es mit eingeweichten Hafersamen als Gründüngung übersät. Zu Beginn des Frühlings ist das Beet rechtzeitig mit Haferstroh bedeckt und der Knoblauch sprießt freudig hindurch. Jetzt sät

man Pastinaken zwischen die Knoblauchreihen. Im Juni erntet man den Knoblauch und in seine Vertiefungen kann man z.B. Zinnien oder Drachenköpfe pflanzen, sie werden das Beet im Winter decken. Pastinaken erntet man den ganzen Winter hindurch, je nach Bedarf. Man könnte endlos viele solcher Systeme aushecken – wären wir nur nicht zu faul zum selber denken!

Den Garten des demütigen Autors haben Sie bereits auf den Fotos gesehen. Hier, im „Amphitheater", werden bald Zwiebeln geerntet, dann Karotten, und auf ihrem Platz wird Daykon und Grünzeug gesät (Foto 33). Erdbeeren (aus Samen gezogen) gedeihen neben den Spaliertomaten, die absolut genug Zeit haben, um Früchte zu tragen (Foto 43). Diese Erbsen, die die Gurken umarmen, sind fast bereit ihren Platz den zwei Reihen der ihnen nachfolgenden Spätkarotten zur Verfügung zu stellen. Zwischen den Erbsenpflanzen gedeihen die Gurken wunderbar (Foto 44). Pflanzen Sie Erbsen aber nicht näher als 20 Zentimeter voneinander, denn die Seitentriebe der Gurken müssen sich bequem ausbreiten können. Auf einem Foto sieht man, dass es die Radieschen geschafft haben, zwischen den Tomaten und den Bohnen zu wachsen. Und hier leben Blumen (Strandflieder), Basilikum, Auberginen und Schwarznuss-Sämlinge zusammen. Und allen geht es blendend (Foto 45)!

Ich experimentiere und lerne kontinuierlich, wie ich aus meinem Garten ein Gemüseschlaraffenland machen kann. So kann ich die besten Kombinationen meiner Mischkulturen heraustüfteln. Dies bedeutet, dass der Garten viel weniger Zeit und Mühe kostet. Schließlich ist Berechenbarkeit höchste Energieeffizient. In jeder Hinsicht. Aber lassen Sie uns nun von den Gemüsen etwas erholen!

KAPITEL 8
Die verlorene Freiheit

Erfolg hat drei Buchstaben: T – U – N

Die Menschen wären viel glücklicher, wenn sie sich nicht beim „auf Holz klopfen" ständig die Fingerknöchel wund schlagen würden.
Goethe

Am Tanganjikasee gibt es eine sehr einfache Fischfangtechnik. Zwei Einbäume (Kanus) werden mit einen Seil verbunden. Am Seil sind Holzklötze wie Perlen an einer Perlenkette befestigt. Das Seil wird in der Mitte einer Bucht zwischen den Einbäumen ausgelegt und gespannt. Dann paddeln die beiden Boote zurück in Richtung Strand. Während sich die Boote vorwärts bewegen, werden die Fische vor dem Seil mit den Holzklötzen in eine Reuse getrieben. Sie alle hüpfen aus dem Wasser um den Holzklötzen zu entkommen. Warum? Weil die Holzklötze einen Schatten werfen; die Fische nehmen diesen Schatten als etwas physisch Reelles wahr, wie etwa ein Netz. Um sich zu retten, fliehen die Fische vor dem Schatten in Richtung Strand und Reuse und so fast direkt in die Bratpfanne.

Laut Hans Selye, dem Begründer der Stresstheorie, ist Stress das, was auch immer eine Person als „stressig" wahrnimmt – das heißt, unsere Probleme entstehen aus unserer Selbstwahrnehmung. Unsere Meinung über uns selber, unsere Eitelkeit und all unsere Werte sind allesamt Teil eines eingebildeten Netzwerks – eine heimtückische mentale Falle. Diese haben wir selber erschaffen und doch weichen wir davor zurück. So gesehen entsteht der Verlust unserer Freiheit also direkt aus unseren persönlichen Überzeugungen!

Nehmen wir einmal zwei hübsche Frauen: Eine von beiden genießt ihr Leben, während die andere unglücklich ist. Der Unterschied liegt in ihren Überzeugungen. Die unglückliche Frau ist überzeugt davon, dass sie nicht hübsch ist. Sie hat sich in ihrer selbst erzeugten mentalen Falle verstrickt. Doch das Einzige, was sie tun muss, um sich zu befreien ist, ihre Betrachtungsweise zu ändern. Wenn sie ihre Sicht ändern könnte, würde sie realisieren, dass sie auf ihre Art hübsch ist – oder dass es gar nicht so wichtig ist, wie sie aussieht. Und das ist tatsächlich das, was alle um sie herum denken; doch die Frau hält stur an ihrer Überzeugung fest.

Was ist Freiheit? Freiheit ist, wenn keine mentalen Fallen vorhanden sind. Es ist die Fähigkeit, Überzeugungen zu ändern und das Leben aus einem anderen Blickwinkel betrachten zu können. Genauer gesagt ist Freiheit die Fähigkeit, sich nicht auf eine Sichtweise zu beschränken. Warum ist das so schwierig?

Zu analysieren, wie wir unsere Freiheit verloren haben, ist ein wichtiger Aspekt der Erfolgswissenschaft. Ideen für ein ganzes Buch zu diesem Thema reifen seit einiger Zeit in mir heran, doch hier werden wir die hervorstechendsten Punkte ansprechen.

Die Anatomie unserer Probleme

Was sein wird, wird sein.
Also lass es sein!

„Das ist nicht wahr! Unsere Überzeugungen sind heilig! Es ist in der Tat so, dass unsere Selbstachtung auf diesen Überzeugungen beruht. Es ist diese Loyalität zu unseren Überzeugungen, der unseren Wert als menschliche Wesen definiert."

Halt, halt, halt! Wir sind bei der ersten mentalen Falle angekommen. Wer sagt denn, dass das Festhalten an unseren Überzeugungen eine Art heilige Kuh ist? Meiner Meinung nach kommt es viel mehr auf die Qualität unserer Überzeugungen an; diese sollten konstruktiv sein. Aber Loyalität? Die einzige Konstante im Leben ist die Veränderung. Die persönlichen Werte von gestern können schon heute ihre Bedeutung verlieren. Was in Russland akzeptabel ist, kann Sie in Thailand zum Außenseiter machen. Allzu oft habe ich unglückliche Menschen getroffen, deren Prinzipien ihr Leben zerstören. Seit wann brauchen wir Werte, die unser Leben jämmerlich machen?

Warum klammern wir uns stur an unsere Überzeugungen? Die Antwort ist einfach: Wir wollen Recht haben. Es ist ein fundamentales Bedürfnis Recht zu haben und sich angemessen zu verhalten. Zumindest glauben wir das. Es ist viel wichtiger als Nahrung, Schlaf und Sex! Folglich wird ein Abrücken von diesen Überzeugungen zu einer kolossalen Tragödie. Selbst wenn wir die lächerlichste aller Überzeugungen aufgeben, fühlen wir uns, als ob wir uns selber verraten hätten. Das werden wir niemals zulassen. Da ist es doch viel bequemer, immer mal wieder einen Sündenbock für unsere Probleme zu suchen. Und das machen wir dann unser ganzes Leben lang so. Sobald unsere Prinzipien nicht genau den Erfolg bringen, den wir uns erhoffen, fangen wir sofort damit an, alle um uns herum zu beschuldigen, weil sie es einfach nicht kapieren wollen oder weil sie unehrlich sind. Das ist die einfachste Variante des „Rechthabens"!

Nehmen Sie irgendein beliebiges Problem. Wie bewältigen wir es? Am einfachsten ist es, die verantwortlichen Leute anzuprangern, da diese schließlich Unrecht haben. Oder wir versuchen, das Problem zu bekämpfen, d. h. wir kämpfen gegen uns selber. Manchmal holen wir auch den Rat von Experten ein; so können wir den Schwarzen Peter elegant jemand anderem zuschieben. Oder wir resignieren und tragen demütig unser schweres Kreuz. Aber was resultiert daraus? Bei diesen vier Scheinlösungen bleibt die Ursache des Problems bestehen, ja es floriert geradezu und bläht sich auf. Aber im Gegenzug dazu dürfen wir uns weiterhin der Illusion hingeben, dass wir halt doch Recht behalten. Und so werden unsere Glaubensprobleme zu unseren Werten.

Schlussendlich gewöhnen wir uns daran, dass diese Probleme halt einfach zum Leben gehören, und dass wir ohne sie gar nicht mehr leben können. Wenn jemand versucht, eines dieser Probleme von uns zu nehmen, dann lassen wir das unter keinen Umständen zu! Wir alle haben es schon erlebt, wie schwierig es ist, einem Freund, der sich ständig über sein klägliches Leben beschwert, einen Rat zu erteilen. Die aufrichtigste Antwort auf die Frage, warum wir all diese Probleme haben, lautet: Wir wollen sie haben.

Sie glauben mir nicht? Betrachten Sie einmal eines Ihrer Probleme genauer. Nehmen wir an, Sie leiden an einem wunden Fuß (oder an einem Leberleiden oder an Rückenproblemen usw.) Stellen wir uns vor, Sie benutzen heute einen Zauberstab und bis morgen ist Ihr Problem verschwunden. Wie verändert das die Dinge? Zuerst heißt das, dass Sie Ihre Überzeugungen über Ihre Art zu Leben, Ärzte und „die

Segen der Zivilisation" geändert haben. Von jetzt an achten Sie auf Ihre Gesundheit, essen gesünder, treiben Sport und wissen nicht mehr, dass die Medizin überhaupt existiert. Zweitens können Sie jetzt nicht mehr meckern, lamentieren oder um Mitgefühl buhlen. Keine Klagen, kein Blaumachen, keine Vernachlässigung der Arbeit mehr. Ihre Familie und die Verwandten sind bloß noch Freunde. Sie sind keine Echokammern Ihres Gemaules und Gestöhnes und Ihrer aufrichtigen Empörung mehr. Weil Sie nun frei sind, schuldet Ihnen niemand mehr etwas. Sie können nun zum Beispiel einfach für sich in Ihrem Garten arbeiten. Niemand bringt Ihnen Mitleid entgegen; Sie sind jetzt ganz alleine in der Verantwortung. Und falls Sie doch wieder zu klagen beginnen, werden Sie immer die gleiche Antwort bekommen: „Deine Probleme möchte ich haben." Sind Sie bereit dazu?

Wenn Ihre Probleme erst mal verschwunden sind, werden Sie nicht mehr dieselbe Person sein wie früher. Jetzt sind Sie gesund, stark und frei. Der reinste Horror! Ihr Ehegatte wird sich fürchten und plötzlich das Gefühl haben, nicht mehr gebraucht zu werden und Ihre Kinder werden riesengroße, total verblüffte Augen machen. Es wird dauernd heftige Diskussionen geben. Und was werden erst Ihre Freunde denken? Sie werden dauernd allen alles erklären müssen. Es kann sogar geschehen, dass Sie eigene Interessen entwickeln. „Aber das würde ja bedeuten, dass ich meine Familie und Freunde aufgeben muss. Das werde ich niemals zulassen. Wie könnten die es nur aushalten ohne mich? Es ist besser, alles so zu belassen, wie es ist."

Ich höre schon Ihre Ablehnung. Sie wollen keinen Trost. Und Sie wollen ganz bestimmt gesund sein. Sie wollen das. Richtig. Doch was tun Sie ganz konkret, damit das so ist? Welche konkreten Handlungen unternehmen Sie? Nochmals: Was TUN Sie dafür? Jedermann „will", was aber ist mit der Absicht?

Allenfalls wird jeder Schritt, den Sie unternehmen, um „das Problem zu lösen", Ihren Kampf bloß noch verstärken. Aber sind sie wirklich ehrlich mit sich selber? Eigentlich existiert das Problem gar nicht, solange Sie es nicht herbei denken, um es dann zu bekämpfen. Ein Problem zu bekämpfen ist eine elegante Art daran festzuhalten. Haben Sie ein Problem mit grünem Gras, frischer Luft oder Ihrem liebsten Zeitvertreib? Die nackte Wahrheit ist, dass man sich entweder dafür entscheidet, Probleme zu haben oder eben keine Probleme zu haben.

Sie können ein Problem beseitigen, indem Sie es einfach loslassen, indem Sie Ihre Einstellung dazu ändern. Wäre es nicht wunderbar, wenn die zuvor erwähnte Frau plötzlich realisieren würde, dass sie in Wirklichkeit hübsch ist? Das ist der Beweis. Das Problem löst sich in Luft auf, es ist ... weg. Ist Ihnen dies schon einmal passiert? Gerade als Sie am Ende Ihrer Kräfte schienen und sich vor einem gähnenden Abgrund wieder fanden, realisierten Sie, dass die Dinge gar nicht so dramatisch schlecht waren, wie Sie gedacht hatten. Sie saßen einfach in einem Teufelskreis fest. Es ist Wahnsinn – aber genau dann kommt der Befreiungsschlag – eine gewaltige Last fällt von Ihren Schultern. Sie würden am liebsten über sich selber lachen: „Was war ich doch für ein Narr." Das ist der erneute Beweis: Das Problem existiert nicht mehr.

Die Wurzel jedes Problems ist die Angst. Die Angst davor, falsch zu liegen oder schlecht zu sein. Aus diesem Grund kann das Loslassen eines Problems sich anfühlen, wie wenn man mit einem Fallschirm aus einem Flugzeug springt. Zuerst ist die Furcht riesig, aber dann – was für ein erhabenes Gefühl des Fliegens.

Im Wesentlichen ist jedes Problem ein Trugbild, eine Illusion.

Eine kritische Autopsie der Bestie enthüllt eine primitive Gliederung – sie besteht bloß aus zwei widersprüchlichen Absichten. Beide existieren in uns, aber wir sind uns der Existenz einer der beiden völlig unbewusst. Ein Beispiel: Ich möchte schlank sein, aber ich möchte auch reichhaltig essen. Ich verstehe, dass das ungesund für mich ist und nehme mir vor, fettiges Essen zu meiden – und trotzdem futtere ich es munter weiter. Oder ich möchte eine Ehefrau, aber ohne zu heiraten. Oder ich möchte einen schönen Garten, aber ich möchte keinen Aufwand dafür betreiben. Ich möchte die Beete tränken, habe aber gerade keine Lust dazu. Und so ist es mit allem, jeden Tag – und, das ist ja auch klar, die Schuld schieben wir immer jemand anderem zu.

Da diese Probleme bloß eingebildet sind, haben wir die Macht, diese per sofort zu beseitigen. Wenn wir kühn ein Problem an den Hörnern packen und es vor den Augen aller aufs Kreuz legen, um es genauer zu untersuchen, können wir mutig eine bewusste Entscheidung fällen. Das Problem wird umgehend verschwinden. Es kommt nicht einmal darauf an, welche Wahl Sie treffen. Das wichtigste ist, sich bewusst für eine bestimmte Alternative zu entscheiden – heiraten Sie oder heiraten Sie nicht.

Wahlmöglichkeiten geben uns die Möglichkeit zu handeln (zu TUN). Eine Wahl zu treffen, ist Freiheit. Was zeichnet starke, selbstbewusste Persönlichkeiten aus? Sie wissen, was sie wollen. Es kommt nicht darauf an, ob alle in ihrem Umfeld dies mögen oder nicht. Sie gehen ihren eigenen Weg und deshalb muss man sie ernst nehmen und immer mit ihnen rechnen. Überdies sind sie glaubwürdig und zuverlässig in der Zusammenarbeit. Eine Person jedoch, die sich weder für das Eine noch für das Andere entscheiden kann, wird als aalglatt, doppelzüngig und unzuverlässig wahrgenommen – ein Waschlappen halt. Es ist schwierig, solche Personen zu verstehen und praktisch unmöglich, ihnen zu helfen.

Ich glaube, die wichtigste praktische Erkenntnis ist, dass man sich bewusst ist, wie unsere Psyche funktioniert. Auf den nächsten Seiten werde ich eine kurze Auswahl typischer falscher Annahmen präsentieren. So etwas, wie „Ein Kurzlehrgang der Wissenschaft des Dogmatischen Denkens" oder „Die Grundlagen der Engstirnigkeit".

Das Leben ist ein Kampf

Bewahrt innerlich und äußerlich immerwährenden Frieden,
sodass jeder, der euch begegnet, diesen Frieden spürt
und dadurch erhoben wird.
Paramahansa Yogananda

Von Kindesbeinen an wird uns beigebracht, dass wir kämpfen müssen. Und wir kämpfen weiter durch unser ganzes Leben – gegen Feinde, Verwandte, die Regierung, unsere Wehwehchen und Gebrechen; gegen Trockenheit, „Schädlinge" und unsere ausgelaugte Erde; wir kämpfen für die Zivilisation, für Ernsthaftigkeit, Kultur, die Umwelt; für die Liebe, die Kinder und die Überwindung des Bösen. Wir kämpfen und suchen. Wir kämpfen und bekommen oft das Gegenteil davon, wofür wir uns einsetzen und wollen es nicht wahr haben. Offensichtlich eine weitere Falle.

Es ist eine Tatsache, dass dieser Kampf eine klägliche und heimtückische Angelegenheit ist. Denn wenn wir das Ganze genau erforschen, stellt es sich heraus, dass es sich dabei um nichts mehr als eine instinktive Reaktion auf eine Gefahr handelt. Meistens ist die Bedrohung jedoch nur eingebildet. Sie wird oft von jemandem erfunden. Dieser Jemand sind oft wir selber. Das ganze ist äußerst zerstörerisch und es existiert nur um seiner selbst Willen. Es handelt sich dabei im Wesentlichen bloß um unsere Unfähigkeit, ohne diesen Kampf auszukommen.

Das bewirkt, dass wir uns fürchten, uns zermürben lassen und uns in Streitigkeiten verwickeln, oder dass wir genötigt werden, teuer für etwaige „Hilfe" zu bezahlen. Aber es ist nie die Absicht des Kampfes, eine konstruktive Lösung herbei zu führen indem man das Problem beseitigt. Das ist etwas ganz Anderes; Unternehmungsgeist und Kreativität sind das Gegenteil von Kampf.

Kampf löst das Problem nicht, genau so wenig wie Gift uns von „Schädlingen" befreien wird. Genau so wird keine Strafe jemals die Kriminalität ausmerzen können. Um die Gesundheit zu kämpfen, macht uns nicht gesund, weil der Kampf unsere Probleme aufbauscht und ihnen erlaubt aufzublühen. Um von einem Problem befreit zu werden, müssen wir seine eigentlichen Ursachen entdecken und verstehen. Was treibt uns dazu, zu kämpfen? Welche Ideen lösen diese Reaktionen aus? Und am Wichtigsten ist die Antwort auf die Frage, wer das Problem erschaffen hat. Anders gefragt: Wer schlägt Kapital daraus?

Sobald Sie diese Wahrheit erkennen, und Sie sich weigern, den Kampf weiter zu führen, wird das Problem verschwinden, da sich damit keine Kohle mehr verdienen lässt.

Unordnung ist ein weiterer heimtückischer Mythos. Wir glauben, dass sie von alleine entsteht, aber das ist nicht wahr. Unordnung wird erschaffen. Wir erschaffen sie selber, z. B. wenn wir uns auf einen

Kampf einlassen. Ein klassisches Beispiel ist der chemische Pflanzenschutz. Wenn wir uns in unseren Gärten von Anfang an um die Fruchtbarkeit des Bodens kümmern und ein stabiles Ökosystem fördern würden, würden unsere Ernten alle Erwartungen übertreffen. „Schädlinge" und Krankheiten wären so unwesentlich, dass wir sie komplett ignorieren könnten. Aber wir ziehen es vor, uns über Schädlinge aufzuregen. Dieser Aufschrei gegen diese dummen Insekten hat eine ganze „Kriegsindustrie" hervorgebracht. Aber es ist offensichtlich, dass wir diese Plagen selber verursacht haben. Monokulturen, geschwächte Pflanzen und die systematische Zerstörung der „Nützlinge" sind die Hauptgründe, warum „Schädlinge" in den Garten einfallen. Diese Probleme kommen in der Natur nicht vor.

Und so funktioniert das: Zuerst erschaffen wir die Unordnung, und dann bekämpfen wir sie, was das Problem natürlich noch verschärft. Je mehr wir uns in diesem Kampf abmühen, desto größer wird die Unordnung. Schließlich haben wir ja nie damit aufgehört, die Unordnung zu erschaffen. Wir müssen verstehen, dass der Kampf gegen die Unordnung niemals zu Ordnung führt. Er verschleiert bloß die Erschaffung neuer Unordnung. Verstehen Sie nun, wie unglaublich entsetzlich das Kämpfen ist? Es ist einfach ungeheuerlich!

Wann immer Sie realisieren, dass Sie kämpfen, halten Sie inne und atmen Sie tief durch. Sie sind übertölpelt worden und jemandem (oder etwas) auf den Leim gekrochen. Fragen Sie sich: Wogegen kämpfe ich? Antworten Sie aufrichtig und fragen Sie sich dann: „Wie habe ich das herbeigeführt?" Dieses Mal antworten Sie noch ehrlicher. Und dann ... und dann hören Sie einfach damit auf, Unordnung zu erschaffen und beginnen Sie, eine vollkommen neue Ordnung zu erschaffen – ohne gegen irgendetwas zu kämpfen.

Es kommt vor, dass wir versuchen unser Leben neu auszurichten, aber – oh Mann – ist das schwierig! Wir sind erschöpft durch den Kampf einen neuen Durchbruch zu erringen und so geben wir auf und kehren zur althergebrachten Routine zurück. Es gibt da so ein fundamentales Gesetz das besagt, dass, wann immer eine neue Ordnung der Dinge eingeführt wird, wird ein vorübergehendes Chaos folgen. Wenn Sie jetzt aber wieder dagegen zu kämpfen beginnen, wird die neue Ordnung sich nie durchsetzen können. Sie können nur erfolgreich sein, wenn Sie den Widerspruch und die Behinderung mutig ignorieren. Schenken Sie dem, kühn wie Sie sind, absolut keinerlei Beachtung. In diesem Sinne ist Erfolg – nach Goethes Zitat - auch mal Nichts-TUN. Das ist verdammt schwierig – aber auch verdammt erfolgreich und clever. Gerade weil der Kampf gegen das Böse das Böse nicht entwurzelt. Um das Böse auszumerzen, müssen Sie das Gute in Gang setzen – einen neuen, intelligenten Entwurf. Und dann TUN Sie das Gute. So bündeln wir unsere Energie und richten sie neu auf das Gute. Das Böse verkümmert ohne diese Energie. Denn was ist das Böse anderes, als das Gute, von seinem eigenen Durst und Hunger gequält?

Stabilität ist gleich Zuverlässigkeit

„Weißt Du, mein Papa schreibt schwarze Zahlen."
„Ja, fehlt es ihm denn an anderen Farben?"

Wir vertrauen der Stabilität[1], weil wir akzeptieren, dass die „höheren Mächte" für uns sorgen werden – zum Beispiel eine gerechte Regierung, das soziale Netz oder die Versicherung. Die meisten von uns mögen Veränderungen nicht, da sie ja eine Verschlechterung bringen könnten. Aber die Zeiten ändern sich beständig und es wird klar, dass wir uns unsere eigene Realität erschaffen. Mit jedem Jahrzehnt verändert sich die Welt so sehr, dass man sie kaum noch erkennt. Wir haben inzwischen realisiert, dass Dinge, die sich nicht verändern, schlechter werden. Gleichstand ist Rückschritt.

---

1) Stabilität – hier: Wenn sich nichts ändert. Tatsächlich ist Stabilität ein Zustand des Null-Wachstums welcher andeutet, dass ein Rückgang bevorsteht. Nur wenn Stabilität einen Rückgang stoppt, kann der Begriff eine positive Bedeutung haben; aber wenn nachfolgend kein Wachstum einsetzt, wird ein Rückgang folgen.

Das Leben ist ständig damit beschäftigt, sich Erfolg zu verschaffen. So ist seine Natur. Jede Kreatur bemüht sich und trachtet danach, weiter zu gedeihen. Sobald eine Kreatur nachlässt, werden andere ihren Platz einnehmen und sie verdrängen. Die einzige sichere und zuverlässige Grundlage des Lebens ist das unaufhörliche „Wachstum". Das ist die Norm. So lange eine Person etwas Kreatives zu Wege bringt, „wächst" sie. Jede gute Entscheidung und jedes Problem, das gelöst wird, ist ein Sieg und bedeutet Wachstum.

Sobald diese Art von Wachstum unterbleibt, fangen die Probleme an. Das geschieht natürlich nicht von alleine. Irgendwo müssen Sie den Ball verloren haben. Und wenn Sie dann noch mehr versauern, geht alles bergab. Eine „stabile" Lage ist in Tat und Wahrheit eine Notsituation! Das ist genau so, wie wenn genau beim Abheben des Flugzeuges alle Motoren ausfallen. Wenn Sie als Person aufhören zu wachsen, müssen Sie die Alarmglocke bimmeln lassen und mit Nachdruck nach der Ursache des Problems suchen. Nur so können Sie es eliminieren, indem Sie ihr Leben auf vernünftige Art und Weise ändern – und natürlich indem Sie sich nicht auf einen Kampf einlassen.

Sich nicht zu verändern ist ein Symptom. Es ist ein Zeichen, dass wir aufgehört haben zu erschaffen. Kreativität verändert sich andauernd, wächst und gedeiht. Aber wenn dieses Kreativitätswachstum zum Erliegen kommt, bedeutet dies, dass der Niedergang unmittelbar bevor steht. Und wie sieht das in unserem Garten aus?

Es mag so scheinen, als existierten viele Dinge in und aus sich selbst – z. B. unsere Arbeit, Gesundheit, Eheleben und die Ernte. Aber diese Dinge existieren nur, wenn Sie diese aktiv erschaffen, sich darum bemühen, sie verbessern und ihnen all Ihre Aufmerksamkeit schenken. Wenn es Ihnen nicht mehr am Herzen liegt, Ihre Arbeit zu verbessern und Sie nur noch die Zeit absitzen, ist das in Tat und Wahrheit nicht mehr wirklich Ihre Arbeit. Wie oft habe ich schon beobachtet, wie ein frisch verheiratetes Paar unmittelbar nach der Hochzeit aufhört, an seiner Beziehung zu arbeiten und sie aufs Neue immer wieder zu erschaffen. Und die Liebe verpufft. Sie fangen an, als separate Individuen dahin zu vegetieren und die Familie hört auf zu existieren. Wenn Ihr Garten eine Belastung für Sie ist, dann haben Sie aufgehört kreativ zu sein. Dieser Zustand wird nicht lange dauern. Entweder werden Sie krank – oder Sie verkaufen das Grundstück, was weise wäre, bevor es dazu kommt. Da ich mir dessen bewusst bin, erschaffe ich meinen Garten stets aufs Neue und ändere ständig Dinge in kleinen Schritten. Das ist der einzige Weg, um mit dem Garten keine Probleme zu haben!

Die Umstände sind stärker als wir es sind

Hey, wage es nicht, dich bei mir über dein Glück zu beschweren!

Beim Versuch aus einer solchen Stillstandskrise auszubrechen, Ordnung zu schaffen und Probleme zu lösen, werden wir durch unsere rosarote Brille daran gehindert. Sie gaukelt uns vor, dass Resultate nicht von uns abhängen. Wir ziehen es vor, die Verantwortung auf andere oder einfach auf die äußeren Umstände abzuschieben. Aber seien wir ehrlich: In beinahe jeder Situation hätten wir uns anders verhalten können. Wir hätten vorausschauen können, was auf uns zukommt, wir hätten uns besser bemühen können, wir hätten die Situation total anders anpacken können, wir hätten uns zeigen oder auch weglaufen können, wir hätten etwas akzeptieren oder ablehnen können oder wir hätten etwas einsehen oder verstehen können. Hätten können? Ja, wir hätten das alles TUN können. Die spezifischen Umstände sind nicht schuld. Wir haben es nicht geschafft zu tun, was unter den spezifischen Umständen am besten gewesen wäre, weil wir es halt nicht besser wussten – oder, und das ist oft der Fall, wir wollten nicht oder hatten Angst.

Wir haben immer die Möglichkeit eine Wahl zu treffen. Das bedeutet aber Verantwortung zu übernehmen. Der wichtigste Punkt dabei ist: Wenn eine Person Verantwortung übernimmt, dann verlieren die Umstände jegliche Bedeutung. Der Mensch realisiert: Er hat das bekommen, was er wollte. Und er hat nichts zu bereuen.

Die Umstände sind nicht einfach jenseits unseres Einflussbereichs. Eigentlich sind sie dasselbe wie unsere Absichten. Das wahre Problem ist, dass wir uns normalerweise unserer wahren Absichten nicht bewusst sind, genau wie ein Verliebter kaum je seine wahren Motive kennt. Meistens bedeutet verliebt zu sein, das Bedürfnis „zu erhalten" – ein brennendes Verlangen die Aufmerksamkeit einer Person zu erlangen, sich cool zu fühlen oder sich für jemanden hinzugeben. Aber wir werden das natürlich nie im Leben zugeben, denn wir wurden erzogen zu glauben, dass Egoismus schlecht sei und Aufopferung gut. Und so sind wir überzeugt davon, dass wir „eine Person nur ihr zuliebe lieben".

Die Suche nach Ursachen außerhalb von uns selbst ist auch symptomatisch und ein Zeichen dafür, dass wir uns weigern, unsere Wahl zu treffen. Wir wollen, dass jemand anderes für uns entscheidet – und dann auch für das Resultat verantwortlich gemacht werden kann. Das sieht man leicht, wenn das Leben auseinander zu brechen beginnt. Wir finden tausend Gründe für unser Unglück. Sie schleichen sich in unsere Gedanken, wenn wir versuchen uns für etwas zu entscheiden. Ausreden sind ja so verlockend, so logisch und verführerisch, dass wir bereit sind, ihnen den Erfolg zu opfern. Es ist hundertmal leichter eine Ausrede zu finden als einen Sieg zu erringen. Ausreden gehören zu den größten Fallen, in die wir so gerne tappen.

Falls Sie es jedoch schaffen, den Mut dafür aufzubringen, dann gibt es ein mentales Instrument, das Ihnen hilft, Ihre Ausreden auszutricksen. Sie brauchen sich nur zwei Fragen zu beantworten: „Was habe ich getan, um die Situation zu verschlimmern?" Beseitigen Sie das aus Ihrem Leben. Und zweitens: „Was kann ich tun, um die Dinge zu verbessern? TUN Sie das. Machen Sie sich das zur Gewohnheit! Was hat dazu geführt, dass Sie sich besser fühlten? „Dinge die ich gerne tue, die Liebe zu meiner Frau und gesundes Essen." Stellen Sie sicher, dass diese Dinge Teil Ihres alltäglichen Lebens werden und/oder bleiben. Und was führte dazu, dass Sie sich schlechter fühlten? „Ich habe mich mit meiner Frau zerstritten und mich mit Fastfood vollgestopft." Also überdenke ich die Situation, merze aus, was schädlich ist und übernehme die Verantwortung. So kommt das Leben auf natürliche Weise wieder ins Gleichgewicht.

Es ist zentral zu verstehen, warum wir krank werden wollen. Die wichtigste Wahrheit über die „Umstände" ist, dass nur die Dinge mit uns passieren, die wir auch selber wollen.

Es ist irrelevant, was wir darüber denken. Was uns zustößt, ist die Offenbarung unserer Absichten. Was kaufen wir? Und in welcher Währung sind wir bereit zu bezahlen? Es ist schwierig, das zu verstehen, aber Bewusstsein ist Freiheit. Schauen Sie, was Sie haben – und Sie werden verstehen, was Sie in Wirklichkeit möchten!

Ausdauer und harte Arbeit zermahlen Steine zu Staub

Für kein Tier auf der Welt wird soviel gearbeitet wie für die Katz'.
unbekannt

Dieser Grundsatz (kollektiver Moral) wird uns seit unserer Geburt eingetrichtert. Wir halten aus und wir arbeiten hart. Wir zermahlen unsere Gärten zu Staub, von den Millionen von Hektaren fruchtbaren Steppenlandes gar nicht zu sprechen, oder vom einst wunderschönen Aralsee[1]! Mit der Zeit könnten wir es gar schaffen, die gesamte Natur zu zermahlen inklusive uns selbst – wenn wir nicht zu Sinnen kommen.

Wir sind Verfechter der harten Arbeit, ermutigen zu beflissener Ausdauer und dann sind wir überrascht, wenn dann nichts Gescheites daraus resultiert. Wir wollen einfach nicht erkennen, dass es nicht eine Frage des Eifers ist. Vielmehr geht es um das Ergebnis. Letztendlich verursacht Eifer mehr Schaden als die damit einher gehende harte Arbeit Nutzen bringt. Das Leben wird nicht durch Eifer verbessert sondern durch Erfolg. Nicht eifrige Arbeit, sondern produktive Arbeit

---

[1] Aralsee – in Zentralasien gelegen, war dieser See einst einer der größten Seen der Welt. Er schrumpfte aber seit den 1960er Jahren auf nur noch 10 Prozent seiner ursprünglichen Größe nachdem die Zuflüsse für Bewässerungsprojekte umgeleitet worden waren.

bringt Erfolg. Wenn wir zwei Arbeiter betrachten, dann erkennen wir, dass der erfolgreichere weniger Zeit, Kraftaufwand und Mittel einsetzt, um dasselbe Resultat zu erarbeiten. In Russland sagt man: „Ohne harte Arbeit wirst du nicht mal den allerkleinsten Fisch aus dem Teich fangen[1]."

Ach, was? Niemand hat gesagt, dass man überhaupt fischen muss! Es wäre besser, wenn wir einen Weg finden könnten, um den Fisch dazu zu bringen, selber aus dem Wasser in unsere Hände zu springen! Und nicht bloß irgendwelche Winzlinge, sondern Stör oder Lachs! Engels schrieb, dass „Arbeit die Menschwerdung des Affen bewirkte"[2]. Ach, wirklich? Ich kann mich nicht erinnern, ob er präzisierte, ob intellektuelle oder körperliche Arbeit damit gemeint war.

Ich würde anfügen, dass all jene Affen, die sich nicht transformierten, für alle Ewigkeit zu Faulenzern wurden. Und was könnte man von diesen Kreaturen erwarten? Ich kann Ihnen eines versichern: Würden sie uns sehen, wie eifrig wir graben, pflanzen, den Boden kultivieren, unsere Baumstämme mit Kalklösung anstreichen – und das Jahr für Jahr im Schweiße unseres Angesichts, nur um wieder ohne Ernte da zu stehen – sie würden sich ganz bestimmt zu Tode lachen. Kein anderes Lebewesen gräbt sich selber eine Grube. Nur der Mensch – die Krone der Schöpfung – handelt so total ineffektiv. Nur der Mensch baut auf blinden Glauben, auf die Meinungen anderer und die Versprechungen der Werbung. Sogar die Hasen wissen, dass sie nur die Spitzen der Triebe essen sollten, sodass die neuen schnel-

---

1) Ein bekanntes russisches Sprichwort, das etwa dem deutschen „Ohne Fleiß keinen Preis" entspricht.
2) Bezug auf Friedrich Engels Arbeit: „Anteil der Arbeit an der Menschwerdung des Affen", die ein wesentlicher Bestandteil der sowjetischen Ideologie war.

ler nachwachsen. Wir beobachten, wie eine Ameise ein Zweiglein mit sich herumschleppt. Wenn wir sie auf einem Teller platzieren, wird sie das Zweiglein wacker immer wieder im Kreis herumschleppen. Wir lachen ganz aufgeregt und rufen: „So ein Dummkopf – alles nur Instinkt!" Aber die Wahrheit ist, dass dieselben Ameisen uns jedes Jahr die halbe Ernte wegstehlen. Sie halten ganze Herden von Blattläusen auf den Bäumen, dann ruhen sie sich aus und nehmen es locker – trotz all unserer Bemühungen sie auszubremsen. Sie mühen sich nicht ab, sie führen keine sinn- und endlosen Kämpfe, sie errichten einfach ihre eigene Ordnung. Wer ist denn hier der Dummkopf? Wenn wir uns erinnern, dass Arbeit Wohlstand und Erfolg hervorbringen sollte, dann sind wir diejenigen, die den Affen hinterher hinken. Wir haben die unproduktive Arbeit erfunden. Wir sind die Meister der Sisyphusarbeit – nicht sie.

Wie sind wir nur auf diese Wertvorstellung gekommen, die Arbeitseifer und persönlichen Erfolg voneinander trennt? Ganz einfach: Im Laufe der Geschichte hat man uns sehr lange dafür bezahlt, belohnt und gelobt. Die paar wenigen Menschen, die selber zu denken wagten, wurden ignoriert, verflucht oder gar getötet. Arbeitseifer ist eine Charaktereigenschaft des Durchschnittsbürgers, die am vorteilhaftesten für die Leute an der Macht ist.

Das ist ein fundamentaler Managementgrundsatz: Die Belohnung schlechter Arbeit und die Nicht-Belohnung produktiver Arbeit führt zum Misserfolg jeglicher Arbeit. Oder einfacher ausgedrückt: Genau in dem Maß, wie Sie belohnen, werden Sie auch erhalten. Arbeit, die nicht belohnt wird, wird auch sehr schnell nicht mehr ausgeführt. Genau deshalb geht es mit Beziehungen, Unternehmungen, Volkswirtschaften und der Landwirtschaft bergab. Man bezahlt uns fürs Kranksein, deshalb sind wir öfters krank. Man bezahlt uns dafür arbeitslos zu sein – und wofür sollen wir dann arbeiten? Sind Ihre Kinder ungezogen? Sie könnten der Frage nachgehen, welche Verhaltensweisen Sie mit Ihrer Aufmerksamkeit und Ihren Reaktionen belohnen. Entwickeln sich Ihre Pflanzen schlecht? Vielleicht belohnen Sie ihre gesunde Entwicklung nicht. Aber welche Art der Belohnung sollten Sie ihnen zuteil kommen lassen? Nur sie können es Ihnen zeigen. Sie müssen sie genauer beobachten. Alles, was sie wollen, ist Belohnung – sie wissen mit Ihrer harten Arbeit nichts anzufangen.

„Ich lebe zum Wohle der Anderen ..."

Ich liebe sie alle, doch sie lieben mich nicht.
Aus diesem Grunde hasse ich sie.

Wie kann ich es wagen, diese Prinzipien zu hinterfragen! Bitte verzeihen Sie mir, Sie alle, die „zum Wohle der Anderen leben". Ich habe nicht die Absicht, an Ihren Wertvorstellungen zu rütteln. Ich versuche bloß, eine Auslegeordnung zu machen. Warum sind jene, die zum Wohl der Anderen leben, so unglücklich? Warum jammern sie so elend über die Undankbarkeit der Menschen für deren Wohl sie leben? Die Russen sagen oft: „Tue nichts Gutes und du wirst nichts Böses als Erwiderung erhalten."

Es ist sehr einfach: Warum leben wir zum Wohle der Anderen? Damit sie es besser haben. Doch warum müssen gerade wir das tun? Damit auch wir es besser haben. In Tat und Wahrheit „leben wir zum Wohle der Anderen" zu unserem eigenen Wohl. Wir tun dies im Versuch glücklicher zu sein, wichtiger und akzeptierter.

Ich glaube, ich habe Sie nicht überzeugt. ... Betrachten Sie doch mal alles, was wir „zum Wohle" unserer Kinder, Enkelkinder und Angehörigen tun. Sagen Sie mir: Wer hat denn etwas von unserer Sorge über unsere Kinder? Bestimmt nicht unsere Kinder. Sie akzeptieren unsere Fürsorge als unausweichlichen Umstand; sie betrachten sie als selbstverständlich und leider oft auch als unvermeidliches Übel. Das ist keine Hilfe, das ist Missbrauch. Warum? Weil wir so sehr ihre Retter und Wohltäter sein möchten, denn wir lechzen nach ihren Worten der grenzenlosen Dankbarkeit.

Wir selbst sind es, die es einfach nicht lassen können, andere zu verhätscheln. Wir selber haben diesen zwanghaften Drang unsere Kinder zu füttern und sie mit gesundem Essen und Eingemachtem zu versorgen, selbst wenn sie schon längst erwachsen sind. Wir selber sind es, die unsere Kinder nötigen wollen, uns zu schätzen. Wir selber sind es, die Angst davor haben, ehrlich zu leben – das heißt für uns selber. Unsere Kinder wollen ja nur eines: Sie wollen, dass wir glücklich, gesund und unabhängig sind – und nicht dass wir um ihretwillen leben, sondern einfach, dass wir leben. Richtig leben. Warum können wir nicht genau das für sie tun?

Sind Sie schon überzeugt?

Nun, stellen Sie sich vor, da würde plötzlich irgendjemand auftauchen und nur zu Ihrem Wohl leben wollen. Diese Person, gibt Ihnen alles, denkt ständig an Sie und sorgt sich unentwegt um Sie. Alles, was Sie fortan tun, jede Veränderung in Ihrem Leben, wird ab sofort auch Teil ihrer Sorgen oder vielleicht sogar ihrer Tragödie. Zu Ihrem Wohle ist sie bereit krank zu werden und zu sterben. Sie möchten, dass sie glücklich ist, aber leider ist sie todunglücklich – und dies bloß, weil Sie gerade irgendetwas stark beschäftigt. Sie wollen doch auch nur glücklich sein, aber Sie spüren, dass Sie die Ursache ihrer Betrübnis sind. Stellen Sie sich diese Situation sehr lebhaft vor und sie werden einsehen, dass so ein Leben ein Albtraum wäre.

Es ist einfach eine Tatsache, dass das Gesetz der Wechselwirkung die Grundlage jeder Beziehung und jeglichen Zusammenlebens darstellt. Wenn man absolut nichts zurückbekommt, wird der Geber geschwächt und beide gehen unter.

Jede normale Person fühlt Unbehagen, Angst, und gar Gefahr wenn sie bedeutend mehr erhält als sie zurückgeben kann. Das ist zweifellos wahr. Wir lehnen Almosen unbewusst ab, um unser Umfeld nicht zu schwächen. Auf diese Art schützen wir jene um uns herum und ihre gute Beziehung zu uns. Das macht ja auch Sinn. Wenn wir geben, müssen wir dem Empfänger die Gelegenheit bieten, auch etwas zurück zu geben, weil eine Person, die nichts zurückgeben kann, sich unwohl fühlt. Sie fühlt sich dazu verpflichtet und wird Ihnen sonst nicht dankbar sein. Wenn sie dies nicht realisiert, wird sie nach der Ursache des Problems suchen – und das werden Sie sein. Das ist der tiefere Sinn der Redewendung „Tue nichts Gutes und du wirst nichts Böses als Erwiderung erhalten."

Wer ist der Egoist? Die Person, die seit der Kindheit genötigt wurde zu nehmen ohne etwas zurück zu geben. Es war für die Eltern zu wohltuend „gut" zu sein und „zum Wohle von" zu leben.

Es gibt keinen Widerspruch zwischen Egoismus und Altruismus (= Selbstlosigkeit). Beide verkörpern unser Bedürfnis und unser Verlangen. Leben Sie zum Wohle der Anderen, aber erlauben Sie den Anderen auch, zu Ihrem Wohl zu leben. Und gestehen Sie es sich ein, dass Sie dies auch zu Ihrem eigenen Wohl tun, denn wenn Sie sich ständig aufopfern und unglücklich sind, werden Sie zur Last aller.

„Ich bin bei dir, sodass das Leben besser wird für mich. Und du bist bei mir, sodass das Leben besser wird für dich." Beziehungen, die auf diesem Grundsatz basieren sind ehrlich, gradlinig, dauerhaft und auch leicht zu erschaffen. Wenn Sie in Sachen Altruismus ehrlich mit sich und mit ihren Mitmenschen sind, dann fällt eine schwere Last von Ihren Schultern. Das befreit Ihre Seele. Wer in seinem Leben unverzagt der Freude Einlass gewährt, ist sicher kein Egoist! Im Gegenteil, es fördert dessen Gesundheit und Attraktivität. Aber am wichtigsten ist, dass Ihre Mitmenschen anfangen werden, Sie zu respektieren und das Leben Ihrer Liebsten wird auch sofort verbessert. Schließlich leben Sie doch zu ihrem Wohl, nicht wahr?

Die Wissenschaft ist schlauer als wir es sind

Oder

Clever ist der, der seine eigenen Probleme löst, indem er jene der Anderen studiert

Glaube keiner Studie, die du nicht selber finanziert hast.
Franz Felix

Wenn es wahr wäre, dass die Wissenschaft schlauer ist als wir, dann hätte sie alle unsere Probleme schon längst gelöst. Aber sie sind ja nur noch größer geworden, und normalerweise lösen wir sie

schlussendlich halt doch selber. Irgendwie bewältigen wir sie besser als die Wissenschaftler.

Die Errungenschaften der Wissenschaft sind unbestreitbar. Doch leider decken sich ihre Ziele nicht mit den unseren. Die moderne kommerzielle Wissenschaft hat nur ein Ziel, nämlich Profit zu machen – für sich selber oder für einen Auftraggeber. Aber für uns gilt das Gegenteil: Wir wollen unser Leben verbessern und vereinfachen. Und genau dieser Bereich wird von der Wissenschaft sträflich vernachlässigt. Die Mehrheit der wissenschaftlichen Erkenntnisse werden von uns finanziert, sind aber nicht zu unserem Nutzen. Deshalb: Glaube keiner Studie, die du nicht selber finanziert hast.

Die moderne Forschung dient zunehmend nur noch den Herstellern irgendwelcher Produkte. Es scheint, dass die Entwickler von Shampoo und Zahnpasta wirklich hart für die Lösung unserer Probleme arbeiten – aber das ist eine Illusion. Ein Problem ist erst dann wirklich gelöst, wenn wir kein Geld für die Lösung ausgeben müssen. Die Wissenschaft eliminiert unsere Probleme nicht, da sie von Natur aus dafür da ist, Probleme zu erschaffen oder vorzugaukeln und dies dann auszunutzen, indem man uns eine Wunderlösung für diese neu ins Leben gerufenen Probleme andreht. Ein Beispiel: Kein Shampoo wird uns auf immer und ewig von Schuppen befreien. Kein einziges Bodenbearbeitungsgerät und kein Dünger hat die Bodenfruchtbarkeit erhalten, keine Antibiotika haben gesundes Essen produziert und keine Gifte haben jemals eine Ernte geschützt. Heute ist das nicht anders als vor hundert Jahren: Wir verlieren noch immer etwa einen Drittel von dem, was wir anbauen. Nur bezahlen wir für die Verluste dank der modernen Errungenschaften einen viel höheren Preis.

Ich werde Ihnen ein schreckliches Geheimnis verraten: Die überwältigende Mehrheit der Wissenschaftler ist nicht gescheiter als normale Menschen. Wir wissen auch, wie man denkt. Und einige von uns tun das viel besser als alle Wissenschaftler. Immerhin brüten diese an einem begrenzten Problem während wir im freien Flug leben. Um unsere Probleme zu lösen, erfinden wir oft klasse Werkzeuge oder Techniken, wie jene, die im ersten Kapitel erwähnt wurden. Alles, was die Wissenschaft dazu beiträgt, ist darüber zu richten, ob diese Erfindungen gut oder schlecht sind. Wenn kluge Menschen die Möglichkeit hätten, ihre Erfolge einer breiten Masse zugänglich zu machen, würde die Wissenschaft ihre Daseinsberechtigung verlieren – oder das fürchtet sie zumindest.

Jedermann, der etwas erfunden oder entwickelt hat, das eine Arbeit einfacher oder leichter macht, hat wahrlich echtes wissenschaftliches Wissen und Know-how erschaffen. Dabei ist es völlig irrelevant, ob dies von wissenschaftlichen Kreisen anerkannt wird, oder nicht. Möglicherweise wird jemand behaupten, dass dies nicht wissenschaftlich sei. Sei's drum. Dann nennen wir es halt einfach „praktische Erfahrung". Wir verwenden es trotzdem zu unserem Nutzen – weil es funktioniert. Gott gebe, dass die Wissenschaft mit unseren praktischen Erfahrungen wird Schritt halten können! Und Gott gebe, dass die Wissenschaft uns genau so viel Nutzen bringt, wie unser gesunder Menschenverstand und unser Einfallsreichtum. In entwickelten Ländern haben angesehene wissenschaftliche Institute endlich begonnen, den biologischen Landbau, schmale Beete und Mulch zu studieren. Aber hier in Russland sind intelligente Bauern und Gärtner mit ihrem reichen, praktischen Erfahrungsschatz das einzige, das wir haben. Wir wissen, dass wir nicht auf die Gefallen der Wissenschaft warten können. Wir müssen uns diesen Gefallen selber tun[1].

1) In Anlehnung an die viel zitierten Worte des Ivan Michurin (berühmter russischer Pflanzenzüchter): Wir können nicht auf die Gefallen der Natur warten. Es ist unsere Aufgabe sie selber zu erringen.

Die Gartenmythen unserer Zeit

Der Garten hatte die Pflege des Besitzers wirklich nötig.
Und je mehr Pflege der Besitzer bekommt, desto besser.

Der einzige Mist, auf dem nichts wächst, ist der Pessimist.
Theodor Heuss

Wenn wir die tiefe Kluft zwischen den wissenschaftlichen Empfehlungen und unseren Ernten betrachten, dann muss die heutige Gartenpraxis als eine Art Religion angesehen werden. Sie basiert fast ganz auf blindem Glauben. Es gibt da die strikten rituellen Zeremonien mit den passenden Requisiten, wie z. B. das Kalken der Stämme erwachsener Bäume im Frühling, oder das rituelle Spritzen mit allen Arten von Giften oder das Ritual des Ausreißens aller Beikräuter, wo auch immer etwas Grünes sprießt; der Kult des Grabens und Pflügens, das Zurückschneiden der Haupttriebe der Obstbäume und so weiter.

Wir tun eifrig all diese Dinge, die letzten Endes mehr schaden als nützen und fühlen uns auch noch gut dabei, da wir ja „unsere heilige Pflicht erfüllen".

So wie ich das sehe, bemisst sich die durchschnittliche Effizienz eines Gärtners wie folgt: 10 Prozent der Arbeit ist zum Nutzen der Pflanzen (und der Gärtner), 30 Prozent ist in der Tat schädlich und die restlichen 60 Prozent gehen zu Lasten des Kampfes gegen diese 30 schädlichen Prozent flöten. Dergestalt ist das rituelle Verhalten eines wahren Gläubigen.

Und wo es Rituale gibt, finden sich auch Kultgegenstände. Der wichtigste ist die Schaufel, welche die Evolution über die Jahre zum motorisierten Pflug und zur Bodenfräse weiterentwickelt hat. Was Gifte und die diversen weiteren wundersamen Gebräue angeht, würde ich schätzen, dass 80 Prozent davon kultischer Natur sind. Sie ziehen uns mit ihren auserlesenen Etiketten in ihren Bann und werden dann oft unsachgemäß angewendet und entfalten deshalb keine oder eine unerwünschte Wirkung. Wir Russen tendieren auch dazu, uns von importierten Gerätschaften blenden zu lassen. Ein Beispiel ist der tragbare elektrische Kultivator mit einer sich drehenden Scheibe am Ende. In Tat und Wahrheit ist man schneller, wenn man den Boden mit einer normalen Hacke lockert, ganz zu schweigen von der Rasierhacke oder dem Flachschneider. Unsere Gartencenter sind so attraktiv, dass sie selbst einen kunstvoll dekorierten Tempel in den Schatten stellen.

Die wichtigsten Götter des Garten-Pantheons sind die Wissenschaft und die knochenharte Arbeit; außerdem gehören Ordnung und „so sein wie alle anderen" zu den Gottheiten. Ist es nicht an der Zeit, Brüder und Schwestern, diese Gottheiten in die Verantwortung zu nehmen und ihre Dogmen einer eingehenden Prüfung zu unterziehen? Hier folgen ein paar der Absurditäten, die sie uns eingetrichtert haben:

„Je mehr du gräbst und den Boden kultivierst, desto besser wird dein Boden sein." Das stimmt für die meisten Böden nicht. Die beste Bodenstruktur wird von organischer Substanz, Wurzeln und kleinen Lebewesen hergestellt. Schaufeln helfen nur in schweren Böden und selbst diese sollten nur alle vier bis fünf Jahre umgegraben werden. Für alle anderen Böden gilt, dass das Graben und Pflügen nur ein Kampf gegen die Folgen des Strukturverlustes ist, den wir durch Graben und Pflügen selber herbeigeführt haben.

„Ein gut gepflegter Boden ist ein Boden auf dem nichts wächst." Genau das Gegenteil ist richtig. Kahle Erde ist sterbende Erde. Es ist logischer, Erde als „kultiviert" zu bezeichnen, wenn sie mit Pflanzen bedeckt ist, die Sie dort gesät oder gefördert haben. Und es liegt in Ihrem Ermessen, welche Art Pflanzung Sie dort fördern. Permanente Beete direkt auf dem Rasen angelegt, ein unberührter Hain oder eine Naturwiese, die Sie bewusst so in ihrem natürlichen Zustand erhalten – das sind wahrlich gut gepflegte Böden.

„Die einzige Nahrungsquelle sind Düngemittel." Wenn das wahr wäre, wären die Pflanzen in der freien Natur schon lange eingegangen. Was Kunstdünger besonders gut hinkriegen ist, mit einem Wasserüberschuss aufgedunsene Gemüse hervorzubringen. Doch diese Pflanzen sind so kränklich und ungesund, dass sie es nicht einmal Wert sind, erwähnt zu werden – zumindest nicht für Gärtner, die Nahrungsmittel (nicht Menschenfutter) für den eigenen Verzehr anbauen.

„Chemikalien werden unsere Probleme mit „Schädlingen" und Krankheiten lösen." In Tat und Wahrheit begünstigen Chemikalien diese Probleme, ja sie verschlimmern sie sogar. Es gibt zwei Faktoren, die es uns erlauben, Krankheitserreger zu ignorieren: Die Artenvielfalt und die hohe Immunität der Pflanzen. Chemikalien sind starke Gifte, die Leben zerstören. Sie sollten sehr zurückhaltend eingesetzt werden und nur in Extremsituationen.

„Wurzeln ersticken unter Mulch." Ganz im Gegenteil. Wurzeln ersticken ohne Mulch, wegen der Verdichtung des Bodens durch das Graben oder Pflügen und durch die Bearbeitung der Ackerkrume.

„Die chemische Industrie garantiert höhere Erträge." Das ist eine Halbwahrheit. Chemikalien können Erträge steigern, wenn sie weise und angemessen eingesetzt werden. Aber sie stellen keine Bodenfruchtbarkeit her und sie werden das auch nie schaffen. Alle großen Zivilisationen gingen aus einem einfachen Grund unter: Sie erschöpften und zerstörten die Fruchtbarkeit ihrer Böden und sie hatten nichts mehr zu essen. Wenn wir es nicht schaffen, die Bodenfruchtbarkeit wieder herzustellen, wird auch uns genau dieses Schicksal ereilen, dieses Mal in einem globalen Ausmaß. Ich habe zwei Bücher dem Thema der Wiederherstellung der Bodenfruchtbarkeit und der intelligenten Landwirtschaft gewidmet: „Die Kunst der Bodenfruchtbarkeit" und „Frieden statt Verteidigung" (in russischer Sprache).

„Gentechnisch veränderte Pflanzen werden die Welt ernähren." Füttern möglicherweise – aber ernähren kaum. Zudem ist es sehr fraglich, ob wir diese Art der Fütterung überleben und dabei gesund bleiben. Es wurde bereits mehrfach von unabhängigen Forschern bewiesen, dass gewisse gentechnisch veränderte Pflanzen lebenswichtige Organe zerstören und auch unsere Nachkommen schwächen können. Die Wahrheit ist, dass Gene in der Natur asexuell weitergegeben werden können; solche Transfers sind wissenschaftlich bewiesen. Die Konsequenzen daraus sind noch nicht genügend erforscht und das könnte katastrophale Folgen für die Natur als Ganzes haben.

Eine Auflistung der Mythen der letzten Jahrzehnte wäre nicht vollständig ohne zu erwähnen, dass die allgemeine Überzeugung, dass alle Samen, welche in den Verkauf gelangen, auch lebensfähig und angemessen nach Spezies sortiert sind. Das hängt sehr vom Markt ab, wo man sie kauft. Ich kann nur hoffen, dass, nicht wie in Russland, die Länder Europas und die USA strikte Standards anwenden.

Wie ich schon erwähnt habe: Wir denken gerne schwarzweiß. Wenn das eine nicht richtig ist, dann kann nur das Gegenteil richtig sein. Bitte erliegen Sie nicht der Versuchung in solchen Extremen zu denken. Meistens liegen beide Enden des Spektrums nicht richtig und die Wahrheit liegt irgendwo dazwischen. Zum Beispiel: „Pestizide werden die Probleme des Pflanzenschutzes lösen oder eben nicht lösen". Offensichtlich ist die totale Ablehnung von Pestiziden genau so einseitig und falsch wie der unbeirrte Glaube an sie. Die echte Lösung liegt darin, starke, widerstandsfähige Pflanzen zu ziehen. Das grundlegende Verfahren um dies zu erreichen, ist die Bodenfruchtbarkeit wieder herzustellen, das Ökosystem zu bereichern und die Pflanzungen intelligent zu pflegen. Aber in Zeiten schwerer Krankheitsausbrüche schließe auch ich die vernünftige, zurückhaltende Unterstützung von Chemikalien nicht von vornherein aus.

Das bringt mich zu der Predigt, die ich in meinem Buch „Clever Gärtnern Band 2, Obstgarten" zum Besten gebe:

„Meine lieben Gemeindemitglieder! Lasst uns gemeinsam bekennen, dass die schlauen Götter unseres Pantheons aus einem skrupellosen Grund ihre Pflichten vernachlässigen. Sie wenden sich von der praktischen Arbeit ab, sie werden nachlässig und veranstalten Saufgelage – aus welchem Grund auch immer – oder völlig grundlos. Aber vor allem drücken sie sich vor der Verantwortung (die Sünde aller Göt-

ter)! Und was resultiert daraus? Wenn wir zurückblicken auf die Berichtsperiode der letzten 50 Jahre, dann scheint unser Garten weniger wie ein Garten Eden, sondern eher wie ein Fegefeuer. Aus diesem Grund weihe ich alle, die es begehren, diesem neuen Glauben. Glaubt nichts, Brüder und Schwestern, außer dem, was eure Hände und Augen euch berichten. Glaubt niemandem als denen, die erfolgreich und wahrlich glücklich sind. Und vor allem: Vertraut euch selber. Ladet Absicht und Erfahrung und Interesse und Beobachtungsgabe in den Pantheon eures Lebens ein. Diese jungen Götter werden nie zulassen, dass ihr in der ewig währenden Langeweile versinkt! Sie sind von Haus aus gut, da es praktisch unmöglich ist, sie in Objekte stumpfsinniger Hingabe zu verwandeln.

Wahrlich, uns wird Segen ganz unserem Glauben entsprechend zuteil! Was aber den Erfolg angeht: Das ist etwas, das jeder für sich selber entwickeln muss. Amen."

Regenwurmreiche Böden widerstehen der Erosionsgefahr in hohem Maße. Durch die Wühlarbeit und Auflockerung erfährt der Boden eine beachtliche Volumenzunahme, sodass eine bessere Verteilung von Luft und Wasser in ihm erfolgt.

Erhard Hennig (1906 – 1998), deutscher Humusforscher

KAPITEL 9

Düngung und Bewässerung intelligenter Beete

oder

Wie man Pflanzen ernährt und bewässert, ohne ihnen zu schaden

Bibo ergo sum.
Ich trinke, also bin ich.

Bewässerung und Düngung sind wichtige Elemente des Gartenbaus. Wenn dies jedoch nicht vernünftig bewerkstelligt wird, kann man damit auch Schaden anrichten. Lassen Sie uns dies genauer betrachten:

Wasser sollte so eingesetzt werden, dass
a) der Boden beständig feucht ist
b) das Wasser gleichmäßig über die ganze Wurzelzone verteilt ist;
c) der Feuchtigkeitsgehalt konstant ist, ohne zwischen sporadischem Tränken und großer Trockenheit zu schwanken
d) das Wasser beim Ausbringen auf den Beeten effizient von den Pflanzen genutzt und nicht verschwendet wird
e) das Tränken den Boden nicht verdichtet und die Bodenstruktur nicht zerstört
f) das Wasser nicht zu kalt ist, und somit keine Temperaturschwankungen im Boden verursacht.
g) Dünger mit Wasser verabreicht wird und
h) alle oben erwähnten Punkte möglichst wenig Aufwand mit sich bringen.

Dünger sollte:
a) in seiner Zusammensetzung den Gegebenheiten angepasst sein und nicht wahllos „für alle Fälle" eingesetzt werden

b) nur entsprechend der empfohlenen Dosierung ausgebracht werden;
c) nur angewendet werden, wenn die Bodenbedingungen den Pflanzen helfen, die Nährstoffe optimal aufzunehmen – das bedingt das Vorhandensein von Feuchtigkeit, Bodenstruktur und Mikroben
d) unter verschiedenen Wetterbedingungen den Boden nicht verschlechtern: nicht übersäuern, nicht übersalzen usw.
e) und natürlich auch nicht zu viel Zeit und Aufwand kosten.

Und zum Schluss: Düngung und Bewässerung sollte nicht zu teuer sein. Das ist unser Ziel.

Feuchtigkeit und Nahrung sind die beiden wichtigsten Faktoren für die Entwicklung von Pflanzen in einem normalen Boden. Eines von beiden zu ignorieren, würde all unsere Bemühungen zur reinen Sisyphusarbeit verkommen lassen. Glauben Sie mir, ich habe schon viele sagen hören: „Ich habe mit diesem und mit jenem gedüngt, aber trotzdem ist nichts gewachsen." Was also ist die rationalste Methode für die Bewässerung und Düngung? Zuerst sollten wir uns mit der Arbeit von Kliment Timiryazev „Der Überlebenskampf der Pflanzen gegen Trockenheit" vertraut machen.

Mit Kampf meinte er die Anpassung – d.h. die automatischen Anpassungs- und Kompensationsmechanismen. Aber am wichtigsten ist, dass Timiryazev die Trockenheit aus der Sicht der Pflanzen studierte – eine seltene Gabe wissenschaftlicher Genialität.

Warum Pflanzen Wasser ausdünsten
Der Mensch sollte den Pflanzen in der Kunst, den feindlichen Kräften der Natur zu trotzen, nacheifern :
a) durch die Reduktion der Ausdünstung ohne die Nahrungsaufnahme zu behindern
b) durch die autonome Anpassung an die Gegebenheiten.
(K. A. Timiryazev)
Gemüse dünsten 400 – 800 oder mehr Teile Wasser aus, um ein Teil Trockenmasse zu bilden. Das macht 20 – 40 Liter Wasser, um ein Kilogramm Biomasse herzustellen. Und oft besteht die Ernte bloß noch aus der Hälfte dieser Biomasse. In Russlands südlichen Steppen und in den Gebieten mit schwarzer Erde fällt nur in den

günstigsten Jahren eine solch große Wassermenge als Niederschlag.

Williams sagt uns, dass auf nackter und unstrukturierter Erde nur ein Viertel oder ein Fünftel des gesamten Niederschlags von den Pflanzen aufgenommen wird. Dasselbe gilt für unsere Bewässerungsbemühungen, insbesondere in der Sommerhitze auf barem Boden. Ein Eimer Wasser, den man auf einen Quadratmeter umgegrabenen, kompakten Boden gießt, benetzt nur die obersten drei bis vier Zentimeter. All dieses Wasser wird bereits innerhalb eines Tages verdunsten. Wenn es trockenen Wind gibt, geschieht dies sogar innerhalb zwei bis vier Stunden. Anstatt die Wurzeln mit Feuchtigkeit zu versorgen, wässern wir eifrig die Luft.

Pflanzen kühlen ihre Blätter, indem sie Wasser ausdünsten. Bei Wind dünsten sie zwei bis vier Mal so viel Wasser als normal aus, und bei Sonnenschein noch mehr; andernfalls würden ihre Blätter in der Hitze welken. Die klassischen Experimente des Herrn Schössling zeigten, dass Pflanzen im Freilandanbau 800 Teile Wasser auf einen Teil Trockenmasse ausdünsten. Wenn sie aber unter Glas gezogen wurden, war der Anteil fünfmal weniger. Zudem lagerten die so geschützten Pflanzen nur die Hälfte an Salzen ein und produzierten trotzdem doppelt so viel organische Substanz. Wir können dies selber im Treibhausanbau beobachten. Das zeigt, dass die übermäßige Ausdünstung von Wasser durch die Pflanzen absolut unnötig ist. Es ist eher wie ein unnötiges Übel. Warum reduzieren dann die Pflanzen nicht einfach die Fläche ihrer Blätter? Seit über hundert Jahren stützt sich die russische Agrarwissenschaft auf die Erkenntnisse Timiryazevs über die Ernährung der Pflanzen aus der Luft.

Die Antwort schien Timiryazev offensichtlich: Eine große Blattfläche ist nötig, um Kohlendioxid aus der Luft aufnehmen zu können, ein zentraler Nahrungsbestandteil der Pflanzen.

Das Kohlendioxid macht nur 1/4000 Teil der Luft aus, aber in den Pflanzen bildet es bis zur Hälfte der gesamten Masse! Aus diesem Grund sind Pflanzen gezwungen, die Flächenausdehnung und Masse ihrer Blätter zu vergrößern – einjährige Pflanzen können es sich nicht erlauben dieselbe Trägheit an den Tag zu legen wie blattlose Kakteen. Und was Kulturpflanzen angeht – diese sind gezwungen, sehr schnell zu wachsen!

Die Pflanzen müssen also ihre Blätter stetig mit Wasser „aufblähen". Andernfalls würden sie sofort welken, abschlaffen und wie alte Lumpen herunterhängen. Deshalb müssen sie, das ist ihr Problem, eine riesige Menge an Wasser durch diese Blätter verdunsten. Timiryazev folgerte, dass die Notwendigkeit eine so große Blattmasse zu produzieren und als Konsequenz daraus so viel zusätzliches Wasser verdunsten zu müssen, ein notwendiges Übel sei; ein Fluch, dem die Pflanzen unterliegen um der Kohlendioxidaufnahme willen. Kohlendioxid, das ja ein so knappes Gut ist, wie oben dargelegt.

Aber seit wann toleriert die Natur denn ein „notwendiges Übel"? Die Natur ist doch der Inbegriff der Vernunft!

Ich bin kein Anhänger des abgehobenen wissenschaftlichen Diskurses, aber ich interessiere mich für Erkenntnisse und Wahrheit. Erst kürzlich hinterfragte einer unserer wissbegierigen Wissenschaftler die „atmosphärische Ernährung" der Pflanzen. Wir beide diskutierten die Frage ernsthaft mit mehreren Wissenschaftlern auf dem Gebiet des Biolandbaus. Wir machten dabei ein paar interessante Entdeckungen.

1. Der Druck des Kohlendioxidgases in der Zellflüssigkeit der Pflanzen ist viel höher als in der Atmosphäre. Deshalb kann es nicht aufgenommen werden; es kann nur ausgeschieden werden. Es stellt sich heraus, dass rund um die Uhr Kohlendioxidgas durch die Blätter ausgeschieden wird.
2. Kohlendioxidgas ist 150 Mal besser wasserlöslich als Stickstoff und 70 Mal besser als Sauerstoff. Jegliches offenes Wasser, sogar in der Form fallender Regentropfen, wird sehr schnell mit Kohlendioxid gesättigt.
3. Je höher die Kohlendioxidkonzentration ist, desto mehr wird davon in Wasser gelöst. Unter verrottendem, organischem Mulch, wo Mikroben intensiv atmen, gibt es bis zu 500 Mal mehr Kohlendioxid als in der Atmosphäre d. h. in der Luft. Unter solchen Bedingungen werden bis zu eineinhalb Gramm Kohlendioxid pro Liter Bodenfeuchtigkeit gelöst – und das ist viel!

Unsere Schlussfolgerung daraus lautete: Pflanzen, die unter den normalen Bedingungen eines lebendigen Bodens existieren, nehmen beinahe sämtlichen Kohlenstoff durch ihre Wurzeln auf – in Form von gelöstem Kohlendioxid im Boden. Das System zur Nährstoffaufnahme der Wurzel gibt der Pflanze alles, was sie braucht: Kohlenstoff, Wasserstoff, Mineralien, Elastizität in den Blättern und ihre Kühlung. So – hier haben wir sie: Die Rationalität der Natur! Nur in leblosen Böden, denen die organische Substanz fehlt, sind die Pflanzen zum Verhungern verurteilt. Sie versuchen verzweifelt, vom Hunger geplagt, Kohlendioxid aus der Atmosphäre zu beziehen.

Nun denn, wie können wir unseren Pflanzen helfen?
1. Wir müssen sie mit der größtmöglichen Menge an Boden-Kohlendioxidgas und Wasser versorgen
2. Wir müssen die übermäßige Ausdünstung reduzieren.

Um dies zu erreichen, müssen wir zuerst ein freundliches Mikroklima schaffen.

Pflanzen Sie einen dichten Windschutzstreifen aus Bäumen, um den Sommerwinden Einhalt zu gebieten. Pflanzen Sie zudem Reihen von Mais, Stangenbohnen, Sorghum und Zuckerrohr. Diese dämmen den Wind und teilweise auch die Sonneneinstrahlung. Ruhige Luft spart den Pflanzen mindestens die Hälfte des Wassers, das sie brauchen, ein. Die einzige Quelle von Kohlendioxid auf dem ganzen Planeten ist 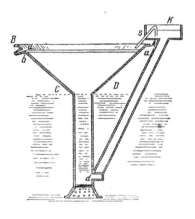 und bleibt eine Mulchschicht, die permanent auf einem lebendigen, strukturierten Boden liegt. Sie hilft nicht nur, Wasser im Boden einzulagern und zu speichern, sondern auch die Pflanzen mit dem Kohlenstoff zu versorgen, den sie benötigen.

Timiryazev schlug auch verschiedene Methoden zur Bewässerung vor. In Frankreich waren einfache Geräte um Wasser emporzuheben in Gebrauch, die Mouchot[1] und Tellier Pumpen.

---

[1] Augustin Mouchots Buch „La Chaleut Solaire et Ses Applications Industrielles" („Die Sonnenhitze und ihre industriellen Anwendungen") wurde 1869 publiziert. The Clutha Leader, eine Neuseeländische Zeitung, berichtete am 17. Dezember 1880, dass Mouchons Apparat eine Pumpe betreibe, die pro Stunde 264 Gallonen (1000 Liter) einen Yard (91 Zentimeter) hochpumpen könne. Die Pumpe sei von 8:00 Uhr bis 16:00 Uhr in Betrieb und weder starke Winde noch vorüberziehende Wolken würden den Betrieb merklich stören.

Die Mouchot Pumpe wird solar betrieben. Die Sonne heizt eine Membrane auf, die als Deckel auf einem Trichter liegt. Die erwärmte Luft drückt das Wasser in den oberen Tank. Das Wasser sammelt sich in der Membrane und kühlt diese ab. Das bewirkt, dass das Wasser sich in einen Sammler entleert. Dann heizt sich die Membrane wieder auf und saugt den nächsten Schwall Wasser nach oben. Dieses System, wenn es ein Mal installiert ist, kann über Jahre Wasser bis zu eineinhalb Meter hochpumpen – ganz unterhaltsfrei.

Die Charles Albert Tellier Pumpe ist komplexer. Der Solarerhitzer (das Dach eines Hühnerstalls) wird mit Ammoniak befüllt. Bis zur Verdunstung erhitzt, treibt der Ammoniak einen gewöhnlichen Gasmotor an. Der Ammoniak wird danach mit Wasser gekühlt und kehrt in den Erhitzer zurück. Mit einer Solarheizfläche von 70 Quadratmetern kann die Pumpe pro Stunde 60 Tonnen Wasser bis zu einer Höhe von 10 Metern hochpumpen! Anders gesagt, diese Pumpe schafft es, innerhalb einer Stunde genug Wasser zu fördern, um 100 Quadratmeter Anbaufläche mit genügend Wasser für eine ganze Vegetationsperiode zu versorgen. Genau das tat die Maschine für Tellier während des unvergessenen Dürrejahres von 1891. Und das fast kostenlos!

Ein Jahrhundert ist seither vergangen. Unsere talentierten Handwerker haben viele ähnliche Pumpen entwickelt, die ebenfalls keinen Strom benötigen. Aber natürlich werden diese noch immer nicht kommerziell hergestellt, denn sie ordnen sich nicht den hehren Zielen der „natürlichen Wirtschaft" unter.

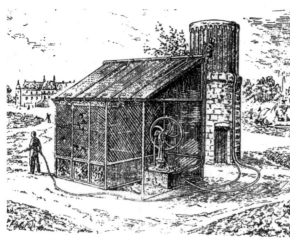

Ich hoffe sehr, dass solche Maschinen eines Tages den Weg in die Massenproduktion finden. Was können wir aber tun, bis es so weit ist?

Was wir tun können

„Bier für das Vaterland!" sang die Verkäuferin am Bierstand.

1. **Wir können das Mulchen zur Gewohnheit machen.** Erinnern Sie sich an den Eimer Wasser, den wir auf einen Quadratmeter Boden schütten, und der dann innerhalb eines halben Tages verdunstet? Das ist nicht zum Lachen!
Die Russische Gartenbauforschung untersucht Mulch und organischer Substanz seit mindestens 70 Jahren. Nachfolgend finden Sie ein paar Forschungsergebnisse von Valentin Bryzgalovs klassischer Arbeit „Gemüseproduktion". Mulch bringt folgende Vorteile:
a) Er bewirkt eine gleichmäßige Verteilung der Feuchtigkeit im ganzen Boden bis zur Oberfläche;
b) abrupte Feuchtigkeitsschwankungen werden ausgeglichen;
c) der Feuchtigkeitsgehalt in mit Mulch bedecktem Boden ist drei bis vier Prozent höher (was sehr viel ist!);
d) die Oberfläche des Boden verkrustet nicht;
e) die Bodenbelüftung (Atmung) ist doppelt so hoch; und
f) die strukturelle Porosität (die Fähigkeit Feuchtigkeit aufzunehmen und in die Tiefe zu leiten) ist fünf Mal höher.
All diese Bedingungen erhöhen die Nitrifikation (= Nitratbildung/Salpeterbildung). Wenn der Herbst kommt, ist der Nitratgehalt in gemulchten Böden sechs bis acht Mal höher und während der Vegetationsphase durchschnittlich vier Mal höher. Zudem erstickt der Mulch Beikräuter. Wir können daraus nur schließen, dass jegliche Bewässerung ohne Mulch unproduktive Arbeit darstellt, eine Art „Bewässerungssyndrom". Es läuft darauf hinaus, dass wir drei Mal so viel Wasser verbrauchen um einen Drittel des Ertrages zu erhalten!

2. **Die zu bewässernde Grundfläche zu verkleinern** ist der wichtigste Punkt. Nehmen wir das Experiment Schösslings: Je ein großer und ein kleiner bepflanzter Topf wurden mit derselben Menge Wasser versorgt. Die Pflanzen im kleinen Topf wuchsen gut während jene im großen Topf an Wassermangel eingingen. Dasselbe konnte bei kleinen Hydrokulturen nachgewiesen werden: Ein acht mal acht

Zentimeter großer Torfblock, der konstant feucht gehalten wird, bedient die Wurzeln mit genügend Wasser. Pflanzen, die ich in einer Grube ziehe, sehen einfach toll aus und sie brauchen nicht mehr als zwei bis drei Eimer Wasser pro Woche. In dieser Beziehung sind schmale Beete und Gräben sowohl rational als auch bequem und zweckmäßig. Man muss weniger bewässern und der Boden speichert mehr Feuchtigkeit.

Von der Annahme ausgehend, dass die Beete permanent angelegt und gemulcht werden, betrachten wir nun die Möglichkeiten der Bewässerung.

Bewässerung mit einem Schlauch ist weit verbreitet, aber in der Tat ist es die primitivste Art zu bewässern. Sie verdichtet den Boden, erfordert, dass der Boden gelockert wird, zerstört die Struktur des Oberbodens, reduziert die Nitrifikation, und wäscht die organische Substanz und Nährstoffe aus. Wenn der Wasserdruck tief ist, dauert es eine Ewigkeit und wenn sie hoch ist, wird alles noch schneller ausgewaschen. Eine raffinierte Lösung, um den Negativeffekt des Wasserdrucks zu lindern, erfand Jacob Mittleider. Er wickelte mehrere Schichten Sackleinen (Jute) um das Ende des Schlauchs. So kann der Hahn immer voll aufgedreht werden. Die im Handel erhältlichen, zum Teil verstellbaren Düsen und „Spritzpistolen" sind nicht viel besser. Diese Spielzeuge mögen Ihrem Spaß dienlich sein, aber sie waschen den Boden trotzdem aus. Das gilt genau so für den Sprinkler-Modus. Der Druck dieser Spritzpistolen ist zu hoch und nur für die Bewässerung von Rasenflächen und Blumenbeeten geeignet. Das ist nichts für Gemüsegärten.

Bewässerung mit der Gießkanne ist nicht besser als ein Schlauch mit einer Spritzdüse und es ist aufwendiger. Diese Methode eignet sich nur für sehr kleine Gärten und sehr athletische Gärtner. Sie kann als Notmaßnahme für Gärtner durchgehen, wenn kein fließendes Wasser im Garten vorhanden ist. Gießkannen mit Wasser auf ein nicht gemulchtes Beet zu schleppen, ist nicht bloß eine Sisyphusarbeit, sondern muss als Form des Masochismus bezeichnet werden.

Falls Sie **Wasser aus einem Brunnen** hochpumpen, sollten Sie einen großen Behälter oder gar eine Badewanne hinstellen. Es ist einfacher, einen Behälter zu füllen und dann in aller Ruhe Wasser aus diesem zu holen, als gleichzeitig zu pumpen und zu schöpfen.

Bewässerung mit einem Docht ist die günstigste, aber in der Anwendung nicht die einfachste Methode. Sie eignet sich am ehesten für Topfpflanzen, Wintergärten, kleine Treibhäuser und Setzlingshäuschen/Frühbeete. Um ein Dochtsystem zu installieren, gräbt man an beiden Enden eines Beetes einen Behälter (20-30 Liter) bis fast „zum Hals" in die Erde ein. Das Beet darf maximal zwei Meter lang sein. Bei längeren Beeten gräbt man alle zwei Meter einen Behälter ein. Als Alternative können Sie auch einfach ein Loch ausheben und dieses mit Plastik auslegen. Bei dieser Art Wasserspeicher ist es wichtig, diesen gut zu bedecken um zu verhindern, dass das Wasser verdunstet. Der Docht besteht aus einem Stoffstreifen, der in einen zwei bis drei Zentimeter dicken Strang verdrillt (= zusammengedreht) wird. Beide Enden des Strangs werden in die Behälter eingetaucht. Der Rest wir im Beet etwa 10-15 Zentimeter tief eingegraben. Der unbedeckte Teil des Strangs muss mit Plastik eingewickelt werden um die Verdunstung zu verhindern. Der Boden bezieht die Feuchtigkeit selbstständig durch die Kapillarwirkung aus dem Strang quasi im Abonnement. Der Wasserdurchfluss hängt von der Dicke des Dochts und dem Feuchtigkeitsgehalt des Bodens ab. Mit einem Strang von gut zwei Zentimeter Durchmesser, nimmt ein Beet etwa einen Liter Wasser pro Tag auf. Ein breiterer Docht erlaubt eine größere Durchflussmenge.

Die Nachteile sind, dass die Dochte jedes Jahr ersetzt werden müssen, die Behälter müssen eingegraben und regelmäßig mit Wasser gefüllt werden. Die Vorteile sind, dass die Behälter einfach zu befüllen

sind, dass das Wasser erwärmt wird, bevor es in den Boden gelangt, und dass Boden und Wurzeln von einem idealen Feuchtigkeitsgehalt profitieren. Die Pflanzen als solche werden nur so viel Wasser verbrauchen, wie sie auch benötigen. Im Weiteren ist es wichtig, dass der Docht aus einem Stoff hergestellt wird, der nicht verrottet und eine gute Wasserleiteigenschaft hat.

Bewässerung mit Behältern ist ein Muss für alle, die nicht über eine zuverlässige Wasserversorgung verfügen. So ein System ist leicht zu installieren. Wie schon beschrieben, werden Behälter (Plastikflaschen) mit einem Fassungsvermögen von fünf bis sechs Litern bis zum Hals, ca. 25 – 30 Zentimeter tief, in den Boden eingegraben – dies in einem Abstand von 70 – 80 Zentimeter entlang des Beetes. Der Boden und der unterste Drittel der Behälter werden mit einem geeigneten Werkzeug ca. 20 – 30 Mal durchbohrt. Diese Behälter können leicht mit einem Schlauch wieder gefüllt werden. Sie füllen einfach die Behälter von oben auf, schrauben den Deckel wieder drauf und können die Bewässerung für drei bis vier Tage für Sie arbeiten lassen. Sie können sogar hin und wieder etwas Dünger hinzufügen. Gleich wie beim Docht ist diese Art der Bewässerung viel effizienter, wenn der Boden mit Mulch bedeckt ist.

Die Tage dieser selbst gemachten Bewässerungssysteme scheinen aber nun auch in Russland gezählt zu sein, da auch hier Tropfbewässerungssysteme (in Israel entwickelt) das 21. Jahrhundert eingeläutet haben. Die Systeme leiden nicht mehr an „Kinderkrankheiten" und vereinen die Vorteile der oben genannten Systeme.

Die Tropfbewässerung kann direkt an einen Wasserhahn oder an einen Wasserbehälter angeschlossen werden, der erhöht aufgestellt wird. Das ist das einfachste und effizienteste System für einen Familiengarten, der über fließendes Wasser, einen Brunnen oder einen anderen Zugang zu Wasser mit einer entsprechenden Pumpe verfügt. Wasser wird direkt an die Wurzeln geleitet und kann sogar kleine Rationen von Dünger enthalten. So werden Wasserverbrauch und Verlust um zwei Drittel gesenkt und die Effizienz der Aufnahme verdoppelt. Tatsächlich verwandelte sich das ehemals ausgedörrte Israel dank der Tropfbewässerung in weniger als 10 Jahren in eine grüne Nahrungsmittelexportnation. Viele andere trockene Länder bewegen sich ebenfalls in diese Richtung.

Sie können leicht ein kleines System in Ihrem Garten installieren. Zirka 300 – 500 Meter Tropfband genügen für die meisten Gärten. Montieren Sie einen Filter am Vorderende der Leitung, dann benötigt das System sehr wenig Unterhalt. Sie brauchen bloß das System im Herbst zu entleeren. Der Zusammenbau und die Demontage sind kinderleicht. Man braucht bloß Standard-Leitungszubehör. So schaffen Sie den Aufbau Ihres Bewässerungssystems bestimmt selber. Alles, was Sie im Winter zu tun brauchen, ist die entleerte Hauptleitung vom Boden hochzuheben, und sie auf Stützen, vielleicht gleich über dem Beet, zu lagern.

Tropfschlauch-Systeme sind langlebiger als Tropfbänder. Ein leicht biegsamer Schlauch wird vier bis fünf Jahre halten und ein festerer bis zu 15 Jahre, was auf lange Sicht billiger zu stehen kommt. Diese Systeme sind genau so einfach im Zusammenbau, sollten aber im Winter ganz demontiert werden. Auch die Schläuche gehören aufgerollt und gelagert – weg von den Mäusen.

Tropfbandsysteme sind viel günstiger aber auch viel weniger langlebig. Unter Freilandbedingungen sind sie fast nicht wiederverwendbar. Die Verbreitung dieser Systeme wurde in den letzten Jahren im russischen Markt energischer vorangetrieben, als andere Systeme. Das T-Band, welches in Frankreich hergestellt wird, ist besonders einfach in der Handhabung. Es gibt das Wasser durch winzige Schlitze ab, die entlang des Bandes eingelassen sind. Es kann im Boden vergraben werden. Wir bedecken es aber einfach mit Mulch. Innerhalb einer Stunde gibt ein Meter Band bis zu zehn Liter Wasser ab. Die Bewässerungsdauer kann einfach durch Beobachtung bestimmt werden. Scharren Sie einfach den Mulch etwas zur Seite und beurteilen Sie die Bodenfeuchtigkeit.

Israelische Bauern sind schon vor langem vom Band abgekommen; sie bevorzugen das teurere, aber langlebigere Schlauchsystem. Ihnen ist es zudem wichtig, nicht die Beikräuter zu gießen und stattdessen die Pflanzen zielgenau zu bewässern. Für uns Gärtner ist das nicht ganz so zentral. Unsere Flächen sind klein. Unsere Bewässerung muss nicht für hunderte Meter Schlauchsystem konstant den gleichen Druck aufrechterhalten können. Die Pflanzen stehen recht dicht und meist ist auch das Wasser keine Mangelware. Wenn ein Wasserauslass am Band verstopft ist, ist es keine große Sache, ihn zu reinigen. Es ist einfach, ein Band mit Mulch zu bedecken, um es vor der Sonne zu schützen. Ebenso einfach ist es dieses auszuspülen und es für den Winter aufzurollen. Es ist ebenso kein Problem einen Einlassfilter an der vorderen Öffnung des Systems zu installieren. Der Filter verlängert die Lebensdauer des Bandes bedeutend. Sogar ohne spezielle Wartung überdauern meine Bänder zwei, mit gelegentlichen Reparaturen sogar drei Jahre. Der Hauptvorteil ist, dass sie mir einen riesigen Haufen unproduktiver Arbeit ersparen – in Sachen Gießen und Bodenbearbeitung. Sobald Sie den Hahn aufdrehen und wahrnehmen, wie der gesamte Garten still und leise wie von Heinzelmännchen bewässert wird, dann erfahren Sie das herrliche Glück des süßen Nichtstuns. Bei einem Preis von etwa sieben bis zehn Cent pro Quadratmeter macht es wirklich absolut Sinn, eine Tropfbewässerung zu installieren.

Da es nicht überall im riesigen Mütterchen Russland möglich ist, Tropfbandsysteme zu erwerben, fertigen viele ein ähnliches System der Marke „Eigenbau" an. Dazu wird ein alter Wasserschlauch alle 15-20 Zentimeter auf zwei Seiten eingestochen. Die Löcher macht man mit einer Ahle oder einem Schraubenzieher – nicht mit einem Bohrer!

Andernfalls wird das meiste Wasser fast vollständig aus den ersten paar Löchern sprudeln und der Druck wird zu gering sein, um genug Wasser bis ans Ende des Schlauches zu bringen. Dort reicht es dann nicht mal mehr für ein Rinnsal. Das hintere Ende des Schlauches wird natürlich zugestöpselt und der Schlauch muss zum Schluss unter der Mulchschicht liegen. Dann wird die Wasserquelle am vorderen Ende angeschlossen. Es ist besser ein Netzwerk zu erstellen mit dem man mehrere Beete gleichzeitig bewässern kann. Genau so bewässere ich meine Himbeeren und Blumenbeete.

Die beste Art um zusätzlichen Dünger zu verabreichen ist, dem Wasser organischen Dünger in flüssiger Form beizumischen. Russische Gärtner nutzen dieses Wissen seit dreihundert Jahren. Im Süden wie auch im Norden des Landes bewässern die Dorfbewohner ihre Gemüse mit Aufgüssen aus Mist und Asche. Da die Frage der Düngung eine detailliertere Betrachtung verdient, befassen wir uns gleich im nächsten Abschnitt detaillierter damit.

Was Pflanzen essen

Beginnen wir, indem wir die Grundlagen der Pflanzenernährung nochmals kritisch betrachten. Die Agrochemie lehrt uns, dass Pflanzennahrung aus Bodenmineralien besteht. Aber wenn wir uns einseitig auf Mineralien konzentrieren, verlieren wir den Blick auf das wichtigste Element: organisches Material. Wenn wir wirklich verstehen wollen, was die Pflanzen ernährt, müssen wir nur untersuchen, woraus sie bestehen. Das ist kein Geheimnis.

Pflanzen bestehen zu **50 Prozent aus Kohlenstoff,** den sie durch ihre Wurzeln und die Blätter in der Form von Kohlendioxid aufnehmen. Dazu bestehen Sie zu **20 Prozent aus Sauerstoff** und zu **8 Prozent aus Wasserstoff.** Sie beziehen diese Elemente aus der Luft und aus Wasser. Weitere **15 Prozent der Pflanzenmasse** bestehen aus Stickstoff, den sie aus organischem Bodenmaterial und von verschiedenen mikrobiellen Symbionten erhalten. Ich wäre nicht überrascht, wenn „plötzlich" entdeckt würde, dass Blätter Stickstoff direkt aus der Atmosphäre absorbieren könnten. Wir alle wissen, dass der Stickstoff im Boden ursprünglich aus der Atmosphäre kam. Verglichen mit diesen großen vier, fallen die mineralischen Elemente (Asche), mit bloß sieben Prozent Biomasse, kaum ins Gewicht. Pflanzen entnehmen freundlicherweise nur 1/15 ihrer Nahrung aus der Erdkruste. Deshalb ernähren sich Pflanzen genau genommen nicht von Mineralien, sondern viel mehr von Stickstoff, Kohlenstoff und Wasser (Wasserstoff und Sauerstoff). Mineralien sind wichtig, aber nur als Nahrungsergänzung – wie Vitamine für uns. Jetzt wird viel klarer, womit wir die Pflanzen als erstes füttern müssen.

Brauchen wir Mineraldünger?

Eine neue Art von Denken ist notwendig, wenn die Menschheit weiterleben will.
Albert Einstein

Ich bin überzeugt: Wenn sich ausreichend organische Substanz im Boden befindet und Mulch für eine optimale Sauerstoffversorgung und Feuchtigkeit sorgt, sind Dünger völlig überflüssig. Sie zerstören bloß das natürlich gewachsene, stabile Ökosystem des Bodens. Aber natürlich erfüllen nur sehr wenige Böden dieses Kriterium und wir wollten schließlich lieber schon gestern ernten, als erst heute, nach der Aussaat.

Deshalb bin ich nicht kategorisch gegen Mineraldünger. Extremmeinungen helfen uns selten weiter. Unsere Hauptaufgabe ist es, die Pflanzen zu ernähren, nicht den Boden. Aber in der praktischen Anwendung machen wir oft genau das Gegenteil. Meistens mästen wir den Boden. Während wir die Etiketten der Düngemittelhersteller mit ihren verführerischen Versprechungen, wie z. B. „steigert und verstärkt" lesen, sollten wir nicht vergessen, unsere Anti-Gier-Pillen zu schlucken – um dann doch alles und jedes auf unsere Beete sprühen. Das Wort „ausreichend" scheint von unserm Gehirn oft in „je mehr, desto besser" übersetzt zu werden. Und so sind wir davon überzeugt worden, dass Dünger die Hauptnahrungsquelle der Pflanzen sei. Leider wissen die Pflanzen selber davon noch nichts.

Wenn wir aber Bodenanalysen betrachten, sehen wir, dass bloß 30 Prozent des chemischen Düngers tatsächlich aufgenommen wird. Sie werden im Boden gebunden, fallen als Sediment aus, werden ausgewaschen, in Gewässer geschwemmt oder sie sickern in die tieferen Bodenschichten. Mineralsalzlösungen belasten oft die Böden indem sie die pH-Balance beeinträchtigen und die Aufnahme anderer Nahrungselemente stark behindern. Mit einer unzureichenden Menge Wasser verabreicht, sind diese Lösungen zu konzentriert und sogar giftig. In den Pflanzen selber sind die Nahrungselemente physiologisch miteinander verbunden – ein Mangel oder Überschuss kann die Aufnahme eines anderen Elementes verhindern. Ein Element anzuhäufen, was wir oft tun, bringt kaum je einen Nutzen. Im Allgemeinen sind diese Mineralsalze in unseren unerfahrenen Händen einfach bloß übel.

Genau deshalb sind unsere Pflanzen nicht zu beneiden. Kaum leiden sie unter Übersäuerung und an Hunger, um im nächsten Augenblick mit fettem Futter überschwemmt zu werden! In beiden Fällen wird ihr Immunsystem geschwächt. Wenn sie sich mit Stickstoff vollgefressen haben, werden sie in ihrer Widerstandsfähigkeit gegen Frost und Dürre geschwächt und sie sind häufiger von Blattlausbefall und anderen „Schädlingen" betroffen, da ihr Gewebe aufweicht. Gedüngte Beete sind viel öfter von Wassermangel betroffen. Die Pflanzen wollen nicht wachsen, ihre Blätter sind blass und haben Flecken, ihre Früchte sind unterentwickelt, ihr Gewebe ist rau und hart, und die Lebenserwartung wird bedeutend reduziert. Denken Sie darüber nach: Symptome, die auf einen Mangel an Nahrungselementen hindeuten, kommen dort vor, wo chemische Dünger verwendet wurden!

Die Schlussfolgerungen sind offensichtlich:
1. Pflanzen mit den richtigen Mineralien zu versorgen ist eine Kunst, die kaum jemand beherrscht.
2. Die wichtigste Regel bei der Versorgung von Pflanzen mit Mineralien lautet: Stelle passende Bedingungen her, damit die Nährstoffe assimiliert (= aufgenommen) werden können.

Die Erfolgsfaktoren sind immer die gleichen: Es braucht Organik, Kohlendioxidgas, Wasser und Luft und einen richtig gut strukturierten Boden.

Anfangs der 1950er Jahre präsentierte der extrem interessante und unorthodoxe russische Wissenschaftler T. D. Lysenko seine organisch-mineralischen Mischungen aus 50 Gewichtsteilen Kompost oder Humus, kombiniert mit fünf Teilen Kalkmaterialien (Kreide, gemahlener Kalkstein oder Dolomitpulver[1]) und einem Teil Superphosphat. Der Kalk ist nötig für die nützlichen Bakterien, die sich in einer alkalischen Umgebung wohl fühlen. Experimente bewiesen, dass die Wirkung dieser Dünger zusammen drei Mal besser ist, als wenn sie separat angewendet werden.

Zur selben Zeit wurde auch „künstlicher Mist" mit gutem Erfolg verwendet. Stroh, Spreu und Blätter wurden in 15 – 20 Zentimeter dicken Schichten ausgebreitet. Dieses organische Material wurde pro Tonne mit acht bis 10 Kilogramm Mineraldünger angereichert. Der Mineraldünger bestand aus einem Teil Harnstoff (Urea), einem Teil Superphosphat und drei Teilen Kalk. Jede Schicht wurde gründlich befeuchtet. Nach drei bis vier Monaten war der Mist reif und wurde dreimal wirksamer.

In der Mitte der 1990er Jahre kam der organisch-mineralische Dünger „Sveklovichnoe" (vom Begriff „Rote Bete") auf den russischen Markt. Er hat sich als doppelt so wirksam wie chemische Dünger erwiesen, da er mineralische Elemente mit Humus kombiniert und so eine organisch-mineralische Verbindung bildet. Im Weiteren werden Stickstoff und Kalzium nicht ausgewaschen und der Phosphor wird in eine leicht aufnehmbare Form umgewandelt.

Die Schlussfolgerung ist simpel: Organisches Material steigert die Aufnahme von chemischen Düngern um das zwei- bis dreifache. In den letzten Jahren sind die Agrochemiker von den einfachen, salzartigen Formen des Düngers abgerückt und haben sich komplexen, organisch-mineralischen „Cocktails" zugewendet. Deren Wirkung ist vielfältig: Sie ernähren, stimulieren, verbessern die Immunität und erhöhen die Stresstoleranz.

Lassen Sie uns nun die verschiedenen Düngerarten vergleichen.

Salzhaltige Mineraldünger waren die Dünger der ersten Generation. Sie sind ineffizient und schaden der Natur sowie der Gesundheit des Menschen. Und doch haben sie sich über 100 Jahre halten kön-

---

[1] Ein kohlensaurer Kalk mit hohem Magnesiumanteil. Er neutralisiert die Bodensäure und wirkt so einer schleichenden Bodenversäuerung entgegen. Er verbindet zudem die Tonteilchen zu größeren Krümeln und fördert zudem die biologische Aktivität der Mineralien.

nen, weil sie so einfach einzusetzen sind. Ihr größter, unvergleichlicher Vorteil ist: „Man braucht dabei nicht zu denken."

Die offizielle Politik der Massenanwendung von chemischen Düngern hat einen großen, unrühmlichen Beitrag zur Verschlechterung der Bodenfruchtbarkeit und zur Förderung neuer Krankheiten geleistet. Und doch gibt es Menschen, die die vernünftige Verwendung gemeistert haben. Einer davon ist Dr. Jacob Mittleider. Seine Methoden sind ein gutes Beispiel des mineralisch-chemischen Intensivgartenbaus. Doch diese Methoden sind kompliziert in der Anwendung und heutzutage ökologisch inakzeptabel. Aber um das Potenzial von Pflanzen besser zu verstehen, sind seine Methoden es wert, kritisch angeschaut zu werden.

Dr. Mittleider war ein erstaunlicher Gemüsezüchter. Allein schon seine schmalen Beete waren ein Durchbruch in Sachen Gemüsezucht. Zudem war er ein Pionier in der Herstellung von Mehrnährstoffdüngern. Er entwickelte und testete Mixturen, welche er den Bedürfnissen der Pflanzen anpasste. Diese Mischungen wirkten besser als wenn einzelne Mineralsalze separat verabreicht wurden. Sie konnten auch einfach selber hergestellt werden.

Mixtur Nr. 1: Kalzium und Bor werden gemeinsam verabreicht als Basisdüngung vor dem Pflanzen. Die Rolle dieser Mixtur ist, den Säuregehalt im Boden zu regulieren und dadurch die Aufnahme anderer Nährstoffe sicherzustellen. Sie ist zudem eine Kalziumquelle. Wenn man Mixtur Nr. 1 verrottetem Kompost beimischt – ungefähr ein Kilogramm pro Quadratmeter – wird die Nährstoffqualität bedeutend verbessert.

Für saure Böden sollten Sie Dolomitkalk verwenden; für alkalische oder neutrale Böden Kalziumsulfat (Gips). Man nehme zweieinhalb Kilogramm Kalk (oder Gips) und 20 Gramm Borsäurepulver und mische dies. Falls Gips verwendet wird, muss die Mixtur in luftdichten Säcken aufbewahrt werden, da der Gips sonst Feuchtigkeit aufnimmt und verklumpt.

Mixtur Nr. 2: Nitrogen (=Stickstoff), Phosphor, Kalium, Magnesium, Bor und Molybdän werden vor dem Pflanzen und auch zur wiederholten Ernährung der Gewächse im Sommer ausgebracht.

Laut Mittleider sollte für Gemüse das Verhältnis etwa eineinhalb Teile Nitrogen, ein Teil Phosphor und eineinhalb Teile Kalium betragen. (N-P-K: 1.5-1-1.5). Den bekannten Grundsätzen entsprechend, beziehen sich diese Zahlen auf das Verhältnis N, K_2O und P_2O_5.

Diese Mixtur ist ein Gemisch aus drei Kilogramm Ammoniumphosphat 16-16-16 (die Nummern bezeichnen das Verhältnis N-P-K und werden auf Düngerverpackungen angegeben), 450 Gramm Magnesiumsulfat (auch Bittersalz genannt), fünf Gramm Borsäure und fünf Gramm eines beliebigen Molybdänsalzes.

Mittleiders Düngestrategie erinnert mich irgendwie an das tierquälerische Stopfen der Gänse zur Gewinnung der Gänsestopfleber (Foie gras). Er züchtet prächtiges „Stopflebergemüse" – riesig und zart – das ständig Schutz benötigt und dessen aufgeblähte Leber pausenlos gehegt werden muss. Die Hauptdüngung beträgt etwa 300 Gramm Dünger pro Quadratmeter von beiden oben genannten Mixturen, gefolgt von 220 Gramm pro Quadratmeter der Mixtur Nr. 2 drei Mal pro Monat während des ganzen Sommers. Gleichzeitig muss man aufmerksam auf Anzeichen von Mangelernährung (!) achten, die durch eine zusätzliche Nahrungsergänzung zwecks Nachbesserung korrigiert werden muss!

Wenn dies alles korrekt ausgeführt (und wenn nötig nachgebessert wird), bringen diese „Hydrokulturen im Boden" sehr gute Ausbeuten. Aber zu welchem Preis?! Die Beete müssen täglich ein (oder besser zwei) Mal reichlich bewässert werden. Es braucht rund sechs bis sieben Eimer pro Quadratmeter. Die aufgedunsenen Gemüse brauchen auch einen umfassenden chemischen Pflanzenschutz. Alle Beikräuter werden sauber wegrasiert, um die Unbeflecktheit der kahlen Beete zu vervollständigen. Ein bis eineinhalb Kilogramm Düngermischung muss pro Quadratmeter pro Saison auf einem schmalen Beet eingesetzt werden! Die Versalzung des Oberbodens wird durch die intensive Bewässerung reduziert. Aber wo gehen all die nicht aufgenommenen Salze hin? Nicht weit von dort wo ich wohne, gibt es einen Mittleider-Musterbauernhof. Das Brunnenwasser im Nachbardorf ist so verschmutzt mit Düngemitteln, dass man das Wasser nicht trinken darf. Aber noch wichtiger ist, dass auch das Gemüse kaum genießbar ist.

Mittleider kann nicht in Unkenntnis dessen gewesen sein. Er wusste, dass biologische Bauern auch hervorragende Resultate zustande brachten. Warum nur hielt „Onkel Jake" so stur an seiner engstirnigen, chemischen Anbaumethode fest? Nun, es fällt auf, dass seine Bücher gespickt sind mit Werbung für die Düngermischungen der Eigenmarke Mittleider. Da er seine Gartenbaumethode zu einem einträglichen Geschäft gemacht hatte, zog er sein Ding konsequent durch.

Gott sei Dank hat sich die Agrochemie weiterentwickelt. Es scheint, dass die Tage der altmodischen chemischen Düngemittel gezählt sind. In entwickelten Ländern werden sie schon überhaupt nicht mehr verwendet. Zuerst wurden sie durch rein chemische Düngermixturen ersetzt – Mixturen aus NPK und Spurenelementen in ausgewogener Mischung. Produkte der ersten Stunde waren „Kristalon" oder in Russland „Rastvorin". Seither sind diese Produkte viel effizienter geworden. Wissenschaftler haben die optimalsten Zusammensetzungen der Elemente für die unterschiedlichen Feld- und Gartenfrüchte in den verschiedenen Entwicklungsstadien ausgetüftelt. Aber das Problem der unzureichenden Salz-Assimilation[1] in ausgelaugten Böden ist geblieben. Mit organischem Material wäre die Assimilation[1], also die Aufnahme, problemlos möglich. Deshalb begann die Wissenschaft sich wieder mit organischer Substanz zu befassen, um das Problem zu lösen. Die organischen Verbindungen von Nahrungselementen wurden entdeckt – die Chelate. Diese werden viel reichlicher und leichter aufgenommen.

Chelatkomplex-Dünger: Chelat ist ein natürlicher Bestandteil der Bodenstruktur. Organische Substanz und Bodenmikroben liefern ihre

---

1) Assimilation: Nomen aus dem Verb assimilieren = absorbieren, aufnehmen, verzehren

Nähstoffe vor allem in der Form von Chelaten. Im Wesentlichen sind dies Humate und Verbindungen anderer organischer Säuren. Sie zerstören die chemischen Eigenschaften des Bodens nicht, sind natürlich für den Zellstoffwechsel und sie sind selten antagonistisch[1]. Sie versorgen die Pflanzen mit denselben bioaktiven Substanzen, die sie gewöhnlich von Mikroorganismen und aus der organischen Substanz gewinnen.

Heutzutage werden Chelatdünger, wie auch das moderne „Kristalon" und in Russland „Rastvorin", von den großen Agrochemiekonzernen hergestellt. Sie sind hoch wasserlöslich und werden aus diesem Grund meist über Bewässerungssysteme oder Blattsprühmittel verteilt.

Diese Stoffe sind hoch wirksam. Chelate aus Eisen, Kobalt und Kupfer sind 1.000 – 10.000 Mal biochemisch aktiver als in den salzartigen Formen. Mit Akvarin behandelt, steigern Kartoffeln, Klee und Weizen die Intensität der Photosynthese um 36-82 Prozent. Es könnte sogar gefolgert werden, dass Chelate eher die Funktion eines Wachstumsregulators haben.

Blattsprühmittel mit Chelatdüner sind auch sehr effektiv. Die Blätter nehmen die Chelatlösung sehr schnell auf und verdünnen diese. Die Wirkung ist oft schon nach nicht mehr als drei Tagen nach der Anwendung ersichtlich. Die Pflanzen sollten am frühen Abend besprüht werden und dabei sollte die ganze Blattfläche getränkt werden. So ausgebracht ist der Wirkungsgrad der Chelate etwa 15-20 Mal höher als wenn chemische Dünger in den Boden eingearbeitet werden. 20 Gramm „Akvarin" auf diese Art über die Blätter versprüht, erhöht die Biomasse um bis zu zehn Kilogramm auf 100 Quadratmeter. Um denselben Effekt mit einem chemischen Dünger zu erreichen, müsste man über 500 Gramm pro 100 Quadratmeter ausbringen und dann noch spezielle Vorkehrungen treffen, damit die Pflanzen die Stoffe auch aufnehmen können.

Asche sollte an dieser Stelle auch noch erwähnt werden. Dieser natürliche Mineraldünger ist vernünftiger als die besten künstlich hergestellten Mineralmixturen. Erstens ist diese sehr ausgewogen, schließlich besteht die Asche aus ehemaligen Pflanzen. Zudem enthält Asche Kalium, Kalzium und Phosphor. Elemente, die ja in vielen Böden unzureichend vorhanden sind. Zweitens ist auch die Kohle wertvoll. Sie

---

1) antagonistisch = feindlich, einander ausschließend, unvereinbar. Wenn Stoffe eine entgegengesetzte Wirkung haben und sich gegenseitig aufheben können, spricht man von Antagonismus.

lockert den Boden und ist eine gute Kohlenstoffquelle. Und drittens ist Kohle alkalisch. Sie vermindert den Säuregehalt im Boden.

Jeder gescheite Dünger sollte auch Kalk enthalten um die Aufnahme von Nährstoffen zu begünstigen, um die Pflanzen mit Kalzium zu versorgen und um eine geeignete Umgebung für die Bodenbakterien zu erschaffen. Diese Aspekte stärken die Widerstandsfähigkeit einer Pflanze maßgeblich. Es ist kein Zufall, dass Trauben, denen regelmäßig Asche zugeführt wird, praktisch nie krank werden.

Organisch-mineralische Bio-Dünger sind die Düngemittel der neuen Generation. Endlich haben Wissenschaftler ihre Aufmerksamkeit den Mikroorganismen zugewandt und sie versuchen Lösungen aus verrottender organischer Substanz zu imitieren. Diese Lösungen sind hoch komplex und es scheint, dass im Wochentakt neue nützliche Substanzen darin entdeckt werden. Sie werden hauptsächlich aus verschiedenen Kompost- und Biohumusarten[1], aus Fermentationsprodukten, reifem Mist und aus anderen organischen Abfällen extrahiert. Mineralische Komponenten und nützlichen Mikroorganismen werden oft beigemischt. Diese Produkte sind natürlich kein Ersatz für echtes organisches Material, doch sie beschleunigen den Zerfall von Pflanzenrückständen und stärken die Immunität der Pflanzen sowie die Vitalität der Wurzeln.

Ich persönlich glaube, dass die beste Art Pflanzen zu ernähren, aus einer Kombination Gründüngung und organischer Substanz besteht. Um absolut sicher zu gehen, sollten nur kleine Mengen der absolut unverzichtbarsten Dünger eingesetzt werden – hauptsächlich indem man sie auf die Blätter sprüht. Selbst wenn Sie ein unerschrockener Liebhaber chemischer Düngemittel sind, sollten Sie trotzdem am Ende des Sommers eine Gründüngung aussäen. Gründüngungen sind natürliche Puffersysteme des Bodens und Transportsysteme für die Nährstoffe. Sie nehmen die Düngung auf und verteilen sie durch ihr Wurzelsystem bis tief in den Boden. Sie wandeln Dünger in Kompost und Humus um und ziehen Kalium und Phosphor aus den Tiefen des Bodens empor. Schließlich verbessern sie die Bodenstruktur. Gründüngungen sorgen für ideale Bedingungen für die Nahrungsaufnahme. In so einem System können Sie die Pflanzen mit zusätzlicher Nahrung verwöhnen – das heißt mit einer ausgewogenen Chelatverbindung.

---

[1] Biohumus – Kompost, der mit Hilfe von Regenwürmern gewonnen wird. Er ist sehr gehaltreich und mit Mikroben hochangereichert.

In der freien Natur kann die Ernährung der Pflanzen nicht in mineralisch, organisch oder mikrobiell unterteilt werden. Dieses sind viel mehr verschiedene Aspekte eines einzigen Lebensprozesses. Im Allgemeinen unterteilt sich die Natur nicht in „unser" oder „dein", richtig oder falsch, schädlich oder nützlich. Gott hilf uns, dass wir lernen, auch genau so zu leben.

Drei auf einen Streich: Düngen, stimulieren und bewässern in einem
Im Kapitel über Kompost erwähnte ich organische Aufgüsse oder Jauchen, die mit der Bewässerung ausgebracht werden können. Ihre Wirksamkeit kann erhöht werden, indem man improvisiert und die Rezepturen vielfältig und komplex macht.

Beginnen wir mit einem 200-Liter Behälter mit Wasser. Schütten Sie zwei Liter getrockneten Vogelmist hinein. Dann fügen Sie einen halben Eimer Kompost und einen Eimer verrottetes Stroh hinzu. Das liefert Humate und Mikroorganismen für die Inkubation. Sie können auch etwas Gras und Blätter dazugeben. Geben Sie einen halben Liter Asche oder Kalk dazu, dann noch ein Kilogramm Zucker und ein paar Eimer verrottender Früchte (oder ein Kilogramm von altem Eingemachtem). Das Ganze schließen Sie mit einer Prise einer beliebigen Hefesorte ab. Die Hefe wird sich im Zucker schnell vermehren und der Dünger wird die Reproduktion einzelliger Algen ankurbeln. Das Wasser wird schnell „blühen".

Das Gebräu ist innerhalb einer Woche bereit. Die Hefe hat sich vermehrt aber noch nicht überhand genommen und ist abgeschwächt. Zu diesem Zeitpunkt schadet es nie, Milchsäurebakterien beizumischen. Ein Liter geronnene Milch genügt. Das resultierende Gebräu wimmelt nun nur so von Nährstoffen, Mikroorganismen und Stimulatoren. Im Wesentlichen ist diese „Soße" eine einfache, erweiterte, EM[1]) Zubereitung. Die Bewässerung Ihrer Pflanzen mit dieser Essenz kräftigt diese mustergültig und hat einen exzellenten Langzeiteffekt.

Hefe ist die Basis aller unserer selbstgemachten EM-Zubereitungen. Eines Tages entschied ich mich dafür, einige vergleichende Experimente durchzuführen. Ich fand heraus, dass Backhefe ein außergewöhnlicher Stimulator ist, genau so gut wie jedes beliebige russische EM-Produkt[1]). Ich tat eine Tasse Zucker oder altes Eingemachtes in drei Liter Wasser und fügte eine Prise Hefe hinzu. Nach drei bis vier Tagen war das Gebräu wunderbar gereift. Ich goss eine Tasse dieser Essenz in einen Eimer Wasser, den ich nur zum Bewässern der Testfläche verwendete. Mit dieser gießfertigen Zubereitung goss ich meine Keimlinge und Setzlinge einmal pro Woche und heranreifende Pflanzen zweimal monatlich. Die Vergleichsbeete im Test erhielten nur reines Wasser. Auf den Beeten, die ich mit der Zubereitung gegossen hatte, entwickelten sich die jungen Pflanzen fast doppelt so schnell, wie jene welche nur mit reinem Wasser behandelt worden waren.

Im Allgemeinen kann folgendes gesagt werden: Je mehr förderliche Zutaten kombiniert werden, desto besser. Mischen Sie Grünes, Kompost, eine halbe Dosis des „Kristalons" oder eines anderen Chelatdüngers, eine Zuckerart, Milchsäurebakterien und Hefe ... und ... Sie bekommen eine hoch wirksame und absolut unschädliche Jauche-Zubereitung. Man könnte diese durchaus „Getränk der Götter" nennen – Nektar und Götterspeise für Pflanzen. Aber sogar dieses „Pflanzenelixier" funktioniert nur, wen es unter stabilen, feuchten Bedingungen in den Boden eindringen kann. Andernfalls sterben die Mikroorganismen ab und alles ist für die Katz'.

Lassen Sie uns jetzt über diese Mikroorganismen reden. Wie genau nützen sie den Pflanzen?

---

1) EM oder Effektive Mikroorganismen – verschiedene mikrobielle Zubereitungen zum Beschleunigen der Verrottung von organischem Material, bakterielles Pflanzenfutter und auch für die Behandlung von Wasser, Abwässern, Klärgruben und Deponien. Sie wurden in Japan entdeckt und werden dort, aber auch in Europa, immer noch produziert. In Russland haben wir unsere eigenen Varianten mikrobieller Zubereitungen, die allgemein auch „EM" genannt werden.
[Neuere EM-Anwendungen erstrecken sich auch in die Bereiche der biologischen Haushaltreinigung, der Körperpflege, der Tierernährung und Gesundheitspflege für Mensch und Tier. *Anmerkung des Übersetzers und des Lektors,* die aus Erfahrungen „sprechen"].

Etwas Mikrobiologie

Zeige mir deine Mikroben und ich sage dir, wer du bist.

Als ich zum ersten Mal den Versuch wagte, die Funktion von Bodenmikroorganismen zu verstehen, fand ich, dass Werbematerialien für Effektive Mikroorganismen (EM) völlig ungeeignet waren. Stattdessen musste ich ernsthafte wissenschaftliche Wälzer lesen und Mikrobiologen endlos mit meinen Fragen belästigen. Dies führte zu einem interaktiven Austausch mit mehreren interessanten Wissenschaftlern und auch Praktikern. Ich kann die Lebensgemeinschaft des Bodens hier nicht im Detail darstellen, aber ich kann Ihnen einen allgemeinen Überblick in den Worten eines Laien geben.

Das wichtigste, das man verstehen muss ist, dass es buchstäblich Hunderte verschiedener Arten von Bodenmikroorganismen gibt – Bakterien, Pilze, Algen, Parasiten und verschiedene Mitbewohner von Pflanzen. Einige von diesen arbeiten direkt mit den Wurzeln zusammen. Andere wandeln Mineralien in verwertbare Formen um. Viele fixieren atmosphärischen Stickstoff (Nitrogen) im Boden. Die Mehrheit der Mikroorganismen einschließlich fast aller Pilze zersetzen organisches Material. Sie verwenden dazu Enzyme.

Jeder Mikroorganismus, auch Mikrobe genannt, besetzt seine eigene Nische, nimmt seine spezifischen Nährstoffe zu sich (inklusive andere Mikroben), versorgt andere Mikroben mit Nahrung, konkurriert und lebt zusammen – und so wird ein stabiles Ökosystem geschaffen. Das Ökosystem ist eine globale „Zunft" der Bodenarbeiter. Ihr Job ist es, den Pflanzen Kohlenstoff und andere notwendige Nährstoffe zurückzugeben. Durch ihr Schaffen erarbeiten sie erstklassigen „Mehrwert" für den Planeten: Sie verwandeln Pflanzenrückstände und Steine in fruchtbaren Boden.

Die Populationen der verschiedenartigen Mikroben schwanken ständig. Zum Beispiel: Sobald alle verfügbaren Stickstoffe verzehrt sind, verringert sich die Anzahl der Zellulose verarbeitenden Mikroben dramatisch. Die nitrifizierenden Mikroben vermehren sich und fressen die Kohlenhydrate, die von den „Zellulosezerlegern" hergestellt wurden. Die nitrifizierenden Mikroben wiederum hinterlassen Stickstoff, was es den „Zellulosezerlegern" ermöglicht, sich massiv zu vermehren. Auf diese Art und Weise schwankt die Zusammensetzung der Mikroben ständig. Die Gemeinschaft „atmet".

Drastische Veränderungen der Umgebung – Überwässerung, Kultivierung des Bodens, Düngung und Gifte verschlechtern den Boden abrupt, denn sie richten in der lebenden Bodengemeinschaft Schaden an. Häufiger, wiederholter Stress führt zu einem fast irreparablen biologischen Zerfall. Je öfter gepflügt, gedüngt und mit Pestiziden herumgefuhrwerkt wird, desto kläglicher und armseliger wird der Lebensraum Boden – und desto ramponierter ist der Boden und sein Vermögen Fruchtbarkeit herzustellen und zu erhalten.

Pflanzen leben auf Gedeih und Verderb in einer Symbiose mit vielen Mikroben. Mikroben überziehen junge, wachsende Wurzeln permanent wie ein Überzug und liefern Ihnen genau das, was die Pflanze in jedem Stadium ihrer Entwicklung braucht. Die Pflanzen selber fördern und vermehren sie, indem sie verschiedene organische Stoffe über die Wurzeln freisetzen. Bis zu 40 Prozent aller Produkte der Photosynthese werden zum Nutzen der Mikroben-Symbionten erzeugt. Jetzt können Sie sich vorstellen, wie wichtig sie sind! Sie vermehren sich dank der Nährstoffe, welche die Pflanzen für sie herstellen. Sie reagieren auch schnell auf ihre eigenen Hormone, bioaktiven Substanzen, Schutzstoffe und die verfügbaren Formen von Nährstoffen. Pflanzen sind also die direkten Wirte ihrer „Service-Mitarbeiter", welche es ihnen erlauben, das Potenzial des Bodens optimal für ihre Bedürfnisse zu nutzen.

Wissenschaftler interessieren sich mittlerweile auch für diese hoch spezialisierten Mikroben: Schutzagenten, Zerleger von organischem Material und Mikroben, welche die Wurzeln umhegen. Die Mehrheit der Mikroben-Symbionten sind multifunktional: Während sie organisches Material zersetzen, scheiden sie auch große Mengen an Phytonziden (= Abwehrstoffe) und Antibiotika aus und viele fixieren auch Stickstoff. Wissenschaftler entdecken mehr und mehr dieser mikrobischen Symbionten. Sie studieren ihre Wirkungskraft, kultivieren sie, führen selektive Zuchtprogramme durch und stellen aus den dynamischsten Stämmen Bio-Präparate her.

Noch sind längst nicht alle entdeckt, geschweige denn erforscht und die bekannten Mikrobenarten machen noch immer nur einen kleinen Anteil des ganzen Bestandes aus. Es ist in der Tat höchst unwahrscheinlich, dass es uns je gelingt, das Gesamtbild ganz zu verstehen.

Oft wird gesagt, dass Humus aus den Körpern toter Mikroben entsteht. Das ist unwahrscheinlich. Schließlich lösen sie sich nicht einfach in Nichts auf. In einer für sie schlechten Umgebung verpuppen sie sich in Sporen oder werden von anderen Mikroben gefressen. In einer förderlichen Umgebung vermehren sie sich und verschlingen alle zur Verfügung stehende Nahrung. Im Großen und Ganzen nimmt die organische Masse während dieses Prozesses nicht zu – im Gegenteil – sie wird kleiner. Mikroben leben und deshalb verbrauchen sie Energie. Das ist der Grund, warum unsere Komposthaufen keine magischen Hexenkessel sind. Sie schrumpfen ja vor unseren Augen. Organische Substanz „verbrennt" wie Treibstoff, der von Mikroben, Insekten und Würmern konsumiert wird.

Das bedeutet, dass es nicht möglich ist, Pflanzen eine „Überdosis" an Mikroben-Präparaten zu verabreichen. Dies gilt speziell für solche Präparate, die nur harmlose Mikroben enthalten. Es macht aber auch keinen Sinn, die Dosis zu steigern, da keine verstärkte Wirkung erzielt wird. Die Praxis hat gezeigt, dass die Wirksamkeit von Mikroben-Präparaten nicht von der Konzentration, sondern von einem regelmäßigen und häufigen Einsatz abhängt. Das Bewässern oder versprühen von EM-Präparaten ist der einzige Weg, um die Mikroben-Population zu fördern, wenn die Lebensumwelt selber nicht förderlich für sie ist.

Wo suchen Wissenschaftler nach nützlichen Mikroben? In lebendigen Böden, die fähig sind, die Entwicklung von Krankheitserregern zu unterdrücken und giftige Stoffwechselprodukte zu neutralisieren. Das heißt in Böden, die reich an organischer Substanz, gut strukturiert und feucht sind und in denen es von Mikroben und Pilzen nur so wimmelt. Wenn das der Bodentyp ist, den sie haben, dann sind darin diese ganzen Bio-Zubereitungen bereits vorhanden! Wenn das nicht der Fall ist, dann ist es unwahrscheinlich, dass diese sich darin vermehren können.

Jede Mikrobe braucht ihr eigenes, spezifisches Umfeld. Schließlich muss sie eine Nische besetzen, um zu überleben. Deshalb sind Bio-Zubereitungen keine Allheilmittel. Wenn sie in den Boden eingebracht werden, könnten die Mikroben unter Konkurrenzdruck geraten, an

Nahrungsmangel oder unter anderen Stressfaktoren leiden. Wenn dies geschieht, reduziert sich ihre Anzahl dramatisch. Wir aber wollen, dass die Mikroben leben und sich vermehren. Die Wirkung und die Überlebensrate von Mikroben hängt von den Umweltbedingungen ab. Bodenmikroben brauchen organisches Material, Mulch und Feuchtigkeit – dergestalt ist die Beschaffenheit eines fruchtbaren, lebendigen Bodens. In Tat und Wahrheit ist es so, dass der Boden lebt, weil die Mikroben sich darin vermehren.

Unsere Schlussfolgerung ist einfach: Die Mikrobenkultur ist nur ein Ferment (= ein Gärstoff), ein Beschleuniger für die Verbesserung des Bodens unter der Zuhilfenahme von Organik, Mulch und Wasser. Sie ist kein isolierter Fruchtbarkeitsfaktor.

Sie können selber ganz einfach bestimmte nützliche Mikroben vermehren. Nadezhda Naplekova, Doktorin der Mikrobiologie aus Novosibirsk hat Methoden entwickelt, wie Sie solche Zubereitungen zu Hause erzeugen können. Sie sind überraschend einfach.

Nitragin enthält bakterielle Stickstofffixierer der Gattung Rhizobium, welche in den Wurzelknöllchen von Hülsenfrüchten leben. Jede Hülsenfruchtgattung hat seine eigenen Typen von Bakterien. Zuerst bereiten wir den Nährboden vor: ein kg Erde vermischt mit einem Esslöffel Kalk oder Kreide und eine Tasse Sand – Bakterien brauchen eine leicht alkalische Grundlage. Diese Mischung wird in einem zwei-Liter-Behälter gut angefeuchtet und leicht gestampft.

Danach wird eine Hand voll Erbsen oder Bohnen in zwei Tassen Wasser gekocht und danach abgekühlt. Das ist die Nährlösung für Bakterien.

Alle roten und weißen Wurzelknöllchen von fünf bis sechs Hülsenfruchtpflanzen, z. B. Erbsen, werden gewaschen und in einer Tasse mit einem Mörser oder Holzlöffel gut zerdrückt. Die so gewonnene Paste wird mit einer halben Tasse der Nährlösung vermischt und über die Erdmischung gegossen. Der Behälter wird dann mit Plastik, der mit ein Paar Luftlöchern versehen wurde, bedeckt, und an einem dunklen, aber warmen Ort gelagert. Beschriften Sie den Behälter (z. B. „Erbsen"). Nach einer Woche ist alles bereit. Die Zubereitung kann sofort verwendet werden oder Sie können sie für den späteren Gebrauch trocknen und aufbewahren (nicht an der Sonne trocknen!). Um Samen mit diesen symbiotischen Bakterien zu impfen, befeuchten Sie Erbsensamen. Wälzen Sie diese in der Zubereitung und säen Sie diese sofort – Bakterien mögen keine Sonne.

Ich kann es mir nicht verkneifen, hier einen persönlichen Kommentar abzugeben. Es ist einleuchtend, dass, wenn oft genug eine Hülsenfrucht-Gründüngung ausgebracht wird, die Samen ganz von alleine im Boden geimpft werden.

Azotobacter sind frei im Boden lebende bakterielle Stickstofffixierer. Neben Stickstoff produzieren sie auch Stimulatoren und Vitamine und unterdrücken das Wachstum mehrerer krankheitserregender Pilze. Ein Präparat daraus wird mit Samen oder als Bodenzusatzstoff ausgebracht.

Der Ausgangsnährboden wird genau wie der obige hergestellt mit dem Unterschied, dass fünf Gramm gemahlenes Superphosphat beigemischt wird. Der Nährboden wird in einer breiten Schüssel in einer fünf bis sieben Zentimeter dicken Schicht ausgebreitet, mit einem Löffel ausgeebnet, sodass eine flache, glatte Oberfläche entsteht. Bedecken Sie die Schüssel mit Plastik (mit Löchern) und stellen Sie sie an einen warmen, dunklen Ort. Nach einer Woche ist die Oberfläche mit einem Schleim bedeckt – das ist Azotobacter. Die Erde kann dann im Schatten getrocknet werden – zur Verwendung im folgenden Frühling.

Beachten Sie: Die Bedingungen, unter welchen diese Zubereitung hergestellt wird, sind denen, die in der Natur unter Mulch herrschen, sehr ähnlich!

Das im deutschsprachigem Raum nicht erhältliche Präparat „Subtillin" enthält den Heubazillus *(Bacillus subtilis)*, der Zellulose und Lignin[1] in Pflanzen zerlegt. Er produziert mehr als 70 Antibiotika, eine breite Palette von Enzymen für die Zersetzung von organischen Substanzen und eine Anzahl Vitamine. Er bietet auch einen schlagkräftigen Schutz gegen krankheitserregende Pilze – im Besonderen gegen Wurzelfäule und echten Mehltau. Die in Russland erhältlichen Produkte „Phytosporin-M", „Bactophyt" und „Rhizoplus" sind Heubakterien-Zubereitungen.

Der Heubazillus kommt vor allem in verrottendem Gras vor, sowohl in pflanzlichem Mulch, als auch in alten Heuhaufen. Falls das Heu mit Schimmel bedeckt ist, eignet es sich nicht zur Verarbeitung, da es offensichtlich von unerwünschten Pilzen durchsetzt ist.

1) Lignin = Holzstoff z.B. in den Zellwänden von Pflanzen vorkommend

Zuerst werden 150 Gramm verrottetes Heu zusammen mit einem Teelöffel Honig etwa fünf bis 10 Minuten in einem Liter Wasser gekocht. Die Heubazillus-Sporen überleben dies. Wenn Sie die Lösung während drei Tagen an einem dunklen Ort aufbewahren, bilden die Bakterien einen Film über der Lösung. Das sind die Mutterzellen, ein Konzentrat.

Im Garten gießen Sie einen Eimer heißes Wasser über eineinhalb bis zwei Kilogramm frisches Heu, gießen die Mutterkultur hinzu und schützen das Ganze vor direkter Sonneneinstrahlung. Nach drei Tagen sieben Sie die Lösung und spritzen sie auf Gurken, Beeren und Trauben. Wenn Sie einmal pro Woche spritzen, werden ihre Pflanzen bedeutend weniger krank. Noch besser ist es, wenn sie die Lösung mit einer Lösung aus Mikronähstoffen kombinieren.

So, wohin führt uns dies einmal mehr? Mulch und organische Substanz – das heißt, lebendiger Boden! Die nützlichen Mikroben und die idealen Bedingungen für deren Vermehrung sind darin schon seit Urbeginn vorhanden.

Die Bodenstruktur wird in den von Regenwürmern bevölkerten Böden günstig beeinflusst. Durch die dauerhaften Gänge und Röhren, die als luftführende Poren wirken, gewinnt die Wasserführung an Wirksamkeit.

Erhard Hennig (1906 – 1998), deutscher Humusforscher

KAPITEL 10

Der Nutzen von Plastik

oder

Eine Geschichte darüber, wie man den Winter überlistet

Ansager: „Ein Gemüsegarten für das ganze Jahr! – Ein Programm für Leute, die sogar den ganzen Winter hindurch im Garten arbeiten müssen."

Im Sommer 2006 wurde das Buch „Cleveres Gewächshaus" in Russland als Teil meiner Gartenbauserie veröffentlicht. Darin erklärt der innovative Gärtner Konstantin Malyshevsky klar und detailliert, warum unsere Gewächshäuser so viele Probleme bereiten – und oft nicht die gewünschten Resultate hervorbringen. Hier werde ich die grundlegendsten Prinzipien mehrerer innovativer Gewächshaustypen streifen.

Die Erfahrungen amerikanischer Züchter.
In der Mitte der 1990er Jahre erschien das russisch-amerikanische Magazin „Novy Fermer"[1] erstmals in Russland und inspirierte unseren Geist und unsere Herzen mit dem Erfolg innovativer Bauern in den USA. Ich konnte es meinen Lesern nicht vorenthalten. Die Auflage des Heftes war klein, während die Erfahrungen und Errungenschaften von denen es berichtete, von unschätzbarem Wert waren.

Steve Moore aus dem Staat Washington heizte sein Gewächshaus zuerst mit Gas. Eines Tages rechnete er aus, dass er in zehn Tagen 675 Liter Treibstoff verbrauchte! Deshalb begann er zu experimentieren. In den folgenden paar Jahren entwickelte er ein simples Gewächshaus aus Plastikröhren und Holzlatten sowie mit einer doppelschichtigen Abdeckung aus UV-beständigem Plastik (der sechs bis sieben Jahre hält). Die Wege waren aus Ziegelsteinen und Beton. Steve fand, dass die optimale Form des Daches ein „gotischer Spitzbogen" war. Er richtete das Konstrukt in einer Ost-West Ausrichtung aus, um eine maximale Wärmespeicherung zu erreichen. Die Lüftung wurde mittels

[1] „Novy Fermer" – „Der neue Bauer", ein Magazin auf Englisch und später auf Russisch, Royal Press, Emaus, Pennsylvania

breiten Türen und Lüftungsöffnungen sichergestellt. Die Böden in seinen Gewächshäusern sind organisch, sodass er wenige Probleme mit Krankheiten hat.

Innerhalb gibt es Platz für fünf lange Beete von einem Meter Breite. Im kalten Winter werden die Beete mit altem Plastik gedeckt, welcher auf Bögen aus Plastikröhrchen gespannt wird. Das Ergebnis ist ein achteinhalb mal 19 Meter oder 250 Quadratmeter großes Gewächshaus. Es versorgt 130 Familien mit Gemüse. Die Bodentemperatur fällt im Gewächshaus nie unter 12 Grad Celsius. Wenn die Außentemperatur auf minus 27 Grad Celsius fällt, was selten vorkommt, dann beträgt die Innentemperatur in den überdachten Beeten minus acht Grad Celsius. Kälteresistente Pflanzen wie Kohl oder Salat überstehen das ganz gut.

Steve zieht viele Gemüse während des Winters, speziell Kartoffeln. Er sät im Dezember und erntet im März Kartoffeln und Karotten. Frühkarotten sind besonders süß und verkaufen sich wie warme Semmeln.

Im März wachsen die Pflanzen rapide. Deshalb werden die inneren Tunnelabdeckungen aus Plastik entfernt und für Frühbeete verwendet. Im Sommer gedeihen im Gewächshaus Tomaten, Paprika und Auberginen. Steves Ernten sind beeindruckend: Von 12 Quadratmetern Beetfläche pflückt er 608 Auberginen mit einem Gesamtgewicht von 78 Kilogramm, und von 9 Quadratmetern 923 Paprika (75 Kilogramm). Das sind sieben bis acht Mal mehr als im amerikanischen Durchschnitt. Steve baut auch Buchweizen, Schafgarbe und andere Kräuter an, um nützliche Insekten anzulocken. Er verwendet keine chemischen Substanzen und seine Pflanzen leben in gesunder, biologischer Erde.

Elliot Coleman[1] aus Maine (USA) ist ein Bio-Gärtner und „Magier der Wintergemüse". Zu seinen Büchern zählen „The Winter Harvest" und „Four-Season Harvest". Leider sind diese nicht auf Russisch übersetzt worden. (Auf Deutsch existiert das „Handbuch der Wintergärtnerei. Frisches Gemüse rund ums Jahr"). Seine Gewächshäuser sind mit einem einschichtigen Plastik überdacht, aber die Beete im Inneren sind mit Abdeckvlies bedeckt. „Wenn wir unsere Wintertätigkeiten mit aufwendigeren Systemen aufgenommen hätten, hätten wir nie herausgefunden, dass es sie überhaut nicht braucht," schreibt Elliot. Das Abdeckvlies wird mit gewöhnlichen Wäscheklammern an einem Rahmen aus Drahtbögen festgemacht, sodass es nicht unter dem Gewicht von Kondenswasser durchhängt. Diese Art von Abdeckung schützt die Pflanzenblätter vor Frost und wird als „Coleman Methode" bezeichnet.

Eine Plastikschicht schützt fast so gut wie zwei. Es mag darunter zwei bis drei Grad Celsius kühler sein, aber es gibt 10 Prozent mehr Licht und das ist fast wichtiger für die Pflanzen als Wärme. Während des Winters schwankt die Temperatur von minus sieben Grad Celsius in der Nacht bis 30 Grad Celsius am Tag. Es gibt überzeugende Studien, die besagen, dass kälteresistente Pflanzen nicht so sehr auf Kälte an sich reagieren, sondern viel mehr auf die durchschnittliche Tagestemperatur. Diese beläuft sich in Colemans Gewächshäusern auf acht bis 13 Grad Celsius, was es ihm erlaubt, viele Arten von Gemüse erfolgreich anzupflanzen.

Zitat aus dem oben erwähnten Buch: *Wenn Sie sich zum allersten Mal eine solche Anzucht von Wintergemüse anschauen, bekommen bei einem zweimaligen Besuch der Gewächshäuser einen überwältigenden Eindruck: Ein erster Besuch nach dem Morgengrauen nach einer frostigen Nacht und ein zweiter ein paar Stunden später. Beim frühmorgendlichen Besuch sind die Gewächse gefroren! Wenn man die Abdeckungen im Inneren anhebt, was nicht ganz einfach ist, da auch sie gefroren sind, offenbart sich ein Bild von steifen, frostbe-*

---

1) Coleman, Elliot: The Winter Harvest Handbook. Year Round Vegetable Production Using Deep Organic Techniques and Unheated Greenhouses. Chelsea Publishing, Vermont, USA.

deckten Blättern, die so trostlos aussehen, dass man das Gefühl hat, einer sinnlosen, verwegenen Schnapsidee nachzujagen. Kommt man aber ein paar Stunden später zurück, nachdem die Sonne (oder bloß das fahle Sonnenlicht eines bewölkten Tages) das Gewächshaus über den Gefrierpunkt erwärmt hat, zeigt sich ein wunderbares, fast märchenhaftes Bild: Unter den inneren Abdeckungen sieht man in enger Anordnung die kräftigen Blätter der Pflanzen sich putzmunter über die ganze Länge des Gewächshauses erstrecken. Die Blätter heben sich in verschiedenen Grünschattierungen, und auch rot, kastanienbraun und gelb vom dunklen Boden ab. Es sieht aus wie ein immerwährender Frühling.

Die Erfahrung zeigt, dass das Pflanzenwachstum praktisch zum Erliegen kommt, wenn die Tage kürzer als zehn Stunden sind. Auf dem 44. Breitengrad (Halbinsel Krim oder Kuban in Russland) dauert dieser Zustand vom 7. November bis zum 7. Februar. Coleman nennt diese Zeit „Monate der Persephone", die Tochter Demeters, der Göttin der Fruchtbarkeit der Erde, die gezwungen war, die Zeit der „tief stehenden Sonne" in der Unterwelt des Königreichs Hades zu verbringen. Deshalb ließ Demeter, die sich nach ihrer Tochter sehnte, die Erde kahl werden.

Wie dem auch sei, die meisten kälteresistenten Pflanzen (Spinat, Kopfsalat, Mangold), welche ihr Wurzelsysteme im Herbst entwickeln, entwickeln sich unter einer doppelten Bedeckung selbst im Winter langsam weiter. Junge Setzlinge, die im November und Dezember entsprießen, harren geduldig aus, bis die Tage heller werden, um dann ihr Wachstum voller Elan wieder aufzunehmen. Diese erfreuen uns mit der frühesten Ernte des Jahres.

Im Winter verkauft Coleman Mischsalate, Karotten, Spinat, Radieschen, Lauch, Schalotten, Chinakohl und Kresse. Ein bisschen wärme- und lichtbedürftiger sind die Zwischenfrüchte, die er ganz zu Beginn oder gegen Ende des Winters verkauft: Junge Rote Bete, Frühkartoffeln, Winterzwiebeln, Brokkoli, Rüben, Kohl und Rucola.

Wintersalatmischungen bestehen aus den wirklich winterharten Arten wie Eichblattsalat, Kopfsalat, Rucola, Endivie, Mangold, Winterportulak, Kresse und Feldsalat. Die jungen Blätter dieser Pflanzen sind kälteresistenter als ausgereiftere. Die wärmeliebenderen dieser

Pflanzen (Blattsalat, Rucola, Endivie) werden bei großer Kälte mit einem kleinen Heizgebläse leicht erwärmt.

Spätkarotten, im August gesät, sind sehr profitabel. Eliots Gewächshäuser sind versetzbar und können auf Kufen bewegt werden. Dank seiner geistreichen Konstruktion kann Eliot die Zeit, während der die Pflanzen beschirmt sind, verlängern, was sein „Gemüsefließband" beschleunigt. Ende Oktober schiebt er das Gewächshaus über seine Karottenbeete. Die Karotten werden durchgehend von November bis Februar geerntet und jeden Monat werden sie süßer. Winterkarotten sind im Vergleich zur Sommervariante eine echte Delikatesse. Für den Verkauf werden drei bis vier Zentimeter des Krautes am Gemüse belassen. Das lässt sie für die Vermarktung äußerst attraktiv aussehen.

Radieschen eignen sich bestens als Zwischenfrucht. Die Colemans säen sie Ende September und Ende Januar und ernten im Dezember respektive März. Zu diesem Zeitpunkt ist die Qualität der Radieschen auf deren Höhepunkt und die Nachfrage ist am größten.

Schalotten, wie auch Steckzwiebeln, sind äußerst winterhart. Sie können um August gesät und zum überwintern belassen werden. Sie werden schon im Mai ernteref sein. Rote Bete der besten Qualität (mit dem Kraut dran belassen) verkaufen sich im Spätherbst und anfangs Frühling sehr gut. Kresse ist sehr beliebt im Winter. Die Colemans ziehen auch Kartoffeln, welche sie Anfang Mai ernten.

Eliot erzielt mit jedem Beet seines Gewächshauses drei Ernten. Beispiel: Nach der Ernte der Winterkarotten sät er Mitte März Frühkartoffeln. Diese erntet er vor Mitte Mai und sät dann gleich Melonen. Auf die Melonen folgt eine Gründüngung aus Roggen oder Wicke. Bis zum Oktober sind diese Pflanzen hochgewachsen und er entfernt das Gewächshaus über ihnen. Die Gründüngung leitet den Zyklus einer offenen Freilandaussaat ein. Eine andere Variante ist, verschiedene Wintergemüse bis zum Anbruch des Frühlings zu kultivieren, gefolgt von Tomaten, die Mitte April in die Beete versetzt werden. Im September wird dann eine Gründüngung aus Klee direkt unter die Tomaten gesät. Eliot verwendet keinerlei Mist von Tieren und er bringt auch nur gelegentlich qualitativ guten Kompost in die Beete ein.

Lynn Byczynski aus Kansas hat eine ähnliche Route eingeschlagen. Den investierten Betrag für zwei ihrer Gewächshäuser, die 6 x 29

Meter messen, hat sie schon im ersten Jahr gleich doppelt wieder eingenommen. Die Bedachungen dieser Gewächshäuser haben die Form von Bögen. Das große Luftvolumen vermindert die Gefahr der Überhitzung ganz wesentlich, und doch ist eine zusätzliche Belüftung immer noch nötig, da einige Pflanzen durch Hitze gestresst werden.

Ihre Gewächshäuser sind auch mit einer einzigen Plastikschicht bedeckt, und die einzelnen Beete mit Abdeckvlies. Bei einer Außentemperatur von minus 27 Grad Celsius , kann es im Inneren des Gewächshauses bis zu minus 15 Grad Celsius kalt werden. Kopfsalate und andere kälteresistente Pflanzen können normalerweise unter einer Vliesbedeckung überwintern. Blumen, wie Rittersporn und Nelken, überwintern auch gut. Frostschäden erleiden sie nur, wenn keine angemessene Entwässerung gewährleistet ist. Sie überwintern prima auf erhöhten Beeten und blühen sehr früh. Blumenaussaaten im Gewächshaus im März ergeben auch schöne Früherträge. Blauglöckchen, Löwenmäulchen, Prärieenzian *(Eustoma grandiflorum)* und dekorative Sonnenblumen werden um die Hälfte grösser als normal.

Byczynski sät grüne Gemüse wie Blattsalat, Spinat, Rucola und Chinakohl im September und verkauft sie bis Mitte Dezember. Ihre Familie isst während des ganzen Winters frisches Gemüse. Spinat wird bis zum schweren Frost des Winters geerntet und dann wieder anfangs Frühling. Der Lauch, der im Oktober in die Erde kommt, überwintert und kann im Frühling geerntet werden. Frühe Gurken und Tomaten sind ebenfalls gute „Goldesel", da sie zwei bis drei Wochen vor den Feldfrüchten reifen. Die Qualität dieser Produkte ist hervorragend und sie produzieren kontinuierlich weiter Früchte bis in den Herbst hinein.

Ich bin echt beeindruckt von der Effizienz dieser Gärtner. Ich werde ihre Methoden hier nicht noch detaillierter beschreiben, weil ihre Anbaumethoden wirklich jede für sich Stoff für ein ganzes Buch hergeben. Aber sie funktionieren ganz wunderbar. Das ist es, was ich in diesem Abschnitt rüber bringen will.

Die Grundlagen eines cleveren Gewächshauses

*Ein Gewächshaus neu zu bauen,
um die südlichen Gewächse,
die zu uns jetzt häufiger wallfahrten,
zu überwintern und dergleichen mehr,
erregt meine sinnliche Aufmerksamkeit.*
Goethe

Konstanin Malyshevsky ein Gartenexperte aus Krasnoyarsk (Zone 2) und Leiter des lokalen Bio-Gärtner-Vereins macht kleine, „intelligente Gewächshäuser". Nachdem er während fast seines gesamten Lebens mit verschiedenen Arten von Gewächshäusern experimentiert hat, hat er sich ein riesiges Wissen rund um das Thema Gewächshäuser angeeignet.

Zuallererst untersuchte er die täglichen Temperaturschwankungen in gewöhnlichen, selbst gemachten Gewächshäusern. Er folgerte, dass sie oft mehr schaden als nützen. Wenn man nicht dauernd die Belüftung anpasst, also die Lüftungsöffnungen bei Sonneneinstrahlung öffnet und sie bei bewölktem Wetter wieder schließt, richten die Temperaturschwankungen verheerenden Schaden an. Während des Tages werden die Pflanzen überhitzt und in der Nacht wird es fast so kalt wie draußen. Diese Art von Gewächshaus erfüllt seinen Zweck nicht – wir müssen für die Pflanzen konstant eine Temperatur in deren Komfortbereich halten. Was aber oft passiert ist, dass Pflanzen darin gestresst sind und geschwächt werden. Aus diesem Grund sind Gewächshauspflanzen so krankheitsanfällig.

Er zeigte auch, dass es zentral ist, wie die Belüftung gewährleistet wird. Seitliche Lüftungsöffnungen und Türen verursachen schädlichen Durchzug – einen Zug von kalter Luft direkt über den Pflanzen. Heiße Luft sollte auf dem kürzesten Weg abgeführt werden, und kalte Luft braucht Zeit um sich zu erwärmen und sich mit der warmen Luft zu vermischen. Nur Firstlüftungen schaffen das. Sie sollten nicht weniger als halb so lang sein, wie das Gewächshaus.

Um sein Gewächshaus zu automatisieren, verwendet Konstantin einen einfachen Mechanismus: Ein „Solarventil" das als Öffner dient. Dieses wird aus einem einfachen hydraulischen Zylinder angefertigt (Foto 46). Wenn die Temperatur steigt, öffnet das Solarventil die Lüftungslücken und wenn es kälter wird schließt es sie. Die Publikation des Buches „Cleveres Gewächshaus" weckte das Interesse russischer Hersteller an diesem System und heute sind ähnliche hydraulische Öffner auf dem Markt erhältlich.

Zum Bewässern verwendet er ein selbstgemachtes Tropfsystem mit einem geringen Durchfluss. Der Wasserhahn wird mit einem ähnlichen hydraulischen Zylinder reguliert. Bei Sonne wird die Bewässerung in Gang gesetzt und bei bewölktem Wetter angehalten.

Warum verdichten Böden in Gewächshäusern so rasch und warum verlieren sie ihre Fruchtbarkeit? Die Antwort ist einfach: Wir bewässern und kultivieren hier mehr als im Freilandanbau, und oft wird mit dem Schlauch bewässert. Unter Gewächshausbedingungen (heiß, mit üppig Wasser und Luft) zerfällt die organische Substanz viel schneller. Wir beschleunigen diesen Prozess dadurch, dass wir den Boden verdichten und organische Rückstände mit einem starken Wasserstrahl wegspülen. So wird der Boden rasch in ein totes Substrat umgewandelt, das ohne chemischen Dünger nicht auskommt.

Bei Konstantin ist es jedoch umgekehrt. Er verwendet eine Tropfbewässerung, große Mengen an organischem Material und einen dicken Mulch aus Pflanzenrückständen; er setzt auch selbstvermehrte Regenwürmer in die Beete ein, um die Fruchtbarkeit zu erhöhen.

Er hat auch einen interessanten, problematischen Prozess identifiziert, der von den meisten schlicht übersehen wird. Er bewirkt, dass viel Hitze verloren geht: Wasserverdunstung aus kahlem Boden. Die Verdunstung von Wasser verbraucht riesige Mengen an Energie! Ein Beispiel: Innerhalb von nur zehn Minuten verdunsten gut und gerne mindestens zehn Milliliter Wasser pro Quadratmeter Boden. Dieser Prozess verschlingt 23 Kilojoule an Energie! Wenn diese Energie nicht für die Umwandlung von Wasser in Wasserdampf verschwendet würde, könnte dieselbe Energie zwei Kubikmeter Luft über dem Boden um knapp neun Grad Celsius erwärmen. Wenn wir also den Boden nackt liegen lassen, erlauben wir der Sonne ihm beides, Wärme und Feuchtigkeit zu entziehen!

Die Lösung lautet: Mulche den Boden. Sie können den Mulch auch in eine Art „Solarbatterie" verwandeln indem Sie ihn mit schwarzem Plastik bedecken. Er sollte gut abgedichtet werden, indem man ihn an den Seiten ins Beet eingräbt oder ihn wirklich fest am Boden anpresst. Er wird sich erhitzen und die Luft erwärmen. Die Erde wird sich jedoch nur sehr wenig erwärmen, da es unter schwarzem Plastik keinen Treibhauseffekt gibt. Der Plastik hält die Bodenfeuchtigkeit, da er die Verdunstung verhindert. In der Nacht kondensiert diese Feuchtigkeit als Tau auf der Unterseite des Plastiks und fällt zurück in die Erde. So kann man die Bewässerung auf ein Minimum reduzieren. Konstantin breitet Plastik auf Beete und Wege aus, wo immer es dienlich ist. Man kann zum Beispiel nach der Radieschen- und Salaternte auf den gesamten Boden Plastik auslegen. In die Kreuzschlitze, die im Kapitel über Mulch beschrieben wurden, können dann und Tomaten- und Paprikasetzlinge gepflanzt werden.

Schwarze (gefüllte) Wasserbehälter können im Gewächshaus aufgestellt werden. Sie geben nachts Wärme ab und lassen die Temperatur weniger tief absinken (um zwei bis drei Grad Celsius weniger). Das sieht nicht nach viel aus, aber die Pflanzen verbrauchen halt doch weniger Energie. Konstantin schaut einmal wöchentlich nach seinem Gewächshaus. Mehr ist nicht nötig.

Ein kleines, automatisiertes, brusthohes Frühbeet von sechs Quadratmetern kann eine ganze Familie von Anfang Juni bis im Spätherbst mit großen, hochwertigen Paprikas versorgen. Für die Ernte und sonstige Arbeiten kann das Dach angehoben und eine Wand geöffnet werden (Foto 47). Ein weiteres, etwas höheres Frühbeet versorgt seine Familie mit Tomaten und ein noch etwas höheres ist für Salate o. ä. und Gurken bestimmt. Es ist sehr wichtig, keine Gurken und Tomaten im gleichen Frühbeet zu pflanzen. Beide werden leiden. Gurken und Paprika lieben Hitze und viel Wasser, während Tomaten und Auberginen Hitze nicht gut ertragen und bei zu viel Feuchtigkeit krank werden. Aus diesem Grund werden die Gewächshäuser für sie entsprechend angepasst.

Die Art des zu verwendenden Plastiks ist auch sehr wichtig. Hochwertige Materialien sind mittlerweile auch in Russland erhältlich. Es sind Mehrfachverbundstoffe, die sehr flexibel und doch sehr widerstandsfähig sind. Sie sind sonnen- und kältebeständig und überdauern sechs bis sieben Jahre. Ihre Lichtdurchlässigkeit und ihre biologischen Eigenschaften sind bedeutend besser als jene von Plastik aus Polyethylen.

Mehrschichtiges Polykarbonat ist auch ein außergewöhnlich gutes Material für Gewächshäuser, das 20 Jahre oder mehr überlebt. Es wird dreifach- und doppelwandig angeboten mit isolierenden Luftpolstern dazwischen. An einem sonnigen Tag bei minus 25 Grad Celsius Außentemperatur beträgt die Bodentemperatur in einem aus diesem Material erstellten Gewächshaus null Grad Celsius! Es bricht nicht wie Glas und reißt nicht wie Plastik.

Einige russische Bauern haben ausgetüftelt, wie man rasch 300-500 Quadratmeter Boden auf einen Streich mit Plastik bedecken kann. Sie haben kostengünstige und strapazierfähige baukastenartige Elemente für diesen Zweck konstruiert. Hier ist ein Beispiel von A.Kuznetsov von Altay. Diese können ganz einfach auf- und wieder abgebaut werden (Foto 48).

Sie können auch permanente Konstruktionen erstellen. Wie das Tomatengewächshaus von Yuri Tsikov (Foto 49), mein Nachbar aus Adygea (Zone 6). Diese einfachen Konstruktionen trotzen Wind und auch Schnee. Yuri hat aus der Erfahrung gelernt, dass warme Erde unvergleichlich wichtiger ist, als warme Luft. Deshalb vergräbt er in seinen Beeten einfache Plastikröhren, welche er mit warmem Wasser füllt. Tomaten reifen sehr schnell und er hat wenig Krankheiten in seinem organischen Boden, der mit Sägemehl gemulcht ist.

Mein Freund Vladimir Antropov hat raffinierte Gewächshäuser entwickelt – er „versenkt" sie in den Boden. Wände – über sie geht die Hälfte der Wärme verloren – werden ganz weggelassen. Übrig bleibt nur ein Dach. Die tiefen Schichten des Bodens halten die Temperatur stabil. Deswegen bleiben seine Gewächshäuser im Sommer kühler und im Winter sind sie viel wärmer ohne zusätzliche Beheizung (Foto 50).

Anatoly Paty, Bauer aus Kharkov (Zone 5), hat auch diesen Weg eingeschlagen. Er hat sein „Thermos-Gewächshaus" patentieren lassen. Es ist ganz im Boden versenkt mit einem Dach aus doppelwandigem Polykarbonat. Die verminderte Sonneneinstrahlung kompensiert er mit einem reflektierenden Plastik, der die Wände und den Boden bedeckt. Die stabilen Bodentemperaturen erlauben es ihm, in seinem „Thermos-Gewächshaus" Zitruspflanzen, Bananen, Ananas, Guave und Papayas anzupflanzen und sogar zu vermehren – ohne zusätzliche Beheizung.

Wir sehen also, sogar Gewächshäuser können intelligenter gemacht werden.

Zum Schluss ein paar Worte über Frühbeete. Das Hauptproblem dieser kleinen Gewächshäuser ist, dass sie bei Sonnenschein schnell überhitzen. Wenn der Gärtner mit anderen Dingen beschäftigt ist, werden die Pflanzen gebraten. Es gibt verschiedene Wege, wie man das Problem entschärfen kann.

Für jene, die ihre Frühbeete täglich besuchen können, habe ich eine einfache Konstruktion entwickelt. Der Rahmen hat eine zentrale Leiste aus einem straffen Seil oder einem Armierungseisen. Der Plastik wird auf beiden Seiten mit Wäscheklammern daran befestigt. Während des Tages werden einige der Klammern entlang der Leiste entfernt. So entstehen oben liegende Lüftungsöffnungen. Die heiße Luft wird effizient abtransportiert, da sie nach oben aus dem Frühbeet gezogen wird. Am Abend wird der Plastik mit den Wäscheklammern wieder befestigt. Das ist morgens und abends eine Sache von ein paar Sekunden (Abb. S. 260).

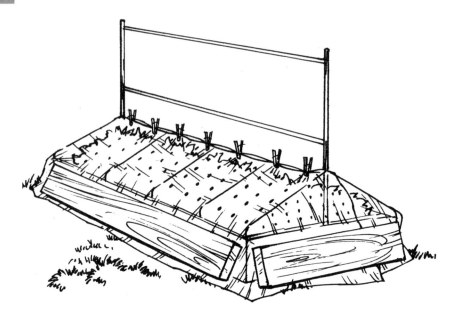

Ich sah an unserem experimentellen Schaugarten der Timiriazev Akademie andere Möglichkeiten. Die Plastikabdeckung hatte ein Punktmuster aus Löchern. Am besten stanzt man die Löcher mit einem Handlocher. Der Durchmesser sollte idealer Weise etwa sechs bis acht Millimeter betragen und 20-30 Zentimeter voneinander entfernt ausgestanzt werden. Ein solcher Plastik kann mit einem nicht gewobenen Material verglichen werden.

Seine Frostschutzkapazität ist nicht so gut, aber er überhitzt nicht. Der Vorteil dieser Bedeckung ist, dass man sich im Frühling nicht täglich darum kümmern muss.

Intelligente Gewächshäuser sind nicht nur für nördliche Klimazonen geeignet. Sie sollten überall genutzt werden. Gewächshäuser können den Nordländern helfen, ihre Gemüsesaison zu verlängern und können Südländern dazu verhelfen, dass die Gemüsesaison 365 Tage hat.

KAPITEL 11

In der Fürsorge für die Jungen

oder

Eine Geschichte über Samen und Setzlinge

Was ist ein Name?
Was uns Rose heißt, wie es auch hieße,
würde lieblich duften.
Aus „Romeo und Julia", William Shakespeare

Jedes Jahr kaufen wir gläubig neu Samen, berauscht von der heiligen Hoffnung, dass alles, was wir nun noch zu tun brauchen ist, diese auszusäen, und die auf der Verpackung so spektakulär aussehenden Pflanzen werden ganz wunderbar aus der Erde auftauchen! Und jeden Frühling tragen wir eine Vielzahl von Setzlingen aus Garten- und Baumärkten zusammen, und wundern uns dabei, wie preiswert sie doch sind. Und trotz all unserer Vorfreude ist da dieses quälende Gefühl in unserem Hinterkopf, eine Art Gleichgültigkeit, die uns trostlos zuflüstert: „Ach, wen kümmert das schon?"

Ich weiß nicht, wie das in Westeuropa oder in den USA ist, aber in Russland keimt ein Drittel aller im Laden gekaufter Samen gar nicht. Oder es wächst etwas, das wenig Ähnlichkeit, mit dem Zeugs auf dem Bild der Verpackung hat. Und was die gekauften Setzlinge anbelangt, sterben einige von ihnen gleich nach dem Kauf, und die anderen entwickeln sich als kränkliche, verkrüppelte Pflanzen und krepieren lange vor dem Erntezeitpunkt. Ich kenne das. So sind wir es gewöhnt. Und doch scheint das nicht ganz richtig zu sein. Sie beginnen zu denken, dass sehr wichtige Anleitungen nicht mitgeliefert wurden oder dass auf den Bildern etwas Bedeutendes fehlte.

Und so müssen wir den Dingen halt selber auf den Grund gehen.

Nennen wir also das Kind beim rechten Namen. Hier folgt das fundamentalste Gesetz über Sämlinge und Setzlinge: Die ersten paar Tage und Wochen der Entwicklung bestimmen die Entwicklung des gesamten Pflanzenlebens. Das ist ein universelles, unumstößliches Gesetz. Tatsächlich bestimmen die Samenqualität und das Setzlings-Stadium zu 80 Prozent über den Erfolg oder Misserfolg der Ernte. Die falsche Lagerung von Samen kann das Verhalten der Pflanzen wesentlich verändern: So kann dies z. B. eine verfrühte Samenbildung bei Knollengemüse auslösen oder die Anzahl unfruchtbarer Gurken- oder Kürbisblüten erhöhen. Schwache, spindeldürre Pflanzen holen die normalen nie ein. Solche Setzlinge werden nicht einmal die Hälfte einer normalen Ernte hervorbringen, egal mit wie viel Dünger Sie diese übergießen. Aus diesen Gründen sind die ersten Lebenswochen der Pflanzen von größter Bedeutung. Deshalb lohnt es sich, ihnen in dieser Zeit große Aufmerksamkeit zu schenken. Das lohnt sich immer.

Ein Sämling ist bereits eine Pflanze

„Abrakadabra"
Pinocchio, überschäumend mit Hoffnung

Samen sind tatsächlich lebende Pflanzen – echte Pflanzen mit winzigen Knospen, Blättern und Wurzeln. Sie sind halt einfach nur sehr klein, oft mikroskopisch, und verstecken sich in ihren Samenschalen. Man sieht sie halt nicht. Das ist wohl der Grund, warum wir ihnen so wenig Aufmerksamkeit schenken. Es ist aber effektiv so: Ihr Zustand zum Zeitpunkt der Aussaat bestimmt weitgehend, wie energisch sowohl ihre erste „Lebensschubkraft" als auch ihre spätere Entwicklung und Ausbeute sein werden. Deshalb macht es Sinn, mehr über Sämlinge zu erfahren, bevor wir sie säen.

Wie kaufe ich gute Sämlinge? Auf das Risiko hin, unser gesamtes russisches Agrobusiness gegen mich aufzubringen, sage ich hier offen, dass es in russischen Läden nicht möglich ist, gutes Saatgut zu kaufen. Ich habe ausgerechnet, dass von den von mir in den letzten vier Jahren käuflich erworbenen Samen die Hälfte entweder gar nicht keimten oder dass der Inhalt nicht mit den Angaben auf der Verpackung übereinstimmte. Warum ist das so? Einerseits kaufen die Unternehmen Samen von einer ganzen Anzahl privater Lieferanten und es ist praktisch unmöglich, die Qualität jeder Lieferung zu überprüfen.

Samen zu lagern ist zudem teuer und Werbung und Verpackung verschlingen Unsummen. Aber man kann doch die Ware nicht einfach wegwerfen!

Doch da gibt es noch einen andern Aspekt: Wir Slawen sind bereit das doppelte für die bloße Hoffnung zu berappen – so lange das alles schön verpackt ist und hübsch aussieht. Ich weiß, reiche Länder leiden nicht unter dieser Unsitte. Dort ist alles fair und rechtens bis zur Langeweile.

Aber unser Markt ist wirklich „frei". Es gibt kaum Gesetze, die den Konsumenten vor minderwertigen Produkten schützen. Und genau das macht unser Leben so hochinteressant. Wir kaufen mit unseren Samen noch gleich Wunder mit. Leider sind dies aber oft „blaue Wunder". Wir brennen vor Neugier: Werden sie keimen oder nicht? Und wenn sie keimen, was genau wird wachsen? Der Frühling wird zur „Wundertüte". Die Ratespiele mögen beginnen. Wenn also die Samen nicht keimen, bleiben wir gelassen – das war halt einfach Pech. Wenn dann aber alles so rauskommt wie es sollte, sind wir verzückt!

Russen kaufen guten Samen auf zwei Arten:
1) Sie bevorraten sich im Großhandel mit auserlesenem Qualitätssamen für den langfristigen Bedarf oder sie schließen sich mit Freunden zusammen und kaufen jedes Jahr gemeinsam diese Qualität ein. Diese hochwertigen Samen werden in besonderen Päckchen aus spezieller Folie oder in hermetisch verschlossenen Gefäßen geliefert. Sie sind extrem teuer und rentieren sich nur im professionellen Anbau. Sie keimen hervorragend – wie auf Befehl. Für uns Kleingärtner ist der Profit jedoch nicht die Hauptmotivation.
2) Sie kaufen Samen direkt von Gartenbauversuchsanstalten oder direkt von Samenproduzenten, denn dann sind sie normalerweise noch sortenrein bevor sie für den Weiterverkauf in diese nett aussehenden Päckchen abgepackt werden.

Deswegen ist es besser und sicherer, die eigenen Samen zu sammeln. In Russland sind noch nicht alle auf Hybride umgestiegen, deshalb gibt es noch genug Sorten, die konstant Samen produzieren.

Eigene Samen haben immer die maximale Lebensfähigkeit, deshalb können Sie diese beruhigt säen. Um eine Sorte vor der Degene-

ration (= Zerfall, Verschlechterung) zu bewahren, genügt es, sie zu selektieren. Verwenden Sie nur Samen der besten, leckersten, frühesten und ertragsreichsten Pflanzen. Ein Beet von etwa zwei Quadratmetern genügt für die Produktion von einwandfreiem Saatgut. Anfang Frühling stecken Sie da z. B. ein paar gute Karotten, mustermäßige Rote Bete, bei Bedarf auch Zwiebeln, einige Samen Ihres Lieblingssalates, Daikon oder Radieschen rein. Schon im Juli haben Sie z. B. von jeder Karottenpflanze eine Handvoll Sämlinge. Falls Sie diese sofort aussäen, werden sie zu nahezu 100 Prozent keimen und im Herbst eine hervorragende Ernte abwerfen. Bei Tomaten, Paprika, Gurken und anderen Fruchtgemüsen pflücken Sie einfach die erstklassigen frühen Früchte (besiegen Sie Ihre Gier) und opfern Sie diese für die Gewinnung erstklassiger Samen.

Hier ist es extrem wichtig, die freiabblühenden Sorten von den Hybridvarianten zu unterscheiden.

Freiabblühende Sorten: Diese Pflanzen haben alle exakt dieselben Gene. Das kommt in der freien Natur nirgends vor, wo verschiedene Elternpflanzen sich frei kreuzen. Um eine freiabblühende Variante zu entwickeln, wird der Nachwuchs einer einzelnen Pflanze isoliert und nur mit sich selber „gekreuzt". Diese Art der „innerfamiliären Kreuzung" wird über viele Generationen wiederholt, bis keine außerfamiliären Gene übrig bleiben und alle Sprösslinge mit Ihren Elternpflanzen identisch sind. Danach können Sie diese Samenvariante unverzagt ernten. Natürlich tragen Insekten ständig Pollen außerfamiliärer Pflanzen in den Garten und die Reinheit der Züchtung geht innerhalb von drei bis fünf Jahren wieder verloren. Die rigorose Selektion der besten Pflanzen, die originalgetreu zu ihrer Elternpflanze gezogen wurden, kann dieses Problem deutlich mildern.

Hybride: Im Gegensatz zu den freiabblühenden Sorten sind die Hybriden das Resultat einer einmaligen Fremdbestäubung zwischen zwei spezifischen Elternpflanzen. Aus genetischer Sicht sind Sie und ich Hybriden. Hybriden werden isoliert von der Außenwelt durch künstliche oder gezielte Bestäubung der Elternpflanzen gewonnen. Deshalb sind Hybridsämlinge so teuer. Aber sie sind den Preis wert? Die Nachkommenschaft gut zusammen passender Elternpflanzen weisen tolle Eigenschaften auf. Sie sind kräftig, vital, widerstandsfähig und ertragsreich. Das nennt man Heterosis-Effekt. Die Qualität von Hybridsamen ist wirklich gut und die reichlichen Ernten kompensieren den höheren Preis. Sie legen zuweilen auch verblüffende Qualitäten an den Tag: Wenig oder keine Samen, mehr weibliche Blüten und sogar die Fähigkeit Früchte ohne Bestäubung hervorzubringen (Parthenokarpie). In entwickelten Ländern verwenden Gemüsebauern fast nur noch Hybridsamen. Aber der Heterosis-Effekt ist ein Phänomen der ersten Generation. Wenn die Samen dieser Pflanzen für die Kultivierung neuer Generationen verwendet werden, werden sie im besten Fall die Eigenschaften ihrer Eltern oder jene der Großeltern reproduzieren.

Wie man Sämlinge lagert. Zunächst sollten sie nur von ganz ausgereiften Früchten gewonnen werden. Oft werden Samen wegen des Wetters oder aus „betrieblicher Notwendigkeit" verarbeitet bevor sie ausgereift sind. Diese können zwar normal keimen, lassen sich aber weniger gut lagern, als ihre voll entwickelten Artgenossen und bilden später weniger produktive Pflanzen.

Falls Sämlinge in einem feuchten Raumklima gelagert werden, beginnen sie aktiv zu atmen, erwärmen sich – sie werden lebendig – und ihre Keimfähigkeit schwindet rasant. Auf den Samenschalen kann sich sogar Schimmel bilden.

Unter angemessenen Lagerbedingungen bleibt die Keimfähigkeit für recht lange Zeit erhalten. Pastinakensamen haben die kürzeste Lebensdauer. Bereits im zweiten Jahr keimen sie nur noch schlecht. Dill, Stangensellerie, Sauerklee, Zwiebeln und Lauch können im zweiten Jahr noch gesät werden, aber die Zwiebeln tendieren zur vorzeitigen Samenbildung. Salat, Paprika und Karotten können während dreier Jahre verwendet werden, aber ihre Keimenergie nimmt stark ab. Sie keimen langsam und ungleichmäßig. Die Samen von Radieschen, Kohl, Roter Bete, Rüben und Rhabarber können bis zu vier Jahren aufbewahrt werden, aber ältere Samen bilden oft vorzeitig Samen. Alle Samen dieser Blatt- und Wurzelgemüse sollte man besser frisch verwenden. Fruchtgemüse sind ganz anders. Die Samen von Hülsenfrüchten, Gurken, Kürbissen, Wassermelonen, Paprika, Tomaten und Auberginen können sieben bis neun Jahre aufbewahrt werden und es ist tatsächlich besser, drei- bis vierjährige, „ausgehärtete" Sämlinge zu verwenden. Ältere Samen bringen kompaktere, jedoch ertragsreichere Pflanzen hervor.

Die Erwärmung der Samen hat denselben Effekt. Industrielle Samen von Gurken- und Tomaten werden während dreier Tage in Trocknungsöfen bei 70 Grad Celsius getrocknet. Daheim können Sie die Samen ein paar Wochen auf einem Heizradiator ausbreiten.

Zusammengefasst: Kohl-, Wurzelgemüse-, Salat- und Zwiebelsamen sollten direkt im Garten gewonnen und rasch ausgesät werden. Samen von Fruchtgemüsen kann man ein paar Jährchen lagern und bei Bedarf verwenden.

Ist es nötig die Keimfähigkeit zu testen? Ja, damit Sie ihre Keimrate kennen. „Die Katze im Sack" auszusäen ist eine Beschäftigung der extravaganten Art! Und doch haben die Menschen aus einem unerklärlichen Grund keinen Bock dazu, die Keimrate zu testen. Zugegeben, es beansprucht Zeit, vielleicht einen ganzen Abend, um Keimschalen vorzubereiten, diese mit wasserfesten Etiketten zu versehen und alles zu dokumentieren usw. Aber ein ganzes Beet neu bestellen zu müssen ist doch viel unangenehmer!

Oft ist das Szenario folgendermaßen: Sie öffnen ein Päckchen und leeren den ganzen Inhalt auf Ihre Handfläche. Und alles, was Sie da sehen, sind ein paar wenige Sämlinge. Womit kann man also überhaupt testen!? Sie müssen ein Dutzend Sämlinge opfern – aber dann sind bereits schon beinahe keine mehr für die Aussaat übrig. Dann sehen Sie auch, dass sie in Größe und Farbe variieren. Das bedeutet, dass sie von fragwürdiger Qualität sind. Das einzige, was Sie dann tun können, ist: Lassen Sie diese in einer mit Erde gefüllten und mit Plastik bedeckten Tasse in gutem Licht keimen. Das wird Licht ins Dunkel bringen. Sie können dann die guten Sämlinge in einen Topf setzen.

Währen der Keimung ist es wichtig, dass die Sämlinge genügend Luft bekommen. Andernfalls werden sie aufquellen und ersticken. Ich verwende feuchte, weiße Lumpen. Schreiben Sie den Namen mit einem Kugelschreiber auf die Lumpen, legen Sie ein paar Sämlinge darauf und wickeln Sie die Samen vierschichtig ein. Die Lumpen mit den Sämlingen staple ich in einer Schüssel und besprühe sie mit Wasser. Drücken Sie überschüssiges Wasser aus den Lumpen. Das wichtigste ist, dass die Samen nicht in überschüssigem Wasser ersticken. Bedecken Sie die Schüssel und stellen Sie diese an einen warmen Ort. Sie dürfen nicht zu lange stehen gelassen werden. Sie schlagen in der Regel innerhalb von ein bis drei Tagen aus. Hülsenfrüchte – Bohnen und Erbsen – faulen besonders schnell.

Isolieren Sie dabei die Doldenblütler (z. B. Anis, Fenchel, Karotten, Petersilie und Andere). Deren Hüllen enthalten Hemmstoffe, welche die Keimung unterdrücken. Bei Wüstenpflanzen dienen diese Hemmstoffe als Schutzmechanismus – bis ausreichende Regenmengen es schaffen, die Hülle zu durchnässen, verhindern sie die Keimung. Um die Keimung zu beschleunigen, wechseln Sie das Wasser dreimal täglich: Gießen Sie warmes Wasser nach und drücken Sie überschüssiges Wasser wieder raus.

Wie kann man die Keimung beschleunigen? Der wichtigste Hinweis ist, dass es einfacher ist, Samen in leicht säurehaltigem Wasser zum Keimen zu bringen. Regenwasser, zum Beispiel, ist leicht säurehaltig, da sich darin gelöstes Kohlendioxid befindet. Regenwasser ist der beste Stimulator für Sämlinge.

Eine gute Methode um eine schnelle und gleichzeitige Keimung zu erreichen, ist die Errichtung einer Heißwasser „Sauna" für Sämlinge. Das ist die effektivste Methode, die ich kenne. Die Samen werden in einer Schüssel mit bis zu 60 Grad Celsius heißem Wasser übergossen. Diese Schüssel wird bedeckt und man lässt sie abkühlen.

Sämlinge, die nicht tauchen und auf dem Wasser treiben, sind nicht brauchbar und die anderen werden doppelt so schnell keimen. Eine „Sauna" ist die beste Methode um Karotten- und Petersiliensämlinge zum keimen zu animieren. Während des „Saunatages" sollten Sie die Samen vier bis fünf Mal mit heißem Wasser übergießen und das braune „Abwasser" sollten sie jeweils eine Stunde nach dem „Saunagang" wegleeren. Nach dieser Behandlung keimen sie problemlos nach drei bis fünf Tagen – bei großzügiger Bewässerung, versteht sich.

Harte Sämlinge mögen das Dampfbad speziell gerne: Spinat, Artischocken, Hagebutte und Mariendistel usw. Diese können mit sehr heißem, fast kochendem Wasser behandelt werden. Der berühmte russische Gärtner Richard Shreder schreibt: „Blumenrohrsamen beginnen herum zu hüpfen, fast wie in Panik. Sie knistern laut, während die knöchernen Plättchen, die den „Embryo" schützen, von den Samen fallen. Wenn sie bald danach gepflanzt werden, keimen sie außerordentlich gut."

Es ist auch besser harte Nüsse und die Steinkerne von Steinobst einzuweichen, nachher vorsichtig aufzuspalten und den Samenkern herauszunehmen. Besser ist es, den Seitenrand der Steine mit einem Winkelschleifer wegzuschleifen. Auch die Wassermelonen und Kürbisse keimen eine Woche früher, wenn die Samen vorsichtig eingeschnitten werden.

Sollten die Samen stimuliert werden? Es ist so, dass gute Samen alles haben, was sie brauchen, um einen guten Start hinlegen zu können. Sie brauchen keine Stimulation oder Dünger um zu keimen. Es ist vielmehr der Boden, der diese Ergänzungen braucht, falls er nicht fruchtbar genug ist. Ich denke, Stimulatoren und Dünger sollten besser taktisch als Unterstützung eingesetzt werden, falls der Boden und die Sämlinge nicht so gut sind.

Die Prinzipien des Säens

Wie du säst, so wirst du ernten!
Manchmal ein Wunschtraum

Normalerweise lockern wir die Erde gründlich bevor wir säen. Wir glauben, dass kleine, junge Wurzeln, frohlockend über ihre Freiheit, fähig sind ohne Beeinträchtigung ins Erdreich vorzustoßen. Aber dieses Idyll existiert nur in unserer Phantasie. Wir vergessen dabei das Wichtigste: Kapillarität und Wurzelkanäle. Es ist genau diese Art der Umgebung, in der Samen seit Millionen von Jahren keimen. Gepflügte Erde zieht sehr wenig Wasser aus dem Untergrund – es gibt keine leitenden Kanäle. Und so müssen wir das Wasser von oben einbringen. Die jungen Wurzeln sollen nach unten wachsen, aber es gibt oben mehr Wasser. Das ist absurd! Sie haben keinen Anreiz das Wasser in größeren Tiefen zu suchen. Die Würzelchen „drehen durch" und verändern ihre genetische Programmierung. Sie werden zu Oberflächenwurzeln. Danach sind diese Pflanzen von unserer Bewässerung abhängig.

Damit die Wurzeln den natürlichen Weg nach unten suchen, sollten die Samen auf einer harten Kapillarschicht liegen. Ovsinskij hat das sehr betont. Yuri Slashchinin beschrieb die Saatmethode, die sein Großvater anwendete: „Er schlug mit einem Holzhammer auf die Erde, legte die Sämlinge in diese leichte Einbuchtung und bedeckte sie mit etwas loser Erde. Die Ernte war immer grösser als jene der Anderen, obwohl er den Garten kaum pflegte." Vladimir Fokin empfahl auch Kartoffeln mit dieser Stampftechnik zu pflanzen. Er empfahl die Verwendung eines "Holzstampfers". Der „Holzstampfer" ist ein unter intelligenten Gärtnern Russlands verbreitetes Instrument.

Edward Faulkner entwickelte ein cleveres Gerät um Löcher in Saatbeete zu stechen. Zwei große, schwere Räder mit konusförmigen Zapfen. Er musste nur noch die Wurzeln der Setzlinge in die Löcher stecken und Erde darüber streuen – die Pflanzen standen am zweiten Tag stabil und aufrecht und die Ernte war hervorragend. Ein Bauer aus Novosibirsk (Zone 2) Yuri Salnik, steigerte seine Weizenernte um das Dreifache, indem er die Samen mit einer Walze in den kompakten Boden drückte. Viele moderne Sämaschinen haben eine spezielle

Walzrolle. Die Wirkung ist bemerkenswert: Die Samen keimen innerhalb eines einzigen Tages.

Ich stelle mir ein einfaches Gerät vor, eine Art Reihenmacher, um kleine Furchen für die Samen zu machen, indem man es mit seinem ganzen Körpergewicht niederpresst. Ich mache meine Furchen zurzeit mit einer Latte, die ich keilförmig zurechtgehobelt habe.

Saattiefe. Alle Meister der Gemüseproduktion sind sich einig, dass die optimale Pflanztiefe der Länge des Sämlings entspricht. Am besten bedeckt man diese mit Sand oder feinem, verrottetem Mist. Bewässern kann man sie dann sanft mit einer Gießkanne.

Eine ganz andere Angelegenheit ist es, wenn man ein Feld bestellt. Dort ist es wichtiger, die Samen in einer Schicht feuchter Erde zu platzieren, damit sie nicht austrocknen. Deshalb werden sie tiefer gesät. Große Samen werden besonders tief gesät (sechs bis sieben Zentimeter) – z. B. Wassermelonen und Kürbisse.

Falls die Feuchtigkeit kein Problem darstellt, z. B. in einem Gewächshaus oder in einem Setzlingskasten, dann müssen die Sämlinge überhaupt nicht mit Erde bedeckt werden. Sie keimen auf der Oberfläche ganz wunderbar – bei angemessener Bewässerung versteht sich. Kleine Samen, wie z.B. Kopfsalat, Kohl und sogar Radieschen, sowie kleine Blumensamen keimen in der Regel nur, wenn Licht vorhanden ist. Und so säe ich Radieschen und Kopfsalat im Frühling: Ich verstreue sie auf der Erde, bewässere sie mit „Regen" und bedecke sie mit Plastik.

Winzlinge unter den Samen aussäen. Einige Blumen – Pantoffelblumen, Petunien, Löwenmäulchen, Lobelien, Mohnblumen usw. haben fast schon mikroskopisch kleine Samen. Sie keimen normalerweise nur auf der Oberfläche. Oft wird empfohlen, sie mit Glas anzudrücken, aber es gibt eine bessere Methode.

Ein rechteckiger Einwegteller ist ein praktischer Behälter für die Aussaat. Er wird mit feuchter, humoser Erde gefüllt, die gut gestampft wird. Die Samen werden auf der Oberfläche verteilt und mit Wasser besprüht. Dieses „Saatbeet" wird dann in einen durchsichtigen Plastiksack gelegt. Der Sack wird aufgeblasen, die Öffnung durch Verdrillen verschlossen und mit einer Klammer zugemacht respektive fixiert. Falls der Sack nicht stabil ist, können Sie in der Mitte des Sacks ein Stöckchen hinstellen. Dieses „Frühbeet" darf nicht in sich zusammenfallen. Der Sack wird anlaufen, sodass keine Bewässerung nötig ist. Sie können den Keimprozess gut durch die Folie hindurch beobachten. Das Schwierigste am Ganzen ist das Auspflanzen der winzigen Sämlinge, sodass es besser ist, sie ein bisschen wachsen zu lassen. Wenn Sie die Sämlinge von Anfang an dünn säen, können Sie die Schösslinge dann problemlos so ausdünnen, dass die Pflanzen etwa drei bis vier Zentimeter voneinander entfernt wachsen.

Wie man eine gleichzeitige Keimung erreicht. Frühlingspflanzungen sind einfacher als die im Sommer. Der Boden ist feucht und die Tage nicht so brennend heiß. Andererseits ist die Erde im Frühling kühler, sodass die Samen langsamer keimen. Diese Problematik kann auf verschiedene Arten angegangen werden.

Im Frühling sollten die mit Erde bedeckten und bewässerten Samen mit Folie bedeckt werden. Legen Sie diese einfach auf den Boden und graben Sie sie an den Rändern leicht ein. Unter der Folie wärmt sich die Erde auf und die Sämlinge kommen schneller zum Vorschein. Wenn die Samen gekeimt haben, heben Sie die Folie an, sodass ein Minigewächshaus entsteht. Wenn die Pflanzen kälteresistent sind, können Sie sie ganz weglassen.

Während trockene Samen für die Aussaat im Frühling geeignet sind, sollten im Sommer nur eingeweichte verwendet werden. Regelmäßiges Gießen ist unabdingbar – das Beet sollte konstant feucht sein. Falls dies nicht möglich ist, sollten Sommeraussaaten mit dickem, lichtundurchlässigem Mulch bedeckt werden. Dicker Stoff eignet sich gut, alte Matten, Teppiche oder Decken. Schwarze Folie ist auch geeignet. Vor dem Säen muss das Beet reichlich bewässert werden. Die Samen sollen ganz wenig in die Erde eingearbeitet werden und dann bewässert man das Beet nochmals, bevor man es deckt.

Wenn es trockener wird, sterben aufgequollene Sämlinge ziemlich lange nicht ab; sie stellen das Wachstum ein, während sie auf Feuchtigkeit warten. Unter solchen Bedingungen fangen die Samen zwar an sich zu entwickeln, aber sie keimen noch nicht. Das ist gut zu wissen, wenn man die Entwicklung von Blütenpflanzen vorantreiben möchte. Wenn aber der Samen schon gekeimt hat, wird er austrocknen und der Spross wird schnell vertrocknen.

Deshalb sollten Sommerpflanzungen zwei-bis dreimal täglich bewässert oder dicht abgedeckt werden, bis die Keimung von Statten ge-

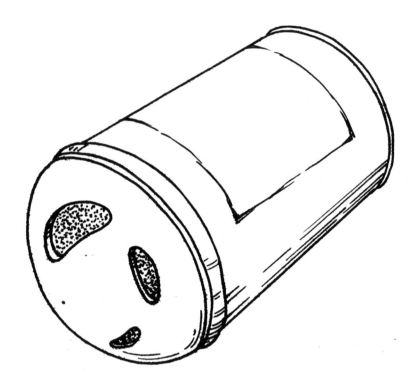

gangen ist. Es ist kein Problem, wenn die Setzlinge sich im Dunkeln einer Abdeckung ausprägen – sie überstehen das für ein bis zwei Tage. Nachdem die Abdeckung entfernt wird, werden die bleichen Schösslinge innerhalb von zwei Tagen grün und gehen in ein kräftiges Wachstum über.

Falls das Beet mit losem Mulch bedeckt ist – Sägemehl oder Samenschalen usw. dürfen Sie nicht direkt in den Mulch säen. Die Samen werden teilweise hindurchfallen und ungenügenden Kontakt mit dem Boden haben. Stattdessen müssen Sie eine Reihe freirechen, die Samen auf die kompakte Erde legen und sie mit Sand oder Kompost bedecken. Sobald sie sprießen, können Sie den Mulch zurück zu den Pflanzen schieben.

Für Pflanzungen im Spätherbst empfehle ich in gemäßigten Zonen (gemäß Daten von Bryzgalov) – Karotten, Petersilie, Pastinaken, Dill, Salat, Zwiebeln (aus Samen) und Knoblauch. Andere Pflanzen tendieren zur vorzeitigen Samenbildung anfangs des darauffolgenden Frühlings, oder aber sie gehen ein, wenn es nach einem Tauwetter wieder friert. Dort wo ich lebe, ist es wärmer (Zone 6) und so können wir viele Arten Gemüse vor dem Wintereinbruch pflanzen. Das sieht man auch an der natürlichen Selbstabsamung. Tomaten, Bohnen, Kürbisse und manchmal sogar Gurken keimen im Frühling und wachsen von sich aus.

Viele Kulturen überwintern sogar als Jungpflanzen: Lauch, Chicorée, Pastinaken, Rüben, Kohlrabi, Petersilie, Salat und Spinat. All diese können wir hier im Süden im Herbst aussäen. In einem warmen Winter überleben auch Karotten, Kohl und Zwiebeln als Setzlinge. Ehrlich gesagt, habe ich sehr wenig Erfahrung mit Spätherbstaussaaten. Deshalb ist das schon alles, was ich dazu sagen kann.

Wie vereinfacht man das Pflanzen? Eine höchst herausfordernde Fragestellung. Das Säen ist die mühsamste aller Frühlingsarbeiten, doch hier teile ich ein paar Ideen mit Ihnen.

Man kann einen handlichen Saatapparat aus einem Plastikbehälter mit drei Löchern herstellen. Dies mit unterschiedlichen Durchmessern für Petersilie und Stangensellerie, für Karotten und Salat und für Radieschen und Rote Bete. Wenn Sie ein Gemüse säen, verschließen Sie die anderen beiden Löcher mit Ihren Fingern oder Sie kleben sie mit Klebeband zu (Abb. S. 272).

Die Nass-Ansaat ist überraschend einfach und effektiv. Die Samen werden mit Wasser durch die Öffnung im Deckel einer Plastikflasche auf das Beet gegossen. Um gleichmäßig säen zu können, sollte die Flasche stetig leicht bewegt werden. Eigentlich bräuchten wir ein kleines Handsaatgerät für die Beete. Moderne Modelle sind entweder zu schwer und kompliziert oder untauglich. Und schon wieder müssen wir Gärtner selber etwas Brauchbares konstruieren!

Alexander Boldarev, Heimwerker und Gartenbauer aus der ukrainischen Stadt Cherkassy, hat eine einfache Konstruktion aus vermeintlichem Schrott erschaffen. Er nennt sie „Tintenfisch". Er kreierte auch eine Variante für eine Saatreihe – den „Winzling". Das Säen macht ihm und seinen Nachbarn jetzt richtig Spaß. Die größte Herausforderung ist der Samenverteilmechanismus. Dieser muss mit sehr präzise gebohrten Löchern versehen sein, sodass er für verschiedene Samengrössen verwendet werden kann. Wenn diese Vorrichtung funktioniert, ist der Rest ein Kinderspiel. Sie können jede Art von Rad verwenden, sogar eines aus einem Büchsendeckel. Die Hauptsache ist, dass Sie eine Art Zahnrad machen, damit ein guter Bodenkontakt sichergestellt ist. Der Einlauftrichter besteht aus einer normalen Shampooflasche. Dicht an das Samenverteilrohr werden Schaumstoffstücke geklebt, damit die Samen nicht herausfallen. Dieser Einlauftrichter wird zur Stabilisierung an einen Tragegriff montiert.

Noch keine Unternehmung war bisher bereit ein solches Gerät zu produzieren. Aber wen stört es? Wir konstruieren einfach unsere eigenen Geräte. Meinen eigenen Prototypen habe ich an einem einzigen Abend gebaut und er funktioniert hervorragend. Ich kann sogar ein ganzes Beet Radieschen in nur drei Minuten säen.

Feinheiten der Verpflanzung

Oh, wie liebe ich es, Setzlinge zu ziehen.
Ich darf mir so viele Sorgen um sie machen.

Es ist einfach zu verstehen, was einen hervorragenden Setzling ausmacht. Stellen Sie sich eine Pflanze vor, die sich an ein und demselben Platz in guter, fruchtbarer Erde direkt vom Sämling zur erwachsenen Pflanze entwickelt. Und dies ohne Konkurrenzkampf an einer sonnigen (und wenn nötig warmen) Stelle. Das wäre wahrlich ein exzellenter Setzling.

Der Ablauf des Ziehens unserer Setzlinge sollte so nah wie möglich an dieses Ideal kommen. Jede Einschränkung, Verlangsamung oder physiologische Schädigung während der Keimphase macht Pflanzen zwei- bis dreimal weniger produktiv. Sie können sie später noch so gewissenhaft tränken, gut düngen und umhegen. Ein schlechter Setzling wird die starken nie mehr einholen. Deshalb macht es Sinn nur die allerbesten Setzlinge großzuziehen. Doch das ist die Hauptschwierigkeit. Realistisch gesehen haben die meisten von uns nicht die richtigen Bedingungen, um dies zu tun. Falls Ihre Setzlinge hinter den als Ausfallssaat wild wachsenden Artgenossen hinterher hinken, ist es definitiv an der Zeit darüber nachzudenken, ob Sie überhaupt welche ziehen sollten.

Brauchen wir Sämlinge? Je besser die Bedingungen und das Potenzial für die Zucht von Setzlingen ist, desto mehr Pflanzen können in einem Keimbeet gesät werden anstatt direkt in die regulären Beete gesät zu werden. Aber ob Sie das überhaupt tun müssen, ist eine Frage des Geschmacks. Tatjana Urgarova ist Meisterin des Verpflanzens. Sie ist überzeugt, dass es sich lohnt, praktisch alles zu verpflanzen – mit der Ausnahme von Karotten, Dill, Petersilie, Radieschen, Rüben und Kresse.

Die Ernte ist früher und größer, aber hauptsächlich spart das Versetzen Zeit. Noch bevor die ersten Früchte geerntet werden, sprießt die nächste Generation bereits auf den Keimbeeten. Dank dem Versetzen können Sie getrost auch späte Sorten ziehen. Diese sind oft produktiver als die frühen. Für die Nordländer ist die Verpflanzung der einzige Weg, um auch wärmeliebende Pflanzen anbauen und um die Gartensaison verlängern zu können. Den Südländern ermöglicht sie es, früher ernten zu können.

Das alles ist für den Intensivgartenbau sehr hilfreich aber für den Hobbygärtner höchst fragwürdig. Für wirklich gute Setzlinge braucht man entweder ein Gewächshaus mit einer zusätzlichen Wärmequelle (ein verglaster, der Sonne zugewandter Balkon), oder Regalbretter in einem Innenbereich mit starkem, künstlichem Licht. Ohne künstliches Licht können Sie sich den Aufwand genauso gut sparen. In Russland gibt es nicht viele dieser kleinen Gewächshäuser für Setzlinge. Das bedeutet, dass diese daheim gezogen, aufs Land transpor-

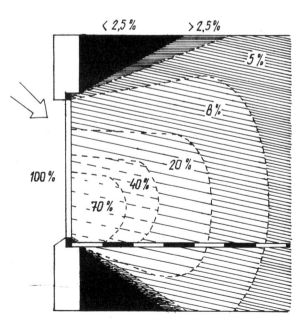

tiert und dann sofort ausgepflanzt werden müssen. Keine einfache Aufgabe. Ich wiederhole: Um eine frühe, großzügige Ernte zu erhalten, müssen Sie top Setzlinge haben. Zudem müssen Sie absolut sicherstellen, dass sie während des Prozesses nicht leiden: Sie müssen sie abhärten und sie dann in warme Erde einpflanzen und während der ersten Tage Beschattung bieten. Die Realität sieht aber so aus, dass wir dann verpflanzen, wenn wir Zeit dafür haben. Es ist also eine traurige Wahrheit, dass wir unsere Setzlinge so behandeln, dass sie gerade mal so überleben. Deshalb ist es ihnen auch egal, wenn sie uns nicht die bestmögliche Ernte liefern.

Auf den folgenden Seiten schauen wir uns die besten Verfahren an, wie man kräftige Setzlinge zieht.
1. **Licht** ist das wichtigste Element, von dem Setzlinge fast nie genug bekommen. Setzlinge, die in den Verkauf gelangen, werden oft sehr dicht gesät und zu lange gehalten, sodass die Pflanzen spindeldürr werden. Die unteren Blätter welken im Schatten und nur die oberen Knospen wachsen wirklich. Die Jungpflanzen bekommen so die Botschaft, dass sie schlechte Karten haben für eine effektive Entwicklung. Deshalb beginnen sie damit, Blüten zu bilden, in der Erwartung, ein kurzes, verwünschtes Leben vor sich zu haben. Sie werden wenig Ertrag (aber viel Samen) bringen und was sie ansetzen wird sehr schäbig.

Ein Keimbeet auf einem südlich ausgerichteten Balkon kann hinreichend Licht haben, aber ausschlaggebend ist, dass das Beet nicht überbelegt ist. Auf einem Fenstersims im Inneren einer Wohnung ist der Lichteinfall niemals auch nur annähernd ausreichend. Für eine normale Entwicklung brauchen Setzlinge eine Lichtintensität von 8.000 Lux[1]

An einem klaren Tag im März gibt es in Moskau 5.000 Lux (55. Breitengrad) – und 6.500 wo ich lebe (45. Breitengrad). (Die deutschsprachigen Länder liegen zwischen dem 47. und 55. Breitengrad.) Im Februar, wenn die Tage kürzer sind, gibt es noch weniger Licht. Unter Plastik und Glas wird es nochmals um etwa 15 Prozent vermindert.

---

1) Lux: Eine Maßeinheit für die Beleuchtungsstärke auf einer beleuchteten Fläche. Der Unterschied der Beleuchtungsstärke kann einfach beobachtet werden, wenn man dieselbe Oberfläche an verschiedenen Orten aufstellt und sie aus der immer gleichen Distanz durch eine Kamera betrachtet.

Ein Fenstersims im Süden erreicht etwas 3.000 Lux während des Tages. Dieser Wert halbiert sich jeweils pro 20 Zentimeter Entfernung vom Fenster (Abb. S. 275). Und das gilt für sonnige Tage! Ist es bewölkt, fällt die Lichtintensität um das 10 – 15-fache. Wenn man dann noch in Betracht zieht, dass im Frühling rund ein Drittel der Tage bewölkt ist, dann ist die durchschnittliche Lichtintensität auf unseren Fenstersimsen in etwa um das Zehnfache tiefer als jene, die benötigt würde.

Aber das zeigt noch nicht mal das ganze Bild. Gute Setzlinge benötigen 15 – 16 Stunden Licht pro Tag. Frühlingstage sind nur halb so lang, was das zur Verfügung stehende Licht nochmals reduziert. So viel zum Thema „Fenster zum Süden". Pflanzen, die so (in Wohnungen) aufwachsen, bekommen etwa 20 Mal weniger Licht als die Menge, welche nötig wäre. Und Licht ist ihre primäre Energiequelle! Wie wäre es wohl Ihnen ergangen, wenn man Ihnen ab der Geburt 20 Mal weniger Nahrung gegeben hätte? Wie produktiv wären Sie geworden?

Spindeldürre Setzlinge. Stellen Sie sich vor, dass wenig Licht für die Setzlinge vorhanden ist, aber ein Überfluss an Wärme. Die Pflanzen werden zum Atmen genötigt, ihre Zellteilung wird beschleunigt und sie produzieren wenig organische Materie. Sie verbrauchen fast ihren gesamten Glukosevorrat, den sie durch die Photosynthese produziert haben. Sie werden folglich bleich, und ziehen sich in die Länge wie Kartoffelsprossen in einem dunklen Keller. Wärme ohne Licht ist eine Folter für Pflanzen.

Daher entstehen diese künstlich geschaffenen Probleme des „Zurückhaltens des Wachstums": Nachdem wir sie genötigt haben, sich in die Länge zu ziehen, versuchen wir die Setzlinge nun zu zwingen, nicht mehr länger zu werden!

Das einfachste Mittel um das Wachstum zu verlangsamen ist Kälte. Aber es ist immer warm, wenn nicht heiß in unseren russischen Wohnungen. In einem Keimbeet im Freien schwanken die Temperaturen wie wild und es besteht gar ein Frostrisiko. Sie können die Setzlinge natürlich jeden Abend vom Balkon in die Wohnung und am Morgen wieder zurück schleppen. Wenn sie aber viele davon haben, werden wohl nur Bodybuilder diese Aufgabe toll finden.

Deshalb nutzt man oft eine andere Methode zur Verlangsamung des Wachstums: Die oberen Knospen abkneifen. Das aber funktioniert nur eine Zeit lang – unter warmen Bedingungen setzt sich das Wachstum schnell fort und die Pflanzen produzieren Seitentriebe, werden buschig und gleichzeitig spindeldürr.

Mittleider verwendete wohl die erfolgreichste Methode, um das Setzlingswachstum zu bremsen. Er entfernte regelmäßig die untersten, größten Blätter und ließ nur die jungen, höheren Rosetten an der Pflanze. Sobald Blätter gegen ihre Nachbarn drückten, war es Zeit, diese abzuklemmen. Wenn diese Blätter beschattet sind, kommunizieren sie der eigenen Pflanze, dass diese zwischen den Blattknoten in die Länge wachsen soll. Wenn sie diese unteren Blätter verlieren, „frieren die Pflanzen sich die Füße ab" und anstatt in die Länge zu wachsen, bilden sie dickere Stängel.

Daraus entstehen dann stämmige Setzlinge. Diese werden „bis zum Hals" in Beete gepflanzt. Dort bilden sich entlang dieser kräftigen Stängel sekundäre Wurzeln und das Wachstum setzt schnell ein. Dies natürlich nur unter der Bedingung, dass die Pflanzen in Einzeltöpfen gezogen wurden und dass die Wurzeln nicht beschädigt wurden.

Und das bringt uns zur zentralen Fragestellung: Warum sollten wir das Pflanzenwachstum überhaupt bremsen? Viele russische Gärtner schreiben mir, was für einen Sinn machte es, wenn wir Setzlinge früh ziehen, und dann verschiedene Kniffe anwenden, um sie vom Wachsen abzuhalten?" Der Drang früh auszupflanzen – sogar schon im Januar – kommt durch die kommerziellen Gewächshausbetreiber zu uns. Diese großen Unternehmen haben spezielle Abteilungen für Setzlinge mit starkem künstlichem Licht und mit warmen Böden, in denen die Pflänzchen auch im tiefen Winter gedeihen. In Gewächshäusern muss man aus wirtschaftlichen Gründen früh zu pflanzen beginnen. Aber macht das auch Sinn für unsere Gartenbeete?

Vergleichen wir die Alternativen: Wenn die idealen Bedingungen für ein ordentliches Gedeihen der Setzlinge hergestellt werden, wachsen die Pflänzchen rapide und sind nach zwei bis drei Monaten bereits erwachsen. Oder aber wir foltern sie, indem wir sie am Wachsen hindern, sodass sie sogar den draußen wild wachsenden Artgenossen hinterher hinken. Warum beharren wir so hartnäckig darauf so früh zu pflanzen?

Konstantin Malyshevsky hat eine wunderbare Erklärung dafür: „Wir versuchen das, was unvereinbar ist, aufeinander abzustimmen: Früher und dabei noch mehr! Aber man kann nicht auf zwei Hochzeiten gleichzeitig tanzen." Deshalb teilt er seine Setzlinge auf für frühe und reguläre Auspflanzung. Nur acht bis zehn Setzlinge verwendet er für die frühe Umpflanzung. Mehr ist nicht nötig. Sie werden früh gesät, aber unter den richtigen Bedingungen mit genug Licht und Platz. Während des Wachstums werden sie schrittweise in immer größere Behälter umgesiedelt: Zuerst ein fünftel Liter, dann einen halben Liter und schließlich in Literbehälter. Wenn sie pflanzbereit sind, wird der Behälterboden unten aufgeschlitzt und entfernt und die Pflanzen werden in Früchteboxen aus Plastik in ein Gewächshaus gebracht; zwei Pflanzen pro Früchtebox. Wenn sie an ihren Bestimmungsort im Gewächshaus gebracht werden, werden sie einfach auf den Erdboden gestellt und in Hügelchen aus verrottetem Sägemehl und Erde vergraben. Bei diesem Vorgehen wachsen die Pflanzen ununterbrochen weiter! Dieses frühe Gemüse genügt für alle.

Falls Sie sich dafür entscheiden, alle nötigen Bedingungen für ein rasches Wachstum herzustellen, ist der wichtigste Aspekt, dass Sie eine ausreichende Zusatzbeleuchtung sicherstellen. Glühlampen sind nicht geeignet, sie strahlen mehr Hitze als Licht ab. Aus der Distanz wirken sie nicht und nahe platziert versengen sie die Pflanzen. Neonbeleuchtung oder Halogenlampen (Tageslicht) sind geeignet. Am nützlichsten sind aber Speziallampen, die rotes und orangefarbenes Licht ausstrahlen. Sie sind auch angenehmer für die Augen.

Das Licht sollte während 15 Stunden täglich eingeschaltet sein, außer während der drei bis vier hellsten Stunden des Tages, wenn die Sonne rund 8.000 Lux hergibt. 30-40 Watt-Lampen liefern die benötigte Helligkeit aus einem Abstand von 25 – 30 Zentimeter. Man benötigt zwei Lampen für breite Boxen. Sie sollten definitiv oben mit einem Reflektionsschild ausgestattet sein, da sonst 60 Prozent der Energie verloren geht. Noch besser ist es, wenn man im inneren des gesamten Keimbeetes reflektierendes Plastik anbringt. In einem so „verspiegelten" Keimbeet kann die Wattleistung der Lampen um ein Drittel reduziert werden.

2. Platz ist der zweite wichtige Faktor für gute Setzlinge. Bei der Beobachtung der Entwicklung von Bäumen ist mir aufgefallen, dass diese sogar in direktem Sonnenlicht vor jedem Objekt zurückweichen, welches das Sonnenlicht verdeckt. Junge Pflanzen verhalten sich genau gleich. Sie wollen sich frei von jeglicher Konkurrenz und Beeinträchtigung fühlen. Alles, was ihnen Licht stiehlt, empfinden sie als feindselig. In kommerziellen Gewächshäusern werden Setzlinge 15 – 20 Zentimeter voneinander in Kompost-Blöcken platziert. Gesunde Setzlinge neigen dazu, eher breit als hoch zu wachsen. In den ersten zwei Monaten ihres Daseins schätzen die Pflanzen ihre Umgebung ein und erstellen ihr Programm für ihre eigene Weiterentwicklung. Am wichtigsten ist dies für die Stärke und die Qualität der Blüten.

Genau dasselbe passiert mit den Wurzeln. Wenn die Wurzeln sich in einer sehr begrenzten Menge Erde befinden, verschlingen sie sich ineinander und verkrumpeln. Wenn das passiert, sind die Pflanzen davon überzeugt, dass sie keinen Platz haben, um sich zu entwickeln und dass sie ein ödes, schreckliches Leben vor sich haben. Die meisten dieser verfilzten Wurzeln sterben nach dem Verpflanzen ab und die Pflanze kann sich nicht gesund entwickeln. Was können sie schon noch tun? Ganz schnell noch blühen, ein paar spindeldürre Samen abwerfen! Und so bleiben uns ein paar verkümmerte Pflanzen, die winzige Früchte tragen. Wissen Sie, warum Blumentöpfe gegen unten schmaler werden? Damit die Blütenpflanzen nicht so kräftig wachsen und früher blühen – wegen der beengten Verhältnisse!

Nachfolgend liste ich Ihnen die minimalen Platz- und Raumbedürfnisse für Setzlinge für die ersten vier bis sieben Wochen auf. Nach der achten Woche sollte das Platzangebot verdoppelt werden. Zudem muss das Platzangebot auch verdoppelt werden, wenn keine künstliche Zusatzbeleuchtung oder nicht genügend natürliches Licht vorhanden ist.

Stangensellerie und Zwiebeln: Mit guten künstlichem Licht – fünf Quadratzentimter pro Pflanze, einen Zentimeter voneinander entfernt in der Reihe und fünf Zentimeter zwischen den Reihen, ohne Ausdünnung. Bis zu 200 Pflanzen können so auf einem Zehntel Quadratmeter gezogen werden. Topfpaletten mit einer Töpfchengröße von zweieinhalb mal zweieinhalb oder drei mal drei Zentimeter sind ebenfalls geeignet.

Rote Bete, Kopfsalat und die ganze Kohlfamilie: Mit künstlichem Licht – im Durchschnitt 30 Quadratzentimter pro Pflanze, oder ungefähr fünf mal sechs Quadratzentimter nach dem Ausdünnen.

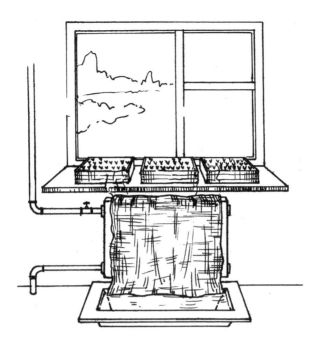

Paprika, Auberginen, Tomaten, Gurken und die ganze Kürbisfamilie: Mit künstlichem Licht im Durchschnitt 80 Quadratzentimter pro Pflanze oder in einem neun mal neun Zentimeter Muster nach dem Ausdünnen.

Die Tiefe der Töpfchen sollte nicht weniger als acht Zentimeter aber auch nicht mehr als 10 Zentimeter betragen. Es ist schwierig, Setzlinge mit langen Wurzeln zu verpflanzen, weil die Pflanzlöcher entsprechend tiefer sein müssten.

3. **Wärme** ist der wichtigste Faktor, der die Wachstumsrate bestimmt. Gemüsepflanzen entwickeln sich bei 20-24 Grad Celsius am besten. Sie dürfen es nicht zu warm bekommen, da sie sonst schmächtig und kränklich werden. Sie sollten auch vor Unterkühlung geschützt werden, da dadurch sonst die Entwicklung gebremst wird, und die Pflanze Ihnen dies noch lange nicht verzeihen wird. Wie schon oben erwähnt wurde, ist die Bodentemperatur viel entscheidender als die Lufttemperatur. Wenn Sie wollen, dass Ihre Setzlinge sich schnell entwickeln, sollten Sie die Pflanztöpfchen zusätzlich beheizen. Die Bodentemperatur kann 26-28 Grad Cel-

sius betragen, während die Lufttemperatur bei nur 20-22 Grad Celsius liegt. Unter solchen Bedingungen werden nicht bloß Setzlinge sondern jede Art von Ableger im Nu Wurzeln schlagen. Doch Setzlinge, die an den warmen Boden gewöhnt sind, müssen langsam und sorgfältig abgehärtet werden. Wenn Sie diese direkt ins Freiland umpflanzen, könnten sie am Stress eingehen.

4. **Luftfeuchtigkeit** ist der vierte Faktor für gute Setzlinge. Unsere Wohnhäuser und Wohnungen weisen meist schrecklich trockene Luft auf. In unseren oft überheizten Räumen herrscht vielerorts eine Luftfeuchtigkeit von 25 – 35 Prozent - wie in einer Wüste! Die normale Luftfeuchtigkeit liegt bei 70-80 Prozent. Erinnern wir uns an Timiriazevs Arbeit, die ich vorhin zitiert habe: Unter trockenen Bedingungen sind die Pflanzen gezwungen, riesige Mengen an zusätzlichem Wasser umzuwälzen. Das ist gerade für Jungpflanzen extrem schädlich. Sogar wenn der Boden schön feucht ist, werden die kleinen Wurzeln nicht mit dem erhöhten Bedarf fertig! Zudem werden unter diesen Bedingungen viele Salze in den Zellen abgelagert. Das alles verursacht erhöhten Stress für die Pflanzen.

   Ugarova empfiehlt eine einfache, selbstgemachte Einrichtung um eine hohe Luftfeuchtigkeit in einer Wohnung hinzukriegen und beizubehalten. Sie legt ein dickes Tuch, dessen unteres Ende in einem großen Wasserbehälter gelegt wird, mit dem oberen Ende über einen Radiator unter einem Fenster. Wenn das Tuch austrocknet, ist es nicht dick genug. Diese einfache Einrichtung verdunstet bis zu zehn Liter Wasser pro Tag. Verstehen Sie jetzt, warum es schwierig ist, in einer Wohnung Setzlinge zu ziehen?

5. **Bodenzusammensetzung, Dünger und Bewässerung.** Der wichtigste Grundsatz ist hier, dass es besser ist, wenn die Pflanzen unterversorgt sind, als wenn man sie überfüttert. Es ist auch besser, wenn sie mit Wasser unterversorgt sind, als wenn man sie überwässert.

   Ich glaube, dass die Topferde nicht mehr als ein Drittel Gartenerde enthalten sollte und ich empfehle, keinen Sand hinzuzufügen. Pflanztöpfe können so bis zu einem halben Kilogramm wiegen. Falls Sie schon einmal Pflanztöpfe in der Wohnung hin und hergeschleppt haben, verstehen Sie, was das bedeutet. Das Wichtigste für die Wurzeln von Setzlingen ist Luft. Sie brauchen nicht viel Wasser – für junge Pflanzen ist ein Überangebot an Feuchtigkeit genau so verheerend wie Trockenheit.

Die richtige Bodenzusammensetzung sollte leichtgewichtig sein. Bis zur Hälfte des Volumens sollte aus verrottendem Sägemehl, Perlit, Vermiculit oder Tongranulatrückständen bestehen. Sie können sogar ganz auf Gartenerde verzichten. Nehmen Sie zum Beispiel ein Drittel reifen Kompost, ein Drittel Tongranulatrückstände oder Perlit und ein Drittel Sägemehl oder verrottete Spreu. Das sorgt für eine reichliche Luftzufuhr und eine gute Wasserspeicherkapazität – die wichtigsten Faktoren für Topferde. Fügen Sie keinesfalls Mist hinzu. Er ist sauer und sehr aggressiv.

Es ist wichtig, die Erde korrekt zu mischen. Wenn Sie trockene Komponenten vermengen und dann wässern, verdichtet sich die Erde zu einer kompakten Masse ohne Struktur. Darin gibt es wenig Luft und die Nährstoffe werden anaerob gebunden. Genau das beobachten wir oft in Töpfen mit Zimmerpflanzen. Damit eine Bodenstruktur entstehen kann, sollte die Erde nur im Zustand der optimalen Feuchtigkeit vermengt werden. Das ist einfach. Legen Sie eine große Folie aus und legen sie alle Komponenten, die vermengt werden sollen, in Schichten auf einer Seite der Folie bereit. Machen Sie in der Mitte des Haufens eine Vertiefung, gießen Sie Wasser in diese Vertiefung und lassen Sie es versickern. Und jetzt schieben Sie den ganzen Haufen auf die andere Seite der Folie, indem sie alles in kleinen Portionen hinüber rechen. Dann machen Sie dasselbe nochmals in der umgekehrten Richtung. Kneten Sie die Erde nicht mit Ihren Händen! Falls noch trockene Erdstücke darin sind, gießen Sie nochmals etwas Wasser nach und rechen nochmals alles vor und zurück, um es gut unterzumischen. Die Erde wird vor Ihren Augen kleine Klumpen bilden. Wenden Sie alles ein paarmal, bis alles schön gleichmäßig aussieht. Jetzt können Sie diese Pflanzerde verarbeiten – sie lebt und ist schön durchlässig. Die Klümpchen sorgen für eine gute Struktur in Ihrer Topferde.

Ob der Feuchtigkeitsgehalt einer strukturierten Erde angemessen ist, kann folgendermaßen eruiert werden: Wenn Sie die Erde mit der Hand zusammenpressen bleibt sie in einem Klumpen; es tropft kein Wasser heraus und sie verdreckt die Handfläche nicht. Wenn Sie zu viel bewässert haben, fühlt sich die Erde teigartig an. Dann müssen Sie mehr Trockenkomponenten hinzufügen und alles nochmals mischen – dieses Mal gleichmäßiger und viel länger.

Was das Düngen angeht, werde ich nur die wichtigsten Punkte behandeln. Der Gedanke, dass man Setzlinge „bis zur Schlachtreife mästen" muss, ist ein großer Irrtum. Was ist schlimmer, als in der Kindheit schon fettleibig zu sein? Vollgestopft mit Stickstoff werden die Pflanzen schlaff, halb durchsichtig und verenden schon bei geringem Stress. Wenn sich die Wurzeln in einer hoch nährstoffreichen Umgebung entwickeln, werden sie faul und verwöhnt. Sie werden sich nicht recken oder sich bemühen Nährstoffe ausfindig zu machen und somit bleiben sie unterentwickelt. Die Immunität dieser Frühstarter verkümmert. Für sie verkörpern die Beete im Freien nicht die große Freiheit, sondern großen Stress. Auf Überfluss programmiert, leiden die Pflanzen bei der kleinsten Einschränkung des erwarteten Luxus. Eine intelligente Unterversorgung an Nährstoffen ist bei Jungpflanzen viel nützlicher. Wenn sie es gewohnt sind, für das Überleben kämpfen zu müssen, werden sie auch draußen in den Beeten florieren.

Im Gegensatz zu erwachsenen Pflanzen sind Setzlinge außerstande große Mengen an Nährstoffen aufzunehmen – sie sind schlicht zu jung. Jedoch genau im Setzlingsalter ist die Suchaktivität nach Nährstoffen deutlich höher. In „magerer" Erde entwickeln sich die Wurzeln viel forscher. Andererseits verlangsamt reichhaltiger, „fetter" Boden, das Wurzelwachstum. Er kann sogar die Keimung behindern. Als Student an der Uni beobachtete ich dieses Phänomen selber in Laborversuchen. Aus diesem Grund sollten Sie sowohl organisches Material als auch mineralische Dünger für die Jungpflanzen auf ein Minimum beschränken. Zum Beispiel dürfen Sie für einen Eimer sandiger Erde nicht mehr als drei bis vier Löffel Asche und einen Löffel Mehrnährstoffdünger wie „Kristalon" hinzufügen. Falls die Erdmischung ein Drittel Gartenerde enthält, sollten Sie mit der ersten Nährstoffgabe warten, bis das vierte Blatt sich entwickelt und selbst dann nur, falls Anzeichen eines Stickstoffmangels ersichtlich sind; d. h. wenn die oberen Blätter bleich und hell erscheinen.

Die Bewässerung der Setzlinge sollte am Besten von unterhalb erfolgen (aus einer Schale). Es ist äußerst schädlich, die Pflänzchen von oben mit einem starken Wasserstrahl zu tränken oder die Blätter mit Wasser zu übergießen. Übertreiben Sie es mit dem Wasser auf keinen Fall, denn Überwässerung ist die Hauptursache der Wurzel – und Stängelfäule. Besonders die Kohlfamilie, Kürbisse und Melonen sind anfällig dafür. Um der Wurzel- und Stängelfäule vorzubeugen, füllen Sie die oberen Drittel der Töpfchen mit Sägemehl, Sand oder Perlit. Das schadet keiner Setzlingsart.

Für die ausgewachsenen Setzlinge der Kürbisfamilie ist leichte Trockenheit sehr förderlich. Insbesondere für Gurken, die zu blühen beginnen. Wenn die Bewässerung in dieser Zeit so limitiert wird, bis sie die „Ohren leicht hängen lassen", werden die Pflanzen frühe und reiche Ernte tragen.

6. **Abhärtung** ist der wichtigste Faktor, der die Widerstandsfähigkeit der Pflanzen nach dem Versetzen bestimmt. Viele meiner Leser haben einen riesigen Unterschied beobachtet: Setzlinge aus dem Gewächshaus entwickeln sich zu scheinbar „normalen" Pflanzen, die bei einem Krankheitsbefall rasch geschwächt werden, während Pflanzen, die sich aus abgehärteten Setzlingen entwickeln, bis zum ersten Frost grün bleiben und Früchte tragen. Der zuverlässigste Weg um Pflanzen abzuhärten ist, sie draußen im Frühbeet zu ziehen. Der Prozess kann ganz schon bei der „Geburt" eingeleitet werden – eingeweichte Sämlinge werden auf dem obersten Regal des Kühlschranks bei null bis drei Grad Celsius während drei Tagen gekühlt. Setzlinge aus solchen Samen sind bedeutend frostresistenter.

Ihre spartanische Aufzucht wird im Frühbeet fortgesetzt. Pflanzen, die immer mal wieder ums Überleben kämpfen müssen (bei ein bis zwei Grad Celius) oder gar vom Frost berührt, werden besonders widerstandsfähig. Zur selben Zeit sollte die Bewässerung stark gedrosselt werden: Lassen Sie die Wurzeln sich tief in den Grund bohren! Es kann sein, dass Tomatensetzlinge so „schikaniert", blau oder rot werden und bei Frost sogar ihre Spitze verlieren. Es kann sein, dass sie in einem jämmerlichen Zustand, fast ohne Seitentriebe, versetzt werden müssen. Es kann sein, dass Gurkensetzlinge alle Blätter verlieren, sodass nur noch die Spitze lebt und austreibt. Aber wie sagte General Suworow so treffend: „Beschwerlich im Lernen – leicht in der Schlacht."

Während sie sich an die nächtliche Kälte, direktes Sonnenlicht und große Temperaturschwankungen gewöhnen, hemmen die Pflanzen vorerst ihr Wachstum.

Aber genau diese Zeit aktiviert erst ihre Abwehrmechanismen und programmiert sie schlagkräftig für den Überlebenskampf. Das sind die Pflanzen, welche die beste Ernte abwerfen werden. Das bringt uns zu einem weiteren Gesetz des cleveren Auspflanzens: Beete sollten keinen Stress verursachen!

Natürlich macht es keinen Sinn, Samen oder Setzlinge auf diese Art abzuhärten, wenn sie in einem geheizten Gewächshaus weiterwachsen werden. Und doch sollten die zu sehr verhätschelten Setzlinge ertüchtigt werden. Generell heißt das, dass sie so oft wie möglich ins Freie gebracht werden sollten. Sie sollten morgens so früh wie möglich nach draußen getragen und so spät wie möglich wieder hineingebracht (oder zugedeckt) werden. Das Wichtigste ist aber, sie vor Frost zu bewahren. Es ist auch gut, wenn sie sich schon früh an das Sonnenlicht gewöhnen. Setzlinge, die in einer Wohnung gezogen und dann direkt in das helle Sonnenlicht versetzt werden, verbrennen meist übel und verlieren die Blätter. Sie müssen langsam an die natürlichen Bedingungen gewöhnt werden: Zuerst stellen Sie diese in den Schatten, später in den Halbschatten. Oder erwarten Sie wirklich gute Resultate von Pflanzen, die immerfort erwarten so verwöhnt zu werden?

Und so ergeben sich zwei Hauptschlussfolgerungen:

Erstens: Setzlinge zu wärmen und zu mästen schwächt sie. Es ist es nicht wert, Setzlinge zu hegen, nur um ihr sattes Grün bewundern zu können.

Zweitens: Die Bedingungen unter denen Setzlinge sich entwickeln, müssen jene nachahmen, denen sie als Erwachsene ausgesetzt sein werden.

Falls Ihre Tomaten in einem Gewächshaus mit regulierten Temperaturen bleiben, dürfen Sie diese so sehr verhätscheln, wie sie wollen. Wenn sie aber für den Freilandbereich vorgesehen sind, ist es besser, sie früh darauf vorzubereiten und ihnen eine spartanische Kindheit zu schenken.

Ich bin überzeugt: Das optimale Regime für Setzlinge herrscht im Frühbeet im Freien. Sie sollten bis nach dem letzten starken Frost warten und eine zweite Plastikfolie zu Hand haben um das Frühbeet im Notfall zusätzlich bedecken zu können. In Rostov und Kharkov im Süden (Zonen 5 und 6) kann man schon Mitte April mit der Aussaat im Frühbeet beginnen. Es ist speziell vorteilhaft, wenn das Frühbeet anschließend zum Regelbeet umfunktioniert wird. So können einige der Setzlinge gleich dort belassen werden, sodass man sich und den Pflanzen die Plage des Umpflanzens ersparen kann. Diese Pflanzen entwickeln sich schneller als die allerbesten ihrer umgepflanzten Konkurrenten.

Es gibt noch ein paar weitere Punkte, mit denen wir uns befassen müssen.

Pikieren[1] stärkt die Pflanzen nicht. Das belegen viele Studien. Meiner Ansicht nach ist es nicht die Mühe wert. Das Aussäen in Saatschalen ist ohnehin nicht empfehlenswert. Wenn sie als dichtes, kleines Büschel herausragen, beginnen die Setzlinge bereits nach drei Tagen sich in die Länge zu ziehen. Wir betrachten das Pikieren nur deshalb als normal, weil wir die Setzlinge in gerammelt vollen Saatschalen, oft auf dem Fensterbrett, ziehen. Es macht mehr Sinn die Lebensfähigkeit der Sämlinge im Voraus zu testen uns sie dann in Topfpaletten oder Töpfchen zu pflanzen. Falls die Keimrate weniger als 90 Prozent beträgt, säen Sie zwei Sämlinge pro Topf. Wenn sich die beiden zeigen, kneifen sie den schwächeren ab.

Behälter für Setzlinge sollten einfach in der Handhabung, angemessen isoliert, lichtundurchlässig und dauerhaft sein sowie eine gute Drainage aufweisen. Die beste Wahl sind Topfpaletten.

Russische Gärtner warten nicht auf die Gefallen des Handels und packen einfach leichte Erde in kleine Polyethylenbehälter oder in Einwegbecher mit weggeschnittenem Boden. Diese werden auf Flächen aus Schichten von verrottetem Sägemehl, das auf einem Plastik ausgebreitet wurde, gestellt. Beim Umpflanzen werden die Becher weggeschnitten und entsorgt.

---

1) Pikieren: Das Umsetzen sehr junger Setzlinge (wenn die ersten richtigen Blätter zum Vorschein kommen) aus den Pflanzschalen in Töpfe. In diesem Prozess werden die Pfahlwurzeln gekürzt im Bestreben die seitlichen Wurzeln zu entwickeln.

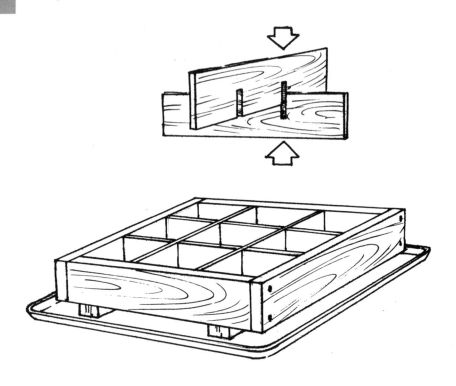

Das Umpflanzen kann ohne ernsthafte Auswirkungen vor sich gehen, wenn Sie die Setzlinge kurz in einen Tonschlamm eintauchen. Im Freien können Wurzelhärchen innerhalb von nur einer halben Minute austrocknen! Der Ton umschließt die zarten Wurzeln ohne sie zu beschädigen. Er erhöht die Aufnahmeoberfläche um ein Vielfaches und verbessert den Kontakt der Wurzeln mit dem Boden. Im Pflanzloch stimuliert dies das Wachstum und stellt eine nützliche, temporäre Schutzschicht her.

Die Aufzucht von Setzlingen befasst sich mit demselben Arbeitszyklus, der für die Pflege von Freilandbeeten gilt. Je intelligenter und ausgefeilter alles für die Pflanzen eingerichtet ist, von der Lage bis hin zu den Setzlingsbehältern, desto besser ist das Ergebnis. Wir haben, zum Beispiel, nicht genug Platz in unserem Daheim für Setzlinge und ein permanentes Gewächshaus werde ich in absehbarer Zukunft kaum errichten. Deshalb verwende ich ein simples Frühbeet aus Plastik für meine Setzlinge. Ich denke, dass wir im Süden die Vorteile des Klimas voll ausnützen und gar nicht erst umpflanzen sollten – einfach direkt säen und decken. Ich selber bewege mich mehr und mehr in diese Richtung.

Die hervorragenden Leistungen der Regenwürmer für das gesamte Ökosystem Boden sind Anlass genug, alles daran zu setzen, diese nützlichen Bodentiere zu fördern.

Erhard Hennig (1906 – 1998), deutscher Humusforscher

KAPITEL 12

Verteidigung statt Kampf

oder

eine Geschichte darüber, wie wir die Pflanzen schädigen

Der größte Schädling der Ernte ist der Mensch.
J.I.Slaschinin

Seit bereits einem Jahrhundert setzt die Menschheit „frisch und froh" allerlei Spritzmittel und Gifte zur Vernichtung verschiedener Lebewesen ein, die ein Auge, einen Zahn oder ihre Sporen auf unsere Pflanzen richten. Diese Präparate vermehren sich endlos, die Etiketten werden immer verlockender und wir versprühen sie sehr eifrig: Ganz nach dem Diktat der Wissenschaft 10-15 mal pro Saison! Und wie steht es mit dem Ergebnis? Sind die „Schädlinge" und Krankheiten verschwunden? Überhaupt nicht! Im Gegenteil: Ihre Anzahl, Vielfalt und Widerstandsfähigkeit gegen Chemikalien haben sich seit der Einführung des chemischen Pflanzenschutzes vervielfacht!

Und in der Natur ist weiterhin alles ruhig. In den Ökosystemen, die noch nicht vom „menschlichen Genie" berührt wurden, funktionieren nach wie vor die Prozesse der Selbstorganisation und der Selbstregulation. Auf den Boden fällt organische Substanz, Mikroben und Würmer erzeugen daraus Erde und die Pflanzen bekommen alles, was für die harmonische Entwicklung notwendig ist. Verschiedene Krankheiten und Populationen[1] von Insekten leben dort. Aber ebenso vor Ort lebende Raubfeinde (= „Nützlinge") dämmen ihre Anzahl aktiv ein. Als Ergebnis existieren alle ganz friedlich zusammen, ohne einander erhebliche Schäden zuzufügen, ohne Katastrophen und Verwüstungen. Im Gegenteil, sie leben in gegenseitiger Fürsorge um das weitere Gedeihen des eigenen Nahrungskreislaufes. Und nur wir, der Homo sapiens[2], glauben an den Nutzen des totalen Mordes.

---

1) Population – Gruppe einer Spezies, die an einem bestimmten Ort mit bestimmten Bedingungen und Faktoren der natürlichen Auslese leben.
2) Homo sapiens bedeutet eigentlich „weiser Mensch".

Wir gehen in einen Laden der Chemikalien anbietet und zahlen für eine momentane Hoffnung: Es soll doch sofort nützen; was später kommt, interessiert uns nicht. Pestizide sind für uns wie Aspirin. Wir denken naiv, dass die „Schädlinge" sofort alle eingehen und dass die verbleibenden so stark verängstigt werden, dass sie schwören, nie wieder Schaden anzurichten. Umsonst – wir unterschätzen sie sehr! Das Ziel jedes Lebewesens ist, sich an jede Umgebung anzupassen. Unsere Gifte und sonstigen „Militäraktionen" sind nur ein zusätzlicher, lästiger Umweltfaktor. Die Potenz zur Fortpflanzung und die genetische Flexibilität der Insekten sind so hoch entwickelt, dass sie unsere technisch-chemischen Möglichkeiten mit Leichtigkeit überflügeln. Sich an ein neues Gift zu gewöhnen, ist eine Sache von zwei bis drei Jahren. Bei Pilzen ist es sogar gerade mal ein Jahr.

Es sind schon einige Hunderte von Arten bekannt, die gegen alle bekannten Chemikalien resistent sind. Die ersten waren die Hausfliegen: Auf die flächendeckende Verabreichung von DDT haben sie mit der Entwicklung gleich mehrerer Populationen, die gegen mehrere Gruppen von Giften gleichzeitig resistent waren, reagiert. Beim Anblick des Kartoffelkäfers, stelle ich mir gleich vor, wie er mit einem Lächeln seine Jahresbilanz macht: „ So, so! ... „Karbophos", „Chlorophos" – veraltet! „Dezis", „Intavir", „Kolorazid" – kein Problem, haben wir bereits verdaut. „Karate", „Topaz", „Donner", „Regent" (diese Namen! Man könnte sich glatt totlachen!) Die Bäuche tun noch etwas weh, aber auch das ist bereits Vergangenheit. Was ist da noch übrig? Aha, Aktara, Konfidor? Werden wir auch innerhalb der nächsten zwei, drei Jahre überlisten!" Und in jedem Garten überleben nach der Verwendung des neusten Wundermittels einige Helden, für die dieses bereits wie Wasser ist. Im nächsten Jahr werden aus denen Hunderte und noch ein Jahr später eine vollwertige Population.

Ich war mal in den kaukasischen Bergen. Auf einer Höhe von mehr als 2000 Metern habe ich eine Menge Kartoffelkäfer gesehen. Sie krochen ruhig auf den Pflanzen umher. Bei jedem Schritt sah ich sie im Schnee und sie klammerten sich sogar an die Grasstängel in den vereisten Bächen! Da überqueren sie also erfolgreich die kaukasischen Bergketten und landen dann in Sochi. Und das sind genau jene Helden, die bereits glorreich alle Chemikalien der Region Kuban (die Kornkammer Russlands) überlebt und hinter sich gelassen haben!

Die Hauptfolge des chemischen Schutzes ist Erschaffung widerstandsfähiger Parasiten. Aber das ist nur die eine Seite. Die andere ist die Technologie an sich. Alle Präparate sind nur bei einer korrekten Anwendung wirksam! Diese Tatsache dringt irgendwie nicht in unser Bewusstsein. Die exakte Zeit, die exakte Entwicklungsphase des „Schädlings", das Wetter, die Lufttemperatur, die Qualität des Giftes, seine Verdünnung, der Grad der Verneblung – alles muss optimal sein, ansonsten ist der Effekt der Bearbeitung genau umgekehrt: Man verstärkt die Widerstandsfähigkeit der unerwünschten Population. In der Realität ist es sehr schwierig, alle Voraussetzungen zu berücksichtigen. Das bringt uns zum dritten Aspekt des Chemieeinsatzes: Auch bei der maximal korrekten Anwendung vermindern die Pestizide die Anzahl der „Schädlinge" der unerwünschten Population nicht! Sie töten nur einen Teil der einen Generation. Bis zum Herbst erstarken die „Schädlinge" wieder und die Population geht gestärkt und gefestigt in den Winter.

Und hier ist die traurigste Seite des chemischen Schutzes: **Die Gifte sind**, irgendwie ist das ja logisch, **giftig**. Und wir scheinen unsere Gesundheit nicht schützen zu wollen. Und wir scheinen schon gar nicht unsere Umwelt, die Biosphäre, schützen zu wollen!

Und zum Schluss zur Qualität der Präparate. Nach den Gesetzen des „sehr freien" russischen Marktes ist die Qualität wenig verlässlich.

Um seinen guten Ruf ist der Hersteller wohl noch besorgt, den Zwischenhändlern ist dies aber nicht so wichtig: Sie fahren bloß auf dem Zug der fremden „Marken" mit. Und nur ein Müßiggänger würde die hohe Nachfrage nicht ausnutzen. Und falls ein Präparat eine gute Wirkung an den Tag legt, wird die Produktion verdoppelt, jedoch wird gleichzeitig die Qualität halbiert. Deswegen können neue Präparate sehr schnell ihre „Effektivität verlieren". Die Schädlinge fühlen sich in dieser Zeit wie in einem Ferienresort. Schockiert ist nur der Gärtner, der den ganzen Abend die Spritze rumgeschleppt hat: Beim Anblick der quicklebendigen, gesunden „Feriengäste" brodelt es ihm im Gehirn!

Zusammengefasst: Harte Chemie ist weder Rettung noch Heilung noch Weg, um die Pflanzen von Schädlingen zu befreien. Der chemische Schutz ist wie ein Spion, der sich zwar beliebt macht, aber hinterrücks für den Schädling arbeitet; mit anderen Worten: für den Eigennutz.

„Sie sagen also, man soll gar keine Pestizide verwenden?" Ach, ganz und gar ohne Pestizide können wir heutzutage kaum mehr auskommen, hier haben wir uns bereits zu festgefahren. Aber die Mittelchen sollen in ihre Schranken verwiesen werden. Das heißt – nur in Extremsituationen, wenn es keine anderen Lösungen mehr gibt, die Ernte zu retten, sollen die sichersten und wirksamsten Pestizide zum Einsatz gelangen; und dies ganz vorsichtig, auf begrenzten Flächen, technisch richtig und zum richtigen Zeitpunkt. Ich erzähle Ihnen, wie ich die Pestizide ganz selten anwende.

Die Alternative zur Chemie sind Biopestizide. Das sind Toxine[1] von Pilzen und Mikroben, Insektenhormone oder lebende Bakterien. Sie arbeiten nicht schlechter als chemische Präparate, sind aber viel harmloser. Und lebende Präparate lösen keine Gewöhnung der Pathogene[2] aus. Schon viele Jahre benutze ich nur diese – und synthetische Präparate nur im äußersten Notfall.

Alternative zu Pestiziden sind die „Volksmethoden": Aufgüsse und Infusionen aus verschiedenen Pflanzen sowie hausgemachte Köder und Fallen. Es gibt davon eine ganze Menge und man schreibt sehr viel darüber. Ich habe festgestellt, dass ihre Wirkung sehr von den konkreten Bedingungen abhängt. Es passiert allzu oft, dass das, was bei einem Anwender funktioniert, beim anderen überhaupt nicht wirkt! Irgendwo wird die Maulwurfsgrille mit Bier angelockt und gefangen, aber bei mir will sie einfach nicht darauf hereinfallen. Bei einem frisst der Rüsselkäfer alle Früchte weg, und wir kennen ihn gar nicht. In Kiew geht die Blattlaus mit der Tabakbrühe weg, bei uns niest sie nur kurz darauf. Und so weiter.

Fazit: Jeder soll seine eigenen Methoden finden, die geeignet sind für seinen eigenen Garten – genau so, wie jeder seine spezifischen Kräuter in der Pflanzenheilkunde finden sollte. Eines ist offensichtlich: Unsere Bedingungen und die Gene der „Schädlinge" sind zu vielfältig! Das beweist einmal mehr, dass der Kampf der falsche Weg ist. Der eigentliche Zweck des Pflanzenschutzes muss doch sein, von vornherein zu verhindern, dass solche Präparate überhaupt in Betracht gezogen werden müssen.

Wir brauchen keine Behandlung. Alles, was wir zu tun brauchen ist, dafür zu sorgen, dass unsere Pflanzen gesund bleiben. Die „Schädlingsbekämpfungsmittel" sind nicht notwendig – wichtig ist, dass

---

1) Toxin: Von Bakterien, Pflanzen oder Tieren abgeschiedener oder beim Zerfall von Bakterien entstandener organischer Giftstoff
2) Pathogene: Krankheiten erregende Lebewesen oder Stoffe

„Schädlingsausbrüche" verhindert werden. Wir brauchen keine besseren Kampftaktiken – es wäre besser, wenn der Kampf überflüssig wäre. Wäre es nicht eine Überlegung wert herauszufinden, was denn die wirkliche Ursache des „Schädlingsausbruchs" ist, anstatt sich die Köpfe über die Entwicklung eines neuen Giftes zu zerbrechen? Warum sind unsere Pflanzen so verletzlich? Und wenn die Gifte das Problem nicht lösen, was kann die Lösung sein? Viele Antworten auf diese Frage sind längst bekannt. Die meisten stehen in keinem Zusammenhang mit dem chemischen Pflanzenschutz.

Krank werden in erster Linie jene Pflanzen, die nicht an die Umgebung angepasst, geschwächt, zu sehr verhätschelt und/oder überfüttert (= überdüngt) sind.

Schädlingspopulationen breiten sich aus zwei Hauptgründen aus:
a) wenn Monokulturen anstelle der natürlichen Vielfalt treten und
b) wenn in der Monokultur alle Feinde der „Schädlinge" mit Giften getötet werden.

Also, wer zerstört hier unsere Ernten? Schwache Pflanzen, Monokulturen und Gifte, die alles Leben vergiften, sind das Werk unserer eigenen Hände. Das alles haben wir erschaffen. Aber das heißt auch, dass wir das ändern können!

Mein Ziel ist es, dass wir vergessen, dass es Pestizide je gab. Na ja, fast vergessen. Die besten und sichersten unter ihnen stehen auf meinem Regal – für den Fall der Fälle. Aber ich suche ständig nach einer Möglichkeit ohne sie auszukommen. Ich entwickle eine Strategie der Verteidigung ohne Kampf – so etwas wie „Garten-Aikido[1]". Das ist die nützlichste und wirksamste Verteidigungsstrategie. Sie wurde von Biobauern und -gärtnern in zahlreichen Ländern entwickelt, praktisch angewendet und perfektioniert.

In Russland wurde nur sehr wenig Forschung in diese Richtung betrieben. Und was existiert, basiert meist auf der Initiative von Gartenenthusiasten. Außerdem muss jeder von uns seine eigenen Methoden für seinen eigenen Lebensraum entwickeln – genau so wie eigene Nuancen der Gartenbautechnik.

---

1) Aikido – eine japanische Richtung der Philosophie und Kampftechnik, die auf der Liebe zu allen Lebewesen, auch zum angreifenden Feind basiert. Der Kernpunkt dieser Technik ist es anzustreben, absolut unverwundbar sein. Dies ohne anzugreifen und ohne Schläge zu verteilen. Du bist entspannt und die Kraft des Feindes wird gegen ihn selber verwendet.

Ich sehe drei Richtungen dieser Disziplin:
1) Die Stärkung der Vitalität und des Immunsystems der Pflanzungen durch die Verwendung widerstandsfähiger Sorten, fruchtbarer organischer Substanz und strukturiertem Boden. Wenn nötig auch mit Hilfe von Blattdüngung, natürlichen Stimulatoren und mikrobiellen Gemeinschaften.
2) Die Erstellung eines vielfältigen und stabilen Ökosystems im gesamten Lebensraum in dem wir leben; unter Einbezug von a) der Naturlandschaft der Siedlung, in der wir leben, b) der Pflanzenvielfalt im eigenen Garten und c) der Pflanzenkombinationen auf den einzelnen Beeten.
Anders gesagt, unter dem vollständigen Einbezug des gegenseitigen Schutzes der verschiedenen Pflanzen und indem wir optimale Voraussetzungen erschaffen für das Wohlbefinden unseren Verbündeten und Helfer: Die hilfreichen Mikroben und „Nützlinge" (Insekten-Räuber u. a.).
3) Durch die Nutzung der Erkenntnisse aus der Biologie und der Erforschung der Gewohnheiten von Parasiten können wir ihnen alle Arten von Hindernissen in den Weg stellen: anlocken mit Ködern, abschrecken mit Schreckeinrichtungen, verhindern, dass sie an die Pflanzen gelangen (Hindernisse/Abdeckungen), stören der Fortpflanzung, sie auf jede Weise überlisten, „ihnen das Gehirn verdrehen" oder sie „an der Nase herumführen" usw.

Um den Kampf auf ein Minimum zu reduzieren, sollten alle diese Methoden:
a) nicht teuer und nicht zeitaufwendig,
b) sicher (nicht schädlich für uns und unsere Umwelt) und
c) zuverlässig sein. Und das alles unabhängig vom Ort und jedes Jahr einsetzbar.

Zum Beispiel eine Bodenbedeckung mit schwarzer Folie unterdrückt Beikräuter zuverlässig und unter allen Bedingungen. Eine Lichtfalle fängt zuverlässig alle schädlichen Abend- und Nachtfalter. Und so weiter. Ich habe schon so viele Informationen über dieses Thema gesammelt, aus eigener und fremder Erfahrung, dass ich mich veranlasst sah, ein ganzes Buch über den sicheren Pflanzenschutz zu schreiben. Es heißt genau so, wie dieses Kapitel: „Verteidigung statt Kampf".

Clevere Jauchen

*Schau mal, meine Gurken sind fast
nie krank!
Warum spritzt du sie dann?!*

Der Begriff Synergismus bezeichnet in der Wissenschaft die Interaktion und gegenseitige Verstärkung von Systemelementen. In der Natur wirken die Pflanzen und ihr Ökosystem aufeinander ein. Alle nützlichen Faktoren wie Licht, Nahrung und Feuchtigkeit, Stimulation und Schutz wirken gleichzeitig auf die Pflanzen ein.

Die Wissenschaft macht es umgekehrt: Sie erkennt und isoliert die nützlichen Faktoren alle einzeln und zu unterschiedlichen Zeiten. Indem wir ins Mikroskop starren, sehen wir die verschiedenen Details separiert voneinander. Aus diesem Grund kümmern wir uns genau so um unsere Pflanzen: Heute düngen, nach einer Woche einen Pflanzenschutz verabreichen, danach stimulieren. Aber isoliert voneinander funktioniert alles viel schlechter! Wenn wir die Pflanze stimulieren, will diese sofort viel mehr essen und trinken und benötigt Schutz – wofür haben wir sie sonst stimuliert? Wenn wir sie geschützt haben, sollten wir diesen Moment ausnützen: Schutz und Stimulation gleichzeitig geben, ansonsten ist dieser Schutz umsonst. Wenn Sie die Pflanze düngen, geben Sie ihr doch auch gleich einen Stimulationsimpuls und schützen Sie die Pflanze. Ansonsten kommt dabei heraus, dass Sie bloß die „Schädlinge" füttern.

Gleichzeitig erhaltene nützliche Faktoren verstärken die einzelnen nützlichen Faktoren. Genau das bezeichnet man als synergetischen Effekt. Diesen Effekt nicht zu nutzen, ist eine Sünde gegen die Natur!

Die allerbeste Methode des Pflanzenschutzes ist die Vitalität der Pflanze zu stärken. So denken mittlerweile alle führenden Experten auf dem Gebiet des Pflanzenschutzes.

Welche Mittel zur Stärkung der Pflanze haben wir heute?
1. Wachstumsstimulatoren und Immunitätsverstärker: Bei uns in Russland sind es „SILK" und „Novosil", Humate und ihre Verbindungen, Gibberellin-Präparate, komplexe Biohumus- und bestimmte Pilzextrakte, verschiedene bakterielle Extrakte.

2. Mehrnährstoffdünger mit Chelaten und Mikroelementen des Typs „Kristalon" und „Akvarin" sowie deren Mischungen mit komplexer Organik: Cocktails vom Typ „Agrokola", „Agromaster", „Nutrivant".
3. Mikrobielle Präparate für die Bodenverbesserung: Produkte der Serie „EM" (Effektive Mikroorganismen), Kulturen einzelner Mikrobentypen: Trichodermin, Rhizoplane, Subtillin *(Bacillus subtilis)* und viele andere Biopräparate.
4. Präparate biologischer Herkunft als Pflanzenschutz gegen Pilzbefall oder „Schädlinge".
Die besten der mir bekannten sind:
Gegen die „Schädlinge": Neurotoxine, wie z.B. *Stereptomyces avermitilis* – Phitoferm und Agravertin; gegen Pilzkrankheiten – Toxine des bitteren Kiefern-Zapfenrübling *(Strobilurus tenacellus)* mit fungizider Wirkung.
5. Kulturen hausgemachter Mikroben: Hefe, *Bacillus subtilis,* einzellige Algen, Milchsäurebakterien, sowie ihre natürlichen Mischungen in verschiedenen organischen Aufgüssen.

Alle diese Komponenten, die keine harte Chemie beinhalten, können zusammen vermengt in einem Spritztank ausgebracht werden. Ihre Dosierung kann man dabei um ein Drittel verringern und der Effekt wird trotzdem gesteigert. Es macht gar keinen Sinn, diese Präparate separat zu nutzen. Die Natur selbst empfiehlt uns hier mit einem Spritzgang zwei Fliegen mit einer Klappe zu schlagen. Zudem ist es effizienter und bringt weniger Arbeit!

Den unbekehrbaren Anhängern von Spritzmitteln möchte ich nur an eine einfache Weisheit erinnern, die so schwer zu begreifen ist für den „chemischen" Verstand: Kein Präparat kann die natürliche Bodenfruchtbarkeit ersetzen. Diese unumgängliche Bedingung ist die wichtigste Voraussetzung. Ohne sie ist jegliche Verteidigung sinnlos: Bodenfeuchtigkeit, organische Substanz und Mulch.

Stimulatoren können in Verbindung mit einer guten Anbaupraxis/Agrotechnik fruchten. Wenn die Pflanze keinen guten Boden hat, auf dem sie wachsen kann, wozu soll man sie dann zum Wachsen antreiben?! Aber der naive Gärtner hofft immer auf ein Allheilmittel: Er ist der Werbung auf den Leim gekrochen, hat ein, zwei Mal mit dem Wunderpräparat gegossen und wartet auf ein Wunder: „So, jetzt werden die Tomaten wie eine Wand stehen!" So eine Vertrauensseligkeit ist mit dem Verlust von Geld und Ertrag und schlussendlich mit einer gehörigen Portion Frustration behaftet. Es gab kein, gibt kein, und wird wohl auch kein Mittel geben, das Ihre Pflanze dazu zwingen könnte, auf einem unfruchtbarem Boden prächtig zu gedeihen. Und es gibt auch kein Mittel, das den Zustand der Pflanzen nach nur einer Anwendung verbessern kann. Das einzige, was wirklich funktioniert, sind permanent gute Bedingungen.

Die Verwendung von Jauchemixturen ist altbewährt und effektiv. Mixturen werden seit einiger Zeit sogar auch im chemischen Pflanzenschutz verwendet: Wenn der „Schädling" gegen ein Gift resistent wird, wird er mit Mischungen bekämpft. Aber mit der Kombination von Giften begibt man sich aufs Glatteis und in eine noch tiefere Falle. Wahre Hilfe für die Pflanzen sieht anders aus. Die Verwendung von Mischungen aus Bio-Schutzpräparaten ist bereits gängige Praxis in unseren Gärten. Der Zweck der „cleveren Jauchen" ist einfach: Wir halten in einem Fass ständig eine Mischung aus nützlichen Komponenten als Basis bereit, und je nach Bedarf fügen wir die schützende Biokomponente hinzu.

Wie kann man diese intelligenten Mischungen noch cleverer nutzen?

Hier ist das Wichtigste, das man realisieren muss: Im Garten- und Landbau gibt es keine Behandlung. Die Pflanze, die es geschafft hat krank und beschädigt zu werden, kann man nicht mehr retten. Wirksam ist nur die Prophylaxe – also die Schäden zu vermeiden. Und Prävention ist ein Lebensstil. Nützliche Mischungen müssen je nach Entwicklungsphase angewendet werden. Das heißt regelmäßig, in jeder Entwicklungsphase: auf Sämlinge, auf Keimlinge, auf die ersten Blüten, auf die Massenblüte, auf die erste Fruchtbildung und auf die Massenfruchtbildung. Jede neue Phase fordert von der Pflanze immer neue Energie – also sollten wir ihr helfen.

Einfach ausgedrückt, soll man die Spritze alle eineinhalb Wochen zur Hand nehmen. Pflanzen zu schützen ist sinnvoll, solange sie gesund sind. Nur so bleiben sie auch gesund! Für uns, die es gewohnt sind, sich erst „behandeln" zu lassen, wenn die Zeit reif ist für die Intensivstation, ist dieser einfache Gedanke sehr schwierig nachzuvollziehen!

Jetzt wird ein positiver Kurs erkennbar: Verschiedene Schutz- und Unterstützungsmittel werden in den Mischungen kombiniert. Die Ladenregale sind jetzt mit vielen dunklen Flüssigkeiten komplexer Zusammensetzung vollgepackt. Wir bemühen uns also eifrig, durch das Verwenden solcher Präparate den Pflanzen das zurück zu geben, was wir ihnen mit unserer Land- und Gartenbaupraxis geraubt haben. Aber es bleibt die Gretchenfrage: Ist es wirklich notwendig, ihnen überhaupt erst alles weg zu nehmen?

Der Mischmascheffekt

Da fragt ein Planet den anderen: Wie geht's?
Sagt der andere: Ach, nicht so gut.
Ich habe seit einiger Zeit Homo sapiens.
Sagt der erste: Ach, das kenn ich.
Sorg dich nicht, das geht schnell vorbei.

„Was wir brauchen, sind ein paar verrückte Leute;
seht euch an, wohin uns die Normalen gebracht haben."
George Bernard Shaw

Schon über ein halbes Jahrzehnt lang ernten Biobauern beeindruckende Gemüse- und Getreideernten ohne Verwendung jeglicher giftiger Substanzen. Ein wichtiger Teil ihrer Arbeit ist, die Ursachen von „Schädlingsausbrüchen" und Krankheiten zu klären und die Auswirkungen des Überflusses und des Ausbleibens verschiedener Beikräuter, Insekten und Mikroben zu studieren. Ihr Ziel ist es, ein stabiles Ökosystem zu erschaffen. Das ist für uns gewöhnungsbedürftig. Ihre praktischen Erkenntnisse sind für uns erstaunlich.

Hier ist ihr wichtigste Schlussfolgerung: In einem stabilen Ökosystem muss alles vorhanden sein.

Beikräuter. Für die beste Ernte muss ein optimales Maß an verschiedenen Unkräutern vorhanden sein. Ein Überschuss an Beikraut bedeutet Schaden. Aber auch das komplette Fehlen von „Beikräutern" verursacht viele Probleme! Experten von Bioland®, einem deutschen Verband für ökologischen Landbau, haben eine Reihe solcher Beobachtungen gemacht. Wenn zum Beispiel, die „Beikräuter" der Unterfamilie Chenopodioideae (aus der Familie der Fuchsschwanzgewächse) und der Familie Asteraceae (Korbblütler) – Gänsefuß, Melden, Gänsedisteln, Kratzdisteln, Bocksbart vollends fehlen, werden unsere Nutzpflanzen um so stärker von Insekten betroffen, da diese Beikräuter eine ungemein geschmacksvollere Nahrung für die allesfressenden Insekten darstellen. „Beikräuter" der Familie der Doldenblütler (wilde Möhre, Schierling, Holunder, Bärenklau) dienen als Versteck und Nahrung für nützliche Raubtiere (= „Nützlinge"). Ohne ihren Nektar nimmt die Räuberpopulation drastisch ab und die Schädlingspopulation wächst.

John Jeavons, Autor der biointensiven Mini-Landwirtschaft, zählt in seinem Buch „How to Grow More Vegetables" eine ganze Reihe von nützlichen „Beikräutern" auf: Dazu zählen verschiedene Arten der weißen Taubnessel, der Gänsefuß, Melden, Wolfsmilch, Minze, Gänsedistel, Wucherblumen, Beifuß, Kamille sowie Schafgarbe. Wenn diese duftenden Pflanzen verstreut im Garten in kleiner Anzahl vorhanden sind, schrecken sie „Schädlinge" ab, stimulieren das Wachstum des Gemüses und verbessern den Geschmack der Früchte. Ein solcher „botanischer Garten" ist für die Insekten ziemlich unattraktiv und sie gehen auf andere Parzellen – halt zu den Liebhabern von Ordnung und Sauberkeit.

„Schädlinge" müssen auch immer in einem optimalen Maß vorhanden sein. „ Man muss sich daran gewöhnen, dass Schädlinge auch Nahrung für ihre Feinde, die „Nützlinge" sind. „Damit „Nützlinge" permanent vorhanden sind, muss auch ihr Futter permanent vorhanden sein" – schreibt die Expertin von Bioland®, Susanne Padel. Die Anwesenheit von „Schädlingen" ist kein Grund zur Panik! Nach Jaevons ist der Verlust von bis zu 30 Prozent des Laubes für die Ernte der meisten Kulturen nicht bedrohlich. Jaevons pflanzt einfach ca. 10 Prozent mehr Gemüse: Etwa so viel fressen „Schädlinge" in gemischten Pflanzungen. Was hindert uns daran, das gleiche zu tun? Gier? Also, ich bin nicht gierig. Solange „Schädlinge" nicht ganz frech werden, ignoriere ich sie. Ein guter Ertrag ist immer da. Meine Nachbarn pflanzen viel mehr, und mein Gott, sie haben so viele Probleme mit den „Schädlingen"!

Die Erfahrung zeigt, dass die Verwendung von harter Chemie viel schädlicher ist für unsere Freunde, die „Nützlinge", als für die „Schädlinge" selber. Genau deswegen folgen nach den „Totalbehandlungen" immer neue Ausbrüche. Die Parzellen der „chemischen Gladiatoren" sind besonders instabil: Wenn die sich einmal ein wenig zurücklehnen, fallen die Parasiten wie eine Lawine über sie her.

„Pflanzen sind dann gesund, wenn die Feinde der „Schädlinge" und Krankheiten ihre Arbeit erfolgreich tun können" folgert Padel. Die sinnvollste Strategie ist nicht die Tötung von „Schädlingen", sondern Unterstützung ihrer Feinde. Ansonsten nimmt der Teufelskreis kein Ende. Europa hat ein halbes Jahrhundert gebraucht, um hinter den Feinden ihre Freunde zu erkennen. Wie viel Zeit brauchen wir, bis wir aufhören nach der Spritze zu greifen, wie nach einem Maschinengewehr?

Krankheiten. Das Ziel kann nicht sein, alle schädlichen Mikroorganismen zu eliminieren: Das ist grundsätzlich eh unmöglich. Es ist wichtig eine Fülle an nützlichen Mikroben zu haben. Die Mutter aller Wahrheiten der Biobauern lautet: „Guter Kompost macht den Boden gesünder und senkt die Krankheitsanfälligkeit der Pflanzen". Kompost ist faktisch ein Konzentrat aus nützlichen Mikroorganismen. Kompost – sich in Umwandlung befindende organische Substanz – ist Nahrung für unsere Verteidiger. Diese nützlichen Mikroorganismen, einmal in angemessenen Mengen in den Boden eingedrungen, verdrängen und hemmen die krankmachenden Mikroorganismen (Pathogene). Und umgekehrt: Dort, wo es wenig organische Substanz und viel Mineraldünger gibt, können nützliche Mikroben nicht leben. Sie haben dort schlicht nichts zu essen. Dafür gibt es hier haufenweise Futter für die Pathogene: Unsere geschwächten Pflanzen!

Jetzt können Sie sich den idealen, „nachhaltigen Garten" vorstellen: Ein bunt gemischter, blumiger, aromatisch riechender Ort bestehend aus einer cleveren Kombination von Beeten und Mischkulturen mit Mais- und Sonnenblumenkulissen, mit Bereichen mit unangetasteten wilden Sträuchern; die unkultivierte Erde ist mit einem dichtem Mischgrasrasen bedeckt. Es ist etwas halb Wildes, oder zum Teil sogar ganz Wildes, wie bei mir im Garten. So hat man mit den „Schädlingen" fast kein Problem. Etwas kann ab und zu stören: Der Kartoffelkäfer kann etwas lästig sein, die Ameisen schleppen Blattläuse auf einige Bäume, und manchmal kriecht eine Maulwurfsgrille in ein Beet. Aber spürbaren Schaden gibt es schon seit langem keinen mehr. Sogar Kartoffelfäule *(Phytophtora)* und *Peronospora* (falscher Mehltau) verhalten sich ziemlich diskret, obwohl ich die kranken Blätter nicht verbrenne, sondern kompostiere. Was können wir aber für unsere Freunde, die „Nützlinge" tun?

Der Feind meines Feindes ist mein Freund!

Sag mir, wer mein Freund ist, und ich erkenne, wer ich bin.

Um es nicht zu übertreiben, lasse ich die Bodenfruchtbarkeit und den Mulch an dieser Stelle außen vor, sonst wird es des Guten zu viel. Stattdessen schauen wir die Pflanzen an: Hier ist alles noch interessanter. Trotz unserer Torheit, helfen uns „tolle Jungs" – blutrünstige, ungestüme und unerbittliche Raubtiere. Tag und Nacht sind sie auf der Pirsch, jagen und töten unermüdlich. Und wenn es genug von ihnen gibt, wird die Zahl der „Schädlinge" sehr effektiv eingeschränkt: Sie können bis zu 70 Prozent der Population zu eliminieren. Aber im Gegensatz zu den „Schädlingen" – den Kindern unserer Landbaupraktiken – sind sie Wesen der Natur. Gegen Gifte sind sie nicht widerstandsfähig, und sie können auf kahlem Boden nicht leben! Aber wir können ihnen leicht Futter und Unterschlupf anbieten. Detaillierter berichte ich darüber in meinem Buch „Verteidigung statt Kampf". Hier streife ich nur die wichtigsten Aspekte.

Schlupfwespen sind kleine, flinke „Wespen". Es handelt sich dabei um eine riesige Truppe, die wahrscheinlich drei Viertel aller pflanzenfressenden Insekten zerstört. Schlupfwespen sind Parasiten: Sie legen ihre Eier in fremde Eier, in verschiedene Raupen, Larven und Blattläuse. Ein subtiler Eingriff mit dem Eierlegebohrer, und der „Schädling" wird zu Futter für die Larve! Diese geborenen Jäger finden ihre Opfer überall, sogar in Früchten und Stielen. Um ihr Ei in einen Holzwurm zu legen, können sie bis zu fünf Millimeter Holzrinde durchbohren! Erwachsene Schlupfwespen überwintern im Laub, im Rasen oder unter Rinde. Sie ernähren sich von Nektar und den Pollen der Wiesengräser, in erster Linie von Doldenblütlern und Korbblütlern.

Marienkäfer – sind ein Symbol der ökologischen Landwirtschaft. Die Käfer und seine Larven fressen jeden Tag bis zu 60-70 Blattläuse. Sie überwintern ebenfalls im Laub.

Florfliegen – sehen aus wie riesige Mücken. In ihrem kurzen Leben vernichtet eine Florfliege bis zu 500 Blattläuse, Schildläuse und Milben. Die Florfliege überwintert unter Laub, im Kompost und in nicht einfrierenden Spalten und Nischen. Im Frühling benötigt sie zur Regeneration Pollen, Nektar und Blattläuse, um die Population nach dem Winter wiederherzustellen.

Laufkäfer – sind schnelle, wendige Käfer und nachtaktive Raubtiere. Ihre Opfer sind Schnecken, Drahtwürmer, Raupen, junge Maulwurfsgrillen und Kartoffelkäfer-Larven. Sie graben Gänge in der Laubschicht, in dichten Sträuchern und in mehrjährigem Rasen.

Sie sehen: Wilde Wiesen, früh blühende „Beikräuter", Laub, Mulch auf den Beeten und in den Wegen sowie Haufen aus Pflanzenresten sind alles grundlegende Schutzelemente in der Gartenlandschaft.

Nicht weniger wichtige Partner sind die natürlichen Bestäuber der Pflanzen. Schließlich hat nicht jedes Dorf einen Imker, aber Gärten gibt es überall.

Diese lebenswichtigen Bestäuber sind **Hummeln, Wildbienen** und einige **Wespenarten**. Sie leben nur in einer natürlichen Umgebung: In den Gehölzen, Sträuchern und Wiesen, wo der Boden nicht gestört wird. Man kann ihre Rolle fast nicht überbewerten. Warum ist der Futterbau mit Körnerleguminosen bei uns so unrentabel geworden? Weil durch das Pflügen des Bodens die wilden Bienen und Hummeln verschwunden sind. Die Erfahrungen unseren Imkers V. A. Scherbakov zeigten: Der Samen von Luzerne steigert seine Ertragsfähigkeit beim Befruchten durch große Bienenkolonien um das 18-110-Fache! Der Ertrag von Sonnenblumen und Koriander steigt um das Zweifache. Das gleiche geschieht in den Gärten: Äpfel ergeben den doppelten und die Kirschen sogar den dreifachen Ertrag.

Einige Arten von Bestäubern sind gut untersucht. Zum Beispiel züchten unsere Wissenschaftler seit langem Hummeln für diese Zwecke. Gut bekannt sind auch die kleinen, wendigen Mauerbienen. Sie leben solitär, also alleine, und sind deswegen ausgesprochen freundlich: Ein alleinstehendes Weibchen kann es sich nicht leisten zu kämpfen und zu sterben. Sie nisten sich in den Hohlräumen des Holzes, in Maisstängeln, Stängeln von Brombeeren, Himbeeren, Zuckerrohr oder Schilf ein. Sie vermehren sich schnell. Ihre Larven ernähren sie mit Pollen durchtränkt mit Nektar. Daher ist die Mauerbiene ein unübertreffliches Bestäubertalent: Jedes Tier fliegt pro Tag bis zu 5000 Blüten an! Mauerbienen, wie auch die Blattschneiderbienen, sind ausgezeichnete Bestäuber verschiedener Gräser und Kräuter.

Ich bin froh, dass mein Grundstück von einem wilden Waldgürtel umgeben ist, dass meine Landparzelle aus wilden Wiesengräsern besteht, dass überall verstreut Strohhaufen liegen und dass die Beete gemulcht sind. Immer häufiger treffe ich Laufkäfer an und in meinem Garten sind bereits fast keine „Schädlinge" mehr vorhanden. Nur die allgegenwertigen Ameisen schleppen jedes Jahr ihre Blattläuse auf die Bäume. Aber sie habe ich auch bereits überlisten können. Wenn ich nun auch noch die Maulwurfsgrille und den Kartoffelkäfer übertölpeln könnte, könnte ich vollends ruhig leben! Diese zu überlisten ist und bleibt ein schwieriges Unterfangen…

Ein Schurkenpärchen

*Durch den Garten zu flanieren
war wie ein Spaziergang durch das
Kartoffelkäfer-Schlaraffenland.*

In unserer Gegend stellen vor allem zwei „Schurken" im Kampf um die Ernte ein Problem dar: Die Maulwurfsgrille und der Kartoffelkäfer. Wenn es diese „Früchtchen" nicht gäbe, würde der Garten nur Freude bringen!

Maulwurfsgrille: Seit zehn Jahren kompostiere ich Mist und alles, was ich nur kann. In den Beeten habe ich nur organische Substanz. Genau das scheint ein Paradies für die Maulwurfsgrille zu sein. Aber sie treibt sich immer seltener in meinen Beeten herum. In der Regel finde ich nur zwei bis drei der „Bestien" pro Beet. Seltsamerweise finde ich jetzt auch im Komposthaufen viel weniger von ihnen. Früher, in den ersten Jahren des Gartenaufbaus, gab es sehr viele von ihnen. Aber wir zögerten damals nicht: Nach dem Verlust der ersten Setzlinge wendeten wir ohne Umschweife ein Insektizid[)] an.

Wenn es absolut nicht anders geht, brauchen wir es immer noch. Die Wirkung ist gut: Schon nach 30 Minuten kriechen einige Maulwurfsgrillen auf die Oberfläche und sterben dort. Bei einer Bekannten von mir, die Mist in die Beete eingräbt und den Boden lockert, sind sie zu Hunderten aus den Beeten gekrochen. Deswegen bin ich nicht so absolut stur gegen Giftköder. Heutzutage gibt es Präparate zu kaufen, die nicht so schlecht sind, wie ihr Ruf. Aber es wäre besser, wenn man diese doch nicht verwenden müsste!

Als ich sah, wie die Maulwurfsgrille die erfahrensten Gärtner spielend in eine Hysterie treibt, wurde ich erleuchtet und ich habe angefangen, sie zu respektieren. Und plötzlich wurde mir klar: Das ist ein schönes, leistungsstarkes und intelligentes Tier – ein ernst zu nehmender Gegner! Gegen ihn zu kämpfen ist eine naive Dummheit. Ihn überlisten kann man nur, wenn man ihn kennenlernt und versteht. Und das hat sich bewahrheitet. Ich schlage Ihnen auch vor, mehr über die Maulwurfsgrille in Erfahrung zu bringen.

Mit der Maulwurfsgrille zu ringen ist nur im Mai sinnvoll, so lange sie ihre Eier noch nicht gelegt hat. Dieses Tier ist eindeutig bereits do-

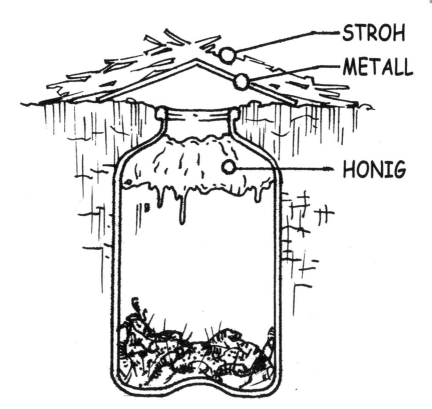

STROH
METALL
HONIG

mestiziert: Sie liebt umgegrabene, kahle und gut von der Sonne aufgewärmte Erde. Hier hat sie leichtes Spiel ihre Bodengänge zu graben und das Wichtigste ist, dass ihr Nest wunderbar gewärmt und gemütlich gemacht wird. Ihr Nest baut die Maulwurfsgrille von Anfang bis Mitte Juni in einer Tiefe von 10-15 Zentimetern. Und etwas seitwärts davon, in einer Tiefe von 50 Zentimetern oder mehr entsteht eine Stube als Unterschlupf. Die Lage des Nestes ist recht einfach zu eruieren: Die Maulwurfsgrille knabbert alle größeren Pflanzen 30-40 Zentimeter südlich des Nestes an, um sie zu zerstören und so die Beschattung des Nestes zu vermeiden. Ist diese Missetat entdeckt, kann man natürlich das Nest wutentbrannt ausgraben. Aber nicht alle Maulwurfsgrillen verraten so offenkundig den Standort ihrer Nester, und bis Mitte Juli sind die „Babygrillen" bereits über alle Berge.

Im Wasser ertrinkt eine Maulwurfsgrille innerhalb einer Minute. Deswegen hat sie panische Angst vor Wasser. Viele Gärtner empfeh-

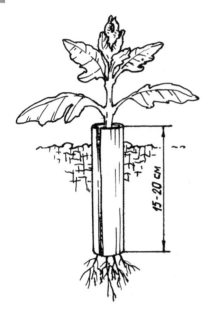

len deshalb die Gänge mit Wasser zu überschwemmen. Aber in meinen Lehmböden, die von Gängen und Rissen durchlöchert sind, kann man einen ganzen Swimmingpool ausleeren und die Grillen bedanken sich höchstens für die kurze Dusche und das feuchte Aufnehmen der Behausung. Das macht keinen Sinn. In den meisten Fällen kann man aber Honig, Kvas[1] oder Bier als Köder verwenden. Man nimmt eine Plastikflasche, schmiert innen, unterhalb des Halses Honig hinein oder gießt etwas Bier hinein und gräbt die Flasche schräg in den Boden, sodass der Flaschenhals bündig mit dem Boden bleibt. Oben muss die ganze Konstruktion mit einem Stück Eisen oder Karton abgedeckt werden.

Jedoch sind auch die Geschmäcker der Maulwurfsgrillen nicht überall dieselben. Zudem hängt viel davon ab, wie die Falle positioniert wird. Aber ich bin sicher, dass es immer eine funktionstüchtige Lösung gibt. Man muss nur die Geduld haben, sie zu finden. Unsere Gärtner in Samara, zum Beispiel, haben mich mit meiner „Honig und Kvas-Falle" ausgelacht: Bei ihnen funktioniert es nur mit Bier. Dabei gehen die Maulwurfsgrillen massenhaft in die Flaschen, fast wie in Kolonnen. Dabei ersaufen sie, genau wie bei Asterix und Obelix, in lauwarmer Cervisia[2]. Ein Hoch auf Samaras Brauereien! Dem gegenüber verschmähen die Maulwurfsgrillen in Taganrog das Bier, werden stattdessen ganz leicht mit Hirsebrei gefangen.

Es gibt noch einen anderen Weg: Die Setzlinge selber schützen. Wir probierten zuerst aus, diese zusammen mit dem Topf zu pflanzen – in einer Tasche ohne Boden. Aber bereits nach einem Jahr fanden die Maulwurfsgrillen heraus was los war, und fingen an, oben in die Taschen hineinzuklettern. Intelligente Biester!

Dann fingen wir an, die Setzlinge in einen sehr engen Zylinder zu packen – zum Beispiel in Abschnitte eines dünnwandigen Schlauches

---

1) Kvas: ein altes ostslawisches Bier, das durch Gärung aus den Grundzutaten Wasser, Roggen und Malz gewonnen wird

2) Cervisia: Vorläufer des Bieres in der Antike

mit der Länge von etwa 10-15 Zentimetern. Es hilft, aber die Arbeit ist sehr mühselig.

Hier ist die praktikabelste Option für diejenigen, welche die Setzlinge selber ziehen. Machen Sie Pflanztöpfchen aus Plastikflaschen. In die untere Hälfte dieser Kunststoffflaschen stechen Sie mit einer großen, glühend heißen Gabel dicht beisammen liegende Löcher von etwa fünf Millimeter Durchmesser. Sind diese „Pflanzzellen" erst mal hergestellt, leisten Sie ihnen mehrere Jahre gute Dienste. Man setzt sie zusammen mit den Setzlingen so in die Erde ein, dass der obere Teil etwa fünf bis zehn Zentimeter über den Boden hinausragt. Die Pflanzenwurzeln wachsen wunderbar durch die Löcher hindurch und die Pflanze entwickelt sich wunderbar.

Aber der wichtigste Schutz gegen die Maulwurfsgrille ist rein strategisch.

Die Maulwurfsgrillen sind, wie wir alle auch, konstant auf der Suche nach dem besten Lebensraum. Sie überwintern an warmen Orten mit gutem Nahrungsangebot, meist in Mist- oder Komposthaufen. Dort machen sie ihr Nest: Erste Nahrung für den Nachwuchs bildet noch nicht zersetzte organische Substanz. Nun stellen Sie sich vor: Im umgegrabenen Boden ihrer Beete taucht plötzlich Mist/Gülle auf. (Sie haben beschlossen ihren Boden gemäß der Empfehlungen der Wissenschaft zu bereichern!). Wo könnten die Bedingungen für die Maulwurfsgrillen besser sein als in den Beeten mit dem Mist?

Hier folgt ein anderes Szenario: Neben den kühlen, humusreichen Beeten taucht plötzlich ein Haufen mit warmem Mist oder Kompost auf. Wo sind die Bedingungen jetzt besser? Im Haufen! Daher ist die erfolgversprechendste Strategie ein Ablenkungsmanöver – oder eben ein ablenkender Haufen.

Es ist wichtig, diesen Haufen den Maulwurfsgrille bis spätestens Ende Juli zur Verfügung zu stellen: Ihre Überwinterungsmöglichkeit sucht sie bereits im August-September. Hat man es verschlafen, geht sie in die Beete um zu überwintern. Am besten hat man neben dem Gemüsegarten ein paar permanente Haufen, so wie ich es mache.

Diese Haufen ein- bis zweimal im Jahr umzugraben und dabei die Maulwurfsgrillen zu eliminieren ist keine große Sache. Ein erstes Mal machen Sie dies im November oder März. Hier findet man erwachsene „Mamas". Die zweite Bearbeitung sollte Ende Mai oder im Juni durchgeführt werden, wenn die Baby-Grillen bereits geschlüpft sind. Besonders meine Katze Fenja liebt diese Prozedur: Maulwurfsgrillen sind für sie wie Chips mit Bier. Sie frisst sich unter geräuschvollem Knabbern voll!

Aber stationäre, permanent mit Kompost gefüllte Beete mag die Maulwurfsgrille nicht. Meine Beobachtungen lassen mich erahnen, dass sie sich unter dem dicken Mulch im nassen Boden nicht so wohl fühlt: Es ist feucht und kalt. Und wenn dann noch Tropfbewässerungssysteme unter dem Mulch verlegt sind, ist ihr das total zuwider. Dann ziehen die weisen Maulwurfsgrillen auf die geackerten Parzellen um.

Das ist der zweite Aspekt der Anti-Maulwurfsgrillen-Strategie und noch ein weiteres Argument für das stationäre Beet.

Wie wir sehen, kann man zu jedem Tier eine Annäherung finden! Die Hauptsache ist, dies achtsam und mit Liebe zu tun.

Kartoffelkäfer. Eine Annäherung zum Kartoffelkäfer zu finden ist viel schwieriger: Von ihm gibt es schlicht und einfach zu viele! Dafür ist er für alle gut sichtbar. Daher ist unsere Vorgehensweise normalerweise das Herangehen mit einer Spritze auf dem Rücken. Wir haben ausgezeichnete biologische Präparate in Russland. Das sind extrahierte Toxine (Giftstoffe) eines Pilzes. Für Menschen und für unsere Nutz- und Haustiere sind sie harmlos; aber Käfer und andere „Schädlinge" werden zuverlässig und schnell eliminiert – Larven wie auch erwachsene Tiere. Sie verursachen auch keine Resistenzen, denn die Biopräparate haben variable Formeln, ihre Zusammensetzung variiert ständig. Gespritzt wird am besten bei Hitze: Der Effekt ist deutlich höher. Diese Präparate sind Kontakt- oder Fraßgifte: Man muss die „Schädlinge" selber oder mindestens die Blätter, die sie fressen, treffen. In der Regel muss man nur einzelne Büsche behandeln, an denen die Larven geschlüpft sind.

Da der Kartoffelkäfer ein „Fraßschädling" ist, kann eine Option sein, für ihn etwas zu finden, das ihn furchtbar ekelt. Ich kenne Gärtner, die bereits einige Jahren ihre Kartoffeln mit einer Infusion von Schöllkraut gerettet haben: Man übergießt einen Eimer dieses Grases mit kochendem Wasser, lässt es abkühlen und spritzt die Kartoffeln einmal pro Woche. Ich bin aber nicht sicher, ob dies überall funktioniert: Zu wandelbar, zu anpassungsfähig, zu wenig wählerisch sind die Kartoffelkäffer, dass sie in anderen Regionen das Schöllkraut gar nicht so abschreckend finden könnten.

Es gibt auch hier strategische Überlegungen. Auf jeden Fall weniger Kartoffelkäfer auf den Kartoffeln haben Sie, wenn diese mit Stroh gemulcht sind. Unter dem Stroh ist es kälter und der Käfer erwacht später. Die Kartoffelstauden sind dann schon etwas weiter entwickelt und sind nicht mehr so zart. Zudem ist es für sie sehr schwirig sich im und unter dem Stroh fortzubewegen und an die leckeren Stauden heranzukommen.

Und hier ist noch eine wertvolle Beobachtung: Der Käfer hat lieber jüngere Pflanzen. Wenn Ihre Kartoffeln früh ausgetrieben haben und schon Stängel bilden ... und es bei den Nachbarn erst zu sprießen beginnt ... geht er zu den Nachbarn. Wir können unsere Kartoffeln früher pflanzen, und den Nachbargarten als ablenkende Pflanzung nutzen. Sagen Sie bloß dem Nachbarn nichts davon!

Eine Gefahr besteht jedoch für frühere Pflanzungen: Der Frost. Aber die in Kuban (Zone 6) gesammelte Erfahrung hat gezeigt, dass selbst bei einer Pflanzung im Februar die Kartoffeln nur einmal in fünf Jahren stark betroffen werden. Und Stroh schützt auch nicht schlecht vor Frost.

Die Volks-Heilmittel im Falle Kartoffelkäfer scheinen irgendwie besonders naiv. Das Pflanzen von Levkojen, das Spritzen mit Peperoni und auch das Eintauchen in Wodka haben bei mir keinen Erfolg gebracht. Worauf man aber ernsthaft hinarbeiten soll, ist der zweckmäßige Anbau der Kartoffeln selber. Real kann der Käfer bis zu einem Drittel der Kartoffelernte vernichten. Ohne gute Anbaumethoden verlieren wir viel mehr!

Übrigens: Das gleiche kann ich über die Blattläuse sagen: Je stärker und gröber die Blätter der Pflanzen sind, desto weniger unverschämt werden die Läuse. Infusionen aus Peperoni und Knoblauch beseitigen junge, schmächtige Läuse. Aber versuchen Sie mal an sie ran zu kommen. Die sitzen auf der unteren Blattseite! Oder probieren Sie mal, alle Gurkenblätter in Ihrem Garten von der unteren Seite her zu besprühen! Aufgüsse aus Tabak sind gefährlich, sie können Ihre Kulturen mit dem Tabakmosaikvirus infizieren. Das ist nur sicher, wenn Sie eine Brühe herstellen.

Replik über die Gentechnik

Glaube keiner Studie, die du nicht selber finanziert hast.
Franz Felix

Der Traum des Agronomen: Käferresistente Kartoffelsorten. In den USA wurde eine solche Sorte in die Welt gesetzt. Sie ist so sehr behaart, dass die Käfer die Eier nirgendwo ablegen können und die Blätter „nicht in den Mund nehmen wollen". Allerdings ließ der Ertrag sehr zu wünschen übrig. Mittlerweile gibt es auch transgene[1] Sorten, die giftig sind für den Käfer. Das ist eine äußerst heikle Sache. Solche Sorten werden bereits in der ganzen Welt angebaut. Bei uns werden sie zunächst erforscht. Die Kartoffel selbst produziert das Toxin eines spezifischen Bakteriums. Die Käfer fressen das und gehen vor unseren Augen ein! Ich bin mit transgenen[1] Pflanzen sehr vorsichtig: Ihre Auswirkungen sind noch nicht bekannt. Hier fühle ich mich verpflichtet, mich zu äußern: Ich habe in Krasnodar die internationale Konferenz über genetisch veränderte Pflanzen besucht. Unser Forschungsinstitut des biologischen Pflanzenschutzes hat diese durchgeführt. Das Thema der gentechnisch veränderten Pflanzen diskutierte man an zwei ganzen Tagen! Unter anderem war da auch der Vortrag eines führenden Gutachters im Bereich der Nahrungssicherheit, der für die Überprüfung der Sicherheit der Produkte verantwortlich ist. Alle gentechnisch veränderten Produkte durchlaufen eine solch sorgfältige Prüfung. Ein Akademiker drückte sich so aus: „Wenn das, was wir jeden Tag essen, nur ein Viertel so gut geprüft würde, wären wir die gesündesten Menschen der Welt". Getestet wird alles, von der Biochemie bis zur Genetik. Nach der Überprüfung von zehn Generationen verschiedener Tiere, und nach der Beobachtung des Zustandes von freiwilligen Konsumenten während eines Jahres, konnten Ernährungswissenschaftler keine negativen Auswirkungen feststellen. Das Gift selber werde beim Kochen und durch den Magensaft zerstört. Und dieses Bakterium ist, zusammen mit allen anderen, immer in der Umwelt vorhanden – wir atmen diese Bakterien seit unserer Kindheit ein und essen sie mit Früchten und Beeren.

Das scheint ja alles großartig! Friede, Freude, Eierkuchen. Aber bedenken Sie: Alle diese Studien werden durch die Firmen, die trans-

---

1) transgen: (in Bezug auf Pflanzen und Tiere) ein zusätzliches, eingeschleustes Gen von einer anderen Art in sich tragend

gene Produkte produzieren, finanziert. Das heißt, alles geschieht unter deren Kontrolle. Beamte und auch Wissenschaftler der involvierten Forschungsinstitute und Universitäten werden ebenfalls von ihnen finanziert. Aber Gott sei Dank gibt es das Internet. Dort kann man auch die unabhängigen Studien finden.

Bei uns hat I. V. Ermakova, eine Neurobiologin, unabhängige Studien durchgeführt. Sie hat faktisch die Versuche von Professor Arpad Pushtaj wiederholt, für die ihm von der Universität gekündigt wurde: Sie beide fütterten Ratten mit transgenen Kartoffeln. Und sie fand das Gleiche heraus, was wohl auch Pushtaj vor seinem Rauswurf enthüllt hatte: Die Versuchstiere zeigten eine offensichtliche, zunehmende Schädigung der inneren Organe, und das Wichtigste: Eine Störung der Fortpflanzungsfunktion. Die Versuchspopulation der Ratten ist einfach ausgestorben.

Die eingefügten Gene sind bis jetzt leider praktisch unkontrollierbar. Sie können Störungen aufweisen, nicht mehr funktionieren, und in den schlimmsten Fällen lösen sie eine Synthese giftiger Substanzen aus. In den USA gab es ein paar solche Skandale, die man natürlich nicht öffentlich gemacht hat. Außerdem können sich fremde Gene in in die Gene von Darmbakterien oder sogar in unsere Gene einbauen. Und niemand weiß, wie sie sich in diesen Fällen verhalten werden. Aber die wichtigste Erkenntnis ist, dass alle Gene „spazieren gehen", „auswandern" können. In der Natur existieren mehr als hundert Möglichkeiten der asexuellen Genübertragung: Alle essen einander, Pollen fliegen herum, Bakterien und auch Einzeller kommunizieren miteinander. Und jedes unnatürliche Gen kann anfangen, die Biosphäre unumkehrbar zu verändern – genau so wie Pflanzen, Pilze und Insekten, die wir aus anderen Kontinenten eingeschleppt haben, ihr neues Ökosystem für immer verändern.

Aktuell sind weltweit etwa die Hälfte aller Anbauflächen mit transgenen Sorten von Mais, Soja, Zuckerrüben, Kartoffel, Reis und Baumwolle besetzt. Sie sind für die wichtigsten „Schädlinge" giftig und resistent gegen Herbizide. Das erlaubt es, die Verwendung von Chemikalien auf den Feldern und die Umweltverschmutzung zu reduzieren. Die Produktion von Pestiziden fällt aktuell um etwa sieben Prozent pro Jahr und die Felderzeugnisse werden sauberer. Aber das beweist nicht, dass sie genießbar, gesund und sicher sind! In den USA wurde das Gesetz über die obligatorische Deklaration von gentechnischen Produkten auf der Verpackung nicht angenommen. Wir wissen, sie sind sehr pingelig, die Amerikaner. Aber wie es scheint, genau so naiv. Europa führt den Kampf gegen die transgene Produktion weiter. Wir auch. Und so lange es so ist, fühle ich mich einigermaßen sicher.

Aber die „Schädlinge" sind nur ein Teil unserer Konkurrenten um unsere Nahrung. Noch ein Drittel, oder sogar die Hälfte der Ernte verlieren wir wegen der Krankheiten. Unsere „Lieblings-"Gartenbau-Krankheiten sind *Phytophtora infestanz* (Kraut- und Braunfäule) und *Peronospora* (Falscher Mehltau).

Pilze, die in einem Sommerregen auftauchen

„Unglücklicherweise sehen wir keinen Mehltau an diesen Tomaten. Aber hier drüben sieht's besser aus. Die Gurken sind buchstäblich vom falschen Mehltau dezimiert worden!"
Aus dem Fernsehprogramm „Unser Garten"

Wenn da nicht die *Phytophthora* und *Peronospora* wären, müssten wir den Krankheiten gar keine Aufmerksamkeit schenken! Was ich über diese Pilzerkrankungen wirklich weiß, ist folgendes:

1. Die Sporen dieser Pilze fallen von oben auf die Blätter. Sie keimen in Wassertröpfchen und je wärmer es ist, desto schneller keimen sie: Bei 15 Grad Celsius in ein oder zwei Tagen und bei 30 Grad Celsius in ein oder zwei Stunden. Daher diese Schlussfolgerungen:
   a) eine gute Lösung ist, eine frühe Ernte vor dem Einsetzen der Hitze anzustreben; und
   b) wenn es auf den Blättern keine Wassertröpfchen gibt, kann die Krankheit sich nicht festsetzen.

Genau das beobachte ich häufig auf den Datschas. Insbesondere im sehr nassen Jahr 1997 war das Bild sehr aufschlussreich. Gärtner gossen eimerweise Kontaktfungizide, die nicht halfen. Aber diejenigen, welche die Pflanzen vor Tau und Regen schützten, also die Pflanzen mit Folie bedeckten, hatten bis zum Frost grüne Tomatenstauden! In der gleichen Zeit faulten die Trauben wegen ihrer Pilzkrankheit, dem falschen Mehltau. Die Blätter wurden beinahe vollständig vernichtet. Nur die Zweige, die unter einem Vordach waren, blieben vollkommen gesund, reiften ihre Trauben aus und überwinterten perfekt!

Fazit: Transparente Dächer und Vordächer über den Beeten sind kein sinnloser Spaß. Wenn die Möglichkeit besteht, ist es besser, diese von Anfang an und permanent einzurichten. Das reduziert den Befall durch Pilzkrankheiten auf ein akzeptables Minimum.

2. Wenn die Gemüse kräftig sind und intensiv wachsen, und wenn in den Beeten ausreichend Kompost und eine Schicht aus organischem Mulch vorhanden ist, überstehen die Pflanzen diese Krankheiten problemlos, sogar ohne Dach und ohne große Verluste. Man kann trotzdem eine normale Ernte ohne jegliche Schutzmaßnahmen erhalten. Was kann die Pflanze der Krankheit entgegensetzen? Die Geschwindigkeit und die Kraft ihres Wachstums. Die Rettung der Pflanze besteht darin, schneller zu wachsen, als dass erkranke Blätter verloren gehen. Das beobachte ich auch bei mir im Garten. Es schadet so oder so nie, alle alten, unteren Blätter zur rechten Zeit zu entfernen. Das stimuliert das Wachstum und trägt zur Vergrößerung der Früchte bei. Die Hauptsache ist, dass die oberen wachsenden Triebe schnell genug wachsen, um den Verlust kompensieren zu können.

3. Eine zentrale Grundlage der Widerstandsfähigkeit ist das Anpflanzen in Mischkulturen und die Verwendung robuster Sorten. Im Mais, oder abwechselnd mit Sonnenblumen oder unter den Ästen eines Baumes, fühlen sich Gurken deutlich wohler: Sie wachsen üppig und werden viel weniger krank. Wahrscheinlich bremst der kühle Schatten die Sporenkeimung und unter den fremden Blättern schlägt weniger Tau nieder. Es gibt keine Gurkensorten, die gegen den falschen Mehltau immun sind, aber es gibt robustere. Die widerstandsfähigste Sorte unter unseren südlichen Sorten ist die 'Phoenix'. Sie ist immer grüner und vitaler als die anderen Sorten.

Phytophthora ist bei uns im Süden nicht so schädlich. Zum Befall kommt es in der Regel im Juli, wenn Kartoffeln und die früheren Tomaten bereits reif sind. Sie entwickelt sich langsamer als der falsche

Mehltau und für kräftige Pflanzen ist sie nicht so bedrohlich. Sie befällt vor allem Tomatenfrüchte, die auf dem Boden liegen. Und diejenigen, die hängen, beginnen von unten zu faulen, und zwar immer dort, wo am Morgen die Tautropfen hängen. Trockener Mulch und die Routine, die Pflanzen in der Nacht mit Folien abzudecken, lösen dieses Problem ziemlich zuverlässig. Unter den Tomaten gibt es ziemlich widerstandsfähige Sorten, zum Beispiel 'De-Berao'. Nach einer Erkrankung, erneuern sie das Wachstum und tragen Früchte bis zum Frost.

Die beste der strategischen Maßnahmen ist, den Boden zu mulchen und nicht umzugraben. Schließlich überwintern Pilze im Boden und die ersten Sporen fliegen im Frühling von der Bodenoberfläche los. Eine Kompost- und/oder Mulchschicht im Herbst daraufgelegt – und die Pilze sind für eine unbestimmte Zeit im Boden konserviert. Dort werden sie von *Saprophyten*[1] verspeist oder vergiftet.

Leider ist es unmöglich die Sporen pathogener Pilzen zu töten. Man kann nur den Pilz selber durch das Besprühen mit systemischen Fungiziden vernichten. Systemische Präparate werden vom Pflanzengewebe absorbiert und töten den Pilz von innen. Aber sogar die besten von ihnen, die Strobilurine, darf man nicht an Früchte tragenden Pflanzen anwenden. Es dauert drei Wochen, bis sie wieder abgebaut sind. Ich bevorzuge es, die Krankheiten einzudämmen. Dafür verwende ich bioaktive Jauchen.

Hier folgen einige effektive Elemente solcher Jauchen.

1) Im Gegensatz zu Bakterien bevorzugen Pilze eine saure Umgebung. Das heißt, die Schutzlösung muss alkalisch sein. Zwei Esslöffel Natron (Natriumbikarbonat oder Backpulver) plus ein Löffel Flüssigwaschmittel pro Eimer Wasser ergeben ein gutes Kontaktfungizid. Genau so gut funktioniert eine Asche-Lösung: Nehmen Sie ungefähr einen halben Liter Asche pro Eimer Wasser. Diese Lösungen sollen als Basis für die Jauchen dienen.
2) Kulturen nützlicher Mikroben – Effektive Mikroorganismen oder z.B. Trichoderma und Heubazillus. Diese kann man einfach vorbereiten indem man einen Aufguss aus verrottetem Heu oder Stroh

---

[1] Saprophyt: Organismus, besonders Bakterium oder Pilz, der sich von faulenden Stoffen ernährt

24 Stunden lang ziehen lässt und dann durch ein Seihtuch[1] oder eine Art Gaze filtriert.
3) Molke. Unsere Wissenschaftler haben gezeigt: Molkeproteine sind klasse Stimulatoren des Immunsystems. Außerdem bilden sie einen Film – eine komfortable Umgebung für Vermehrung nützlicher Mikroben. Ich erinnere: Die Wirkung der Jauchen hängt von der Regelmäßigkeit der Anwendung ab. Ab den ersten Anzeichen der Krankheit muss man diese mindestens wöchentlich anwenden.

Die Pflanzen schützen einander

Im Winter geben die Raupen vor,
Puppen zu sein
und im Sommer geben sie sich als
Schmetterlinge aus.
Was für schlaue Dinger sie doch sind!

Es ist unwiderlegbar, dass natürliche Gemeinschaften sehr stabil sind. Dort kommen nie starke Ausbrüche von „Schädlingen" oder Krankheiten vor. Über Millionen von Jahren haben die Pflanzen gelernt, wie sie sowohl miteinander als auch mit Tieren, vor allen Dingen Insekten und Mikroorganismen kommunizieren können. Diese Phänomene werden seit längerer Zeit untersucht, aber die Praxis unserer Landwirtschaft hat dies bisher kaum beeinflusst.

Keine Pflanze bleibt untätig, wenn sie bedroht wird. Jede Art von Bedrohung aktiviert sofort verschiedene Kommunikationsmechanismen! Mit ihren Geschwistern kommunizieren sie „chemisch" über eine große Distanz, genau so wie mit Konkurrenten in der Nähe. Sogar mit Insekten kommunizieren die Pflanzen chemisch. Sobald sie einen Schaden registrieren, sondern sie Signalstoffe ab. Hier ist ein bekanntes Beispiel: Eine Giraffe beginnt an einer Akazie zu fressen. Als Antwort auf den Blätterverlust fängt die Akazie an, einen für die Giraffe giftigen Komplex zu produzieren. Sobald diese giftigen Substanzen in der Luft auftauchen, dient das als Warnsignal über die Anwesenheit einer Giraffe für die Nachbarbäume, und diese werden sogleich auch

[1] Seihtuch: Auch Passiertuch, wird zum Feinsieben von Honig etc. verwendet

vorübergehend für die Giraffe schlecht verdaulich. Die Giraffe ist ständig gezwungen, den Futterplatz zu wechseln!

Genau so reagieren Pflanzen auf Angriffe durch „Schädlinge" und Krankheiten. Sie haben ein Arsenal an Reaktionsmöglichkeiten, um auf jeden Feind in unterschiedlicher Weise zu reagieren. Einige ziehen sogar sogleich „Nützlinge" – die Raubfeinde des „Schädlings" an; zum Beispiel geben Pflanzen chemische Locksignale an Raubwespen ab. Sie setzen also praktisch einen Notruf ab. Die „Nützlinge" reagieren sofort auf diesen „Notruf" und kümmern sich um das Problem mit den Raupen. Viele Pflanzen verwenden Gasangriffe zur Abwehr: Sie produzieren stark riechende Substanzen oder sogar giftige Verbindungen – Phytonzide. Auch die Nachbarpflanzen nutzen diesen Schutz. In Allgemeinen ist die Welt der Pflanzen, Mikroben und Insekten eine riesige, geschäftige „Stadt" mit konstanter Mobilkommunikation, gut entwickelten Partnerschaften und ständigen, wechselseitig vorteilhaften Aktionen.

Die Pflanzen selber kämpfen auch gegenseitig um einen Platz an der Sonne. Viele produzieren giftige Stoffe, die fremde Keimlinge bis zu deren Absterben hemmen können. Beispiel: Roggen und Gerste produzieren Gramin, ein Herbizid gegen viele Beikrautarten. Das wird in der Fruchtfolge und im Bereich der Gründüngung schon seit langem beachtet. Wermut tötet fast alle seine Nachbarn. In einer Monokultur ist eine solche Aggressivität gefährlich, aber in einer komplexen Gemeinschaft wird sie durch die Gegenreaktionen der verschiedenen Nachbarn gedämpft. Je vielfältiger die Umgebung, desto mehr Möglichkeiten entstehen für die Partnerschaften und desto effektiver wird die Konkurrenz gemildert.

Bei engem Kontakt, und auch zur Kontrolle ihrer eigenen Körper, kommunizieren die Pflanzen mit der Hilfe von elektromagnetischen Signalen. Nach dem intensiven Studium dieser Prozesse zeigte der moldawische Akademiker S. N. Masloborod, dass diese Signale kodiert sind und unterschiedliche Informationen vermitteln. Faktisch haben die Pflanzen ein extrazelluläres Nervensystem mit ihrer eigenen Signalsprache. Mit dessen Hilfe reagieren sie präzise und richtig auf die äußeren Einflüsse.

Schließlich kommen wir zum letzten Mosaiksteinchen in diesem komplexen Bild der Interaktionen. Die Experimente von S. N. Masloborod zeigen, dass Pflanzen auch mental mit allen Lebewesen verbunden sind. Sie reagieren nicht nur deutlich auf unsere Stimmung, sondern auch auf unsere Gedanken. Zudem bilden Samen, die gemeinsam keimen, eine Art „gemeinsame Aura". Ihre Sämlinge sind das ganze Pflanzenleben lang miteinander verbunden: Wenn einer geschädigt wird, reagieren die anderen unverzüglich, unabhängig von der räumlichen Distanz zwischen ihnen!

Also, einmal zusammen an einem bestimmten Ort eingelebt, schaffen die Pflanzen eine nachhaltige Gemeinschaft. Und was machen wir? Wir pflanzen gleiches mit gleichem zusammen (Monokulturen) und machen die Pflanzen so ganz und gar wehrlos! Auf diesen Erkenntnissen aufbauend, fangen einige Gärtner an, die Beziehungen zwischen den Pflanzen zu beobachten und sie finden nützliche Kombinationsoptionen. Man schreibt aktuell viel über dieses Thema, wie ich schon einmal erwähnt habe. Aber diese Erkenntnisse können ziemlich widersprüchlich sein. Es ist offensichtlich, dass Pflanzen sich an verschiedenen Orten auch unterschiedlich verhalten.

Sergej Dubinin, zum Beispiel, berichtet: Sobald er Salat und Kreuzblütler auf demselben Beet kultivierte, verirrten sich die Blattkäfer auf dem Weg auf dieses Beet. Zwiebeln, Knoblauch, Minze, Ysop, Bohnenkraut, Ringelblumen und Kapuzinerkresse vertreiben die Blattläuse; Sellerie und Liebstöckel verdrängen die Insekten.

Viel habe ich auch über den Nutzen von Chrysanthemen gehört. Ihnen wird nachgesagt, dass sie, wenn sie zwischen den Beerensträuchern gepflanzt werden, Johannisbeeren und Stachelbeeren gegen Mehltau schützen. Bei mir sind aber alle Beikräuter unter den Chrysanthemen verschwunden.

Auf die Stärken vieler duftender Pflanzen weisen einige Autoren hin. Sicherlich nützlich ist es, verteilt über den Garten Basilikum, Majoran, Ysop, Katzenminze, Salbei, Bohnenkraut und Thymian zu pflanzen. Attraktiv und nützlich sind auch Kapuzinerkresse (sie ist auch essbar), Studentenblumen, Ringelblumen, Rainfarn und Schafgarbe zu kultivieren. Zu den Pflanzen mit Heilwirkung zählt man auch die Melisse, Sellerie, Liebstöckel, Baldrian, Borretsch, Schnittlauch und Winterzwiebeln, verschiedene Arten der Minze, Petunien (sie lenken die Blattläuse ab), Estragon, Salbei und Kamille.

Sie können natürlich versuchen, die besten Kombinationen zu ermitteln und die effektivsten Pflanzen auszuwählen. Aber ich habe einen viel einfacheren Ansatz: Je vielfältiger und bunter die Pflanzenwelt ist, desto gesünder ist sie auch. Ein gesunder Garten blüht und duftet auf der ganzen Fläche wohlriechend!

KAPITEL 13

Bunte Sammlung der Gemüse

Notizen über die Möglichkeiten von Pflanzen und den Erfindergeist der Gärtner

Gibt das Verwässern eines Buches diesem mehr Tiefgang?

Dieses Kapitel ist mehr zur Unterhaltung als für irgendetwas anderes. Ich habe hier eine Sammlung von Gartenbauerfahrung zusammengetragen und hoffe, dass etwas davon eines Tages für jemanden von Nutzen sein wird. Viel des zitierten Materials ist nicht mal sehr praxisorientiert, aber dennoch sehr interessant für unsere „Gesamtentwicklung". Zunächst muss ich das aber relativieren. Das hier ist kein allgemeines Nachschlagewerk. Wenn ich hier eine Pflanze nicht erwähne, dann bedeutet das einfach, dass ich nicht viel darüber weiß. Und Artikel von anderen zu kopieren ist nur von wenig Nutzen, nicht wahr?

Noch ein Mal etwas über Wünsche und die Machbarkeit

Nun, Sie könnten mir wenigstens ein paar erbärmliche Wünsche zugestehen.

Schauen wir zurück zu Ovsinskij, der schreibt: „Zunächst ist es notwendig zu ermitteln, wo Konflikte zwischen dem Selbstverständnis der Pflanzen und den Zielen des Bewirtschafters auftreten können". In den 1970er Jahren publizierte das Journal „Nauka i Zhizn" („Wissenschaft und Leben") einen Bericht über die Arbeit des Akademikers Nikolai Kholodny aus Kiev, der ein Gewächshaus, das buchstäblich mit jeder vorstellbaren Art elektronischer Geräte und automatisierten Apparaten vollgestopft war. Die Pflanzen waren mit Sensoren verkabelt, die Informationen über die Nährstoffaufnahme, Feuchtigkeit, Temperatur und andere Faktoren sammelten. Die elektronischen Geräte bestimmten aufgrund der gesammelten Daten die optimalen Bedingungen für die Pflanzen, sodass die vollautomatischen Geräte den Pflanzen das zur Verfügung stellten, was sie zu einer bestimmten Zeit gerade benötigten. Die Resultate waren verblüffend. Die Tomaten waren riesig und die Stauden lieferten drei Ernten. Der Weizen und andere Getreide wuchsen doppelt so schnell und ihre Bestockung reichte bis 120 – 150 Ähren. Andere Pflanzen verhielten sich genau so spektakulär. Ich habe seither von keinem vergleichbaren Experiment auf dem Gebiet der ehemaligen Sowjetunion gehört.

Aber dann fand ich in dem Kriminalroman „Privatermittlung" von Friedrich Neznansky etwas wie Kholodnys Gewächshaus. Phantasievoll beschrieben, wie man das erwartet, aber im wesentlichen sehr präzise dargelegt.

„Sie haben bestimmt davon gehört, dass es verschiedene elektrische Prozesse gibt, die in jeder lebenden Kreatur vorkommen. Und vielleicht haben Sie auch schon von der Bioelektrizität gehört. Wenn man nämlich elektronische Sensoren an Ihrer Stirn, am Bein eines Huhnes oder an einem Blatt einer Pflanze anbringt, kann man eine zwar schwache, aber messbare elektrische Spannung feststellen.

Eines Tages brachte Dr. Gramov einen Sensor an einem Tomatenblatt an und zeichnete dessen spezifische, elektronische Schnörkellinie auf. Er tränkte die Tomate mit reinem Quellwasser, verabreichte ihr natürlichen Dünger und platzierte sie an der Sonne. Die Tomate war so glücklich! Und die Schnörkellinie veränderte sich auch. Gramov beschriftete sie mit ‚Tomate ist zufrieden'-Schnörkel. Dann nahm er ein Skalpell und begann in den Stängel der Tomate zu schneiden. Der Schnörkel veränderte sich und bildete den ‚Tomate leidet'-Schnörkel.

Dann pflanzte Gramov seine Tomate in einen Kübel auf Rädern um – genauer gesagt war es ein motorisiertes Vehikel, das frei umherrollen konnte. Und was bediente den Motor des Vehikels? Die Tomate! Ein spezielles Instrument analysierte seine Schnörkel. Wenn die Tomate unglücklich war, zischte sie davon und wenn sie zufrieden war, blieb sie, wo sie war. Und so begann die Tomate nach Belieben herumzurollen. Sie wärmte sich an der Sonne oder bewegte sich in den Schatten – was immer sie gerade wollte. Danach wurde sie programmiert, dass sie stündlich unter einen Tröpfchenautomaten rollte, um Wasser zu holen. Sobald die Tomate das leiseste Anzeichen von Unzufriedenheit an den Tag legte, stoppte das Wasser. Nach mehreren Tagen wurde klar, dass die Tomate zwei Mal täglich durstig war. Sie bewässerte sich selber!

Dann folgte die ‚alle Register' Phase des Experiments, um den bevorzugten Feuchtigkeitsgehalt sowie die Lufttemperatur, Lichtspektrum, Beleuchtungszeiten usw. zu identifizieren. Die Tomate selber wählte alles und Dr. Gramov notierte was und wie viel. Dann setzte er die Tomate in ein speziell angepasstes Gewächshaus um und zog sie nicht nach allgemein anerkannten Vorgaben, sondern nach den Bedürfnissen der Tomate auf. Lassen sie uns in das Gewächshaus gehen und ich zeige ihnen, was dabei herausgekommen ist.

Es gab dort nirgends Tomaten. Ein gigantischer Baum stand in der Mitte des grossen Gewächshauses. Er sah einem Affenbrotbaum ähnlich, mit einem dicken, grünen Stamm, von drei Armlängen Umfang. Die Baumkrone war drei Etagen hoch und erstreckte sich dutzende Meter in die Breite. Sie verdeckte das Glasdach und verschlang jedes bisschen Licht, was das Gewächshaus ziemlich düster erscheinen ließ.

Aber wo ist ihre Tomatenpflanze? Wir stehen darunter. Und die Früchte, die Sie sehen, haben das Ausmass von Wassermelonen. „Wir pflücken sie bevor sie reif sind – andernfalls könnten sie runterfallen und jemanden erschlagen!"

Erstaunlicherweise ist dieses Szenario nicht ganz aus der Luft gegriffen. Abgesehen von den überdimensionierten Maßen und der Größe der Früchte ist alles andere recht zutreffend. Die Japaner setzen ähnliche Produktionsmethoden, „high-tech Hydrokulturen" genannt, bereits ein. Die Gemüse werden automatisch „gemästet" und wachsen zu Produkten von gigantischen Ausmassen heran. Kürzlich schaffte es ein Japaner mit einem Tomatenbaum, der drei Etagen hoch war und an einer Spezialkonstruktion wuchs, ins Guinness Buch der Rekorde. Er erntete etwa drei Tonnen Tomaten von dieser Pflanze. Diese japanischen Gärtner haben Gewächshauskulturen zur Perfektion weiterentwickelt. Im Vergleich sieht eine Ernte von 100 Kilogramm von einer Tomatenpflanze ziemlich mickrig aus. Es lohnt sich kaum für uns, solche Pflanzen zu ziehen, aber das Beispiel zeigt, wie wenig wir das Potenzial der Pflanzen verstehen und wie weit weg wir von einem wahren Zusammenleben mit ihnen sind. Pflanzen haben offensichtlich ein viel größeres Potenzial, als wir es uns vorstellen können. Dieses zu erforschen und zu verstehen ist eine der wichtigsten Aufgaben des cleveren Gärtnerns.

Tomaten und Co.

Macht es nach diesem Beispiel Sinn, mit etwas Anderem zu beginnen, als mit der Tomate? Sie ist ein Weltklasse-Gemüse, das gleich hinter der Kartoffel kommt oder meiner Meinung nach sogar an die Spitze gehört.

Es gibt drei Haupttypen: Klettertomaten (indeterminiert[1]) wachsen unbeschränkt und haben alle zwei bis drei Blätter und einen Blütenstand; Stabtomate (determiniert[2]), haben nach jedem oder jedem zweiten Blatt einen Blütenstand. Sie hören nach dem fünften oder sechsten Blütenstand auf zu wachsen; Buschtomaten (super determiniert) haben bei jedem Blatt Blütenbüschel und hören nach dem zweiten, dritten oder vierten Blütenstab auf zu wachsen.

Diese Unterschiede im Wachstumsverhalten bestimmen, wie jede Variante gezogen wird. Klettertomaten formt man normalerweise als einzelnen Stängel an einem Spalier. Hohe Tomaten werden mit zwei oder drei Stängeln am Spalier erzogen. Buschtomaten mit vier oder fünf Stängeln können am Boden kriechen oder von Pflöcken gestützt werden.

Es gibt einige Varianten, die wild wuchernd wachsen, mit kräftigen Seitentrieben, die keine Früchte tragen. Diese sogenannten Geiztriebe/Seitentriebe sollten so früh wie möglich abgezwickt werden (das nennt man „ausgeizen"). Andere Varianten haben schwache Seitentriebe, die nicht entfernt werden müssen. Und dann gibt es noch Varianten, die Seitentriebe entwickeln, die gar nicht mal so schlechte Früchte tragen. Einige der Fruchtknospen müssen abgezwickt werden, damit die übrigen Früchte grösser werden. Die Pflanze selber offenbart ihre Veranlagung. Lassen Sie die Pflanze einfach bis zum dritten Blütenkopf wachsen und beherzigen Sie ihre Wuchsveranlagung.

Was wirklich wichtig ist, ist, die alten, unteren Blätter der Kletter- und Stabtomaten regelmäßig zu entfernen. Heranreifende Tomaten brauchen diese Blätter nicht mehr und Sie können Krankheiten vorbeugen, wenn Sie die Stängel kahl, gut belüftet und von der Sonne verwöhnt halten. Meine eigene Erfahrung bestätigt diesen Rat – meine

1) Indeterminiert: Indeterminierter Wuchs = unbegrenzter Wuchs
2) Determiniert: Determinierter Wuchs = begrenzter Wuchs, die Pflanze hört bei einer bestimmten Größe auf zu wachsen

Tomaten stehen schon seit geraumer Zeit „barfuß" und „barbeinig" im Garten. Ich treibe es sogar so weit, dass ich auch gesunde, ältere Blätter entzweischneide – das beschleunigt die Reifung der Früchte.

Die Vitalität einer ganzen Fruchttraube verteilt sich auf alle Früchte des Büschels. Wenn es ein Dutzend Früchte gibt, kann jede davon 100 Gramm wiegen, wenn wir aber bloß drei am Stock lassen, kann jede Frucht 300 Gramm wiegen. Mit diesem Wissen ist es möglich, die Grösse und Anzahl der Früchte zu regulieren.

Eigentlich sind Tomaten von Natur aus mehrjährige Pflanzen. So wachsen sie in den Tropen. Wenn die Pflanzen für den Winter zurückgeschnitten, und vor Frost geschützt werden, können sie zwei oder sogar drei Jahre überleben – die Spitzen wachsen kräftig und die Stängel erreichen die Dicke eines Armes. So ein Tomatenstock kann 200 – 300 Tomatenfrüchte hervorbringen.

Tomaten können sehr einfach vegetativ vermehrt werden. Dafür werden seitliche Triebe und Triebspitzen abgebrochen. In ein Glas mit Wasser eingestellt, werden diese innerhalb fünf bis sieben Tagen Wurzeln bilden. Das funktioniert auch in feuchtem Sand unter Plastik. Das heißt, dass Sie die Pflanzen auch vermehren können, indem Sie die Spitzen von zu lang gezogenen Setzlingen abbrechen. So gewinnen Sie immer ein bisschen Zeit! Ein speziell teuer erworbener Hybrid kann auch in einem Topf überwintern, damit Sie hin und wieder Triebe für die Setzlingsproduktion abzwacken können. Auch diese werden Wurzeln bilden. Natürlich ist es wichtig, diese in einem gut beleuchteten Frühbeet zu kultivieren und Sie werden bis zum Frühling beinahe ausgewachsene Pflanzen bekommen ohne teure Samen kaufen zu müssen.

Diese Methode wird von russischen Züchtern seit dem Zweiten Weltkrieg angewendet. Sie überwinterten ganze Pflanzen in einem kühlen Gewächshaus. Im Frühling werden die Pflanzen mit den so gewonnenen Setzlingen vermehrt. Die Zweige wurden auf den Boden gelegt und mit Erde überdeckt, damit sie Wurzeln produzieren. Bis im Mai entwickelten sich daraus beinahe erwachsene Pflanzen mit Blüten, die dann voneinander getrennt und umgepflanzt werden konnten. Dies für eine super frühe Ernte.

Ich nehme an, dass diese Methode auch für die Zucht von Paprika verwendet werden könnte. Schließlich sind diese ja auch mehrjährig.

Tomaten sind Pflanzen ohne Regeln. Sekundärwurzeln bilden sich schnell auf jedem Teil der Pflanze, der mit feuchter Erde in Kontakt kommt. In Gewächshäusern können Klettertomaten verjüngt werden, indem man sie dem Spalier entlang nach unten leitet und nah an der Triebspitze mit Erde bedeckt. Die Pflanze beginnt sofort verjüngt zu wachsen. Tomaten können auch horizontal, längs über den Boden gezogen werden. Sie werden so kriechen und regelmäßig in den Boden „eintauchen". All ihre Zweige können in den Boden gesteckt werden. Sie bilden sekundäre Wurzeln und die Blütenbüschel können an Drähten über den Pflanzen aufgehängt werden. Die Erträge können bis zu 70 Kilogramm/Stock betragen. Mit dieser Methode treiben die Japaner ihre Pflanzen ans Limit. Sie ernten bis zu 700 Kilogramm pro Pflanze. Ich bezweifle zwar, dass dies für uns machbar ist, aber es zeigt das erstaunliche Potenzial der Tomate.

Tomatenblüten sind selbstbestäubend, aber ob sie Früchte ansetzen, hängt von der Temperatur ab. In extremer Hitze und bei trockenem Wind verdorren die Narben der Stempel. Wenn es zu kalt ist, reifen die Pollen nicht. Normalerweise blühen die Tomaten bei Temperaturen zwischen 13 bis 30 Grad Celsius. Der Fruchtbestand wird merklich verbessert wenn a) die Pflanze leicht geschüttelt oder mit einem Stöckchen sanft auf die Blütenbüschel geklopft wird; und b) die Pflanze in der vollen Blüte mit einer Lösung aus 0,5 Prozent Borsäure besprüht wird.

Normale Tomaten keimen bei 15 Grad Celsius, aber die im Norden Russlands verwendeten Sorten, die neun bis zehn Grad Celsius tolerieren. Deren Sprossen trotzen Frosttemperaturen von bis zu minus neun Grad Celsius. Abgehärtete Tomatensetzlinge können Temperaturen von bis zu minus vier Grad Celsius während mehrerer Stunden überleben, während jene aus dem Gewächshaus bei minus ein Grad Celsius eingehen. Die ordentlich abgehärteten sibirischen Tomaten, welche Pavel Saraev entwickelt hat – 'Mutant' und 'Frühlingsfrost' – überstehen Frost bis zu minus 10 Grad Celsius. Die Frosttoleranz von Setzlingen kann erhöht werden, wenn man die Samen während sechs Stunden in einer Lösung aus Doppelsuperphosphat (150 Gramm/Liter) voreinweicht.

Einige Liebhaber pfropfen Tomaten auf Kartoffeln. Das ergibt eine kleinere Ernte von Früchten und Knollen. Aber es gibt eine einfachere

Art, dies zu tun. Wenn Sie zwei junge Pflanzen seitlich pfropfen[1] und dann eine davon abkneifen, bekommen Sie eine Pflanze mit zwei Wurzelsystemen. Deren Ernte wir eineinhalb mal ergiebiger als die einer normalen Pflanze. Das ist eine Methode, um Platz in den Beeten zu sparen.

Tomaten ohne Bewässerung ist ein weiteres Beispiel des Stellenwerts der sachgemäßen Erziehung.

Alexey Kazarin aus der nördlich gelegenen Stadt Pskov zieht exzellente Tomaten sogar aus zu lang gezogenen Setzlingen. Seine Methode ist es, nach dem umpflanzen nicht zu bewässern. Er macht Vorbereitungen in einer Vertiefung. Zuerst gießt er einen halben Eimer Wasser in das Loch. Dann fügt er einen Eimer Kompost (Tomaten tolerieren keinen Mist) und eine halbe Tasse Asche und Superphosphat hinzu. Dann nochmals einen halben Eimer Wasser. Er legt die Setzlinge horizontal etwa zwei bis drei Zentimeter tief in den Boden und falls sie schon sehr lang sind, rollt er sie zu einem Ring. Schließlich streut er eine dünne Schicht trockener Erde darüber.

Nach dieser Prozedur werden die Pflanzen überhaupt nicht getränkt und doch bringen sie eine reiche Ernte hervor – sogar bei Trockenheit. Warum? Die Wurzeln brauchen nur während der ersten Woche eine reichliche Versorgung mit Feuchtigkeit, um sich gut verwurzeln zu können. Wenn wir sie aber wöchentlich bewässern, wie wir das meistens tun, haben sie keinen Anreiz tiefer zu wurzeln – und sie tun es auch nicht. Wenn sie dann Früchte ansetzen, kann das Wurzelsystem keine große Ernte versorgen. Es ist fundamental wichtig, dass wir die Pflanzen dazu antreiben, sich anzustrengen um ihr Wurzelsystem zu vergrößern. Aus diesem Grund sollte Wasser nur in tieferen Schichten zur Verfügung gestellt und die Oberfläche trocken gelassen werden. „Es ist für alle Setzlinge besser, diese nicht tief einzupflanzen", schreibt Kazarin und weiter: „Viele Leute pflanzen Setzlinge schräg, aber mit den Wurzeln 10 – 15 Zentimeter tief im Boden. Das ist ein Fehler. In dieser Tiefe gibt es keine symbiotischen Mikroben, die wichtig sind für die Wurzeln. Auch die Erde ist viel kühler.

---

1) Seitliches Pfropfen: 10 – 15 Zentimeter lange Streifen der äußeren Rinde werden von zwei jungen Setzlingen weggeschnitten und die freigelegten Abschnitte leicht zusammengedrückt und eingewickelt. Nach zwei Wochen, wenn sich die Pflanzen vereint haben, fangen Sie an, einen der Setzlinge nach und nach abzuklemmen, um den Nährstoffzufluss zu begrenzen. Nach einem Monat kneifen Sie ihn ganz ab. Die verbleibende Pflanze hat nun zwei Wurzelsysteme.

Nach der Entwicklung der Sekundärwurzeln sterben die tief eingegrabenen Wurzeln oft ab. Wenn Sie aber horizontal einpflanzen, warum soll man überhaupt noch bewässern?! Nur keine Angst; lassen Sie die Pflanzen ihr Wurzelsysteme ausbauen. Wenn es trocken ist, mögen die Pflanzen ein bisschen schrumpeln und sie wachsen etwas langsamer. **Das ist normal.** Lassen Sie das zu, bis fast an den Rand des Verwelkens. Tomaten lieben das Leben und werden all ihre Energie aufwenden, um starke Wurzeln zu bilden. Wenn die Wurzeln nach ein paar Wochen erst mal gut entwickelt sind, werden die Pflanzen alle anderen in den Schatten stellen. Wenn Sie sie aber bewässern, geben Sie ihnen jedes Mal einen Schlag auf die Handknöchel. Sie sehen, „Tomatenpsychologie" ist nicht so simpel, wie man sich das vorstellt."

Kazarin rät Tomaten nur während der Haupttragzeit zu tränken und auch dann nur behutsam. Weiter im Süden muss man das trockenere und heißere Wetter natürlich berücksichtigen, indem man eine dicke Mulchschicht ausbreitet oder durch das gelegentliche direkte Bewässern der Wurzeln. Aber auch für uns ist es wichtiger, die Pflanzen geschickt dazu zu erziehen, tief zu wurzeln.

Kazarin erntet zwei Mal pro Sommer in seinem Gewächshaus – wie auch wir im Süden in unseren Freilandgärten. So schreibt er: „Nach der Haupternte (in Pskov, Zone 5, Ende Juli) pflücke ich alles, außer die Fruchtknospen und die kleinsten Tomaten. Als nächstes entferne ich alle Triebe und Seitentriebe, außer jene welche blühen. Ich gebe jeder Pflanze einen Eimer mit Flüssigdünger (Kuhmist 1:10, Hühnermist 1:20) und behandle sie auch gegen Krankheiten. Wenn all das innerhalb von ein paar Tagen ausgeführt wird, werden die Pflanzen einen Monat später auf der oberen Hälfte des Rankgitters eine tolle zweite Ernte abwerfen. Wenn sich diese Aktion über zwei Wochen erstreckt, wird die Ernte nicht mal halb so groß."

Vor Kurzem veröffentlichte ich eine überarbeitete Version von Alexey Kazarins Buch „Tagebuch eines intelligenten Gärtners". Es ist reich an unschätzbaren praktischen Erfahrungen.

Tomaten hassen Wasser auf ihren Blättern und an der prallen Sonne welken sie. Wenn der Boden nach einer Trockenheit plötzlich durchnässt wird, platzen die prallen Früchte einiger Sorten auf. Es ist aber so, dass dies auf erhöhten und gemulchten Beeten kaum je vorkommt.

Es ist besser, Tomaten in zwei Etappen zu pflanzen – die zweite Etappe anfangs Juni. Im Herbst, wenn die Kraut- oder Braunfäule vorbei ist, produzieren diese Pflanzen hervorragende Früchte.

Paprika

sind viel wählerischer als Tomaten, was Wärme anbelangt und sie leiden mehr unter Kälteeinbrüchen. Das bedeutet, dass man sie später auspflanzt. Sie brauchen auch mehr Nährstoffe und Wasser, sonst wachsen sie nicht richtig. Das Heranreifen der Früchte hängt direkt von einer üppigen Bewässerung ab. Nebst diesen kleinen Anpassungen jedoch, werden sie ähnlich wie die Tomaten gezogen. Paprika reagieren gut auf das Abkneifen der Triebspitzen bei Setzlingen, was dazu führt, dass die Pflanzen sich schön breit verästeln. Es gibt keine besonderen Krankheiten oder „Schädlinge", die sie bedrohen und deshalb reagieren sie auch gut auf mineralische Düngung; das heißt, Verwöhnen ist für sie nicht so schädlich. Im Gewächshaus können sie verjüngt werden, indem man sie stutzt; so leben sie zwei bis drei Jahre. Man sollte die Früchte besser mit einer Rebschere schneiden, da blühende Triebe leicht abbrechen.

Paprikas haben aber auch ihre Geheimnisse. Alexey Kazarin hat herausgefunden, dass man eine oder zwei der ersten Blüten entfernen sollte, die sich an der ersten Verästelung bilden (Foto 51).

Nur so wächst die Pflanze kraftvoll und entwickelt reichlich, gute Früchte.

Paprika lieben ihren Nachwuchs. Sobald sie ihre ersten Früchte angesetzt haben, leiten sie all ihre Kraft in diese und hören buchstäblich auf zu wachsen. Der Samenproduktion zuliebe „vergißt" die Paprikapflanze ihre eigene Entwicklung. In unserer Gier, diese verspeisen zu wollen, vergessen wir die Bedürfnisse der Pflanze.

Ich vermute, dass die „Regel der ersten Blüten" (siehe oben) für alle anderen Fruchtpflanzen einen genau so guten Effekt haben könnte.

Auberginen

sind nicht so anspruchsvoll, was die Erde anbelangt, solange es genügend Wasser gibt. Anfänglich entwickeln sie sich sehr langsam, aber bald schon entstehen daraus regelrechte kleine Bäume. Sie haben aber einen Erzfeind: Den Kartoffelkäfer. Wenn diese Auberginen in der Nähe wittern, verlassen sie selbst zarte Kartoffelpflanzen. Die beste Verteidigung dagegen sind schmale Beete – vom Augenblick des Umpflanzens bis zur ersten Fruchtbildung sollten sie komplett mit Wachstums-Vlies gedeckt werden, das über Drahtreifen gespannt ist. Bioinsektizide sind auch in Ordnung.

Gurken

Die Mehrheit der alten Sorten ist auf Bestäubung durch ihre kleinen Bienenfreunde angewiesen. Die meisten modernen Hybridpflanzen (für das Gewächshaus) sind selbstbefruchtend (parthenokarp). Die weiblichen Blüten setzen von alleine Früchte an.

Daher kommt die unterschiedliche Erziehung der Pflanzen am Spalier. Selbstbefruchtende Pflanzen werden an einem einzelnen Stängel erzogen und alle Seitentriebe über dem dritten oder vierten Blatt werden abgezwickt. Sekundäre Zweige (Ausläufer seitlicher Triebe) werden ebenso entfernt.

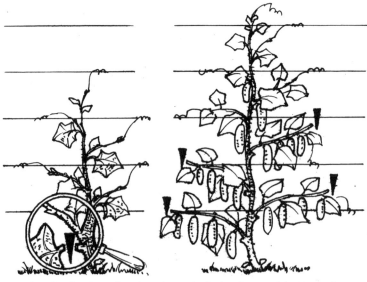

Jungfernfrüchtigkeit (Parthenokarpie); Befruchtung ohne Bestäubung

BESTÄUBUNG DURCH BIENEN

Varianten, die Bestäubung benötigen, werden anders behandelt. Die meisten männlichen (unfruchtbaren) Blüten wachsen entlang des Haupttriebes; die weiblichen Blüten wachsen hauptsächlich auf den sekundären Seitentreiben.

Deshalb werden diese Pflanzen in mehreren Trieben gezogen. Der Haupttrieb wird direkt über dem vierten oder fünften Blatt abgezwickt und die Seitentriebe, die bald auftauchen, werden über dem dritten Blatt abgekniffen. Daraus resultiert eine dichte Pflanze aus sekundären Seitentrieben mit einer Fülle an weiblichen Blüten.

In den letzten 15 Jahren hat die rigorose Selektion dieses Thema erledigt. Beinahe alle modernen Hybridpflanzen entwickeln Früchte, ohne dass man sie abzwicken muss – sie weisen praktisch nur noch weibliche Blüten auf. Männliche sucht man oft vergebens. Diese Pflanzen tragen meist zwei bis vier Gurken an jedem Knoten.

Gurken sind extrem anspruchsvoll in Sachen Nährstoffe und Wasser. Sie „verschlingen" sogar unverrotteten Mist (kein Schweinemist!) und unreifen Kompost. Sie vertilgen grosse Mengen an Mineraldünger. Und so „verfetten" sie sich mit Vergnügen. Die Freude an diesen kräftigen, dunkelgrünen Blättern dauert aber nicht lange. Diese „Elefantenbabys" verlieren ihre Widerstandsfähigkeit und die erste Welle des Falschen Mehltaus wischt sie von der Erdoberfläche. Wenn wir dann aber ein Nachschlagewerk über chemische Pflanzenschutzmittel konsultieren sind wir total verblüfft – die Absetzfrist der Fungizide beträgt im Freien 20 Tage und im Gewächshaus drei bis fünf Tage. Man stelle sich dies vor: Wenn sie die Gurken nicht jede Woche behandeln, verbrennen die Pflanzen; wenn Sie die Gurken behandeln, werden sie bei der Ernte garantiert mit Pflanzengift überzogen sein, da sie jeden Tag geerntet werden müssen! So viel zum Thema konventionell kultivierter Gurken mit Erträgen von 50 Kilogramm pro Quadratmeter. Sie werden mit Mengen von Gift behandelt und sind ohne Geschmack. Und das berücksichtigt nicht mal die Nitrate, welche die Gurken bereitwillig in sich anreichern. Kurz gesagt: Sie dürfen sie nicht mit Nitrat überfüttern. Es ist besser, wenn Sie ihnen Kalium, Phosphor oder Kalzium verabreichen – oder einfach Asche.

Genau wie die Frühtomaten, können Gurken bis Mitte Juli gesät werden. Wir haben zwei Pflanzperioden, was die Bekämpfung des Mehltaus vereinfacht. Aber es gibt noch eine weitere Möglichkeit. Gurken mögen den Halbschatten bei Bäumen und Zäunen und klettern mit offensichtlichem Vergnügen daran hoch. So geschützt sind sie viel gesünder und tragen Früchte bis zum Frost. Furchen zwischen Gurken können mit Mais oder Sonnenblumen ergänzt werden, die etwa 60 – 80 Zentimeter voneinander gepflanzt werden können.

Sie sollten Gurken nur morgens bewässern, wegen des erwähnten Mehltaus. Wenn man sie abends gießt, wird die feuchte Erde die Taubildung in den Morgenstunden fördern und die benetzten Blätter schwitzen Wassertropfen aus. Gibt es idealere Bedingungen für diese Pilzkrankheit?

Die resistentesten unserer Sorten sind die 'Phoenix' und 'Zhuravlyonok'. Wenn nicht zu viel Stickstoff dafür aber genügend Kalium vorhanden ist, erträgt die 'Phoenix' den falschen Mehltau sogar, wenn sie auf barer Erde wächst.

Damit die Pflanzen kräftig wachsen und während der ganzen Saison Früchte tragen, ist die wichtigste Voraussetzung, dass man die Gurken rechtzeitig pflückt. Sie schwellen innerhalb von einem oder zwei Tagen auf und schalten auf Samenproduktion um. Die übergroßen „Elefantenbabys" bewirken, dass ganze Zweige ihre Lebenskraft verlieren und die Produktion von Früchten einschränken oder gar einstellen. Drei solcher Riesen hemmen und schwächen eine ganze Pflanze. Die Lösung ist einfach: Ernten Sie alle, ausser die kleinsten. Dann haben Sie drei bis vier Tage Ruhe. Die so geernteten kleinen Gurken genießen Sie am Besten im Winter als Essiggurken. Eine Delikatesse!

Wenn Sie ausgewachsene Pflanzen im Kreis zusammenrollen und sie in einem flachen Graben einbuddeln (die Spitzen freiliegend), werden sie Sekundärwurzeln bilden und neu zu wachsen beginnen, wie in ihrer Jugend. Genau so werden Pflanzen in Gewächshäusern verjüngt. Diese Pflanzen müssen aber sicher reichlich mit organischer Düngung versorgt werden.

Wie kann man Gurken dazu treiben, frühzeitig und reichhaltig Früchte zu tragen? Gewöhnliche Sorten sollten dazu gebracht werden, weibliche Blüten hervorzubringen. Um dies zu bewerkstelligen, müssen die Gurken auf verschiedene Arten gequält werden. Wie schon ein Mal erwähnt, kann man junge Pflanzen dursten lassen – geben Sie ihnen kein Wasser, bis die Blätter schlaff werden. Vor dem Zweiten Weltkrieg behandelten die Gärtner die Gurken in den Gewächshäusern sogar mit Rauch. Die Wirkung war dieselbe. Die Pflanzen kamen in Panik und produzierten massenweise weibliche Blüten. Unsere Grossväter selektierten Samen nur von vierkantigen Gurken (die Mütter) und nur vom vorderen Ende, der Nase (sodass sie nicht bittere Früchte züchteten). Gurken werden bitter, wenn sie nicht genug Wasser und Luft im Boden vorfinden. Die Früchte werden auch verkrümmt oder deformiert, da einige Zellen sich wegen des Wassermangels und des ihnen fehlenden Kohlenstoffes nicht mehr teilen.

Rankgitter für Gurken und Tomaten werden am Besten permanent erstellt, mit drei horizontalen Querverbindungen und starken vertikalen Drähten alle 30 – 40 Zentimeter. Junge Pflanzen winden sich ganz einfach um solche Drähte und man kann die alten Pflanzen im Herbst leicht entfernen. Eine transparente Überdachung, entweder eine einseitige oder eine doppelseitige, erfreut die Gurken. (Das ergibt ein Rankgitter in T-Form). Sie werden es Ihnen mit zusätzlichem Grün und einem größeren Ertrag danken.

Heutzutage werden auch Ranknetze im Handel angeboten oder Sie können selber ein cleveres Netz aus Bindegarn o. Ä. anfertigen, wie das eine meiner Kundinnen macht. Zuerst spannt sie oben und unten je einen Draht und dann spannt sie das Bindegarn in Zickzackkurs entlang des zukünftigen Gitters auf die Drähte. Daran wachsen die Pflanzen hoch.

Von den Gurken gibt es viele verschiedene Sorten. Es gibt die **weiße Gurke,** die 'Chinesische Schlange'. Diese große, blassgrüne Gurke ist produktiv, dünnhäutig, geschmacksvoll (zart und leicht süßlich) und schön anzusehen. Sie eignet sich gut für Salate oder schmeckt auch eingelegt. Ihr Nachteil ist, dass sie krankheitsanfällig ist.

Die ursprünglich „mexikanische" **Chayote,** *(Sechium edule)* welche einer verschrumpelten Birne ähnlich sieht, kann bis in den Mai des Folgejahres aufbewahrt werden. Sie schmeckt wie jede andere Gurke, aber etwas rauer und ohne den delikaten Gurkenduft. Innerhalb der Frucht befindet sich ein „Kern". Er kann nicht von der Frucht abgetrennt werden und wird zusammen mit der Frucht gepflanzt.

Die Chayote schmeckt mariniert sehr gut und eignet sich zum Einmachen in Essig. Geschmort oder gegrillt erinnert sie an eine Zucchini. Die Pflanze ist riesig – sie kann einen ganze Gartenlaube überdecken – mit einer kaum zu übertreffenden Ausbeute. Ihr Nachteil ist, dass sie lange braucht, bis sie ausgewachsen ist. Wenn sie im März ausgepflanzt wird, trägt sie im Oktober die ersten Früchte. Oft kommt es aber gar nicht erst dazu und sie erliegt dem ersten kalten Wetter.

Die **Bittergurke** *(Momordica charantia),* auch Bittermelone oder Balsambirne). Sie wird in Salzwasser eingelegt, um ihr den bitteren Geschmack zu nehmen. Verwendet wird sie in Curry.

Die **Anguria-Gurke** *(Cucumis anguria)* ist eine schöne, orange gepunktete Gurke mit grossen „Noppen". Sie wird in Russland als exotisches Erzeugnis verkauft. Sie wird jung, noch vor der Reife verspeist. Es gibt noch eine andere Varietät der Anguria-Gurke (die syrische) mit kleinen Früchten mit Schwanz, die auch sehr mild im Geschmack sind und sehr gut in Marinaden/eingelegt schmecken.

Die **Manchu Knollengurke** *(Thladiantha dubia),* eine rote Gurke, stammt aus dem fernen Osten. Die kleine Frucht ist knallrot und schön mürbe im Geschmack. Sie erinnert an leicht unreife Feigen. Sie ist nicht einfach aufzutreiben. Es gibt Gerüchte, dass nur weibliche Pflanzen den Weg nach Russland gefunden haben, deshalb haben kaum welche der kleinen Früchtchen sich hier etablieren können. Auf der positiven Seite kann gesagt werden, dass die Wurzelknöllchen sich wunderbar entwickeln. Sie bilden sich am Ende von langen, dicken Wurzeln und sind unglaublich robust. Aber seien sie auf der Hut! Die könnten es ins Guinness Buch der Rekorde schaffen. Ein gefürchteteres und unausrottbareres Beikraut gibt es wohl nicht auf diesem Planeten. Wenn nur ein paar vereinzelte Knöllchen in einem Blumenbeet zurückgelassen werden, sprießen diese Knollengewächse im Folgejahr auf der Fläche des gesamten Beetes und darüber hinaus! Sie sprießen und klettern den ganzen Sommer hindurch trotz nimmermüder Jätbemühungen. Die vielleicht beste Verwendung dieses Wunders der Natur ist wohl, sie in vernarbter Erde, verwaisten Gruben, Ödland oder auf Abfalldeponien wachsen zu lassen.

Es gibt andere Gurkenspielarten deren Früchte ungenießbar sind. Was aber die Sortenvielfalt einer Art betrifft, dann macht dem Kürbis keine Art etwas vor.

Kürbis

Mein Buch „Growing Melons with a Smile" befasst sich sehr detailliert mit Kürbissen, Melonen und Wassermelonen. Aber die Kürbisse sind eine Kategorie für sich. In Russland sagt man, dass Wassermelonen und Melonen Früchte sind, aber die Kürbisse gelten als Gemüse. Und wahrlich, ein guter Speisekürbis steht einer Karotte in Sachen Geschmack und Konsistenz in nichts nach.

Im Gegensatz zu Melonen scheuen Kürbisse das Beikraut in keiner Weise und sie sind dem Sommerregen gegenüber sehr loyal. Sie lieben organisches Material in der Erde, aber nur in vernünftigen Mengen. Sonst saugen sie sich mit Wasser und Stickstoff voll und sie schmecken fade und schlabberig. Zudem lassen sie sich kaum lagern. Die kleineren, höchst leckeren Früchte erhält man auf trockenen, sonnigen Hügelchen aus magerer Erde. Gegen Herbst hin werden die Pflanzen vom Echten Mehltau befallen. Aber dann sind die Früchte schon so herangereift, dass er keinen echten Schaden anrichtet.

Die einem Gemüse ähnlichsten Kürbisse sind **Zucchini** und Co. Die Zucchini (in der Schweiz Zucchetti genannt) ist ein Kürbis mit einer harten Fruchtwand. Wenn sie voll ausgewachsen ist, verhärtet sich die Rinde und die Frucht wird ungenießbar, deshalb soll sie nur verspeist werden, wenn sie jung und noch nicht reif ist – wie die Gurken. Dasselbe gilt für die **Patisson**. Diese sind dichter und meines Erachtens auch leckerer als Zucchini, speziell in Marinaden. Zucchini – oder Salat-Zucchini sind zarter, verhärten nicht so leicht und schmecken besser, wenn sie roh sind. Im Hinblick auf ihre nahe Verwandtschaft lassen sich all die erwähnten Arten hervorragend kreuzen und wenn Sie die Samen einsammeln, belohnen diese Sie mit ausgefallenen Formen von „Zucessonen" und „Pacchinis". Die Kürbisse, die auf Englisch Pumpkins genannt werden, haben rundliche, oft gigantische Früchte, die bis zu 100 Kilogramm auf die Waage bringen. Diese sind meist abgeflacht, und kommen nicht nur in der bekannten orangefarbenen Variante vor. Die allergrößten, aber sicher nicht die schmackhaftesten, sind die **Mammutkürbisse** – eine wahre Freude für die Freunde riesiger Früchte. Beispiele davon sind 'Big Moon', 'Goliath' und 'Titan'. Vor kurzem sah ich einige Titankürbisse in einem Feld heranreifen. Sie lagen herum wie rötlich-orangefarbene, leicht gerippte Zeppeline inmitten ihrer Elefantenohrenblättern. Sie umfassten etwa einen halben Kubikmeter und wogen sagenhafte 50-60 Kilogramm! Sogar die zitronengelben „Babys" wiegen acht bis 10 Kilogramm. Einfach imposant. Doch diese Monster eignen sich nur zur Verarbeitung zu Saft oder Püree – sie enthalten wenig Zucker. Sie sind auch sehr dünnwandig und haben nicht viel Fruchtfleisch.

Doch die leckersten Kürbisse sind die Tafelsorten. Es gibt nur wenige von ihnen. Die flachen, oft grauen, warzigen Früchte werden selten schwerer als 10 Kilogramm. Aber ihr Zuckergehalt beträgt bis zu 12 Prozent! Eine Wassermelone, zum Vergleich, kommt auf acht bis 10 Prozent. Und sie weisen bis zu 25 Prozent Trockenmasse auf, wie Karotten. Gebacken und wieder abgekühlt sind sie eine echte Delikatesse. Zu den köstlichsten Kürbissen auf diesem Planeten zählt der **Marmorkürbis** des Züchters Nikolay Tsybulevsky aus Krasnodar (Foto 52). Mit Schmorbraten und Knoblauch gefüllt und im Backofen gebacken, ist er ein Schmaus für Könige.

Der Muskatskürbis ist normalerweise zylindrisch oder birnenförmig und bräunlich. Die am weitesten verbreitete Art, welche wir „Honiggitarre" (ähnlich wie „Butternuss") nennen, hat eine längliche Form und ist von rosa-brauner Farbe und verengt sich in der Mitte. Der Butternusskürbis ist einer der anspruchslosesten und ertragsreichsten Kürbisse. Vollgepackt mit Vitaminen enthält er doppelt so viel Carotin wie Karotten. Er schmeckt recht gut und ist sehr zubereitungsfreundlich. Die zylindrische Form lässt sich leicht schälen, er hat viel festes Fruchtfleisch und nur eine kleine Samenhöhle.

Ich sollte auch den Feigenblattkürbis erwähnen. Er ist echt umwerfend! Die Pflanze kann mehr als 10 Meter in die Länge wachsen und so ganze Zäune begrünen und sie setzt alle drei Tage neue Früchte an – bis zum Frost. Die Frucht hat eine geschmeidige Oberfläche, ist grün mit hellgrünen Sprenkeln, oval und wiegt ein bis zwei Kilogramm. Die Samen sind schwarz, wie jene der Wassermelonen. Er schmeckt nicht wirklich süß, aber er sollte auf keinen Fall als Kürbis-Wassermelone betrachtet werden, sondern als superrankende, hyperproduktive Super-Zucchini. Wenn er im unreifen Zustand geerntet, im Mehl gewendet und gebraten wird, ist er unvergleichlich leckerer als andere Zucchini. Als eingefleischter Geniesser kann ich dies persönlich bestätigen.

Sie können jeden Kürbis im unreifen Entwicklungszustand essen: **Kalebassen** (Flaschenkürbisse) in der Form eines enghalsigen Kruges, eines Flachmannes oder als eineinhalb Meter lange „Schlange", mit melonenartigen Blättern, weißen Blüten und langen, „gehörnten" Samen; der **Turbankürbis**, aus der Familie der *Cucurbita maxima*, gekrönt mit einem roten oder gelben „Turban" (Foto 53); und sogar dekorative Kürbisse mit Früchten in der Form von kleinen Kugeln oder Birnen. Diese sind jedoch nicht so schmackhaft wie dekorativ. Ich kultiviere diese oft an einem Baum oder an der Gartenlaube – nur ihrer Schönheit wegen. Mit ihren leuchtenden Farben eignen sie sich wunderbar um die Küche schön zu dekorieren.

Kartoffeln

Kartoffeln sind in der Tat unser zweites Brot. Gewöhnliche Menschen in russischen Dörfen, die Brokkoli oder Kohlrabi nicht kennen, die noch nie den Duft eines Kopfsalates genossen und die Zucchini und grüne Bohnen ignorieren, ziehen mindestens eine halbe Tonne, wenn nicht gar eine Tonne Kartoffeln für sich selber und ihre Kinder sowie für ihr Vieh. Wir verschmähen Importkartoffeln aus dem Supermarkt, die nach absolut nichts schmecken – oder dann wie Seife. Wir akzeptieren nur die eigenen Kartoffeln – geschmacksvoll und mehlig.

Im bitterkalten russischen Winter ist dieser peruanische Gast unsere Mutter! Wie dem auch sei, ich könnte ein ganzes Buch über sie verfassen – und in der Tat – daran arbeite ich gerade. Hier werde ich die wichtigsten Punkte abdecken.

Damit Kartoffeln eine gute Ernte abwerfen, müssen drei Bedingungen erfüllt sein: a) kühle, krümelige Erde, die b) reich an Organik ist und c) reichlich Wasser zum Zeitpunkt des Austreibens und der Blüte. Schauen wir uns jeden Punkt einzeln an.

Kühle Erde brauchen sie aufgrund ihrer Erbanlangen – in den Anden waren sie sich ein kaltes Klima gewohnt. Wenn die Bodentemperatur über 22 Grad Celsius steigt, wird die Haut der Knolle rau und sie stellt das Wachstum ein – das bewahrt sie vor einer vorausgeahnten Trockenheit. In nördlichen Gefilden ist das kein Problem und die Kartoffeln wachsen ohne spezielle Strategie. Aber was sollen wir im Süden tun, wenn von Mai bis August die sengende Hitze über uns schwebt und uns Temperaturen von plus 40 Grad Celsius beschert – oft ohne jeglichen Regen? Wir haben einen Weg gefunden.

Einer unserer „südländischen" Gärtner, Ivan Nekrasov, zieht Kartoffeln in zwei Auspflanzungen. Die erste erfolgt sehr früh – im Februar – dem späten Winterfrost trotzend. Bei einer Pflanztiefe von 10 Zentimetern behelligen sie auch Temperaturen von minus 10 Grad Celsius nicht. Bei längeren Kaltwetterperioden treiben sie einfach nicht aus. Sie warten einfach. Selbst wenn die jungen Triebe durch Frost beschädigt werden, macht das kaum etwas. Bringen Sie einfach organisches Material und Asche auf dem Beet aus und sie werden sich schnell neu entwickeln. Die Ernteeinbuße ist unwesentlich.

Um der Hitze ein Schnippchen zu schlagen, müssen Sie eine frühe Ernte anstreben. Dafür lässt Nekrasov die Saatkartoffeln während mehreren Monaten unter warmen Bedingungen bei gutem Licht austreiben. Er lässt diese „Lichtsprossen" möglichst lang wachsen. Ich mache das auch (Foto 54).

Gut entwickelte Augen sind sehr wichtig

Einleuchtend ist sicher, dass Saatkartoffeln von schlechter Qualität eine Hauptursache für schlechte Ernten sind. Wo ich lebe, sind die Winter warm und die Kartoffeln treiben früh aus. Die Sprossen wachsen wie dünne Fäden in die Länge. Was kann da ein Verkäufer machen? Er trennt sie ab. Und eventuell sogar noch einmal. Das sind die Saatkartoffeln, die er zum Markt bringt. Eines müssen Sie wirklich verstehen: Normale Kartoffeln entstehen nur aus den ersten Sprossen und Pflanzkartoffeln können auch ganz einfach in Ihrer Wohnung aufbewahrt werden.

Wenn Sie die Sommerkartoffeln ausgegraben haben, nehmen Sie die Knollen mittlerer Größe heraus und legen sie diese in niedrige Holzkistchen, die Sie dann unter ein Fenster oder unter eine Tageslichtlampe stellen. Die Sprossen tauchen schnell auf. Besprühen Sie die Knollen ein Mal wöchentlich mit Wasser – hin und wieder mit ein wenig Dünger. So gelagert, können die Sprossen ein ganzes Jahr lang leben. Warum ziehen sie sich so in die Länge im Keller? Sie suchen nach Licht! Aber im Licht und am Trockenen werden die Triebe nicht so ellenlang; sie verharren dort bloß, reifen in Würde und bilden Ansätze von Blättern und Wurzeln. Falls nicht genug Licht vorhanden ist, können einige etwas „schlaksig" werden. Dann kneifen Sie die Spitzen einfach ab um sie zu zügeln.

Während den darauffolgenden Monaten haben sie Zeit zu erwachen und auch die letzten „Augen" (= Knospen) auf der Knolle „erwachen", was bei der Frühjahrskeimung nicht geschieht. Zwei solche reife Knospen sind genug, um eine normal starke Pflanze und nicht einen zu dicht besetzten Busch zu bekommen. Deshalb werden die Knollen in Stücke mit je zwei „Augen" (Knospen) zerschnitten und so gepflanzt. Die Ernte kann so bis zu zwei Wochen früher erfolgen.

Nebenbei bemerkt, ist das Schneiden der Knollen nicht bloß ein Weg um Samenknollen einzusparen. Die Kartoffelpflanze würde sonst als überladener Busch eine Masse an eher kleinen Knollen produzieren. Noch wichtiger ist aber, dass durch das Zerschneiden das Immunsystem verstärkt und die Ausbildung von „Augen" angekurbelt wird. Die Versuche zahlreicher russischer Gärtner haben eindeutig gezeigt, dass die Knollenstückchen selbst unter erschwerten Bedingungen und bei einer späteren Aussaat eine bessere Ernte hervorbringen und zudem sogar weniger krankheitsanfällig sind als ganze Kartoffeln. Das Zerschneiden bedeutet für die Kartoffel Stress, der aber positive Stoffwechselprozesse und Schutzmechanismen in Gang setzt. Ganz offensichtlich resultiert daraus, dass die Pflanze mehr Energie und Lebenskraft hat.

Vollentwickelte „Augen" sind voll ausgebildete Pflanzen im Kleinstformat. Erstaunlicherweise brauchen sie die Knolle eigentlich gar nicht mehr. Sie haben bereits alles von ihr genommen, was sie können. Separat gepflanzt, entstehen aus voll entwickelten Augen ganz normale Kartoffelpflanzen. Musos Guliev, Agronom aus Dagestan (Zone 6), realisierte dies vor etwa 30 Jahren und heckte eine Methode aus, wie man die abgetrennten „Augen" pflanzen kann. Es ist nichts Kompliziertes daran. Der Schlüsselfaktor ist, dass man die Augen auf die richtige Art und Weise heranzieht. Die „Augen" müssen zum optimalen Zeitpunkt abgeschnitten und die Pflanzen ordentlich gegossen werden. Es ist auch wichtig, dass der Boden zum Zeitpunkt der Aussaat nicht kälter ist als der Ort, wo die „Augen" ausgetrieben haben. Diese Vorarbeit bringt Arbeit mit sich, aber das Ergebnis ist ausgezeichnet: Bei einer Pflanzdichte von neun bis zehn Pflanzen pro Quadratmeter erzielt er eine Ausbeute von 80.000-90.000 Kilogramm (800-900 dt) pro Hektar – fast zehnmal mehr als der Durchschnitt in der Region Dagestan. Und die Knollen reifen früher, sodass man zwei Ernten einbringen kann. Eine einzige Knolle bringt bis zu 20 Augen hervor, was bis zu 15 Kilogramm Kartoffeln hervorbringen kann. Die Saatkartoffeln können dann erst noch den Tieren verfüttert werden.

Eine zweite Kartoffelernte bringt man bei uns im Süden mit normalen Anbaumethoden ohne Probleme hin. Die Beete werden von etwa Mitte bis Ende August bestellt. Es ist besser, alte Knollen vom letzten Jahr zu verwenden. Diese können gut über den Sommer an einem kühlen Ort einschichtig in flachen Holzkistchen gelagert werden.

Wenn die frostigen Tage allmählich näher kommen, hat die Ernte Zeit heranzureifen. Diese Kartoffeln sind viel wertvoller als die Sommerernte. Da sie bei kühlen Temperaturen heranwachsen, sind sie gesünder, sodass sie nicht so sehr von Viren heimgesucht werden. Die Herbstknollen schlagen energischer aus als ihre Sommerkollegen. Nekrasov sieht Herbstaussaaten als eine exzellente Lösung gegen das Problem des Auswachsens der Kartoffeln. Herbstkartoffeln werden nicht tief gepflanzt, nur etwa fünf Zentimeter, damit die Pflanzen wenig Kraft verschwenden müssen um aus der Erde zu „schlüpfen". Bei trockenem Wetter muss getränkt werden. Die Sommerernte sollen Sie ernten, sobald die Pflanzen sich gelb verfärben – andernfalls können Krankheiten in die Knollen übergehen – aber die Herbsternte sollte eine Woche nach dem ersten Frost eingebracht werden. So erlaubt man es den Knollen, das Maximum an Nährstoffen aus den Pflanzen zu beziehen.

Wenn Sie voll entwickelte „Augen" vor oder nach der Heißwetterphase pflanzen, können Sie die Kartoffeln kühl halten. Falls Sie aber Ihre Parzellen zur normalen Pflanzzeit bestellen, sollten Sie die Pflanzung mit Stroh bedecken und zwar reichlich.

Kartoffeln unter Stroh haben eine kühle Umgebung, Feuchtigkeit und viel Raum, um schöne Knollen zu entwickeln. Wenn Sie bei der Bestellung der Beete/Felder diesen Zusatzaufwand auf sich nehmen, befreien Sie sich für den Rest der Saison.

Die Erde muss nicht aufgerissen werden, sie muss bloss oberflächlich mit einer Hacke gelockert werden.

Die Reihen werden mit organischer Substanz und dann mit Asche oder Superphosphat (zwei Hand voll pro Laufmeter) bedeckt, und schliesslich werden 12-15 Zentimeter Stroh darüber verteilt. Zum Pflanzen rechen Sie einen seichten Graben in das Stroh, sodass die Erde sich schneller aufwärmt und die Triebe sich schnell zur Sonne durcharbeiten können. Die Knollen (oder Knollenstücke oder bloss die „Augen") werden in den Furchen einfach leicht in die lockere Erde eingedrückt. Sie brauchen überhaupt nicht zu bewässern. Sobald die Pflanzen austreiben, überdecken Sie diese mit dem Stroh, indem Sie die Pflanzfurchen schliessen. Machen Sie keine Häufchen, tränken Sie nicht und jäten Sie nicht. Es gibt viel weniger Käfer, und die Ernte – saubere, trockene Knollen – kann einfach von Hand aufgelesen werden. Wässern Sie die Aussaat vielleicht doch, aber nur zum Zeitpunkt der Blüte. Das lässt die Ernte noch reichhaltiger werden.

Das Pflanzmuster ist auch wichtig. Kartoffeln tolerieren kein Gedränge. Dadurch werden sie zu Zwergen. In unserem Klima ist es am Besten, sie in zwei Reihen (ca. 25 – 35 Zentimeter auseinander) in einer Zickzackanordnung zu pflanzen. Zwischen den Doppelreihen sollten Sie einen Abstand von 75-80 Zentimetern einhalten. Falls sie die Doppelreihen wie ein Schmalbeet anlegen, sollten Sie die Knollen schachbrettartig versetzt pflanzen. Sie können die Erde zwischen den Doppelreihen zum Anhäufeln verwenden.

Das Anhäufeln. Warum ist es nötig? Im nördlichen und fernöstlichen Russland (Zonen 3 und 4), wo es Niederschlag im Überfluss gibt, geht es den Kartoffeln tatsächlich besser, wenn sie in erhöhten Häufchen heranwachsen. Aber im Süden ist das Anhäufeln bloss ein Ritual.

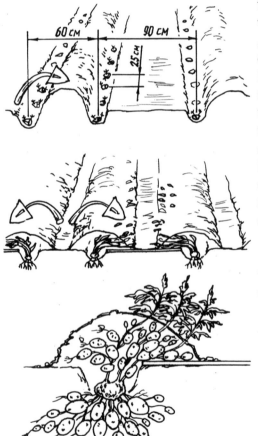

Was gewinnen wir, wenn wir die Knollen „seicht" anpflanzen und dann den Raum zwischen ihnen wegscharren, sodass sie noch schneller austrocknen können? Wir sollten besser Graben und eine dicke Mulchschicht in Betracht ziehen. Die Tatsache, dass Kartoffeln unter Stroh so gut gedeihen, drängt diese Lösung förmlich auf.

Krümelige Erde – darin fühlen sich Kartoffeln pudelwohl. Es handelt sich bei Ihnen nicht um Wurzelgemüse, sondern viel mehr um Knollen, d.h. aufgeblasene Seitentriebe/Ableger. Um schön massig zu werden, brauchen sie viel Platz. In der krümeligen, sandig-lehmigen Erde Zentralrusslands (Zone 4), mit seinem regnerischen Wetter, entwickeln sie sich wunderbar. Aber die Lehmböden hier in Kuban (Zone 6) sind nicht leicht zu lockern. Deshalb mache ich Furchen und fülle diese mit einer Mischung aus verrottetem Kompost und Stroh. Der Untergrund der Furchen wird davor gelockert und Sand oder Kompost wird beigefügt. Als Mulch verwende ich Stroh, Gras und sogar ganze Säcke aus verbrauchtem Pilzsubstrat. Den Mulch verteile ich so früh wie möglich, sodass nur die Spitzen der Pflänzchen freiliegend sind. Das ermöglicht es mir, die Kartoffeln nur ein oder zweimal pro Saison wässern zu müssen.

Nährstoffe und Feuchtigkeit. Falls organisches Material und etwas Asche vorhanden ist, kann die Düngerproblematik als erledigt betrachtet werden. Die Befeuchtung ist wichtiger, aber diese wird durch den Mulch gewährleistet. In unserem Klima (Zone 6) heimsen wir die besten Kartoffelernten mit der „Unter-Stroh-Methode" ein.

Was die Bewässerung angeht, zitiere ich hier den bekannten Kartoffelzüchter Alexander Georgevitsch Lorkh: „Die Bewässerung vor der Blüte bestimmt die Anzahl der Knollen; die Bewässerung während und nach der Blüte bestimmt deren Größe".

Die ganze Welt versucht eine Sorte zu züchten, die resistent gegen Kartoffelfäule ist. Und das nicht erfolglos. Aber wie können wir die Vermehrung solcher wertvoller Varianten vorantreiben?

Eine gute Antwort auf diese Frage erhielt ich von meinem Kollegen aus Kasachstan, Andrey Stepanovitsch Udovitsky, dem Leiter des Kartoffelzuchtprogramms des Kasachischen Wissenschaftlichen Forschungsinstituts für Kartoffeln und Gemüse.

Er hat jahrelang mit jenen Sorten experimentiert, die sich durch Samen vermehren lassen. Mehrere dieser Varianten sind bereits im Feldversuch getestet und für die Produktion frei gegeben worden. Jeder Setzling produziert zwei bis drei Dutzend winzige Saatkartoffeln, die für die kommerzielle Aussaat geeignet sind. Jede Mutterpflanze im Vergleich wirft 3000-4000 Samen ab. Denken Sie nur an die Kostenersparnis.

Udovitsky entwickelte zudem eine einfache Methode, um die Blättern zu vermehren. Noch vor der Ernte, während die Pflanzen grün sind, schneidet er gesunde Blätter ab und pflanzt sie wie Setzlinge in ein Beet. Sie sollten sofort getränkt werden. Nach einem Monat haben die Blätter Mikroknollen produziert die sehr gut gelagert werden können und, wenn sie gepflanzt werden, zu vollwertigen Pflanzen heranwachsen (Foto 55).

Ich werde nicht weiter über die zahlreichen Methoden der Vermehrung und der Anpflanzung der Kartoffel ausholen – so viel ist bereits geschrieben worden. Ich schreibe jetzt besser ein paar Dinge über die Süßkartoffel.

Süßkartoffeln

Mein Nachbar, Alexey Kochetkov, brachte mir eines Tages einige Süßkartoffeln. Er hatte eine Sorte, die 'Sweet-100', aus einer Auswahl chinesischer Sorten gewählt, die geeigneteste für unser Klima (Zone 6). Seit diesem Tag sind diese ein wertvoller Teil unseres Lebens.

Süßkartoffeln werden auch Batate, afrikanische Kartoffel oder Knollenwinde genannt. In Wirklichkeit sind sie mit den Kartoffeln nicht mal verwandt. Die Süßkartoffeln-Batat ist eine knollentragende Winde. Eines Tages probierte ich, Batate zusammen mit Kartoffeln zu kochen. Die Süßkartoffel wurde ihrem Namen gerecht; sie stellten sich als süßer, leckerer und gehaltreicher heraus. Es ist erstaunlich, wie gehaltreich sie sind. Man ißt zwei Stück davon und man ist satt. Sie sind sehr dünnhäutig, daher gibt es auch fast nichts, was man wegschälen müsste. Rohe Süßkartoffeln schmecken wie Mais im Stadium der Milchreife – süß und stärkehaltig – sehr angenehm. Aber wenn man sie kocht, schmecken sie wie eine Mischung aus Kürbis, Kartoffeln und Mais. Sie schmecken göttlich mit Knoblauch und Kräutern, und im abgekühlten Zustand erinnern sie an geröstete Kastanien.

Bei all ihren Vorteilen ist und bleibt die Süßkartoffel ein tropisches Gemüse. Sie braucht sechs bis sieben Monate bis zur Reife. Wenn sie im Mai umgepflanzt wird, reifen die Knollen nicht vor Oktober. Aber ihre Anpassungsfähigkeit lässt es ohne Probleme zu, das Saatgut wirklich früh vorzubereiten.

Süßkartoffeln sind Wurzelgemüse. Man setzt sie nahe beieinander in einer Familie und sie wachsen tief in die Erde hinein. Wenn man die Erde lockert, kann man sie einfach herausziehen (Foto 56).

Diese können zur Vermehrung in einer Schachtel unter dem Bett aufbewahrt werden. Im Dezember fangen sie an, Schösslinge zu produzieren. Diese können Sie bis zu einem Meter lang werden lassen. Sie sind zäh und kräftig. Sobald Sie diese ans Licht tragen, fangen sie an zu grünen und Blätter zu erzeugen. Ende Februar grabe ich die aufgekeimten Knollen halb in feuchten Sand ein, sodass sie Wurzeln entwickeln. Aus jeder Knospe bilden sich 10 – 20 Triebe und sie wachsen wie wild bis in den Mai. Die ganze Zeit über vermehre ich die Ranken durch Abschneiden. Sie schlagen bereitwillig Wurzeln – entweder in Wasser oder in feuchtem Sand unter Plastik. Die Setzlinge pflanze ich um, sobald die Frostgefahr vorbei ist.

Süßkartoffeln lieben organische Substanz und Feuchtigkeit. Sie wachsen energisch und breiten sich vier Mal so weit aus wie Kartoffeln. Käfer und Krankheiten plagen sie nicht. Die kriechenden Ranken bedecken die Erde hervorragend und sie unterdrücken jedes Beikraut. Jeder Busch, der aus ein paar „Augen" entstanden ist, liefert zwei bis vier Kilogramm großer, aufrecht stehender Wurzelknollen, die bis zu eineinhalb Kilogramm pro Stück wiegen. In Löchern, die mit organischer Substanz gefüllt sind, wachsen die Wurzeln unmittelbar nebeneinander wie stramm stehende Soldaten. Das ist der Zeitpunkt, wenn viele Tiere sie begierig zu fressen beginnen. Insbesondere Maulwurfsgrillen, Drahtwürmer und Mäuse. Aber es hat wirklich genug für alle – Mensch und Tier. Wenn Mäuse die Pflanzen entdeckt haben, schmausen sie normalerweise fast einen Monat lang an einem Busch, bis sie Knolle um Knolle mit Haut und Haar verputzt haben. Aber dann lassen sie die restlichen Pflanzen komplett unberührt.

In den 1930er Jahren wurden Süßkartoffeln im grossen Stil entlang der Küste der Krim und in Sotschi (Zone 7) als neue Kulturpflanze eingeführt. Es gab neben Forschungszentren riesige Plantagen, und die modernsten Agrartechnologien wurden eingesetzt; man züchtete sogar eigene Sorten. Wir können leider nicht mal mehr erraten, wo all dieses Wissen hin verschwunden ist.

Radieschen

Wir sind sicher alle miteinander einverstanden, dass es unmöglich ist, Würmern das Reden beizubringen. Genau so unmöglich ist es, Radieschen im Schatten zu kultivieren. Sie lieben Sonnenschein und Wasser. Die empfohlene Pflanzanordnung von fünf mal fünf Zentimeter funktioniert bei mir nicht. Es ist zu beengt. Vielleicht verwende ich Sorten, die zu blattreich sind. Deshalb pflanze ich sie in Abständen von fünf Zentimetern in der Reihe und mit acht bis 10 Zentimetern zwischen den Reihen. Wenn der Boden hinlänglich frei von Beikraut ist, ist es am Besten die Radieschensamen zu verstreuen. Nach dem Flachharken des Beetes streue ich die Samen einfach von Hand über das Beet und versuche dabei ungefähr die Dichte von einem Samen pro fünf Zentimetern einzuhalten. Verstreuen, harken, wässern. Später dünne ich überzählige Pflanzen beim Jäten aus.

Man sagt, dass man idealerweise bis zu 10 Kilogramm pro Quadratmeter ernten kann. Weiss jemand wirklich, wie man das anstellt? Ich nicht.

Radieschen haben kaum Ansprüche an den Boden. In der Tat ist das Gegenteil wahr: Auf fruchtbarem, organischem Boden entwickeln sie „Grünmasse wie Elefantenohren" auf Kosten der Knollen. Sie wachsen toll auf Lehm wie auf sandigem Boden und schätzen eine dünne Mulchschicht aus Humus.

Radieschen sind Wasserliebhaber und schätzen eine reichliche Versorgung mit dem köstlichen Nass. Das Radieschen ist das eine Gemüse, dem es nichts ausmacht, mit dem Schlauch gegossen zu werden. Der Grund liegt in der „Wässrigkeit" und der Feinheit der Radieschenwurzel. Lassen wir sie nahe der Oberfläche reichlich trinken. Sie werden ja rasch geerntet und brauchen somit keine tiefen Wurzeln zu bilden.

Das Wichtigste bei den Radieschen ist, sie zur rechten Zeit zu ernten. Ist man ein paar Tage zu spät, werden sie holzig und verlieren ihren Charme. Überdies ersticken sie ihre Nachbarn.

Es gibt auch Radieschen, die essbare Blätter haben – zum Beispiel die Sorte 'Mokhovsky'. Allerdings sind Kresse und Blattsenf unvergleichlich leckerer als Radieschenblätter.

Radieschen werden in Frühlings- und Wintervarianten unterteilt. Wir sind uns die Frühlingsvarianten gewohnt, jene kleinen, runden oder länglichen Knollen reifen in weniger als einem Monat. Die im Süden müssen sie bereits im Februar oder März unter Plastik säen, da sie schon Mitte Mai wegen der Hitze „aufschießen" können. Von Mitte April bis anfangs Mai kann man sie in Aussenbeeten aussäen. Radieschen können dann wieder Anfang September ausgesät werden, und Sie werden noch Zeit für zwei bis drei Ernten haben, bevor die Kälte einsetzt.

Der Frühling erregt das Blut und inspiriert den Enthusiasmus. Nach dem Vorbereiten der ersten Beete ist es verlockend, gleich sofort mehrere Päckchen Radieschen zu säen. Das ist wohl das dümmste, das ich je gemacht habe. Nach nur drei Wochen reiften alle Radieschen heran und wir konnten unmöglich so viele davon auf einmal verspeisen. Sie wurden überreif – sie schienen einfach überall zu sein. Zügeln sie sich! Wiederholen Sie meinen Fehler nicht. Besäen Sie jede Woche eine kleine Fläche von etwa einem Quadratmeter und Sie werden schön regelmäßig eine frische Ernte erhalten.

Winterradieschen sind eine wahre Bereicherung des Gemüsegartens. Die Knollen werden länglich wie Karotten und die Farbvariationen reichen von dunklen Lilatönen über grünlich bis hin zu weiß. Sie bringen bis zu einem halben Kilogramm auf die Waage, können gut gelagert werden und bleiben bis in den Frühling hinein zart. Pflanzen sie diese in einem Arrangement von 15 mal 15 Zentimeter und die Erde unter ihnen sollte so tief wie möglich gelockert werden. Unglücklicherweise ist diese Wintervariante in Russland nicht sehr bekannt.

Rüben sollten so früh wie möglich gesät werden; andernfalls werden die jungen Blätter von Blattkäfern durchlöchert. Im Süden ist es zu heiss für sie. Ich habe in unserer Region (Zone 6) noch keine „hitzetolerante" Variante entdeckt. Der **Winterrettich** jedoch wird im Juli und August zum Verzehr im Winter gesät. Bei uns ist diese Variante nicht sehr populär.

Karotten und Pastinaken

Die größten Erschwernisse für Karotten in unserer südlichen Zone 6 sind der dichte Boden und die Trockenheit. Um große, qualitativ gute Wurzeln zu erhalten, müssen die Beete (in dieser Zone) speziell vorbereitet werden – das habe ich aus der Erfahrung lernen müssen. Die einfachste Methode ist es, einen schmalen, rund eine Schaufel tiefen Graben auszuheben und diesen mit Sand und Humus zu füllen. Um preisträchtige Karotten zu bekommen, können Sie sogar einen Erdlochbohrer verwenden: Tiefe Einzellöcher werden für jede individuelle Pflanze gebohrt und mit Sand gefüllt. Die Feuchtigkeit muss von unten her zugeführt werden. Je mehr man davon zuführt, desto größer und saftiger werden die Karotten. Das heißt, dass Wasser und Mulch sehr wichtig sind.

Organisches Material ist nur geeignet, wenn es schon sehr gut verrottet ist. Falls zu viel Nitrat vorhanden ist, was gerade in Mist und nährstoffreichem Kompost der Fall ist, werden die Wurzeln gegabelt und schmecken sehr bitter.

Karottenpflanzungen werden leicht dichter gepflanzt als Zwiebeln mit sechs bis sieben Zentimetern Abstand in den Reihen und 20 Zentimetern zwischen den Reihen. Es ist noch besser, weite Doppelreihen anzulegen und die Pflanzen dabei versetzt anzuordnen. Karotten können von Ende März bis Anfang Juli ausgesät werden und es können zwei bis drei Ernten erzielt werden. Sie können für den Winterkonsum auch im Boden belassen werden, doch die Mäuse finden sie schnell.

Pastinaken sind ein zu Unrecht in Vergessenheit geratenes Wunder. Das Aroma dieser fleischigen Rüben ist unvergleichlich – wie große, zarte, süße Petersilienwurzeln. Wir Russen nennen sie die „Banane des Nordens".

Sie sind aussergewöhnlich winterhart und robust. Sie fürchten weder Kälte, noch Trockenheit, noch Krankheiten oder „Schädlinge". Sie reagieren auf eine gute Bewässerung und Hege mit Wurzelfrüchten, die bis zu einem Kilogramm auf die Waage bringen. Die Pflanzen sind kräftig und werden am Besten in Doppelreihen in einem Zickzackmuster in Abständen von 15 bis 20 Zentimetern angepflanzt. Pastinaken lassen sich besser aufbewahren als Karotten. Die verschiedenen Varianten bringen meist lange, aber auch rundliche Rüben hervor. Die längeren Varianten werden am Besten in sandigen Furchen gezogen – das Ausgraben aus tonigen Böden kann eine ganz schön schweißtreibende Arbeit sein.

Pastinaken habe eine negative Eigenschaft: Ihre Samen verlieren die Lebensfähigkeit schon nach einem Jahr! Sie keimen auch sehr langsam. Die Lösung dazu ist, eigene Samen zu sammeln. Das ist einfach. Sie müssen nur ein paar der Pastinaken im Boden belassen bis die Samen reifen. Bevor Sie diese säen, sollten sie mit den Samen den „Schwimmtest" machen und sie dann während etwa 24 Stunden mehrmals mit heißem Wasser abspülen um Wachstumshemmer (Inhibitoren) zu entfernen (Siehe Kapitel 11). Sie können sie dann anfangs Frühling aussäen.

Zwiebeln

Zwiebeln sind entweder scharf (gut lagerfähig) oder süß (nur kurzzeitig lagerfähig). Die meisten Zwiebeln in unserer Region sind scharf oder mild scharf. Wirklich süße Zwiebeln habe ich nur auf der Krim gegessen.

Das war die rare, alte Sorte 'Yaltinsky'. Die schönen, roten Zwiebelzöpfe werden an Strassenständen zum Verkauf angeboten. Die flachen, oft sogar eingedrückten purpur-violetten Zwiebelnköpfe haben überhaupt keine Schärfe. Andere „süße" Sorten sind in der Tat viel schärfer!

Normalerweise werden Zwiebeln in der Form sehr kleiner Knollen, Steckzwiebeln genannt, gepflanzt. Das sollte nicht zu früh geschehen; während der noch kurzen Tage schießen sie oft auf und produzieren Blütenstiele. Wir pflanzen sie bei uns Anfang Mai. Am besten pflanzt man nur die kleinsten Steckzwiebeln, die nicht größer als eine Haselnuss sind. Größere Knollen neigen zum Aufschießen, dies um so mehr, wenn es anfangs Sommer kühl ist. Diese Blütenstängel können auch abgebrochen werden. Solche Zwiebeln sollten jedoch sofort verwendet und nicht für den späteren Verzehr gelagert werden.

Im Süden ist es möglich, die Zwiebeln Anfang September als Samen auszusäen. Wir nennen diese „Schwarzkümmel". Die Sprossen überwintern und gegen Ende Juni haben wir eine vermarktungsfähige Ernte an durchschnittlich großen Zwiebeln. Besonders gut für diese Anbauart geeignet ist die in Russland entwickelte Sorte 'Elan'. Wenn diese im September gesät wird, bringt sie schon Ende Mai schöne, große Zwiebeln hervor. Elan Zwiebeln überwintern sehr zuverlässig, was für einige andere Sorten nicht der Fall ist. Am besten bedeckt man also die Beete für den Winter mit Stroh.

Zwiebeln dulden kaum Nachbarn und keinen Schatten. Am besten werden sie in Doppelreihen in einer Zickzackanordnung gepflanzt, alle sieben bis acht Zentimeter eine Pflanze mit einem Abstand von 20 Zentimetern zwischen den Reihen. Eine gute Nachbarschaft ist einzig mit Karotten möglich. Pflanzen Sie diese gleichzeitig, abwechselnd eine Reihe Karotten und eine Reihe Zwiebeln. Wenn die Zwiebeln ihre volle Höhe erreicht haben, beginnen die Karotten erst gerade zu sprießen und stören die Zwiebeln nicht. Die Zwiebeln wandern dann nach und nach in die Küche und die Karotten übernehmen nach und nach ihren Platz.

Die „Schwarzkümmel", die alle gleichzeitig gepflanzt wurden, zu unterhalten, ist recht knifflig: Die Sprossen sind kaum sichtbar und das Jäten extrem mühsam. Deshalb sollten die Beete für die Bepflanzung komplett frei von Beikraut sein. Am einfachsten sät man die Samen in einem Schlitz zwischen zwei Brettern.

Zwiebeln brauchen keine lockere Humuserde. Ein Überfluss an Nährstoffen macht sie bloß wässrig und dadurch schlecht lagerfähig. Bewässern und düngen sollte man sie bloß in den ersten eineinhalb Monaten des Wachstums, wenn die Blätter wie wild hochwachsen. Danach müssen sie dazu gedrängt werden, die Knollen auszureifen. Dazu braucht es sehr spezifische Bedingungen. Erstens muss die Bodenoberfläche trocken sein – mit einem guten kapillaren Wasserfluss von unten. Das zwingt die Zwiebeln tiefe, kräftige Wurzeln zu bilden. Als Nächstes müssen, sobald die Blätter aufhören zu wachsen, die Knollen der Zwiebeln mit einem Rechen beinahe vollständig freigelegt werden. Licht und Wärme signalisieren ihnen dann, dass sie Reserven anlegen sollen! Ein paar Wochen später können Sie die Bewässerung einstellen – es ist an der Zeit für die Knollen sich zu „verpuppen" und zu reifen. Falls es während dieser Zeit wieder regnet, können die Zwiebeln wieder zu wachsen beginnen, was ihre Lagerfähigkeit schmälert. Wenn die Umstände so sind, knicken russische Gärtner die Blätter ab oder sie trampeln sie nieder. Auf diese Weise „abgerichtet" können sich die Zwiebeln seelenruhig zurücklehnen und in Ruhe reifen.

In Russland sind auch die **Schalotten** sehr populär. Anstelle einer einzigen Zwiebelknolle formen sie ein Büschel mehrerer länglicher Zwiebeln. Es gibt bei uns zwei Typen von Schalotten: Die „vierzigzahnige" Schalotte und die hellere Variante, die wir „Ziegentittchen" nennen. Sie erinnern einen wirklich an ein Ziegeneuter. Sie sind süß und lassen sich gut lagern; wir lieben sie. Mir ist ein Mal ein komplett weißschaliges „Tittchen" untergekommen – es schmeckte fabelhaft. Seither habe ich keine Schalotte dieser Sorte mehr gefunden.

Lauch

ist ein unglaublich wohlschmeckendes Gemüse und eignet sich sowohl als Beilage als auch für Pasteten und Kuchen. Gegessen wird der dicke Pseudostängel, eine Art verlängerter Unterbau aus Blättern, die einander dicht umklammern. Sie können Lauch als Setzlinge auspflanzen oder als Direktsaat im Herbst ausbringen. Sie wachsen innerhalb von sechs Monaten heran. Ausgewachsene Lauchpflanzen können gut im Beet belassen und während des ganzen Winters bei Bedarf unmittelbar vor der Zubereitung geerntet werden.

Wie die Gurke hat auch der Lauch hohe Ansprüche an den Boden. Ohne genügend Nährstoffe entwickeln sich die Pflanzen zu spindeldürren Mauerblümchen. So macht der Anbau keinen Sinn.

Wir lieben mehrjährige Laucharten sehr. Die aromatischste davon ist der **Schnittlauch**. Schnittlauchpflanzen bestehen aus einem Bündel röhrenförmiger Laubblätter, die ein delikates, würziges Aroma haben. Die **Winterzwiebeln** *(Allium fistulosum)* kommen anfangs Frühling. Sie haben kräftige, schlauchförmige Blätter, die ziemlich scharf schmecken. Der **Duftlauch** *(Allium ramosum)* produziert eine Vielzahl kleiner, zarter Blätter und duftet wie grüner Knoblauch – wie Bärlauch *(Allium arsinum)*. Der **Riesenlauch** *(Allium giganteum)* ist eine extrem frühe Art, zart in der Konsistenz und scharf im Geschmack. Deren Blätter sind beinahe so breit wie eine Hand und die Blüten gedeihen beinahe auf Augenhöhe. Anfangs Frühjahr ist dieses Grünzeug eines der ersten auf unseren Tellern.

In Russland werden viele andere Zwiebelarten angebaut. Sie alle werden vermehrt durch Teilung, oder sie produzieren Zwiebelchen und einige, wie Knoblauch, bilden Mikro-Zwiebelchen auf den Blütenständen.

Salate

Die meisten Russen bezeichnen alle grünen, duftlosen Gemüse als „Salat". Das umfasst verschiedene Arten von blättrigen Salaten wie „Halb-Kopf-Salate", Kopfsalate, Eisbergsalat, Römersalat (auch Kochsalat oder Lattich), Endivie, Gemüselöwenzahn, Gartenmelde, alle Arten von Krautsalaten, wie z.B. Chinakohl, Blattsenf, Brunnenkresse, Chicorée und andere blättrige Pflanzen wie Rucola, Feldsalat und so weiter. Für mich ist Salat jedoch eine spezielle, allseits geliebte Familie.

Die meisten grünen Gemüse sind wie Radieschen – sie reifen sehr schnell und lieben Wasser und Nährstoffe. Sie gedeihen hervorragend in organischem Material. Sie können diese im Frühling zwei bis drei Mal aussäen – dasselbe gilt für den Herbst. Wenn sie noch jung sind, überwintern sie in den Beeten und wenn der Frühling sich meldet, entwickeln sie sich rasch zur Marktreife, als ob nichts gewesen wäre.

„Salate" können Sie recht lange mit anderen Pflanzen zusammenpferchen – sie warten geduldig auf die Freiheit und dehnen sich dann aber schnell aus und werden prall und voll. Wenn Sie diese ernten, müssen Sie nicht unbedingt die ganze Pflanze mitsamt den Wurzeln ausreißen. Wenn es noch nicht zu heiß ist, können Sie einfach die Köpfe entfernen und die unteren Blätter am Stängel lassen. So kann die Pflanze mehrere kleine Salatköpfe hervorbringen.

Am Anfang des Sommers wird der Salat von der Hitze rau und bitter und er läßt Stängel mit Blütenständen hochwachsen. Aber im April und Mai, wenn die Pflanzen in Abständen von 15 bis 20 Zentimetern stehen und zur vollen Größe herangewachsen sind, schmecken sie köstlich. Wenn Sie ein Feinschmecker sind, empfehle ich Ihnen, den Salat zu bleichen: Bündeln Sie in der letzten Woche des Wachstums den Salatkopf mit einem Gummiband und bedecken Sie ihn mit einem leeren Blumentopf oder mit einer Schachtel um ihm das Licht „auszuschalten". Lassen Sie ihn während rund 10 Tagen ohne Licht. Der Geschmack wird erlesen!

Wahre Liebe zum Salat kommt durch den angemessenen Konsum – ein speziell subtiles Vergnügen. Zuerst kreieren Sie ein bezauberndes Stillleben (Foto 57).

Dann bereiten Sie eine wohlschmeckende Salatsauce indem Sie ein Pflanzenöl, Salz, Zucker, Essig und gepressten Knoblauch vermengen. Sie können auch Pfeffer, Gewürze, saure Sahne – je nach Ihrem persönlichen Geschmack – beifügen. Verquirlen Sie die Zutaten zu einer homogenen Sauce.

Nehmen Sie einen Kopf des Römersalats oder mehrere zusammengerollte Kopfsalatblätter in die rechte Hand. Deswegen ist es logisch, dass Basilikum-Likör in die linke Hand gehört. Das kann zuweilen ein etwas schwieriges Unterfangen sein, weshalb ich den Likör oft weglasse. Jetzt tunken Sie den Kopf des Salates in die Sauce und beißen so viel Salat ab, wie Sie nur können ab. Öffnen Sie dafür den Mund wirklich weit. Kauen Sie nun umsichtig und würdigen Sie die Feinheiten des Geschmacks und schmecken Sie heraus, wie die Sauce noch verbessert werden könnte. Das wird erst gegen das Ende des Salatkopfes wirklich klar. Der leckerste Teil des Salat ist sein Herz mit seinen fahlen, zarten, delikaten Blättchen.

Mit genügend Übung können Sie damit beginnen, anderes Grünzeug in den Salat zu packen: Schnittlauch, Dill, Koriander, oder Knoblauch. Wenn Sie auch diese Stufe der Kunst beherrschen, können Sie sich daran wagen, den Salat mit Fleischstückchen, Käse, Eiern und anderen Köstlichkeiten zu bereichern. Das ist solch ein Geschmackserlebnis, dass es sich völlig erübrigt, den Nutzen für die Gesundheit auch nur zu erwähnen.

Natürlich spreche ich hier nicht über die armseligen Salate, die im Supermarkt zu kaufen sind. Ein guter Salat hat die Größe eines Fussballs und wiegt etwa ein halbes Kilogramm. Das ist es, was in meinem Garten auf organischem Material, mit genügend Platz und mit reichlich Wasser wächst (Foto 58).

Der kurzlebigste aller Salate ist die **Brunnenkresse**, die alle paar Wochen nach der Aussaat gegessen werden kann. Traditionell wurde sie zu Dekorationszwecken auf Watte oder Stoff gesät, um den Osterschmaus zu dekorieren. Es ist wichtig, nur die jungen Pflänzchen zu verspeisen. Sobald sich Blütenstiele entwickeln, ist es aus mit dem Schmaus – die Pflanzen werden grob und verlieren ihren Geschmack.

Ich empfehle wärmstens auch den **Sareptasenf**[1] nur zu essen, wenn er jung und die Blätter noch zart sind.

Chicorée ist ein Spezialfall. Er sollte im Sommer gesät werden, sodass er im Winter eine grosse, starke Wurzel bilden kann. Falls Sie ihn im Winter in einer Schachtel mit Erde warm und im Dunkeln halten, wird er einen kleinen Kopf von süßlichen, aromatischen, unglaublich zarten und leckeren Blättern hervorbringen. Eine wahre Delikatesse!

Schwarzwurzel

Die Schwarzwurzel ist wohl das edelste und hochwertigste aller Wurzelgemüse. Der Geschmack der zarten und grazilen Rohwurzel erinnert an reife Haselnüsse. Den Namen verdankt sie ihrer schwarzen Haut. Die Schwarzwurzel erlangt ihren speziellen Geschmack und auch seine Erntegrösse nach zwei Jahren des Wachstums.

Die beste Voraussetzung für eine gute Ernte ist ein lockerer, sandiger Boden, der reich an organischer Substanz ist. Wenn Ihr Boden lehmig ist, lohnt es sich für die Schwarzwurzel ein Hochbeet mit sandiger Erde zu konstruieren. Die essbaren Wurzeln sind sehr dünn und extrem zerbrechlich. Sie wachsen tief in die Erde und so kann einem das Ausgraben aus einem normalen Beet anmuten, als würde man ein ganzes Fundament von Hand ausheben.

Grundsätzlich werden Schwarzwurzeln im Frühjahr gesät. Sie lieben Wasser und Düngung. Die Wurzeln können schon im darauffolgenden Herbst verzehrt werden. Für eine echte Gaumenfreude wartet man aber ein Jahr länger, denn einen Herbst später sind die Wurzeln doppelt so dick und auch beinahe um so viel vollmundiger – für Besseresser eben. „Nochbesseresser" lassen sie sogar noch bis zum dritten Frühling reifen. Lecker, lecker, lecker! Gebleichte, blanchierte Schwarzwurzelblätter sind auch essbar, aber während des Wachstums und des Reifeprozesses wäre es geradezu schändlich, sie auch nur zu berühren. Aber im dritten Frühling, unmittelbar bevor Sie die Wurzel ausgraben, ist es ein geradezu weihevolles Unterfangen. Bedecken

---

[1] Sareptasenf *(Brassia jucea)*; benannt nach der russischen Stadt Sarepta (Krasnoarmejsk). Die Heimat ist Asien. Die Pflanze wurde aber auch in anderen Teilen der Welt eingebürgert.

Sie die Pflanzen mit einer 15 bis 20 Zentimeter dicken Schicht aus Spreu oder Sägemehl. Wenn die Spitzen der Blätter hervorgucken, können Sie sowohl die Blätter als auch die Wurzeln kredenzen. Himmlisch!

Bohnen und Spargelbohnen

Den Reiz dieser „vertikalen" Kulturen habe ich selber eben erst entdeckt. Jetzt pflanze ich sie, wo immer ich Gelegenheit dazu habe. Sie haben sich zu meinem Lieblingsessen der Sommermonate entwickelt.

Stangenbohnen wachsen normalerweise an Stangen oder an Schnüren. Im Herbst ist es ein Einfaches, die Stangen von den ausgetrockneten Pflanzenteilen zu befreien. Säen Sie vier bis fünf Samen unter jeder Stange/Schnur. Gedämpft oder geschmort sind grüne Bohnen speziell lecker – und sie haben keine Fäden.

Viele unserer Sorten brauchen viel Zeit für die Reifung – man muss bis zum September warten, bis sie geerntet werden können – und doch sollten sie nicht zu früh gesät werden. Bohnen lieben nun einmal Wärme. Bei kalter Witterung harren die jungen Triebe passiv aus und warten auf bessere, sprich wärmere, Zeiten. In solchen Zeiten können sie zum Kränkeln neigen. Deshalb ist es besser, sie etwa Mitte Mai zu säen. Unter warmen Bedingungen wachsen sie schnell und kräftig. Sie gedeihen entlang einer südlich ausgerichteten Mauer besonders gut. Sie sprechen gut auf angemessene Bewässerung und Nährstoffversorgung an – mit einer merklichen Verbesserung der Ernte.

Trockene Sorten haben faserige Hülsen, die relativ schnell verhärten. Doch auch diese habe ich gekocht, noch bevor sie ausgereift waren, nota Bene, und sie mundeten durchaus. Vor Kurzem entdeckte ich ein neues „Gericht": Ich koche die gelb werdenden Hülsen dieser trockenen Sorten in Salzwasser, kühle sie ab und quetsche die Jungbohnen aus. Mit Butter gegessen sind sie ein Gedicht!

Grüne Buschbohnen eignen sich wunderbar für Mischkulturen mit Rankenpflanzen am Spalier. Sie tolerieren Halbschatten und können dicht gepflanzt werden. Die Hülsen sind völlig frei von Fäden und sie schmecken fabelhaft.

Wenn sie zeitgerecht die gesamte Ernte entfernen, können Sie sich auf zwei weitere Ernten freuen. Merke: Wenn die Früchte sich ausbilden, sollten Sie reichlich Wasser zur Verfügung haben.

Die exquisitesten Gerichte aber kann man aus Spargelbohnen *(Vigna unguiculata* subsp. *sesquipedalis)* oder ihrer engen Verwandten, der Augenbohne (auch Kuhbohne, Schwarzaugenbohne oder Schlangenbohne genannt) zubereiten.

Spargelbohnen haben dunkle, dreieckige Blätter und schlangenähnliche Hülsen, die 50 Zentimeter lang und länger werden können (Foto 59). Diese Bohnen erhalten ihre Zartheit bis sie gelb werden, doch sie produzieren auch winzige, längslaufende Fasern. Gedämpft oder geschmort sind die Spargelbohnen-Schlangen wahrlich der „Kaviar unter den Gemüsen".

Ein charakteristisches Merkmal der Spargelbohnen und vieler anderer Bohnenarten ist, dass die Blütenstiele aus den Achseln der Blätter herauswachsen und neue Blüten bilden können. Wenn die Bohnen schon jung geerntet werden, ist die Lebenskraft diesen Knospen noch nicht vollends auf die Samen übertragen worden und sie werden zu neuem Leben erweckt. Brechen Sie diese Knospen bloß nicht ab! Ich schneide jeweils die Ernte weg und belasse ein Stück Bohne – „den Popo" am Busch. Der beschnittene Teil reagiert, indem er Wachstumsregulatoren produziert und ein Vorrat an Nährstoffen steht im „Popo" bereits zur Verfügung. Das ermöglicht es, dass sich rasch eine neue Blüte bildet, bald nachgefolgt von einer neuen Bohne. Auf diese Art und Weise können Sie drei vollwertige Ernten in einer einzigen Saison erzielen.

Mais

Wie bereits erwähnt, ist Mais eine wundervolle Kulturpflanze, die man in „Gürteln" anpflanzen kann – zum einen als Schutz vor Hitze und Wind und zum anderen für die leckeren Maiskolben.

Man braucht den Mais nicht früh zu säen – er liebt heißes Wetter, genau wie die Bohnen. Die Triebe brauchen Sonnenlicht und viel Platz. Wird der Mais mit anderen Pflanzen dicht zusammengepfercht gepflanzt, stellt er sein Wachstum ein und reift nicht richtig heran.

Davon abgesehen sind mir keine speziellen Finessen bekannt, die man beim Maisanbau zu beachten hätte.

Auf der ganzen Welt verwendet man Zuckermais als Gemüse. Es wächst nicht ganz so hoch, wie sein größerer Bruder und die Kolben sind nicht ganz so groß, aber der Vorteil ist, dass seine Körner nicht hart werden. Wenn man die Kolben etwa eine Viertelstunde garen lässt, werden die Körner wunderbar süß und zart. Man muss sie schon fast gar nicht mehr kauen. Wir hier in Kuban sind nicht so große Anhänger des Zuckermaises – der Geschmack ist nicht derselbe wie anderswo. Das typische Maisaroma fehlt!

Der normale Mais wächst rund eineinhalb Mal so hoch wie Zuckermais und die Kolben werden doppelt so groß. Die Körner härten schnell aus, aber im halbreifen Zustand sind sie erstaunlich lecker – besonders mit Butter und Salz. Sie sind nicht so zart wie Süßmais, aber das Aroma ist vollmundig und der Duft erfüllt das ganze Haus. „Da werden Nase und Mund aber Augen machen!"

Wir pflanzen hin und wieder auch Popcorn an. Werfen Sie einfach eine Handvoll Körner in eine zischendheiße Bratpfanne und legen Sie sofort einen Deckel darauf. Wenn die Körner zu Platzen beginnen, tönt es fast wie eine Schießerei in einem altern Western. Wir essen das Popcorn leicht gesalzen. Vielleicht mögen Sie es eher mit Zucker? Ich kaufe nie Popcorn in einem Fastfoodschuppen – die schaffen es ja nicht mal Pommes zu frittieren ohne Chemikalien oder andere zwielichtige (natürlich völlig harmlose) Zusatzstoffe zu verwenden.

Das Wesentlichste über Küchenkräuter

Als wir noch das gute Leben auf der schwarzen Erde an der Wolga lebten (Zone 4), kultivierten wir beinahe 30 verschiedene Arten von Küchenkräutern auf unserem 300 Quadratmeter großen Grundstück. Jetzt sind es weniger, denn ich habe eingesehen, dass es leichter ist, ihnen etwas Platz auf unseren permanenten Beeten einzuräumen. In der Tat samen viele von ihnen erfolgreich selber ab und sprießen im Frühling wild. Alles, was zu tun bleibt, ist den Überschuss auszudünnen. Sie brauchen zudem fast keine Pflege – etwas Wasser wird, wenn nötig, geschätzt und dann ernten Sie sie einfach so im Juni und im Herbst.

Unglücklicherweise bin ich mit der Verwendung von Küchenkräutern nicht so bewandert. Es ist einfacher für mich, sie zu kultivieren als sie beim Kochen zu verwenden. Aber ich bin von ihren verschiedenen Aromen äußerst angetan und lerne gern sie in der Küche zu verwenden. Zudem erschaffen diese Kräuter einen wohlriechenden Garten. Das inspiriert mich dazu, sie mit doppeltem Interesse zu betrachten.

Mehrjährige Kräuter

Sie sind besonders einfach zu kultivieren. Ich habe es noch nie erlebt, dass diese von „Schädlingen" befallen werden oder spezielle Pflege benötigen. Im Juni schneidet man die Pflanzen einfach auf „Kniehöhe" und im August kann man ein zweites Mal ernten. Wir haben für die Kräuter ein eigenes Beet bereitgestellt.

Estragon ist ein Kräutchen aus der Korbblütlerfamilie, das dem Wermut verwandt ist. Er schmeckt wunderbar zu Salzgurken und in anderen Marinaden und er verleiht Salaten eine delikate Geschmacksnote. Er ist ausgezeichnet sowohl in einer Flasche Vodka als auch in Tee und Fruchtsäften. Atlantische Makrelen gefüllt mit einem Stückchen Zitrone und grünem Estragon grilliert auf dem Holzkohlegrill sind ein Gaumenkitzel von außerhalb dieser Welt. Wir nennen dies Mackarel a la Flamade.

Ysop (auch Eisenkraut, Bienenkraut oder Essigkraut et al. genannt) verhält sich in unserem Garten wie ein mehrjähriges Kräutchen – es überwintert gut. Der Duft ist dem des Lavendels sehr ähnlich. Es eignet sich in der Küche sowohl zu warmen Fleischgerichten als auch als leckere Zutat zu Tee. Ein universelles Gewürz!

Liebstöckel (Maggikraut) erinnert im Geschmack an Sellerie, ist aber noch etwas aromatischer. Getrocknet verleiht er Suppen und auch Fleischgerichten eine erlesene Note. Frisch verwendet verfeinert er Salate, Vorspeisen und Apérohäppchen. Verwenden sie das Kräutchen aber nicht zu reichlich – es ist sehr aromaintensiv.

Thymian bildet ein bezauberndes Kissen auf meinem Alpsteingarten. Es gibt verschiedene Sorten und die Geschmacksnoten sind sehr vielfältig. Thymian verfeinert besonders Fleisch und Fisch ganz raffiniert. Er macht sich gut in Tee und gibt Eingemachtem eine subtile Würze.

Lavendel ist ein praktischer Lufterfrischer für den Haushalt – zum Beispiel zum Parfümieren der Wäsche. Dasselbe gilt für seinen Verwandten, den Rosmarin. Gut zurückgeschnitten und gut mit Mulch bedeckt überwintern diese beiden in unserem Klima (Zone 6) recht gut.

Balsam Springkraut *(Impatiens balsamina)* ist in der Familie der Korbblütler anzusiedeln und hat ungeteilte, längliche blau-graue Blätter und einen ausgeprägten Salbei-Minz-Geschmack. Es passt hervorragend zu Tee und zum aromatisieren von Fruchtgerichten und Gebäck. Es verleiht auch Fischgerichten einen speziellen Charme.

Zitronenmelisse gibt es als wilde und als Gartenvariante. Die Gartenvariante wird bis zu einem Meter hoch, ist buschig und hat grobe, kerbige Blätter. Ich bevorzuge die wilde Variante – ihr Gout ist viel reiner. In feuchter Luft entwickeln beide Varianten einen unangenehmen katzenhaften Duft. Aus diesem Grund bevorzugen wir das Zitronengras *(Cymbopogon citratus)*. Sein Aroma ist länger anhaltend und es lässt sich viel einfacher trocknen.

Wir haben auch dutzende **Minzarten**. Die feinste und süßeste davon ist die Ägyptische Minze, während die Pfefferminze jene mit dem intensivsten Aroma ist. Die grüne Minze eignet sich am besten zu Fleisch und Gemüse. Und dann gibt es noch die wilden Minzen mit ihren komplexen Aromen. Am besten pflanzt man Minzen etwas ab vom Schuss oder in einer Box, denn sie sind sehr aktive, wild wuchernde (Bei-) Kräuter. In unserem Haus wird nicht viel Minztee getrunken. Wir bevorzugen die Duftnessel als unseren Favoriten.

Duftnessel *(Agastache foeniculum)* ist ein Gewürz mit schönen Blüten. Sie ist ein Cousin der Minze und wird oft mit der *Agastache rugosa* (Koreanische Minze) verwechselt, einer Medizinalpflanze mit rosaroten Blüten. Das Aroma der beiden ist praktisch identisch und im Garten kreuzen sie sich oft. Das unvergleichliche Bouqet der Duftnessel kombiniert in sich raffiniert die Aromen von Anis, Fenchel, Thymian und Gartenbohnenkraut (auch Sommerbohnenkraut). Sie verleiht jedem Gericht eine spezielle Note: Das Aroma von Tee und Süßem wird intensiviert und es verleiht ihnen den kühnen und doch zurückhaltenden „Geschmack des Nordens"; anderseits schmeichelt es Fisch und Fleisch mit der Leichtigkeit und Lässigkeit des Südens.

Leider gelingt es uns im Süden nicht, sie zu überwintern und so muss die Duftnessel jedes Jahr neu ausgesät werden.

Wir kultivieren verschiedene Arten von **Salbei** zu dekorativen Zwecken. Sein Aroma finden wir kulinarisch nicht so umwerfend.

Einjährige Küchenkräuter

versamen sich in der Regel recht gut, und doch kultivieren wir sie in Töpfen, da diese Art sie zu halten zuverlässiger ist.

Es gibt verschiedene Arten von **Basilikum,** wie z.B.: Zimt-, Zitronen-, Nelken-, Busch- und Zwergbasilikum. Er ist fabelhaft zum Aromatisieren von eingemachtem Gemüse und Pickles und macht sich super in Salaten und Aufgüssen. Mischen Sie Zucker, Zitrone, ein paar Basilikumblätter und kochendes Wasser – lassen Sie das ziehen und abkühlen – das ergibt ein erstklassiges Erfrischungsgetränk. Schneiden Sie den Basilikum, wenn die Blüte einsetzt und der Basilikum beschenkt Sie mit einer ergiebigen zweiten Ernte. Ameisen lieben es, Basilikumsamen zu klauen. Deshalb pflanzen Sie ihn besser in einer Kiste oder Topf.

Katzenminze ist ein Verwandter der Minze mit einem komplexen, aber sehr angenehmen Zitronen-Minze-Aroma. Sie schmeckt sehr lecker in Tees.

Bohnenkraut hat ein einzigartiges, zuckriges Aroma. Es schmeckt allerdings nur, wenn Sie es trocknen – die frischen Blätter riechen fast wie Kerosin, genau so wie einige wilde Hochlandthymianarten. Wir verwenden das Bohnenkraut im Tee und manchmal für Fisch oder in Suppen. Es versamt sich gut.

Majoran ist das Kräutchen mit dem markantesten Duft. Es ist der Wohlgeruch von Bergamot-Tee. Die kultivierten Arten sind entfernte Verwandte der Minze. Majoran ist nicht einfach zu kultivieren, die Samen keimen schlecht und die Pflanzen selber sind recht schwächlich. Deshalb sollte man besser Setzlinge ziehen. Genügend Wasser und Düngung sind unabdingbar. Pflanzen Sie ein bisschen mehr davon – man kann nie zu viel davon haben.

Sellerie – Knollen und Stangen – sind äußerst vielseitige Gemüse. Getrocknetes Grünzeug schmeckt wundervoll, eine ausgezeichnete

Zutat zu Vor- und Hauptspeisen. Die frischen Blätter bereichern jeden Salat. „Sei hell – iss Sellerie, der macht dich schnell", wie mein Gartenbauprofessor G. I. Tarakanov zu sagen pflegte. Unser liebster, „beschleunigender" Salat ist ein fein geraffelter Knollensellerie mit Mayonnaise und einer gepressten Knoblauchzehe. Im Gegensatz dazu hat Sellerie in Saucen und Gemüseeintöpfen eine eher beruhigende Wirkung.

Koriander ist die Quelle zweier komplett unterschiedlicher Aromen. Die frischen grünen mit ihrem „Käferaroma" haben uns zuerst abgestoßen. Aber nachdem wir mit der kaukasischen Küche vertraut geworden sind, würden wir nie mehr ein traditionelles Mahl mit Schaschlik (Shischkebab), Lulakebab, Lobio und/oder ähnliche Gerichten ohne den frischen Koriander reichen. Getrocknete Koriandersamen werden weltweit als Gewürz verwendet. Sie können zum Verfeinern von Brot, Fleischgerichten und Suppen verwendet werden.

Dill und **Petersilie**. Etwas über die beiden zu sagen, wäre, wie wenn man Wasser in den Rhein schütten würde.

Über Kräuter kann ich zwei Dinge mit Selbstvertrauen sagen: Erstens werden alle Kräuter, die in der Mitte des Sommers geschnitten werden, im Herbst eine zweite, ergiebige Ernte abwerfen. Das ist gut! Und zweitens, sie müssen Kräuter schnell an einem warmen, schattigen Ort trocknen. Ein idealer Ort dafür ist ein warmer Dachboden, oder besser noch in einem elektrischen Trocknungsgerät. Falls feuchtes Wetter während des Trocknungsprozesses einsetzt, könnte die Ernte kaputt gehen. Die Kräuter werden schlussendlich austrocknen oder können ihr Aroma verlieren oder einfach den unappetitlichen Geschmack von faulendem Heu annehmen.

Das ist bei weitem nicht alles, was ich über Gärten und Gemüse mitteilen könnte, aber es ist bestimmt ausreichend für ein allgemeines Buch über cleveren Gartenbau. Falls ich etwas ausgelassen habe – nun ja, man kann die Unendlichkeit nicht erfassen. Mehr Details finden Sie in meinen anderen Büchern. Und schließlich hoffe ich, dass Ihre Erfahrung die unbezahlbare Fortsetzung zu diesem Buch wird!

Möge Gott Ihnen helfen – und Sie ihm!

Stichwortverzeichnis

Ackerkrume 46, 56, 88, 215
Agrochemie .... 108, 231, 237 ff.
Allelopathie 185
Amaranth 83, 104
anaerob 46, 56, 76, 85, 283
Anbaumethoden 12, 17, 32, 68, 128, 254, 311, 340
Asche .... 84, 87, 230, 232, 238 ff., 284, 316, 327, 332, 338, 341, 343
Atmosphäre .... 45, 49, 52, 58, 103, 222 ff., 231
Auberginen .... 95, 100 ff., 117, 153, 159, 162, 178, 250, 266,
.... 281, 329, 330
Aussaat .... 58, 60, 72, 100, 104 ff., 110, 123, 151, 183, 187, 232,
.... 253 ff., 262, 267, 270 ff., 287, 340 ff., 353

Bakterien .... 41 ff., 54 ff., 71, 74, 87, 89, 106, 122, 234, 239 ff.,
.... 294, 298, 312, 313, 316
Beeren 34, 82, 84, 92, 98, 100, 129, 160, 162, 190, 192, 230,
.... 247, 305, 312, 320
Beikraut .. 33 ff., 59 ff., 74, 76, 78, 81 ff., 92 ff., 136, 138, 140, 148, 157, 168 ff.,
.... 178, 182, 184, 213, 225, 229, 236, 296, 301, 304, 319 ff., 335, 345, 350
Beikräuter .... 35, 59, 74, 83, 93 ff., 136, 140, 168, 169, 184, 213,
.... 225, 229, 229, 296, 301, 304, 320
Bewässern .... 29, 38, 92, 99, 102, 127, 140 ff., 225 ff., 240 ff., 256,
.... 270, 327 ff., 341, 350
Bewässerungssystem .... 33,147, 165,228 ff., 238
Bienen .... 16, 35, 83, 102, 185, 304 ff., 330, 358
Biomasse .... 70, 82 ff., 109, 220, 232, 238
Biosphäre 71, 293, 313
Bodenbearbeitung .... 16, 38, 42, 43, 53, 54, 59 ff., 112, 113, 119,
.... 123, 212, 230
Bodenbewirtschaftung 32
Bodenfruchtbarkeit .... 37 ff., 42, 43, 46, 62, 67, 69, 108, 212,
.... 215 ff., 235, 298, 303
Bodenstruktur .... 39, 42, 45, 56, 82, 103, 120, 123, 214, 219 ff.,
.... 237, 239, 283
Bodentemperatur .... 54, 56, 250, 258 ff., 281, 338

Bodenverbesserung 35, 108, 298
Bodenzusammensetzung .... 282 ff.
Bohnen .... 60, 129, 135, 140, 143, 150, 153, 158, 162, 171, 174 ff.,
.... 223, 245, 267, 273, 320, 338, 355 ff.
Buschbohnen .... 129, 153 ff., 175ff., 355

Chelat .... 237 ff., 298

Dolomit .... 234 ff.
Dünger...33, 37, 42 ff., 51 ff., 61 ff., 68, 70 ff., 75, 79, 82 ff., 84 ff., 100, 107 ff.,
.... 121, 123, 130, 132, 135 ff., 147 ff., 163, 212, 214, 219, 228, 230,
.... 232 ff.,256, 262, 268, 282, 284, 298, 303, 322, 328, 331, 339, 343

Effektive Mikroorganismen 69, 242, 298, 316
EM-Technologie 54, 69
Energie .... 30 ff., 68 ff., 80, 86, 123, 128, 157, 174, 192, 201,
.... 244, 256 ff., 266, 277, 279, 299, 328, 340
Enzym 44, 54, 122, 242, 246
Erbsen .... 81, 95, 153, 180, 188 ff., 191 ff., 245 ff., 267
Erträge .... 9 ff., 16, 19, 36 ff., 42 ff., 62, 108, 112, 123, 151, 158 ff.,
.... 215, 254, 326, 332

Flachschneider .... 17, 36, 59 ff., 81, 83, 104, 106, 113 ff., 138, 184, 214
Fotosynthese 54, 58, 109, 123, 238, 243, 277
Frostschutz 100, 191, 260
Frühbeet .... 99, 130, 136, 227, 250, 257, 259, 270, 285, 287 ff., 325

Gartengestaltung 156, 160
gentechnisch 215, 312
Gewächshäuser .... 48, 84, 249 ff., 326, 333
Gleischicht 128, 149
Gras .... 9, 35 ff., 42, 48, 74 ff., 129, 136, 139 ff., 147, 164, 168 ff. ,
.... 177, 196, 240, 246, 292, 303 ff., 310, 343
Gründüngung ..... 35, 42, 56, 81 ff., 102, 104 ff., 123 ff., 191, 239, 246, 253, 319
Grünmasse .... 47, 60, 78, 81 ff., 87, 106, 346
Gülle 87, 309
Gurken .... 28, 47, 78, 83 ff., 95, 100, 106, 109, 129 ff., 158 ff., 173 ff., 247,
.... 254, 257, 262, 264, 266, 273, 281, 285, 311, 315, 330 ff., 358

Hafer 83, 108, 191
Heu ....74 ff., 87, 93, 140, 246 ff., 316, 361
Hirse 34, 83, 109, 185, 308
Hochbeet ....67, 129 ff., 143, 354
Holz ....34, 36, 70, 81, 93 ff., 98 ff., 129 ff., 164, 305
Hummeln ....304 ff.
Humus ....34, 39 ff., 47, 50, 56, 67 ff., 78, 86, 88 ff., 93, 95, 96,
.................101 ff., 128, 139, 150, 171, 234, 239, 244, 297, 346, 348
Hybride 128, 263, 265
Insekten ....34 ff., 44, 72, 80, 122, 200, 244, 251, 265, 291 ff., 294,
....296, 301, 304, 313, 317 ff.
Jäten 29, 38, 98, 102, 113, 145, 163, 184, 341, 346, 350
Jauche ....85 ff., 143, 164, 240 ff., 297, 299, 316 ff.

Kalium ....41, 44 ff., 50 ff., 148, 235, 238 ff., 332
Kalk ....62, 74, 84, 130, 206, 213, 234 ff., 239, 240, 245
Kalzium ....45, 50 ff., 73, 148, 234 ff.
Kapillarschicht 55, 269
Karotten ....106, 117, 133, 151, 158 ff., 173, 175, 179 ff., 250 ff.,
....264 ff., 272 ff., 336 ff., 347 ff.
Kartoffelkäfer ....100, 292, 303 ff., 310 ff., 330
Kartoffeln ....17, 28, 82 ff., 92, 95, 101 ff., 117, 153, 158 ff., 188 ff.,
....190, 238, 250, 253, 269, 310 ff., 326, 338 ff.
Keimfähigkeit ....265 ff.
Keimung 181, 267, 271, 284, 315, 339
Klee 106, 238, 253, 266
Kletterpflanzen ....128, 130, 133, 142, 151, 164, 165, 171, 179 ff.
Knoblauch ....78, 93, 106, 151 ff., 158 ff., 162, 185, 190 ff., 272,
....311, 320, 336, 344, 351 ff., 361
Knollengemüse 93, 137, 262
Kohlendioxid ....44 ff., 49, 54, 57 ff., 70, 221 ff., 231, 233, 267
Kohlenstoff ....44 ff., 70 ff., 80, 222 ff., 231 ff., 239, 242, 333
Kohlfamilie 280, 285
Kohlköpfe 83
Kombination ....68, 167, 173, 179, 181, 186, 190 ff., 239, 296, 299, 303, 320
Kompost ....22, 28, 34, 35, 44, 67ff., 234, 239 ff., 272, 280, 283,
....302 ff., 327, 331, 343, 348

Krankheiten.........41, 63, 72, 78, 82, 91, 95, 103, 112, 129, 164, 185, 214, 228,
...........235, 250, 259, 291, 294, 298, 301 ff., 314 ff.,324, 328 ff., 341, 345, 348
Kräuter..............................28, 72, 106, 137, 151 ff., 159, 161, 162, 165, 180 ff.,
....189, 251, 294, 305, 344, 357 ff.
Krautfäule 133
Kresse ....83, 129 ff., 151 ff., 175, 180 ff., 252 ff., 275, 320, 346, 352 ff.
Kulturen ....34, 74, 82, 85, 100, 105 ff., 110, 112, 117, 127, 149, 151 ff., 158,
.... 164, 173, 177, 179, 181 ff., 191 ff., 200, 225, 236,
....273, 295, 298, 302 ff., 311, 315 ff., 323, 355
Kürbis ....20 ff., 96, 101, 134, 140 ff., 153, 159, 162, 171, 174, 176,
......................181, 186, 188 ff., 262, 266, 268, 270, 273, 281, 285, 335ff., 344

Lauch...186 ff., 252, 254, 266, 273, 351
Laufkäfer ....304 ff.
Lebewesen......................15, 33 ff., 43, 54 ff., 68, 70 ff., 103, 124, 166 ff., 206,
.... 214, 291 ff., 319
Leguminosen...106, 305
Lehm...50, 61, 120, 127, 308, 342 ff., 354
Licht...................83, 96 ff., 133, 142, 145, 166, 174, 179, 182, 251 ff.,
.............................267 ff., 276ff., 296 ff., 323, 339, 345, 350, 352, 356
Luftfeuchtigkeit 282
Luftkanäle 55
Lupine..83, 104, 106
Luzerne..105 ff., 305

Magnesium ....41, 45, 50, 235 ff.
Mais...................34, 61, 74 ff., 83, 104 ff., 141, 151, 179, 185 ff., 223,
....303 ff., 313, 315, 332, 344, 356 ff.
Mais.............................34, 61, 75, 83, 104 ff., 141, 151, 179, 185 ff., 223, 303,
....305, 313, 332, 344, 356 ff.
Maulwurfsgrille ....78, 124, 294, 303 ff., 345
Mehltau ....133, 246, 303, 314 ff., 320, 332, 335
Mikroben ....42 ff., 69, 72 ff., 85, 122, 220, 222, 237, 242 ff.,
....291 ff., 316 ff., 327
Mikrobiologie 86, 242, 245
Mikroorganismen...........................28, 39, 42, 44, 50 ff., 54, 56, 69, 72, 80 ff.,
......................85 ff., 95, 99, 103, 112, 122, 124, 238 ff., 298, 302 ff., 316 ff.

Mineralien ....41, 44 ff., 72 ff., 104, 223, 231 ff., 242
Mischkultur ....173 ff., 177, 192, 303, 315, 355
Mist ....34, 36, 42, 46, 69, 72, 74 ff., 81, 84 ff., 130, 134, 139, 148,
...............................230, 234, 239, 253, 270, 283, 306, 309, 327 ff., 348
Mittleider-Gartenbaumethode 13
Molke 317
Monokulturen 85, 200, 295, 319
Mulch ....33 ff., 123, 129, 132, 135 ff., 168, 212, 215, 222 ff.,
...................245 ff., 256 ff., 298, 303 ff., 310 ff., 315 ff., 343, 348, 359
Mulchfolie 96
Mykorrhizapilze 94

Nährstoffe ....33 ff., 41 ff., 70, 77, 80, 87, 89, 94, 99, 103, 105, 110, 122, 128,
...........132, 138, 220, 226, 233, 235, 239 ff., 283 ff., 329, 331, 341, 343, 350 ff.
Nitrat 49, 54, 225, 332, 348
Nitrifikation ....42, 50, 57 ff., 62, 225 ff.
Nützlinge ....83, 124, 200, 291, 296, 301 ff., 318

Ökosysteme 32, 69, 291
Ölrettich 83, 108
Ordnung ....137, 145, 151 ff., 163, 168,175, 200 ff., 330, 342, 346, 350
Organische Substanz ....44, 46, 68, 70 ff., 91, 103 ff., 120 ff., 168,
.....................221, 223, 226, 232, 237, 244, 247, 256, 291, 298, 302 ff., 345

Paprika 95, 153, 162, 188, 250, 257, 264, 266, 281, 325, 329
Pastinaken ....153, 187 ff., 192, 266, 272ff., 347 ff.
Pathogene 69, 294, 303, 316
Peperoni ....83, 101, 140, 152, 159, 162, 175, 178 ff., 187 ff., 311
Permakultur ....3, 32 ff., 68, 100, 165
Pestizid ....38, 216, 243, 292 ff., 313
Pflanzenwachstum 136, 180 252, 278
Phacelia 83, 102
Phosphor ....41, 44 ff., 49 ff., 148, 234 ff., 238 ff., 332
Pikieren 287
Pilze ....34, 44 ff., 73, 76, 89, 92 ff., 122, 242, 244, 246, 292, 294,
....297, 310, 313 ff.
Präparate ....75, 91, 243 ff., 291 ff., 310, 316

Prinzipien ....19, 32 ff., 58, 156, 194 ff., 208, 249, 269
Pyramiden 143, 166

Quadrate ....151, 166, 175 ff.

Radieschen ....12, 100, 106, 129, 133, 151 ff., 175, 182 ff., 191, 253 ff., 346 ff.
Raps ....81, 83, 104 ff.
Regenwürmer ....44, 69, 88, 90 ff., 99, 102 ff., 239, 256
Roggen 81, 83, 108, 253, 319
Rote Bete ....106, 117, 153 ff., 175 ff., 234, 252, 264 ff., 273, 280

Saattiefe 270
Sägemehl ....34, 74 ff., 77 ff., 93 ff., 138, 259, 272, 279, 283, 285, 287, 355
Salat ....47, 106, 109, 127, 133, 137, 151 ff., 158 ff., 174 ff., 250 ff.,
....264 ff., 270 ff., 320, 334, 336, 338, 352 ff.
Sämling ....34, 111, 192, 261 ff., 285 ff., 299, 319
Saprophyten 95, 316
Sauerstoff ....42, 46, 49, 51, 55 ff., 73, 76, 222, 231 ff.
Schädlinge ....35 ff., 124, 168, 173, 179, 183 ff., 185, 198 ff., 214,
....233, 291 ff., 310 ff., 317 ff., 329, 348, 358
Schatten ....54, 77, 109, 146, 152, 162, 166 ff., 214, 246, 276, 286,
....315, 322, 328, 332, 346, 350, 355
Schlupfwespen 304
Schnecken 35, 124, 304
Schwarzwurzel 187, 354
Schwefel ....41, 45, 49 ff., 85, 90
Setzling ....48, 83, 92, 98, 101 ff., 134, 150, 157, 161, 170, 174 ff., 190, 227,
.............................241, 252, 257, 261 ff., 306, 308 ff., 325 ff., 343, 345, 351, 360
Sonnenblumen ....83, 95, 104 ff., 185 ff., 254, 303, 305, 315, 332
Sonnenenergie 35, 123, 174
Sorghum 34, 83, 105, 109, 185, 223
Spalier ....167, 173, 179ff., 324 ff., 355
Späne ....34, 74, 75, 93 ff.
Spritzen 29, 113, 213, 247, 311
Stabilität 128, 201
Stangensellerie 266, 273, 280
Stickstoff ....35, 41 ff., 49 ff., 70 ff., 85, 89, 94, 104, 106, 130,

....	222, 231 ff., 242 ff., 284, 332, 335
Stroh	21, 45, 47, 61, 74 ff., 130, 133, 136, 140 ff., 158, 234, 240,
....	305, 311, 316, 341 ff., 350
Strohmulch	22, 92 ff.
Süßkartoffel	101, 344 ff.
Symbiose	29, 94, 243
Synergismus	297
Tau	44, 50, 53 ff., 97, 100, 123, 133, 257, 314 ff.
Tomaten	47 ff., 78, 83, 92, 95, 100 ff., 129 ff., 152, 158 ff.,
....	174 ff., 250, 253 ff., 257 ff., 264, 266, 273, 281, 285 ff., 299, 315 ff., 322 ff.
Toxine	294, 298, 310
Trauben	47, 111, 142, 184, 239, 247, 315
Treibhaus	34, 97, 99, 161, 221, 227, 257
Tröpfchenbewässerung	131, 135 ff., 139, 141, 143
Vegetationsperiode	187, 224
Wärme	73, 77, 80, 84, 97, 119 ff., 142, 182, 249, 251 ff.,
....	277, 281, 329, 350, 355
Wasserstoff	49, 85, 90, 231 ff.
Wege	81 ff., 94, 96, 137ff., 161 ff., 249, 257, 304
Wicke	83, 104, 191, 253
Wildbienen	304
Wintergemüse	251 ff.
Winterkresse	83
Wintersalat	252
Wurzelgemüse	47, 105, 110, 151 ff., 162, 175, 183, 266, 342, 344, 354
Wurzeln	33 ff., 39, 41 ff., 54 ff., 67, 72, 82 ff., 122, 136 ff., 185,
....	214 ff., 221 ff., 262, 269, 278 ff., 309, 325 ff., 333, 335,
....	339, 345 ff.
Zone	30 ff., 67, 69, 89, 103, 111, 138, 161, 166, 219, 255,
....	258 ff., 260, 269, 272 ff., 287, 311, 328, 340, 342 ff.
Zucchini	101 ff., 152 ff., 176 ff., 336 ff.
Zwiebel	47, 93, 106, 151 ff., 158 ff., 180 ff., 252 ff., 264, 266,
....	272 ff., 280, 320, 348 ff.